W0346811

Dr. Oetker

DAS GROSSE BUCH VOM

Backen

Dr. Oetker
DAS GROSSE BUCH VOM
Backen

Unipart Verlag · Stuttgart

Lizenzausgabe für
UNIPART VERLAG GMBH
Remseck bei Stuttgart, 1995

© Ceres-Verlag Rudolf August Oetker KG, Bielefeld

Nachdruck auch auszugsweise nur mit
ausdrücklicher Genehmigung des Verlages

ISBN 3-8122-3561-7

Vorwort

(Back)-Kunst kommt von Können.
Dabei braucht man für solche Meisterschaft weniger Naturtalent als solides Können und etwas Übung.

Das „Können" können Sie lernen.
Mit diesem Buch wird das Backen leichtgemacht. Mit über 400 Rezepten haben wir eine reiche Auswahl in 11 Kapiteln übersichtlich zusammengestellt und mit durchgehend farbigen Abbildungen versehen. Ein besonderes Kapitel ist unser Küchenratgeber, der viele Tricks und Geheimnisse verrät.

Jahrzehntelange Backerfahrung von Dr. Oetker garantiert Ihnen das Gelingen der Rezepte und die Freude am Backen.

Inhalt

Küchenratgeber

Einladung zur Kaffeetafel

Ganz zu Unrecht war die Kaffeetafel - oder der Kaffeeklatsch, wie böse Zungen sagten - eine Zeitlang aus der Mode gekommen. Kuchen und Gebäck aller Art hatten im Ernährungsplan schlankheitsbewußter Zeitgenossen fast keinen Platz mehr. Und statt am Samstag einen Sonntagskuchen zu backen, der nicht nur schmeckt, sondern auch das ganze Haus mit seinem köstlichen Duft erfüllt, holte man sich nach Bedarf »Teilchen« oder Tortenstücke aus der nächsten Konditorei.

Inzwischen haben sich diese Zeiten wieder geändert; Hausfrauen und Hobbybäcker bringen Selbstgebackenes auf den Kaffeetisch und probieren auch gern mal neue Rezepte aus. In vielen Familien wird nicht nur zum Wochenende gebacken, sondern man lädt auch wieder regelmäßig Freunde und Verwandte zu Kaffee und Kuchen ein. Bei solchen Gelegenheiten aber soll nicht nur ein einziger Kuchen auf dem Tisch stehen, sondern man möchte seinen Gästen gleich mehrere Kostproben aus dem eigenen Backrepertoire bieten.

Auch auf das Handwerkszeug kommt's an

Viele Hausfrauen bereiten die verschiedenen Teige am liebsten so, wie sie und vielleicht sogar schon ihre Mütter es immer gemacht haben, sie rühren, kneten, schlagen den Teig mit der Hand. Das heißt, sie benötigen eine oder besser mehrere **Rührschüsseln** in verschiedenen Größen, die einen abgerundeten Boden haben. Rührschüsseln sollten aus Kunststoff oder, wenn man etwas mehr anlegen will, aus Edelstahl bestehen. Schüsseln aus Emaille oder Aluminium sind dagegen zum Teigrühren gänzlich ungeeignet. Von der Emaille kann man im Eifer des Rührens oder Schlagens Stücke ablösen, und Aluminium läßt den Teig sich verfärben.
Günstig für die Standfestigkeit der Schüssel ist, wenn sie auf einem Gummiring steht, der auch bei kräftigem Rühren das Rutschen verhindert. Schüsseln ohne einen solchen Ring stellt man am besten auf ein feuchtes Tuch.

Zum Bearbeiten des Teigs benötigt man ein **Rührlöffel**-Set mit Holzlöffeln in verschiedenen Größen. Für Rührteig eignen sich Löffel mit durchlochtem Blatt am besten.

Weniger Kraft als Gefühl muß man beim Schaumigschlagen von Biskuitteig aufwenden; dabei nimmt man am besten einen **Schneebesen** zur Hand.

Andere Geräte, die man beim Backen griffbereit haben sollte, sind das **Schüttelsieb** zum Durchsieben von Mehl, Backpulver und Puderzucker, der **Teigschaber,** mit dem man nicht nur den Teig aus der Rührschüssel in die Form schabt, sondern mit dem man auch bei Blechkuchen den Teig auf dem Blech verteilt. Backutensilien, auf die man nicht verzichten kann, sind ferner der **Meßbecher** und die **Küchenwaage**. Denn wenn ein Kuchen genauso gelingen soll, wie es im Buche steht, dann muß man sich exakt an die angegebenen Zutatenmengen halten.

Zur weiteren Bearbeitung von Knetteigen braucht man unbedingt eine **Teigrolle**, mit deren Hilfe man den Teig zu Platten in gewünschter Stärke und Form ausrollt.

Auf einem **Kuchenrost** müssen Kuchen oder Kleingebäck, nachdem sie aus dem Ofen kommen, ausdampfen und abküh-

len. Ein **Back- oder Nudelbrett** ist heute nur in wenigen Haushalten anzutreffen, denn den meisten Hausfrauen steht in ihren modernen Küchen eine glatte, gut zu reinigende Arbeitsplatte zur Verfügung.
Will man den Teig nicht mit der Hand rühren, schlagen oder kneten, sondern sich lieber der neuen Küchentechnik bedienen, arbeitet man mit einer elektrischen **Küchenmaschine** oder mit einem **Handrührgerät**. Beide gibt es in verschiedenen Ausführungen. Außer Rührbesen gehören auch Knetarme zur Ausrüstung, so daß man praktisch alle Arten von Teigen auch maschinell herstellen kann. Die Bearbeitungszeit ist dann erheblich verkürzt. Am besten richtet man sich bei der Bearbeitungsdauer nach den Angaben des jeweiligen Herstellers. Grundsätzlich gilt, daß der Teig bei der Zubereitung mit Küchenmaschine oder Handrührgerät nicht zu lange bearbeitet werden darf.

Im Angebot von Haushaltswarengeschäften und speziellen Küchenläden gibt es **Backformen** aus vielen Materialien und in jeder denkbaren Form. Da sind einmal die traditionellen **Kastenformen, Springformen** mit glattem und mit gewelltem, ringförmigem Boden, die hohen **Napfkuchen-** oder **Guglhupfformen, Tortenbodenformen** mit glattem und gewelltem Rand, **Rehrückenform** und die vielen anderen Formen für Spezialgebäcke.

Die **Backbleche** werden vom Hersteller des Herdes gleich mitgeliefert. Sie nehmen die Blechkuchen, aber auch das Kleingebäck auf.
Nicht nur die Formenvielfalt bei Backformen ist groß, sondern auch die Zahl der Materialien, die für Kuchenformen Verwendung finden. Die meisten bestehen aus Weißblech und Aluminium. Zum Backen im Gasherd verwendet man am besten Formen aus rauhverzinntem Weißblech, für den Elektroherd eignen sich dunkle Formen aus Stahlblech besser, sie weisen im günstigsten Fall eine Beschichtung der Innenseite auf. Empfehlenswert sind auch Formen mit Antihaftbeschichtung, deren dunkle Oberfläche besonders gut Hitze leitet. Zunehmend werden heute auch Formen aus feuerfester Keramik oder aus Porzellan verwendet, die für den Gas- wie für den Elektroherd geeignet sind.

Mit ihren Backformen sollte die Hausfrau sorgsam umgehen. Sie müssen nach jeder Verwendung sorgfältig gereinigt werden und sollen erst wieder in den Schrank wandern, wenn sie bis in die letzte Ritze ausgetrocknet sind.

Backzutaten von A bis Z

Sicher, man kann aus Mehl, Zucker, Butter und Eiern einen Kuchen backen; aber das Interessante an der Kuchen- und Plätzchenbäckerei ist eigentlich erst die Fülle der Zutaten. Aus ihnen lassen sich Teige der verschiedensten Geschmacksrichtungen und Konsistenzen herstellen, indem man diese oder jene Zutat dazugibt oder wegläßt.
Was wären ein Christstollen ohne die zahlreichen Geschmackszutaten, die Lebkuchen ohne ihre Würze, die Torte ohne die Füllung, die Plätzchen ohne die entsprechenden Inhaltsstoffe und Verzierungen. Natürlich sollen alle Zutaten, die man beim Backen verwendet, frisch, von guter Qualität und geschmacklich einwandfrei sein.

Anis: Das Gewürz aus der Frucht der Anispflanze hat ein leicht süßliches Aroma, das sich schnell verflüchtigt.

Arrak: Aus Reis und Zuckerrohr-Melasse hergestellter Branntwein, der gern als Kuchenaroma, vor allem für Glasuren, verwendet wird.

Backaromen: In verschiedenen Geschmacksrichtungen erzeugte Auszüge, die zum Aromatisieren von Gebäck dienen, z.B. Rum, Arrak, Bittermandel, Zitrone, Butter-Vanille.

Backpulver: Teiglockerungsmittel, bestehend aus einer Mischung von Natriumbicarbonat, einem Säureträger und einem Trennmittel. Backpulver nicht zu lange, kühl und getrennt von aromatischen Lebensmitteln aufbewahren. Nur gemischt mit Mehl in den Teig geben.

Butter: Findet anstelle von Margarine vor allem bei Kleingebäck, Plätzchen und feinen Kuchen und Torten Verwendung. Notwendig für die Herstellung von Buttercreme.

Eier: Wichtige Zutat beim Backen; Eier sollten nur ganz frisch verwendet werden. Bevor man sie in den Teig gibt, in eine Schüssel aufschlagen, da ein ungenießbares Ei den ganzen Teig verdirbt.

Farin-Zucker: Aus Zuckerablaufsirup hergestellter hellbrauner bis dunkelbrauner Zucker.

Gelatine: Geliermittel für Süßspeisen, aber auch für Cremes, Tortenfüllungen und -beläge. Gemahlen oder blattweise, rot und weiß im Handel.

Hagelzucker: Grob kristallisierter Zucker, der mehr zur Verzierung als zum Süßen von Gebäck dient.

Hefe: Biologisches Triebmittel; frisch in Würfelform und getrocknet im Handel.

Hirschhornsalz: Chemisches Triebmittel, das aus Ammoiumcarbonat oder aus carbaminsaurem Ammonium besteht und für die Lebkuchenbäckerei Verwendung findet. Stets gut verschlossen aufbewahren.

Honig: Kann in manchen Gebäcken den Zucker ersetzen und ist bei der Lebkuchenbäckerei notwendig.

Kardamom: Frucht der Kardamompflanze, die in getrockneter Form entweder ganz oder gemahlen im Handel ist. Das kräftige Gewürz wird vor allem für Lebkuchen, Christstollen und Spekulatius verwendet.

Kartoffelmehl: Aus Kartoffeln hergestellte Speisestärke.

Kokosflocken: Geraspelte Kokosnuß, wird vor allem für Kleingebäck (Makronen), aber auch für Kuchen verwendet.

Koriander: Frucht der Pflanze Coriandrum sativum, die ganz oder gemahlen angeboten wird und sich für die Brotbäckerei, aber auch für würziges Kleingebäck eignet.

Kümmel: Frucht der Kümmelpflanze, in ganzen Körnern oder gemahlen angeboten; als Gewürz für Brot, Brötchen und Käsegebäck üblich.

Kuvertüre: Schokoladenmasse, die sich zum Überziehen von Kuchen und Torten sowie Kleingebäck eignet; bitter, halbbitter oder als Milchschokolade erhältlich.

Mandeln: Früchte des Mandelbaums, die man ganz (ungeschält oder geschält), gehobelt, gestiftelt oder gemahlen bekommt. **Bittermandeln** haben einen hohen Blausäuregehalt und sind deshalb in größeren Mengen giftig. Nur winzige Mengen zur Erzeugung eines pikanten Bittergeschmacks verwenden.

Margarine: Als Butterersatz verwendetes Backfett, das vorwiegend aus pflanzlichen Ölen und Fetten besteht.

Marzipan-Rohmasse: Fertigprodukt, das man zur Herstellung von Pralinen, aber auch für Tortenfüllungen oder als Kuchenzutat verwenden kann.

Mehl: Wichtige Grundzutat beim Backen, wird in verschiedenen Typen angeboten. Für die meisten Rezepte eignet sich Type

405 am besten. Gesünder aber sind weniger weiß ausgemahlene Vollkornmehle 550 oder 1050.

Milch: Zutat zum Kuchenteig, die auch durch verdünnte Sahne oder Kondensmilch ersetzt werden kann. Nie mehr Milch als im Rezept angegeben zusetzen.

Mohn: Die Samen des Mohns werden gemahlen als Füllung für Kuchen und Kleingebäck sowie ungemahlen zum Bestreuen von Brötchen und Käsegebäck verwendet.

Muskatblüte: Auch **Macis** genanntes Gewürz, das aus der Muskatfrucht gewonnen und ganz oder gemahlen angeboten wird.

Muskatnuß: Frucht der Muskatpflanze. Wird als Geschmackszutat für Brot, Kleingebäck und Obstkuchen in geriebener Form gebraucht.

Nelken: Aromatisches Gewürz aus den Blütenknospen des Gewürznelkenbaums, das für Lebkuchen und Gewürzplätzchen verwendet wird.

Nougat: Aus Nüssen, Zucker und Schokolade oder Kakao hergestellte Rohmasse, die als Füllung von Torten und Kleingebäck, für Pralinen und auch als Teigzusatz gebraucht wird.

Oblaten: Aus Mehl oder Speisestärke hergestellte sehr dünne Plättchen, rund oder viereckig, auf denen man Makronen, Florentiner oder feine Lebkuchen backt.

Orangeat: Fruchtschale der Pomeranze in kandierter Form, die gewürfelt oder in Stückchen oder Streifen bei der Herstellung von Fruchtkuchen, Christstollen usw. Verwendung findet.

Piment: Für würziges Gebäck verwendetes Gewürz, das aus den Beeren des Nelkenpfefferbaums gewonnen wird.

Pistazien: Nußartige Früchte des Pistazienbaums, meist ausgelöst erhältlich; werden als Teigzusatz wie auch als Verzierung für Torten verwendet.

Pottasche: Für Honigkuchen gebräuchliches chemisches Triebmittel aus Kaliumcarbonat.

Rosenwasser: Vor allem bei der Herstellung von Marzipan aber auch als Würze von feinem Gebäck verwendetes Kondensat, das bei der Rosenölherstellung anfällt.

Rosinen: Getrocknete Weintrauben aus hellen und dunkleren kernlosen Früchten.

Safran: Aromatische Geschmackszutat von schöner gelber Farbe für Kuchen und Kleingebäck, die nur in winzigen Mengen zugesetzt wird; Safran besteht aus den getrockneten Blütenstempeln einer Krokuspflanze in Südeuropa.

Sahnesteif: Pulver aus besonderen Stärkeprodukten, das während des Schlagens der Sahne beigegeben wird; es hält die Sahne länger als normal steif und verhindert das Absetzen von Flüssigkeit.

Speisestärke: Aus Mais oder Kartoffeln gewonnenes Bindemittel für Cremes, das auch für Kuchenteige Verwendung findet.

Tortenguß: Geleepulver, aus dem man durch Zusatz von Wasser oder Saft die Geleeschicht auf Obsttorten bereitet. Tortenguß ist in den Farben Weiß und Rot erhältlich.

Vanillin-Zucker: In Päckchen abgepackte Mischung aus Zucker und dem Trockenaroma Vanillin; als Aromazutat zu jeder Art von Gebäck verwendet.

Zimt: Das auch als **Kaneel** bezeichnete Gewürz besteht aus der getrockneten Rinde des Zimtbaumes. Wird in Form von Stangenzimt (in kleinen Glasröhrchen) oder gemahlen angeboten.

Zitronat: Die auch als **Sukkade** bezeichnete Fruchtschale der Zitronatzitrone in kandierter Form. Wird gewürfelt als Zusatz zu Früchtekuchen, Lebkuchen, Christstollen usw. verwendet.

Zucker: Die aus Zuckerrüben oder Zuckerrohr gewonnene Hauptzutat für jedes süße Gebäck wird meistens in Form von Raffinade verwendet. Lebkuchengebäck setzt man Farinzucker zu. Der feingemahlene Puder- oder Staubzucker dient als Zutat für Glasuren und Güsse.

Die richtige Einstellung ist wichtig

Mit dem Rühren, Schlagen und Kneten der Zutaten zu einem geschmeidigen Teig ist nur der erste Schritt getan. Damit ein gelungener Kuchen oder feines Kleingebäck daraus wird, muß man auf die richtige Einstellung achten und genau wissen, wann und wo die Kuchenform oder das Backblech in den Ofen geschoben werden. Sicher, bei den meisten Rezepten ist sowieso die zum Backen notwendige Hitze angegeben und auch gesagt, ob man den Ofen vorheizen muß oder nicht. Wichtig ist aber auch, in welche der vier möglichen Schienen man das Blech oder den Rost mit der Kuchenform schiebt. Für hohe Kuchen, wie Napfkuchen, oder Kuchen, die in der Springform gebacken werden und von denen man erwartet, daß sie während der Backzeit beträchtlich aufgehen, schiebt man den Rost in die unterste Schiene. Für weniger hohe Kuchen, Torten und Blechkuchen benutzt man die zweitunterste bzw. zweitoberste Schiene. Und für alles, was hauptsächlich Oberhitze braucht, also nur Überbacken werden soll, schiebt man den Rost in die oberste Schiene.
Die im Rezept angegebenen Backzeiten können immer nur Durchschnittswerte sein, denn in jedem Herd sind die Bedingungen etwas anders. So bleibt der Hausfrau nichts weiter übrig, als sich erstens mit den detaillierten Anleitungen des Herstellers zu ihrem Herd vertraut zu machen und zweitens eigene Erfahrungen zu sammeln. Sie muß also ausprobieren, ob ihr Königskuchen schon nach 80 Minuten oder erst in 100 Minuten perfekt gebacken ist. Das bedeutet, daß sie gegen Ende der Backzeit öfter mal nachsehen muß, ob der Kuchen nicht schon vor Ablauf der angegebenen Backzeit dunkel wird und ob er auch im Innern völlig durchgebacken ist, wenn er laut Rezept fertig sein sollte. Bekommt der Kuchen, bevor er wirklich gar sein kann, schon eine schöne braune Farbe, deckt man die Oberfläche am besten mit einem Stück Pergamentpapier oder Alufolie ab.

Um festzustellen, ob der Kuchen durchgebacken ist, macht man die Garprobe mit einem dünnen Holzstäbchen, das in die Mitte des Kuchens gesteckt wird. Bleiben daran keine Teigreste oder feuchte Krumen hängen, ist der Kuchen fertig. In der Form gebackene Kuchen werden dann aus dem Backofen genommen und sollen erst 10 Minuten ruhen, bevor man sie auf einen Kuchenrost stürzt. Blechkuchen sollte man nicht auf dem Blech abkühlen lassen, sondern in mehrere Stücke schneiden und diese auf den Kuchenrost legen. Auch Kleingebäck muß sofort vom Blech genommen werden, weil es sonst anklebt, und ebenfalls auf einem Kuchenrost abkühlen.

Die wichtigsten Backofensysteme sind die **Gas- und Elektrobacköfen mit Temperaturregler** und die **Backöfen mit Umluft.** Bei ersteren schaltet man den Herd auf die gewünschte Temperatur. Das geschieht beim Gasofen mit Hilfe eines Reglers für den Temperaturbereich 0 bis 8, beim Elektroherd kann man die Temperatur von 0 bis 250 Grad Celsius einstellen.
Gasbacköfen werden sehr schnell aufgeheizt, deshalb kann auf ein Vorheizen - ausgenommen flache Kuchen und Kleingebäck - verzichtet werden.
Der **Elektroherd** muß grundsätzlich erst auf die gewünschte Backtemperatur gebracht werden, bevor man das Gebäck einschiebt. Sobald man den Regler eingeschaltet hat, leuchtet eine Kontrollampe auf, die erst erlischt, wenn die gewünschte Temperatur erreicht ist.
Bei Backöfen mit **Umluft** oder **Heißluft** ist Vorheizen überflüssig. In ihnen strömt die heiße Luft, bewegt von einem Ventilator, von allen Seiten um das Backgut. Deshalb kann man im Umluftherd mit etwas niedrigeren Temperaturen auskommen und auf mehreren Schienen gleichzeitig bakken. Gerade bei diesen Herden ist es wichtig, die Hinweise des jeweiligen Herstellers genau zu beachten.

So schmeckt Gebäck noch lange

Gebäck wird meist nicht nur zum sofortigen Verbrauch zubereitet, sondern soll eine Weile vorhalten. Das gilt vor allem für Plätzchen. Deshalb hebt man Plätzchen, nachdem sie auf einem Kuchenrost vollkommen abgekühlt sind, am besten in Blechdosen auf. Verschiedene Sorten trennt man durch ein Stück Pergamentpapier oder Folie voneinander. Stark gewürzte Plätzchen verpackt man allerdings separat. Plätzchen, die weich bleiben sollen, bleiben so lange offen liegen, bis sie

die gewünschte Beschaffenheit haben, dann legt man sie in nicht ganz verschlossene Dosen. Wenn man ein Stück Brot mit in die Dose gibt, bleiben sie garantiert schön zart. Plätzchen, die man lieber knusprig ißt, werden sofort nach dem Abkühlen in gut schließende Dosen gepackt. Auch Makronen sind in gut schließenden Blechdosen bestens aufgehoben. Größere oder kleinere Kuchen packt man am besten, nachdem sie vollkommen abgekühlt sind, fest in Folie ein; ebenso den beliebten Weihnachtsstollen, der sich, fest verpackt und kühl gelagert, gut 4 Wochen hält.

Einfrieren von Gebäck

Der große Vorteil des Einfrierens ist, daß man sich die Mühe des Backens nur einmal machen muß und gleich größere Mengen eines Gebäcks zubereiten kann. Sowohl der rohe Teig als auch das fertige Gebäck lassen sich einfrieren, doch muß man im einen wie im andern Fall darauf achten, daß das Gefriergut fest verpackt ist. Teige sollten nicht in der Backform eingefroren werden. Als Verpackungsmaterial eignen sich dicke Folie und Gefrierbeutel. Die Luft soll dabei so weitgehend wie möglich herausgedrückt werden, damit das Gebäck nicht durch Einwirkung des Sauerstoffs verändert wird. Eine Faustregel fürs Einfrieren von Gebäck ist auch, daß man es so flach wie möglich verpackt und die Portionen nicht zu groß bemißt. Je schneller der Vorgang des Tiefgefrierens abgeschlossen ist, desto besser. Auftauen kann man das Kuchenpaket oder Kleingebäck entweder bei Zimmertemperatur, das dauert je nach Größe 3-4 Stunden; man kann das Gebäck aber auch für kurze Zeit (5 bis 20 Minuten) bei Mittelhitze in den vorgeheizten Backofen legen.

Wie man Pannen beim Backen verhindern kann

Leider gelingt nicht immer alles auf Anhieb genauso, wie es im Buch bzw. im Rezept steht. Aber man braucht nicht gleich zu resignieren, wenn einmal etwas nicht klappt. Manche Dinge sind durch rechtzeitige und sachgerechte Pannenhilfe noch zu retten, andere kann man reparieren.
Und wo alle Hilfe zu spät kommt, da ist man durch einen Mißerfolg immerhin um eine Erfahrung reicher geworden und weiß sich beim nächsten Mal zu helfen.
Damit Ihnen bei der Bäckerei Enttäuschungen möglichst erspart bleiben, sollten Sie sich die folgenden Ratschläge sehr genau durchlesen und sie nach Möglichkeit beherzigen.
Hier also sind die Fälle und Eventualitäten angeführt, in denen man Rat und Hilfe braucht, damit einer Panne vorgebeugt oder der Schaden begrenzt werden kann:

Der Kuchen hat Klitschstreifen

Solche unangenehm klebrigen Streifen, die einem Freude und Genuß an jedem Backwerk vergällen, werden meist dadurch hervorgerufen, daß man in einen Rührteig zuviel Milch gegossen hat.
Der Teig darf nur so viel Flüssigkeit enthalten, daß er schwer reißend vom hochgehobenen Löffel fällt. Ein zu flüssiger Teig kann nicht halten, was er während des Backens noch verspricht.

Der Knetteig ist brüchig statt geschmeidig

Es fehlt ihm ganz einfach an Flüssigkeit. Dem kann abgeholfen werden, indem man den Teig so formt, daß er in der Mitte eine Vertiefung hat, in die man etwas Milch gießen kann.
Dann arbeitet man die Milch mit einer Gabel leicht in den Teig ein und kann ihn anschließend glattkneten.

Die Hefe geht nicht auf

Entweder liegt das an der Temperatur Ihrer Küche, sie sollte mindestens bei 22° liegen. Oder Sie haben die Milch, mit der die Hefe angerührt wurde, nicht vorgewärmt. Damit Hefe zum Gehen angeregt wird, braucht sie Flüssigkeit, die etwa Körpertemperatur, also um 36°, hat.

Die Plätzchen lassen sich nicht vom Blech lösen

Plätzchen müssen sofort, wenn sie gebakken sind, aus dem Ofen und vom Blech genommen werden, andernfalls kleben sie daran fest und sind kaum noch heil abzulösen.
Haben Sie das sofortige Abnehmen aber versäumt, müssen Sie den Backofen noch einmal auf die vorher eingestellte Backhitze bringen und das Backblech erneut einschieben.
Anschließend die Plätzchen sofort vom Backblech lösen.

Mürbe Plätzchen zerbrechen beim Lösen vom Backblech

Backen Sie Plätzchen auf Back-Trennpapier. Sie ersparen sich nicht nur das Einfetten des Blechs, sondern können die Plätzchen auch problemlos abheben. Außerdem wird das Blech nicht schmutzig. Backpapier kann mehrfach verwendet werden.

Das Eiweiß läßt sich nicht zu steifem Schnee schlagen

Wahrscheinlich ist etwas Eigelb daran schuld, das beim Trennen ins Eiweiß geraten ist. Entfernen Sie es vorsichtig mit einem Stück Eierschale.

Die Gelatine für die Tortencreme wird klumpig

Sie haben nicht daran gedacht, daß die Masse, in die Sie die Gelatine einrühren, nicht zu kalt sein darf. Sie sollte mindestens Zimmertemperatur haben. Ist sie kühler als 15°, so verbindet sich die aufgelöste Gelatine nicht wie gewünscht mit der Creme.

Rosinen oder Korinthen senken sich beim Backen nach unten

Dann ist der Teig zu flüssig ausgefallen. Achten Sie darauf, daß ein Rührteig stets schwer reißend vom Löffel fallen muß; dann bleiben Rosinen und Korinthen dort, wo sie beim Einfüllen in die Form waren.

Die Makronen bleiben nach dem Backen am Pergamentpapier hängen

Sie sollten sie zusammen mit dem Papier vom Blech nehmen und samt dem Papier auf ein nasses Geschirrtuch legen. Nach einer Weile lassen sie sich problemlos abziehen.

Der Rührkuchen fällt beim Backen zusammen

Das kann daran liegen, daß dem Teig mehr Flüssigkeit, als im Rezept angegeben, zugefügt wurde. Eine andere Ursache ist zu heftiges Rühren mit dem elektrischen Rührgerät. In beiden Fällen geht der Teig beim Backen zunächst hoch, fällt aber, weil er zu locker im Gerüst ist, bald wieder zusammen. Deshalb ist es wichtig, sich genau an die vorgeschriebenen Mengen zu halten und den Teig nicht zu stark mit dem Rührgerät oder dem Rührlöffel zu bearbeiten.

Der Quark-Ölteig wird zu weich

Schuld daran ist meist ein zu hoher Feuchtigkeitsgehalt des Quarks. Deshalb empfiehlt es sich, den Quark in jedem Fall vor der Verwendung auf einem Sieb gut ablaufen zu lassen oder ihn in einem Tuch auszupressen.

Der Kuchen ist beim Backen zu dunkel geworden

Da bleibt nichts anderes übrig, als die dunkle Kruste mit einem scharfen Messer gleichmäßig abzukratzen oder notfalls dikkere Stücke, die verbrannt sind, abzuschneiden. Um die dadurch unansehnlich gewordene Oberfläche zu kaschieren, überzieht man den Kuchen am besten mit einem Guß.

Der Käsekuchen sinkt in sich zusammen

Mit geringen Höheneinbußen - zumal in der Mitte - muß man beim Käsekuchen fast immer rechnen. Deshalb sollte von Anfang an die Quarkmasse zur Mitte hin höhergestrichen werden.
Außerdem läßt man den Kuchen oder die Torte nach Ablauf der Backzeit so lange im geschlossenen Ofen stehen, bis die Temperatur im Ofen auf Zimmertemperatur abgesunken ist.

Der Obsttortenboden weicht auf

Viele Obstsorten geben reichlich Flüssigkeit ab. Damit sie gebunden wird, ohne den Boden aufzuweichen, bestreut man diesen, bevor man die Früchte darauf verteilt, mit Sahnesteif.

Die mit Creme gefüllte Torte läßt sich nicht schneiden

Damit die Creme nicht beim Anschneiden und Portionieren der Torte herausquillt, schneidet man den obersten Boden vor dem Aufsetzen in die gewünschte Zahl von Stücken und legt diesen dann auf die Cremeschicht.

Der Napfkuchen oder Guglhupf hat Luftlöcher

Dieser Schönheitsfehler hat seine Ursache darin, daß der Teig zu stark gerührt wurde, während man das Mehl zugegeben hat. Man verhindert solche Luftlöcher, indem man das Mehl in kleinen Portionen (2-3 Eßlöffel auf einmal) zugibt und jeweils sofort und kurz verrührt.

Der Kuchen ist bröckelig und läßt sich nicht schneiden

Das Messer darf beim Schneiden der Stücke nicht heruntergedrückt, sondern soll in Sägebewegungen durch den Kuchen gezogen werden. Am günstigsten ist ein Sägemesser.

Der Tortenguß wird trüb

Man darf den Tortenguß beim Anrühren nicht zu stark bearbeiten, weil sonst kleine Luftblasen in die angedickte Masse eingeschlossen werden, die eine Trübung verursachen.
Den Guß deshalb nur kurz und vorsichtig mit einem Löffel, nicht mit dem Schneebesen anrühren.

Das Backpulver verfärbt sich

Backpulver verträgt die Nachbarschaft mit manchen Gewürzen nicht besonders gut; es nimmt bei längerer Lagerung neben Zimt oder Vanillezucker oft eine rosa Färbung an. Deshalb bewahrt man es am besten separat in einer gut schließenden Dose auf.
Die Verfärbung beeinträchtigt die Wirkung aber nicht.

Das Fett schäumt beim Fritieren von Fettgebäck

Dann hat das Ausbackfett wahrscheinlich noch nicht die optimale Temperatur erreicht. Durch das Schäumen können zarte Gebäckstücke zerreißen. Das läßt sich verhindern, wenn man jedesmal vor dem Einlegen des Teigs die Temperatur prüft, indem man den Stiel eines Holzlöffels ins Fett hält.
Bilden sich Bläschen am Stiel, hat das Fett die richtige Temperatur.

Rührteig

Rührteig
Das Wichtigste an diesem Teig ist das kräftige Rühren, durch das die Zutaten gut vermischt werden. Rührteig gehört zu den gängisten Teigformen, weil sich daraus schnell und ohne große Umstände köstliche Kuchen bereiten lassen.

Vorbereitung: Mehl und Backpulver werden vermischt und durchgesiebt, um das Mehl zu lockern. Falls Früchte verwendet werden sollen, werden Rosinen oder Korinthen sorgfältig verlesen. Nüsse werden in einer trockenen Pfanne leicht geröstet, bis sich die Häutchen abreiben lassen. Mandeln begießt man mit kochendem Wasser, weil sie sich dann leicht schälen lassen. Nüsse und Mandeln werden gemahlen, Zitronat und Orangeat gewürfelt oder in Streifen geschnitten.
Die Kuchenform mit Butter ausstreichen und die Form mit Semmelmehl ausstreuen. Bei Springformen braucht nur der Boden gefettet zu werden. Kastenformen kann man mit Papier auslegen, damit der Kuchen besser aus der Form kommt. Am besten verwendet man dazu Pergament- oder Back-Trennpapier. Man schneidet das Papier für die Kastenform zu, indem man die Form auf das Papier stellt und den Boden nachzeichnet. Dann kippt man sie nacheinander auf alle vier Seiten und zeichnet jeweils die Seiten nach. Das ganze wird ausgeschnitten und paßt am Ende genau in die Form.

Verarbeitung: Die weiche Butter - man kann auch andere Fette wie Margarine oder Schweineschmalz verwenden - wird geschmeidig gerührt, bevor man Zucker, Vanillin-Zucker, Eier und Geschmackszutaten zugibt. Zum Schluß gibt man abwechselnd das mit Backpulver vermischte Mehl und evtl. Milch dazu, achtet aber darauf, daß der Teig nicht zu flüssig wird. Nur soviel Milch zugeben, daß er schwerreißend vom Löffel fließt. Zum Schluß rührt man weitere Zutaten wie gehackte Mandeln oder Nüsse oder andere Früchte unter und füllt den Teig in die Form.

Backen: Die Form wird in den vorgeheizten Backofen gestellt und entsprechend den Angaben im Rezept gebacken. Bevor man sie am Ende der Backzeit herausnimmt, unbedingt die Garprobe mit einem Holzstäbchen machen, an dem weder Teigreste noch feuchte Krumen hängenbleiben dürfen. Den Kuchen aus dem Ofen nehmen und etwa 6-10 Minuten stehenlassen; dann erst auf einen Kuchenrost stürzen und abkühlen lassen. Wurde der Rührkuchen in der Springform gebacken, löst man ihn mit einem Messer vorsichtig vom Rand und entfernt den Rand. Anschließend auf einen Kuchenrost stürzen.

Linzer Kirsch-Kuchen

250 g Butter	geschmeidig rühren, nach und nach
200 g Zucker	
1 Päckchen Vanillin-Zucker	
Salz	
5 Eier	
1 gestrichenen Teel. gemahlenen Zimt	
1 Messerspitze gemahlene Nelken	unterrühren
250 g Weizenmehl	mit
1 gestrichenen Teel. Backpulver	mischen, sieben, eßlöffelweise mit
150 g unabgezogenen, gemahlenen Mandeln	unterrühren ⅔ des Teiges in eine gut gefettete Springform (Durchmesser etwa 28 cm) füllen, glattstreichen
etwa 750 g Sauerkirschen (aus dem Glas)	abtropfen lassen, auf den Teig geben, leicht andrücken, den restlichen Teig mit 2 Teelöffeln in Häufchen daraufgeben die Form auf dem Rost in den vorgeheizten Backofen schieben
Strom:	175-200
Gas:	3-4
Backzeit:	Etwa 1 Stunde den erkalteten Kuchen mit
gesiebtem Puderzucker	bestäubt servieren.

Feiner Marmorkuchen

375 g Butter oder Margarine	geschmeidig rühren, nach und nach
250 g Zucker	
1 Päckchen Vanillin-Zucker	
Salz	
5 Eier	
2 Eßl. Rum oder Weinbrand	unterrühren
375 g Weizenmehl	mit
3½ gestrichenen Teel. Backpulver	mischen, sieben, eßlöffelweise unterrühren ⅔ des Teiges in eine gefettete Napfkuchenform geben unter den restlichen Teig
50 g geriebene, zartbittere Schokolade	
15 g Kakao	
25 g Zucker	
50 g abgezogene, gemahlene Mandeln	
4-5 Eßl. Milch	rühren, auf den hellen Teig geben, den dunklen Teig spiralförmig mit einer Gabel durch den hellen Teig ziehen die Form auf dem Rost in den vorgeheizten Backofen schieben
Strom:	160-180
Gas:	Etwa 3
Backzeit:	Etwa 1 Stunde den gebackenen Kuchen nach dem Erkalten nach Belieben mit
gesiebtem Puderzucker	bestäuben.

Holländisches Kaffeegebäck

(Abb. rechts)

	Für den Teig
300 g Butter oder Margarine	geschmeidig rühren, nach und nach
100 g gesiebten Puderzucker	
1 Päckchen Vanillin-Zucker	
2 Eier	
Salz	
abgeriebene Schale von 1 Zitrone (unbehandelt)	unterrühren
400 g Weizenmehl	mit
1 gestrichenen Teel. Backpulver	mischen, sieben, eßlöffelweise unterrühren den Teig in einen Spritzbeutel mit gezackter Tülle füllen, in eng untereinanderliegenden Linien auf ein Backblech spritzen, so daß jeweils die Form eines langgezogenen Dreiecks entsteht, in den vorgeheizten Backofen schieben
Strom:	175-200
Gas:	3-4
Backzeit:	Etwa 15 Minuten die Hälfte der erkalteten Plätzchen auf der Unterseite mit
Aprikosen-Konfitüre	bestreichen, die anderen mit der Unterseite darauflegen
	für den Guß
100 g Kuvertüre	mit
20 g Kokosfett	in einem kleinen Topf im Wasserbad zu einer geschmeidigen Masse verrühren, die Plätzchen mit der breiten Seite hineintauchen.

Zwetschenkuchen

(Abb. unten)

	Für den Belag
1-1,2 kg Zwetschen	waschen, abtrocknen, entsteinen
	für den Teig
100 g weiche Butter	mit
100 g Marzipan-Rohmasse	geschmeidig rühren, nach und nach
80 g Zucker Salz 3 Eier 2 Teel. abgeriebene Schale von 1 Zitrone (unbehandelt)	unterrühren
200 g Weizenmehl	mit
2 gestrichenen Teel. Backpulver	mischen, sieben, eßlöffelweise unterrühren, zuletzt
2 Eßl. saure Sahne	unterrühren
50 g abgezogene, gehobelte Mandeln	in einer Pfanne ohne Fett unter Rühren goldbraun rösten, mit den Händen leicht zerbröseln, eine gefettete Springform (Durchmesser etwa 28 cm) damit ausstreuen den Teig in die Form füllen, glattstreichen, die Zwetschen sehr dicht dachziegelartig darauflegen
	für die Mandelmasse
60 g Butter oder Margarine	mit
60 g Zucker 2 Eßl. Honig 1 Messerspitze gemahlenem Zimt	in einem Topf unter Rühren zum Kochen bringen
150 g unabgezogene Mandeln	in Scheiben schneiden, mit
3 Teel. Weizenmehl	unter die Buttermasse rühren, noch einmal kurz aufkochen lassen
	die heiße Mandelmasse auf den Zwetschen verteilen die Form auf dem Rost in den vorgeheizten Backofen schieben
Strom:	Etwa 200
Gas:	3-4
Backzeit:	40-45 Minuten den gebackenen Kuchen in der Form erkalten lassen, mit einem scharfen Messer vom Springformrand lösen, auf eine Tortenplatte schieben.
Beigabe:	Leicht gesüßte, mit Sliwowitz gewürzte Schlagsahne, nach Belieben mit gesiebtem Kakao bestäubt.

Eierlikör-Cremekuchen

(Abb. rechts)

	Für den Teig
100 g Butter oder Margarine	geschmeidig rühren, nach und nach
100 g Zucker 2 Eier	unterrühren
100 g Weizenmehl	mit
1 gestrichenen Teel. Backpulver	mischen, sieben, eßlöffelweise unterrühren den Teig in eine gefettete Springform (Durchmesser etwa 28 cm) mit umgedrehtem Boden füllen, glattstreichen
etwa 500 g gedünstete Sauerkirschen oder Stachelbeeren	abtropfen lassen, auf dem Teig verteilen die Form auf dem Rost in den vorgeheizten Backofen schieben
Strom:	175-200
Gas:	3-4
Backzeit:	25-30 Minuten den erkalteten Kuchen auf eine Tortenplatte setzen, einen Tortenring darumlegen
	für den Belag
1 Päckchen Gelatine gemahlen, weiß	mit
3 Eßl. kaltem Wasser	anrühren, 10 Minuten zum Quellen stehenlassen aus
1 Päckchen Puddingpulver Vanille-Geschmack 500 ml (½ l) Milch 50 g Zucker	nach der Vorschrift auf dem Päckchen einen Pudding kochen die gequollene Gelatine erwärmen, bis sie gelöst ist, unter den heißen Pudding rühren, unter gelegentlichem

	Umrühren etwas abkühlen lassen
250 ml (1/4 l) Eierlikör	unterrühren wenn die Masse beginnt dicklich zu werden,
250 ml (1/4 l) Schlagsahne	steifschlagen, unterheben die Creme auf dem Kuchen verteilen, glattstreichen, im Kühlschrank fest werden lassen
	den Eierlikör-Cremekuchen mit
Krokant	bestreuen, mit
grünen Marzipanblättern	garnieren.
Tip:	Marzipanblätter fertig kaufen oder selbst herstellen, dafür etwa 100 g Marzipan-Rohmasse, 50 g gesiebten Puderzucker, mit grüner Lebensmittelfarbe verkneten, ausrollen, Blätter ausstechen.

Gebackenes Haus

(Abb. unten)

200 g Butter oder Margarine	geschmeidig rühren, nach und nach
100 g Zucker	
1 Päckchen Vanillin-Zucker	
3 Eier	
1 Eigelb	
Salz	
abgeriebene Schale von ½ Apfelsine oder ½ Zitrone (unbehandelt)	hinzufügen
150 g Weizenmehl	mit
25 g Speisestärke	
1 gestrichenen Teel. Backpulver	mischen, sieben, eßlöffelweise mit
2 Eßl. Orangen-Likör oder	
2 Eßl. Zitronensaft	unterrühren, zuletzt
50 g abgezogene, gemahlene Mandeln	unter den Teig heben den Teig in eine gefettete, mit
Semmelmehl	ausgestreute Keramikform (Haus) füllen, glattstreichen, die Form in den vorgeheizten Backofen schieben
Strom:	150–175
Gas:	2–3
Backzeit:	Etwa 65 Minuten den gebackenen Kuchen etwa 10 Minuten in der Form abkühlen lassen, aus der Form stürzen, erkalten lassen das gebackene Haus nach Belieben verzieren, z. B. mit weißem oder farbigem Zuckerguß oder
farbiger Zuckerschrift (aus der Tube)	mit
Plätzchenschmuck	garnieren
	für den Zuckerguß
gesiebten Puderzucker	mit so viel
Eiweiß	verrühren, daß ein spritzfähiger Guß entsteht den Zuckerguß evtl. mit Speisefarbe einfärben.
Verpackungsvorschlag zum Verschenken:	Ein quadratisches flaches Kästchen mit grünem Geschenkpapier ausschlagen. Den Boden mit Blumen- oder Kakteenkieseln ausfüllen. Das Häuschen darauf setzen, mit Ruskus und/oder getrockneten Ähren dekorieren. Nach Belieben großzügig in Cellophanpaier einpacken oder die Keramikform mit Seidenpapier ausfüllen, das verzierte Häuschen auf die Form setzen, in Cellophanpapier einpacken und mit Schleifenband zubinden.

Festtagsherz

(Abb. rechts)

	Für den Teig
75 g Butter	geschmeidig rühren, nach und nach
100 g Zucker	
1 Päckchen Vanillin-Zucker	
2 Eier	
Salz	unterrühren
125 g Weizenmehl	mit
30 g Speisestärke	
1 gestrichenen Teel. Backpulver	mischen, sieben, eßlöffelweise unterrühren den Teig in eine gefettete Herzform füllen die Form auf dem Rost in den vorgeheizten Backofen schieben
Strom:	175–200
Gas:	3–4
Backzeit:	Etwa 30 Minuten das Gebäck aus der Form stürzen, erkalten lassen, zweimal durchschneiden
	für den Guß
100 g Schokolade	in kleine Stücke brechen, mit
etwas Kokosfett	in einem kleinen Topf im Wasserbad geschmeidig rühren, den oberen Boden damit bestreichen
50 g Marzipan-Rohmasse	mit

30 g gesiebtem Puderzucker verkneten, ausrollen, in der Größe des Herzens ausschneiden
den mittleren Herzboden mit
1 Eßl. Konfitüre bestreichen, die Marzipanplatte darauf legen, etwas andrücken

für die Füllung
aus
1 Päckchen Vanille-Dessert
375 ml (3/8 l) kalter Milch eine Creme nach Vorschrift zubereiten
150 g Butter geschmeidig rühren, die Creme nach und nach eßlöffelweise unterrühren, 2 Eßl. von der Creme in einen Spritzbeutel mit gezackter Tülle füllen
den unteren Boden mit gut 1/3 der Creme bestreichen, den mittleren darauf legen, ebenfalls bestreichen, mit der restlichen Creme den Herz-Rand bestreichen, den mit Guß bestrichenen Boden auf den mittleren Boden legen
den hellen Herz-Rand mit
geraspelter Schokolade bestreuen
die Herzoberfläche mit der Creme aus dem Spritzbeutel verzieren, mit geraspelter Schokolade,
Zuckerblumen oder Liebesperlen garnieren.

Früchte-Kuchen

100 g getrocknete Aprikosen	
50 g Orangeat	
50 g Zitronat (Sukkade)	die 3 Zutaten in kleine Würfel schneiden, mit
100 g Sultaninen	
100 g Weinbeeren	
50 g Korinthen	
50 g abgezogenen, gehobelten Mandeln	in eine Schüssel geben, mit
100 ml Rum	übergießen, über Nacht durchziehen lassen
	für den Teig
200 g Butter	geschmeidig rühren, nach und nach
125 g Kandis-Farin	
1 Päckchen Vanillin-Zucker	
Salz	
4 Eier	
1 Teel. gemahlenen Koriander	
1 Messerspitze Muskatblüte	
1 Messerspitze gemahlenen Zimt	unterrühren
200 g Weizenmehl	mit
2 gestrichenen Teel. Backpulver	mischen, sieben, eßlöffelweise unterrühren die eingeweichten Früchte,
50 g gemahlene Haselnußkerne	hinzufügen, gut verrühren den Teig in eine gefettete, mit Alufolie ausgelegte Kastenform füllen, glattstreichen die Form auf dem Rost in den vorgeheizten Backofen schieben
Strom:	150-175
Gas:	2-3
Backzeit:	Etwa 1½ Stunden
	zum Aprikotieren
3 Eßl. Aprikosen-Konfitüre	durch ein Sieb streichen, mit
3 Eßl. Rum	zum Kochen bringen, den Kuchen sofort nach dem Backen damit bestreichen.

Pfirsich-Kuchen

(Abb. rechts)

	Für den Rührteig
200 g Butter oder Margarine	geschmeidig rühren, nach und nach
150 g Zucker	
1 Päckchen Vanillin-Zucker	
Salz	
1 Ei	
Schale von ½ Zitrone (unbehandelt)	
1 Eßl. Rum	
½ Teel. gemahlenen Zimt oder Koriander	unterrühren
300 g Weizenmehl	mit
50 g Speisestärke	
3 gestrichenen Teel. Backpulver	mischen, sieben, eßlöffelweise unterrühren den Teig auf ein gefettetes Backblech streichen das Backblech in den vorgeheizten Backofen schieben, hell vorbacken
Strom:	Etwa 200
Gas:	3-4
Backzeit:	Etwa 15 Minuten
etwa 1 kg gedünstete, abgezogene Pfirsichhälften	abtropfen lassen, den Kuchen in Abständen (Schnittfläche nach unten) damit belegen in die Zwischenräume
100 g verlesene Sultaninen	
50 g abgezogene, gehobelte Mandeln	streuen
	für den Biskuitteig
2 Eier	mit
2-3 Eßl. heißem Wasser	mit einem Handrührgerät mit Rührbesen auf höchster Stufe in 1 Minute schaumig rühren
100 g Zucker	mit
1 Päckchen Vanillin-Zucker	
abgeriebener Schale von ½ Zitrone (unbehandelt)	mischen, in 1 Minute einstreuen, dann noch etwa 2 Minuten schlagen
40 g Weizenmehl	mit
40 g Speisestärke	
½ gestrichenen Teel. Backpulver	mischen, die Hälfte davon auf die Eicreme sieben, kurz auf niedrigster Stufe unterrühren den Rest des Mehl-Gemisches auf dieselbe Weise unterarbeiten die Pfirsich-Zwischenräume mit dem Teig ausfüllen, die Form auf dem Rost in den vorgeheizten Backofen schieben, bei gleicher Temperatur weitere etwa 15 Minuten backen nach Belieben
2-3 Eßl. Aprikosen-Konfitüre	erhitzen, durch ein Sieb streichen, die Pfirsichhälften damit bestreichen.

Kirsch-Schokoladen-Kuchen

(Abb. unten)

	Für den Teig
100 g Butter	geschmeidig rühren, nach und nach
100 g Zucker	
1 Päckchen Vanillin-Zucker	
4 Eier, Salz	
100 g gemahlene Haselnußkerne	
100 g geriebene zartbittere Schokolade	unterrühren
125 g Weizenmehl	mit
1 Teel. Backpulver	mischen, sieben, eßlöffelweise unterrühren, den Teig in eine gefettete Springform (Durchmesser etwa 28 cm) füllen, glattstreichen
etwa 450 g Sauerkirschen (aus dem Glas)	abtropfen lassen, den Saft auffangen, die Sauerkirschen auf dem Teig verteilen, leicht eindrücken die Form auf dem Rost in den vorgeheizten Backofen schieben
Strom:	175-200
Gas:	3-4
Backzeit:	Etwa 30 Minuten den Kuchen aus der Form lösen, erkalten lassen
	für den Guß aus
1 Päckchen Tortenguß, klar	
1 Eßl. Zucker	
250 ml (¼ l) Sauerkirschsaft	nach der Vorschrift auf dem Beutel einen Guß zubereiten, über den Kuchen verteilen, erkalten lassen
250 ml (¼ l) Schlagsahne	etwa ½ Minute schlagen
1 Päckchen Sahnesteif	
1 Teel. Zucker	
etwas Vanillin-Zucker	einstreuen, die Sahne steifschlagen den Kuchen damit bestreichen oder die Sahne in einem Spritzbeutel mit Sterntülle geben und den Kuchen damit verzieren.

Walnuß-Roulade

(Abb. rechts)

	Für den Teig
75 g weiche Butter	geschmeidig rühren, nach und nach
75 g Zucker	

1 Päckchen Vanillin-Zucker	
5 Eigelb	
2 Eßl. Rum	unterrühren
5 Eiweiß	steifschlagen, auf die Eigelb-Butter-Masse geben
75 g Weizenmehl	mit
1 gestrichenen Teel. Backpulver	mischen, darübersieben, alles vorsichtig mit einem Schneebesen vermengen, den Teig in der Größe von etwa 32 × 32 cm auf ein gefettetes, mit Back-Trennpapier belegtes Backblech streichen das Backblech in den vorgeheizten Backofen schieben
Strom:	175-200, **Gas:** 3-4
Backzeit:	12-15 Minuten die Gebäckplatte sofort nach dem Backen auf ein mit
Zucker	bestreutes Papier stürzen

	für die Füllung
300 g Ananas-Konfitüre	mit
1-2 Eßl. Rum	verrühren, auf die heiße Gebäckplatte streichen, mit
100 g gehackten Walnußkernen	bestreuen, mit Hilfe des Papiers sofort aufrollen, erkalten lassen
	für den Guß
100 g Kuvertüre	mit
etwas Kokosfett	in einem kleinen Topf im Wasserbad geschmeidig rühren, das Gebäck damit bestreichen, sobald der Guß festgeworden ist, die Walnuß-Roulade in schräge Scheiben schneiden.

Igel-Familie oder Geburtstagsherz

(Abb. oben)

Für den Teig

125 g Butter oder Margarine geschmeidig rühren, nach und nach
75 g Zucker
1 Päckchen Vanillin-Zucker
3 Eier, Salz
75 g gemahlene Haselnußkerne (mit Haut)
100 g geriebene Schokolade unterrühren
75 g Weizenmehl mit
50 g Speisestärke
2 gestrichenen Teel. Backpuler
15 g Kakao mischen, sieben, eßlöffelweise unterrühren
den Teig in eine große und 5-6 kleine Igelformen oder in eine gefettete Herzform füllen, glattstreichen
die Formen auf dem Rost in den vorgeheizten Backofen schieben

Strom: 150-175
Gas: 2-3
Backzeit für den

großen Igel:	Etwa 1 Stunde
für die kleinen Igel:	Etwa 30 Minuten
für das Herz:	Etwa 50 Minuten Igel oder Herz aus den Formen stürzen
	für die Igel-Familie
125-150 g zartbittere Schokolade	mit
etwas Kokosfett	in einem kleinen Topf im Wasserbad geschmeidig rühren, die Igelfiguren damit bestreichen als Augen und Schnauze
Korinthen	eindrücken, jeweils die Igel-Oberfläche dicht nebeneinander mit einem Holzstäbchen einstechen
etwa 50 g abgezogene, gestiftelte Mandeln	in die Einstiche stecken
	für das Herz
100 g zartbittere Schokolade	mit
etwas Kokosfett	in einem kleinen Topf im Wasserbad geschmeidig rühren, das Herz damit bestreichen, mit
Zuckerblumen	garnieren, nach Belieben
1-2 Eßl. gesiebten Puderzucker	mit
etwas Eiweiß	zu einem dickflüssigen Guß verrühren, in ein Pergamentpapiertütchen füllen, von der Tüte eine Spitze abschneiden, das Herz mit dem Guß verzieren oder mit Namen, Glückwünschen beschriften.
Verpackungsvorschläge zum Verschenken:	Das Herz - auf eine farblich passende oder eine Gold- oder Silbermanschette legen oder auf die umgedrehte Herzform setzen und das handgeschriebene Rezept mit Klebeband in die Form kleben. Das Herz in weiches, dekoratives Geschenkpapier oder Cellophanpapier verpacken, rote Herzen daranhängen.

Schokoladen-Ingwer-Ring

(Abb. rechts)

	Für den Teig
100 g Marzipanrohmasse	geschmeidig rühren, nach und nach
125 g Zucker 3 Eigelb Salz 2 Teel. gemahlenen Zimt ½ Teel. gemahlene Nelken 1 Eßl. abgeriebene Schale von 1 Zitrone (unbehandelt)	unterrühren
100 g Walnußkerne	grob hacken
100 g kandierten Ingwer	nicht zu fein würfeln beide Zutaten vermengen, mit
3 Eßl. Rum	beträufeln
100 g Roggenmehl 1 Teel. Backpulver	sieben, mit den gehackten Walßnußkernen, dem gewürfelten Ingwer unter die Marzipan-Masse rühren
100 g halbbittere Kuvertüre	in einem kleinen Topf im Wasserbad geschmeidig rühren
3 Eiweiß	steifschlagen beide Zutaten unter den Teig rühren den Teig in eine gefettete Reisrandform (Durchmesser etwa 20 cm) füllen, glattsteichen die Form auf dem Rost in den vorgeheizten Backofen schieben
Strom:	Etwa 175
Gas:	2-3
Backzeit:	40-45 Minuten den gebackenen Ingwer-Ring auf einen Kuchenrost stürzen, die Form nach etwa 5 Minuten abheben
	für den Guß
100 g Johannisbeer-Gelee	verrühren, den heißen Kuchen damit bestreichen, erkalten lassen
etwa 150 g halbbittere Kuvertüre	in einem kleinen Topf im Wasserbad geschmeidig rühren, den Kuchen damit bestreichen, bevor der Guß fest wird, den Ring mit
kandierten Ingwerstücken Walnußkernen	garnieren.

Rhabarber-Kuchen mit Baiser

(Abb. unten)

	Für den Teig
250 g Butter oder Margarine	geschmeidig rühren, nach und nach
100 g Zucker	
1 Päckchen Vanillin-Zucker	
1 Ei	unterrühren
250 g Weizenmehl	mit
2½ gestrichenen Teel. Backpulver	mischen, sieben, eßlöffelweise unterrühren den Teig auf ein gefettetes Backblech streichen, einen mehrfach gefalzten Streifen Alufolie vor den Teig legen
	für den Belag
1½ kg Rhabarber	waschen, in 3-4 cm große Stücke schneiden (nicht abziehen), gleichmäßig auf den Teig legen, in den vorgeheizten Backofen schieben
Strom:	175-200
Gas:	3-4
Backzeit:	Etwa 25 Minuten
	für das Baiser
3 Eiweiß	steifschlagen, es muß so fest sein, daß ein Messerschnitt sichtbar bleibt darunter eßlöffelweise
150 g Zucker	schlagen nach etwa 20 Minuten Backzeit die Baisermasse auf den Rhabarber streichen oder in Form eines Gitters daraufspritzen, leicht bräunen lassen
Strom:	200-225 (oberste Schiene)
Gas:	4-5
Backzeit:	Etwa 8 Minuten.

Apfelkuchen mit Mandelblättchen

	Für den Teig
300 g Butter oder Margarine	geschmeidig rühren, nach und nach
250 g gesiebten Puderzucker	
Salz	
6 Eier	
abgeriebene Schale von 2 Zitronen (unbehandelt)	
3 Eßl. Portwein	unterrühren
300 g Weizenmehl	mit
80 g Speisestärke	
1 Teel. Backpulver	mischen, sieben, eßlöffelweise unterrühren den Teig auf ein mit Back-Trennpapier belegtes Backblech geben, glattstreichen
	für den Belag
2,5 kg mittelgroße Äpfel (z. B. Boskop)	schälen, das Kerngehäuse mit einem Apfelausstecher ausstechen, die Äpfel halbieren, die gewölbte Apfelfläche mehrmals mit einem Messer einschneiden die Apfelhälften in dem Saft von
2 Zitronen	schwenken, dicht nebeneinander in den Teig drücken, mit
100 g gehobelten Mandeln	
50 g Hagelzucker	bestreuen das Backblech in den vorgeheizten Backofen schieben
Strom:	Etwa 175
Gas:	2-3
Backzeit:	45-50 Minuten
	für die Glasur
300 g Aprikosen-Konfitüre	durch ein Sieb streichen, mit
4 Eßl. Wasser	verrühren, zum Kochen bringen, 2-3 Minuten kochen lassen den gebackenen Kuchen dünn mit der heißen Konfitüre bestreichen.

Sandkuchen mit Guß

(Abb. rechts)

	Für den Teig
250 g Butter	zerlassen, kalt stellen in das wieder etwas festgewordene Fett
200 g Zucker	
1 Päckchen Vanillin-Zucker	geben, so lange rühren, bis Fett und Zucker weißschaumig geworden sind nach und nach

4 Eier	
Salz	
einige Tropfen Backöl Zitrone oder Rum-Aroma	hinzugeben (jedes Ei etwa 2 Minuten unterrühren)
125 g Weizenmehl	mit
125 g Speisestärke	
½ gestrichenen Teel. Backpulver	mischen, sieben, eßlöffelweise unterrühren den Teig in eine gefettete, mit Pergamentpapier ausgelegte Kastenform (30 × 11 cm) füllen die Form auf dem Rost in den vorgeheizten Backofen schieben
Strom:	165-185
Gas:	2-3
Backzeit:	65-75 Minuten
	für den Guß
100 g Schokolade	in kleine Stücke brechen, mit
etwas Kokosfett	in einem kleinen Topf im Wasserbad zu einer geschmeidigen Masse verrühren, den erkalteten Kuchen damit überziehen.

Schicht-Sandkuchen

(Abb. rechts)

250 g Butter	zerlassen, etwas abkühlen lassen in das wieder etwas festgewordene Fett nach und nach
200 g feinkörnigen Zucker, 1 Päckchen Vanillin-Zucker, Salz, 4 Eier	rühren
125 g Weizenmehl	mit
125 g Speisestärke, 1 gestrichenen Teel. Backpulver	mischen, sieben, eßlöffelweise mit
1 Eßl. Rum	unterrühren den Teig in 4 Teile teilen unter ¼ des Teiges
50 g abgezogene, gemahlene Mandeln, 1-2 Eßl. Orangen-Likör	rühren unter das zweite ¼ des Teiges
25 g bittere, geriebene Schokolade, ½ Eßl. Kakao, 2 Teel. Zucker, 1 Eßl. Milch	rühren unter das dritte ¼ des Teiges
50 g gemahlene Haselnußkerne, 1 Messerspitze gemahlenen Zimt, 1 Eßl. Rum	rühren unter den restlichen Teig
30 g gehacktes Orangeat, abgeriebene Schale von ½ Apfelsine (unbehandelt), 1 Eßl. Weinbrand	rühren den Teig nacheinander in eine gefettete, mit Pergamentpapier ausgelegte Kastenform füllen, jede Schicht glattstreichen die Form auf dem Rost in den vorgeheizten Backofen schieben
Strom:	Etwa 175
Gas:	2-3
Backzeit:	Etwa 70 Minuten den erkalteten Kuchen mit
gesiebtem Puderzucker	bestäuben.

Mandarinen-Schnitten

Für den Teig

200 g zartbittere Schokolade	in kleine Stücke brechen, in einem kleinen Topf im Wasserbad geschmeidig rühren, etwas abkühlen lassen

200 g weiche Butter	geschmeidig rühren, die aufgelöste Schokolade unterrühren, nach und nach
100 g Zucker, 3 Eier, 5 Eigelb	unterrühren
250 g Weizenmehl	mit
2 gestrichenen Teel. Backpulver, 1 schwach gehäuften Eßl. Kakao	mischen, sieben unterrühren
5 Eiweiß	steifschlagen, dabei eßlöffelweise
75 g Zucker	unterschlagen, die Eiweißmasse vorsichtig unter den Teig heben den Teig auf ein gefettetes, mit Pergamentpapier belegtes Backblech streichen an der offenen Seite des Backblechs das Papier unmittelbar vor dem Teig zur Falte knicken, so daß ein Rand entsteht

	das Backblech in den vorgeheizten Backofen schieben
Strom:	175–200, **Gas:** 3–4
Backzeit:	Etwa 15 Minuten
	die Gebäckplatte sofort nach dem Backen auf ein mit Zucker bestreutes Stück Papier stürzen, erkalten lassen, halbieren eine Gebäckplatte mit
2 Eßl. Orangen-Marmelade	bestreichen
	für die Füllung
etwa 470 g Mandarinenspalten (aus der Dose)	abtropfen lassen, auf der mit Marmelade bestrichenen Gebäckplatte verteilen (einige Mandarinenspalten zum Garnieren zurücklassen)
625 ml Schlagsahne	anschlagen, nach und nach
3 Teel. Zucker	
etwas Vanillin-Zucker	
3 Päckchen Sahnesteif	hinzufügen, die Sahne steifschlagen
5–6 Eßl. Orangen-Likör	unterschlagen, gut die Hälfte der Schlagsahne auf die Mandarinenspalten geben, glattstreichen, mit der zweiten Gebäckplatte bedecken, diese mit
2–3 Eßl. Orangen-Likör	beträufeln, mit der Hälfte der übrigen Schlagsahne bestreichen, auf der Sahne mit einem Messer gleichgroße Schnitten markieren die restliche Sahne in einen Spritzbeutel mit gezackter Tülle geben, die markierten Schnitten damit verzieren, mit den zurückgelassenen Mandarinenspalten garnieren, einige Stunden in den Kühlschrank stellen, erst dann schneiden.

Rhabarber-Kuchen

(Abb. links)

125 g Butter	geschmeidig rühren, nach und nach
75 g Zucker	
1 Päckchen Vanillin-Zucker	
1 Ei	
Salz	
abgeriebene Schale von ½ Zitrone (unbehandelt)	unterrühren
125 g Weizenmehl	mit
1 Teel. Backpulver	mischen, sieben, mit
100 g abgezogenen, gemahlenen Mandeln	eßlöffelweise unterrühren, den Teig in eine gut gefettete Pie-Form (Durchmesser etwa 28 cm) oder in eine gut gefettete Springform (Durchmesser etwa 28 cm) füllen, glattstreichen
500-750 g geputzten Rhabarber	waschen, in kleine Stücke schneiden, auf dem Teig verteilen die Form auf dem Rost in den vorgeheizten Backofen schieben
	für den Guß
3 Eigelb	mit
75 g Zucker	cremig schlagen
½ Teel. gemahlenen Zimt	mit
1 Becher (150 g) Crème fraîche	unterrühren
2 Eiweiß	steifschlagen, unterheben den Kuchen nach etwa 45 Minuten Backzeit mit dem Guß bestreichen
Strom:	175-200
Gas:	3-4
Backzeit:	60-65 Minuten.

Tele-Happen

(Abb. rechts)

	Für den Teig
200 g Honig	mit
100 g Butter	
125 g Zucker	langsam erwärmen, zerlassen, erkalten lassen
2 Eier	
20 g Kakao	
½ Teel. gemahlenen Zimt	
½ Teel. gemahlene Nelken	
1 gestrichenen Teel. Ingwerpulver	
2 Tropfen Backöl Bittermandel	mit der Honigmasse verrühren
375 g Weizenmehl	mit
1 Päckchen Backpulver	mischen, sieben, eßlöffelweise unter den Teig rühren
60 g kandierten Ingwer	in kleine Stücke schneiden
50 g zartbittere Schokolade	fein hacken
50 g Korinthen	verlesen, alle Zutaten unterheben, den Teig etwa ½ cm dick auf ein gefettetes Backblech streichen, in den vorgeheizten Backofen schieben
Strom:	175-200
Gas:	3-4
Backzeit:	25-30 Minuten das erkaltete Gebäck in Streifen, Rechtecke oder Dreiecke schneiden
	für den Guß
200 g Puderzucker	sieben, mit
2-3 gestrichenen Eßl. Kakao	
3-4 Eßl. heißem Wasser	glattrühren, so daß eine dickflüssige Masse entsteht, die Happen damit bestreichen die Gebäckstücke nach Belieben mit
abgezogenen, gehobelten oder gehackten Mandeln	garnieren oder
abgezogene, halbierte Mandeln	mit
halbierten roten Belegkirschen	zu Blüten auf den Tele-Happen anordnen, d. h., sie in den noch feuchten Guß drücken.

Kirschkuchen

(Abb. unten)

	Für die Füllung
1 kg. Sauerkirschen	waschen, abtropfen lassen, entsteinen
6 Zwiebäcke	fein reiben, evtl. durch ein Sieb drücken eine Kranz-Form mit
25 g weicher Butter	ausstreichen, mit 3 Eßl. von dem Zwiebackmehl ausstreuen
	für den Teig
200 g weiche Butter	geschmeidig rühren, nach und nach
4 Eier **200 g Zucker** **Salz** **abgeriebene Schale von 2 Zitronen (unbehandelt)**	unterrühren
300 g Weizenmehl	mit
1 Päckchen Backpulver **100 g Speisestärke**	mischen, sieben, mit
100 g Grieß	eßlöffelweise unterrühren zum Schluß
3 Eßl. Schlagsahne	unterrühren ⅓ des Teiges in die vorbereitete Form füllen, glattsteichen die Kirschen in dem restlichen Zwiebackmehl wälzen, die Hälfte der Kirschen auf dem Teig verteilen, mit einem weiteren Teigdrittel bedecken, die restlichen Kirschen darauf verteilen, den restlichen Teig daraufgeben die Form auf dem Rost in den vorgeheizten Backofen schieben
Strom:	Etwa 175
Gas:	2-3
Backzeit:	Etwa 1 Stunde

	den gebackenen Kuchen auf einen Kuchenrost stürzen, die Form nach etwa 10 Minuten abheben, den Kuchen erkalten lassen
	für den Guß
etwa 250 g gesiebten Puderzucker	mit
1 Eiweiß **3 Eßl. Kirschwasser**	glattrühren, den Kuchen damit bestreichen
100 g abgezogene, gestiftelte Mandeln	in einer Pfanne ohne Fett unter ständigem Rühren goldgelb rösten, den noch feuchten Guß damit bestreuen.

Feiner Rührkuchen

(Abb. oben)

	Für den Teig
350 g Butter	geschmeidig rühren, nach und nach
250 g Zucker	
1 Päckchen Vanillin-Zucker	
2 Eßl. Weinbrand oder Orangen-Likör	unterrühren
350 g Weizenmehl	mit
3 gestrichenen Teel. Backpulver	mischen, sieben, eßlöffelweise unterrühren
	den Teig in eine gefettete Rosettenform (Durchmesser etwa 26 cm) füllen
	die Form auf dem Rost in den vorgeheizten Backofen schieben
Strom:	175-200, **Gas:** 3-4
Backzeit:	40-45 Minuten
	den Kuchen etwas abkühlen lassen
	zum Aprikotieren
2 Eßl. Aprikosen-Konfitüre	durch ein Sieb streichen, mit
2-3 Eßl. Weinbrand oder Orangen-Likör	aufkochen, den Kuchen damit bestreichen
125 g gesiebtem Puderzucker	
2 Eßl. Zitronensaft	zu einer geschmeidigen Masse verrühren, den völlig erkalteten Kuchen damit überziehen, mit
Schlagsahne	verzieren, mit
Aprikosenschnitzeln	garnieren.

Mokka-Schiffchen

(Etwa 16 Stück - Abb. oben)

	Für den Teig
150 g weiche Butter	geschmeidig rühren, nach und nach
150 g Zucker	
3 Eier	
3 Teel. Instant-Kaffeepulver, aufgelöst in	
1 Eßl. Rum	unterrühren
75 g Weizenmehl	mit
75 g Speisestärke	
1 gestrichenen Teel. Backpulver	mischen, sieben, eßlöffelweise unterrühren den Teig in gut gefettete Schiffchen-Förmchen füllen, glattstreichen die Förmchen auf dem Backblech in den vorgeheizten Backofen schieben
Strom:	175-200
Gas:	3-4
Backzeit:	Etwa 15 Minuten
	die gebackenen Schiffchen aus der Form lösen, erkalten lassen
	zum Aprikotieren
3 Eßl. Aprikosen-Konfitüre	durch ein Sieb streichen, mit
1 Eßl. Wasser	
2 Eßl. Rum	zum Kochen bringen, die Schiffchen damit bestreichen
	zum Garnieren
100 g halbbittere Kuvertüre	in einem kleinen Topf im Wasserbad geschmeidig rühren
50 g weiche Butter	geschmeidig rühren
1 Eßl. gesiebten Puderzucker	unterrühren
1 Teel. Instant-Kaffee	in
1 Eßl. Rum	auflösen, unter die Butter rühren, die Kuvertüre unterrühren die Masse cremig aufschlagen, in einen Spritzbeutel mit Sterntülle füllen, die Schiffchen damit verzieren, mit
Mokkabohnen	garnieren.

Erdnuß-Kuchen

Für den Teig

Etwa 330 g Erdnußmus aus gerösteten Erdnußkernen (aus dem Glas) mit
175 g braunem Rohrzucker
1 Päckchen Vanillin-Zucker cremig rühren, nach und nach
4 Eier
Schale und Saft von ½ Orange (unbehandelt) unterrühren
175 g Weizenmehl mit
75 g Speisestärke
1 gestrichenen Teel. Backpulver mischen, sieben, eßlöffelweise unterrühren

50 g gehackte Erdnußkerne hinzufügen, verrühren
den Teig in eine gefettete, mit Pergamentpapier ausgelegte Kastenform (30 × 11 cm) füllen, glattstreichen, die Form auf dem Rost in den vorgeheizten Backofen schieben

Strom: Etwa 175
Gas: Etwa 3
Backzeit: Etwa 1 Stunde
den gebackenen Kuchen aus der Form lösen, erkalten lassen

für den Guß

100 g zartbittere Schokolade in kleine Stücke brechen, mit
etwas Kokosfett in einem kleinen Topf im Wasserbad geschmeidig rühren, den Kuchen damit überziehen, nach Belieben mit
gehackten Erdnußkernen bestreuen.

Schichtkuchen, gegrillt

(Abb. rechts)

Für den Teig

250 g Butter geschmeidig rühren, nach und nach
250 g Zucker
1 Päckchen Vanillin-Zucker
2 Eier, 4 Eigelb
1–2 Eßl. Rum unterrühren
150 g Weizenmehl mit
100 g Speisestärke
3 gestrichenen Teel. Backpulver mischen, sieben, eßlöffelweise unterrühren
4 Eiweiß steifschlagen, zuletzt unter den Teig heben, den gefetteten Boden einer Kastenform (30 × 11 cm) mit Pergamentpapier auslegen, 1 gut gehäuften Eßl. Teig gleichmäßig mit einem Pinsel daraufstreichen
die Form auf dem Rost in den Backofen schieben (Abstand zwischen Grill und Teigschicht etwa 20 cm) die Teigschicht unter dem vorgeheizten Grill hellbraun backen

Grillzeit
Strom: Etwa 2 Minuten
Gas: Etwa 2 Minuten
als zweite Schicht wieder 1–2 Eßl. Teig auf die gebackene Schicht streichen, die Form wieder unter den Grill schieben
auf diese Weise den ganzen Teig verarbeiten (die Einschubhöhe nach Möglichkeit so verändern, daß der Abstand von etwa 20 cm zwischen Grill und Teigschicht bestehen bleibt)
den fertigen Kuchen mit einem Messer vorsichtig vom Rand der Form lösen
auf ein Backblech stürzen, das Papier abziehen, sofort noch etwa 5 Minuten in den heißen Backofen schieben

für den Guß

100 g Schokolade in kleine Stücke brechen, mit
25 g Kokosfett in einem kleinen Topf im Wasserbad zu einer geschmeidigen Masse verrühren, den erkalteten Kuchen damit überziehen.

Würziger Apfelkuchen

(Abb. oben)

	Für den Teig
200 g Butter oder Margarine	geschmeidig rühren, nach und nach
200 g Zucker	
1 Päckchen Vanillin-Zucker	
Salz, 4 Eier	
1 gestrichenen Teel. gemahlenen Zimt	
½ gestrichenen Teel. gemahlenen Ingwer	
1 Messerspitze Kardamom	unterrühren
250 g Weizenmehl	mit
2 gestrichenen Teel. Backpulver	mischen, sieben, eßlöffelweise unterrühren den Teig auf ein gut gefettetes Backblech streichen
	für den Belag
12–15 mittelgroße Äpfel	schälen, das Kerngehäuse mit einem Apfelstecher ausstechen die Äpfel in etwa 1 cm dicke Scheiben schneiden, schuppenförmig auf den Teig legen die Zwischenräume mit
Preiselbeer-Konfitüre	füllen das Backblech in den vorgeheizten Backofen schieben
Strom:	175–200
Gas:	3–4
Backzeit:	Etwa 40 Minuten den gebackenen Kuchen erkalten lassen
	für den Guß aus
500 ml (½ l) Apfelsaft oder 250 ml (¼ l) Weißwein	
250 ml (¼ l) Wasser	
2 Päckchen Tortenguß, klar	
2 Eßl. Zucker	nach der Vorschrift auf dem Päckchen einen Guß zubereiten, gleichmäßig über den Kuchen geben.

Rembrandtschnitten

	Für den Teig
125 g Butter	mit
125 g Marzipan-Rohmasse	geschmeidig rühren, nach und nach
125 g Zucker	
4 Eier	unterrühren
100 g Weizenmehl	mit
1 gestrichenen Teel. Backpulver	mischen, sieben, mit
50 g unabgezogenen, geriebenen Mandeln	
40 g Semmelmehl	unterrühren den Teig etwa 1 cm dick auf ein mit Back-Trennpapier belegtes Backblech streichen das Backblech in den vorgeheizten Backofen schieben
Strom:	175-200, **Gas:** 3-4
Backzeit:	Etwa 20 Minuten die Teigplatte sofort nach dem Backen auf Pergamentpapier stürzen, das Backpapier abziehen
	für die Füllung
30 g Speisestärke	
1 Eßl. Zucker	mit 3-4 Eßl. von
375 ml (3/8 l) kalter Milch	anrühren, die restliche Milch zum Kochen bringen, die angerührte Speisestärke einrühren, aufkochen lassen, von der Kochstelle nehmen
175 g Nuß-Nougatmasse	in kleine Stücke schneiden, unter den warmen Pudding rühren, unter gelegentlichem Umrühren erkalten lassen
175-200 g weiche Butter	geschmeidig rühren, den Nougat-Pudding eßlöffelweise unterrühren die Teigplatte in 3 Streifen schneiden 2 Teigplatten mit der Creme bestreichen, aufeinandersetzen, mit der dritten Teigplatte bedecken
75 g Marzipan-Rohmasse	mit
30 g gesiebtem Puderzucker	verkneten, in der Größe der Gebäckoberfläche ausrollen, das Gebäckstück damit belegen
	für den Guß
100 g zartbittere Schokolade	in kleine Stücke brechen, mit
etwas Kokosfett	in einem kleinen Topf im Wasserbad geschmeidig rühren, das Gebäckstück ganz damit bestreichen
25 g Nuß-Nougatmasse	in einem kleinen Topf im Wasserbad geschmeidig rühren, in eine Papiertüte füllen, das Gebäckstück damit verzieren, kühl stellen, vor dem Servieren in beliebig große Stücke schneiden.

Honigkuchenpferd

(Abb. unten)

	Für den Teig
500 g Honig	mit
75 g Schweineschmalz	
2 Eßl. Wasser	unter Rühren zerlassen
2 Päckchen Lebkuchengewürz	unterrühren
250 g Roggenmehl	mit
250 g Weizenmehl	
1 Päckchen Backpulver	mischen, auf die Honig-Schmalz-Masse sieben, einen Teil des Mehlgemisches unterrühren, den Rest mit
100 g gewürfeltem Zitronat	unterkneten, zuletzt evtl.
etwas Weizenmehl	unterkneten den Teig etwa 1 cm dick auf einer mit
Weizenmehl	bestäubten Tischplatte ausrollen, auf ein gut gefettetes Backblech legen, eine Papier-Schablone darauflegen und mit einem spitzen Messer das Pferd ausschneiden das Honigkuchenpferd mit
Wasser	bestreichen, mit
100 g abgezogenen, halbierten Mandeln	garnieren, die Mandeln mit
verschlagenem Eiweiß	bestreichen, das Backblech in den vorgeheizten Backofen schieben
Strom:	Etwa 175, **Gas:** 2-3
Backzeit:	Etwa 25 Minuten das gebackene Honigkuchenpferd erkalten lassen
	zum Verzieren
etwa 100 g gesiebten Puderzucker	mit
Eiweiß	zu einer dickflüssigen Masse verrühren, aus Pergamentpapier ein Tütchen formen, die Puderzucker-Masse hineingeben, ein Stück von der Tütchen-Spitze abschneiden, so daß die Masse in einer dünnen Linie aus dem Tütchen gedrückt werden kann das Pferd damit verzieren.

Getränkter Apfelsinenkuchen

(Abb. rechts)

350 g Butter oder Margarine	geschmeidig rühren, nach und nach
300 g Zucker 1 Päckchen Vanillin-Zucker 6 Eier abgeriebene Schale von 1 Apfelsine (unbehandelt) abgeriebene gelbe Schale von ½ Zitrone (unbehandelt)	unterrühren
350 g Weizenmehl	mit
50 g Speisestärke 2 gestrichenen Teel. Backpulver	mischen, sieben, eßlöffelweise unterrühren den Teig in eine gefettete Napfkuchenform füllen die Form auf dem Rost in den vorgeheizten Backofen schieben
Strom:	175-200
Gas:	3-4
Backzeit:	Etwa 1 Stunde den Kuchen stürzen, in die gesäuberte Form zurückgeben, mehrmals mit einem Holzstäbchen einstechen
250 ml (¼ l) Apfelsinensaft	mit dem
Saft von 1 Zitrone (etwa 3 Eßl.) abgeriebener Schale von 1 Apfelsine (unbehandelt) abgeriebener Schale von ½ Zitrone (unbehandelt) 100 g Zucker	verrühren, die Hälfte des Saftes über den Kuchen gießen den Kuchen stürzen, die Oberfläche des Kuchens mehrmals mit einem Holzstäbchen einstechen, den restlichen Saft darübergießen.

Wiener Sandtorte

(Abb. rechts)

	Für den Teig von
6 Eiern	2 Teel. Eiweiß abnehmen, zugedeckt aufbewahren die Eier mit einem elektrischen Handrührgerät auf höchster Stufe mit
375 g feinkörnigem Zucker	(eßlöffelweise hinzufügen)
2 Päckchen Vanillin-Zucker	1½-2 Minuten schlagen
2 Eßl. Wasser	hinzugeben
175 g Weizenmehl	mit
175 g Speisestärke 1½ gestrichenen Teel. Backpuler	mischen, sieben, eßlöffelweise unterrühren
375 g zerlassene Butter	heiß (aber nicht kochend) vorsichtig unterrühren eine gefettete Margareten-Form auf den Ring einer Springform setzen, den Teig einfüllen, die Form mit dem Ring auf dem Rost in die Mitte des Backofens schieben oder den Teig in eine gefettete Springform (Durchmesser etwa 28 cm) füllen die Form auf dem Rost in den vorgeheizten Backofen schieben
Strom:	150-175
Gas:	2-3
Backzeit:	60-85 Minuten die Torte auf einen Kuchenrost stürzen, etwas abkühlen lassen
	zum Aprikotieren
3 gehäufte Eßl. Aprikosen-Konfitüre	durch ein Sieb streichen, mit
3 Eßl. Apricot-Brandy 1 Eßl. Wasser 1 Teel. Rum	unter Rühren aufkochen lassen, die Sandtorte damit bestreichen
	für den Guß
30 g Puderzucker	sieben, mit den zurückgelassenen
2 Teel. Eiweiß evtl. etwas Wasser	verrühren, bis ein spritzfähiger Guß entstanden ist die Masse in ein Pergamentpapiertütchen füllen, von der Tüte eine Spitze abschneiden, die Torte mit dem Guß verzieren.

Zitronen-Sandkuchen

	Für den Teig
200 g Butter	mit
50 g Kokosfett	zerlassen, etwas abkühlen lassen unter das wieder festgewordene Fett nach und nach
200 g Zucker 1 Päckchen Vanillin-Zucker 4 Eier, Salz abgeriebene Schale von 1 Zitrone (unbehandelt) Saft von 1 Zitrone	rühren
200 g Weizenmehl	mit
50 g Speisestärke 2 gestrichenen Teel. Backpulver	mischen, sieben, eßlöffelweise unterrühren den Teig in eine gefettete, mit

	Pergamentpapier ausgelegte Kastenform füllen		*für den Guß*
		100 g gesiebten Puderzucker	mit
	die Form auf dem Rost in den vorgeheizten Backofen schieben	**4 Eßl. Zitronensaft**	zu einer dickflüssigen Masse verrühren,
Strom:	Etwa 175		den Kuchen damit bestreichen
Gas:	Etwa 3		den Kuchen nach Belieben mit
Backzeit:	Etwa 1 Stunde		
	den Kuchen etwa 10 Minuten in der Form abkühlen lassen, aus der Form nehmen	**kandierten Zitronen- oder Apfelsinenscheiben**	garnieren.

Kokos-Orangen-Törtchen

(Abb. rechts)

160 g weiche Butter	mit
100 g Marzipan-Rohmasse	geschmeidig rühren, nach und nach
100 g Zucker	
1 Päckchen Vanillin-Zucker	
4 Eier	
Salz	
abgeriebene Schale von ½ Zitrone oder Apfelsine (unbehandelt)	unterrühren
30 g feingehacktes Orangeat	
125 g Kokosraspeln	hinzufügen, unterrühren die Masse in gut gefettete Tortelett-Förmchen oder auf etwa 20 Papier-Backförmchen verteilen die Backförmchen auf dem Backblech in den vorgeheizten Backofen schieben
Strom:	Etwa 175
Gas:	Etwa 3
Backzeit:	Etwa 25 Minuten die gebackenen Törtchen aus den Tortelettformen lösen, erkalten lassen, mit
gesiebtem Puderzucker	bestäuben, mit
Sahnetuffs	verzieren, mit
kandierten Früchten	
Schokostreuseln	garnieren.

Sauerkirsch-Kuchen vom Blech

(Abb. links)

	Für den Belag
1 kg Sauerkirschen	waschen, abtropfen lassen, entstielen, entsteinen
200 g Mandeln	kurze Zeit in kochendes Wasser geben, in kaltem Wasser abschrecken, enthäuten, die Mandeln halbieren
	für den Teig
250 g weiche Butter oder Margarine	geschmeidig rühren, nach und nach
250 g gesiebten Puderzucker	

6 Eier	
Salz	
2 Teel. abgeriebene Schale von 1 Zitrone (unbehandelt)	unterrühren
300 g Weizenmehl	mit
100 g Speisestärke	
1 Teel. Backpulver	mischen, sieben, eßlöffelweise unterrühren
	zuletzt
4 Eßl. saure Sahne	unterrühren
	den Teig auf ein mit Back-Trennpapier belegtes Backblech geben, glattstreichen
	die abgetropften Sauerkirschen darauf verteilen, mit den halbierten Mandeln bestreuen
	das Backblech in den vorgeheizten Backofen schieben
Strom:	Etwa 200
Gas:	3-4
Backzeit:	30-35 Minuten
	den gebackenen Kuchen etwa 15 Minuten auf dem Blech abkühlen lassen
	für den Guß
150 g gesiebten Puderzucker	mit
3-4 Eßl. Kirschwasser	
evtl. etwas Eiweiß	zu einem dickflüssigen Guß verrühren
	den Kuchen damit bestreichen
geschlagener Sahne	den Kuchen in Stücke schneiden, mit servieren.

Frankfurter Kranz
(Abb. unten)

	Für den Teig
100 g weiche Margarine oder Butter	geschmeidig rühren, nach und nach
150 g Zucker	
1 Päckchen Vanillin-Zucker	
4 Tropfen Backöl Zitrone	
oder	
½ Fläschchen Rum-Aroma	
3 Eier	unterrühren
150 g Weizenmehl	mit
50 g Speisestärke	
2 gestrichenen Teel. Backpulver	mischen, sieben, eßlöffelweise auf mittlerer Stufe unterrühren den Teig in eine gefettete Kranzform (Durchmesser etwa 24 cm) füllen die Form auf dem Rost in den vorgeheizten Backofen schieben
Strom:	175-200
Gas:	2-3
Backzeit:	35-45 Minuten
	für die Buttercreme aus
1 Päckchen Pudding-Pulver Vanille-Geschmack	
100 g Zucker	
500 ml (½ l) Milch	nach der Vorschrift auf dem Päckchen (aber mit 100 g Zucker) einen

	Pudding zubereiten, kalt stellen, ab und zu durchrühren
200-250 g Butter	geschmeidig rühren, den Pudding eßlöffelweise daruntergeben (darauf achten, daß weder Butter noch Pudding zu kalt sind, da dann die sogenannte Gerinnung eintritt)
	für den Krokant
1 Messerspitze Butter	mit
60 g Zucker	
125 g abgezogenen, gehackten Mandeln	unter Rühren so lange erhitzen, bis der Krokant genügend gebräunt ist, ihn auf ein Stück Alufolie geben, erkalten lassen, in kleine Stücke zerstoßen, den Kranz zweimal durchschneiden, die untere Gebäcklage mit
roter Konfitüre	bestreichen, die 3 Gebäcklagen mit Buttercreme zu einem Kranz zusammensetzen, ihn mit Creme bestreichen (etwas zurücklassen), mit Krokant bestreuen, mit zurückgelassener Creme verzieren, mit
Kirschen oder roter Konfitüre	garnieren (das Gebäck am besten einen Tag vor dem Verzehr füllen).
Veränderung:	Den Kranz in einer Springform mit Rohrboden (Durchmesser etwa 24 cm) backen.

Englische Tee-Schnitten

(Abb. links)

	Für den Teig
250 g Butter	geschmeidig rühren, nach und nach
175 g Zucker	
1 Päckchen Vanillin-Zucker	
5 Eier	
2 Eßl. Rum	unterrühren
250 g Weizenmehl	mit
1 gestrichenen Teel. Backpulver	mischen, sieben, eßlöffelweise unterrühren
125 g Korinthen	hinzufügen den Teig auf ein gut gefettetes Backblech streichen
	für den Belag
100 g abgezogene, gehobelte Mandeln	
4 Eßl. Grümmel (gestoßener Kandis)	auf dem Teig verteilen das Backblech in den vorgeheizten Backofen schieben
Strom:	175-200
Gas:	3-4
Backzeit:	Etwa 25 Minuten das Gebäck noch warm in beliebig große Schnitten schneiden, erkaltet in einer gut schließenden Dose aufbewahren.

Liegnitzer Bomben

(24 Stück - Abb. unten)

Falls keine Backringe vorhanden sind, lassen sich Backförmchen für »Liegnitzer« auf einfache Weise herstellen:
Alufolie so legen oder falzen, daß sie 12mal im Format 15 × 30 cm aufeinanderliegt
auf das oberste Stück Folie 2 Kreise von jeweils 15 cm Durchmesser nebeneinander aufzeichnen, so ausschneiden, daß 24 runde Folienblätter entstehen
diese Folienblätter einzeln mit der blanken Seite auf den Boden eines umgedrehten Bechers (z. B. Joghurtbecher) legen, die überstehende Folie fest andrücken, so daß Förmchen mit einem gleichmäßig hohen Rand entstehen

für den Teig

200 g Honig oder Sirup mit
125 g Zucker
65 g Butter
2 Eßl. Milch langsam erwärmen, zerlassen, in eine Rührschüssel geben, kalt stellen
unter die fast erkaltete Masse
2 Eier
¼ Fläschchen Backöl Zitrone
etwas gemahlenen Kardamom
½ gestrichenen Teel. gemahlene Nelken
1 schwach gehäuften Teel. gemahlenen Zimt rühren
250 g Weizenmehl mit
25 g Kakao
3 gestrichenen Teel.

Backpulver	mischen, sieben, eßlöffelweise unterrühren
65 g Korinthen	verlesen
65 g abgezogene, gehackte Mandeln	
65 g gewürfeltes Zitronat (Sukkade)	
	die Zutaten zuletzt unter den Teig heben, ihn eßlöffelweise auf die gefetteten Folienförmchen verteilen, auf dem Backblech in den vorgeheizten Backofen schieben
Strom:	175-200
Gas:	3-4
Backzeit:	10-15 Minuten sofort nach dem Backen das Gebäck aus den Förmchen lösen, erkalten lassen
175 g Aprikosen-Konfitüre	durch ein Sieb streichen, mit
2 Eßl. Wasser	aufkochen, das erkaltete Gebäck dünn damit bestreichen
	für den Guß
etwa 200 g Kuvertüre	in einem kleinen Topf im Wasserbad zu einer geschmeidigen Masse verrühren, die Liegnitzer Bomben damit überziehen.

Ananas-Marzipan-Kuchen

	Für den Teig
200 g Marzipan-Rohmasse	mit
175 g Butter	zu einer geschmeidigen Masse verrühren, nach und nach
175 g Zucker	
1 Päckchen Vanillin-Zucker	
3 Eier	unterrühren
300 g Weizenmehl	mit
2 gestrichenen Teel. Backpulver	mischen, sieben, eßlöffelweise unterrühren
200 g Ananasscheiben (aus der Dose)	abtropfen lassen, in kleine Stücke schneiden, unter den Teig heben, den Teig in eine gefettete, mit Pergamentpapier ausgelegte Kastenform (30 × 11 cm) füllen die Form auf dem Rost in den vorgeheizten Backofen schieben
Strom:	175-200, **Gas:** 2-3
Backzeit:	60-70 Minuten
	für den Guß
100 g zartbitter Schokolade	in kleine Stücke brechen, mit
etwa 20 g Kokosfett	in einem kleinen Topf im Wasserbad geschmeidig rühren den erkalteten Kuchen damit bestreichen, ihn nach Belieben mit
Ananasstückchen	garnieren.

Sandkuchen

(Abb. unten)

300 g weiche Butter	geschmeidig rühren, nach und nach in 5-6 Minuten
280 g gesiebten Puderzucker	
4 Eigelb	
Salz	
Mark von 1 Vanillestange	
2 Eßl. Rum	unterrühren
280 g Speisestärke	mit
1 Messerspitze Backpulver	mischen, sieben, eßlöffelweise unterrühren
4 Eiweiß	steifschlagen, unterheben den Teig in eine gut gefettete, mit
Weizenmehl	bestäubte Kastenform (30 × 11 cm) füllen, glattstreichen die Form auf dem Rost in den vorgeheizten Backofen schieben
Strom:	160-180
Gas:	Etwa 2
Backzeit:	70-80 Minuten den gebackenen Kuchen in der Form erkalten lassen.

Sauerkirschring

(Abb. unten)

Für den Teig

250 g weiche Butter oder Margarine geschmeidig rühren, nach und nach

200 g Zucker
4 Eier
4 Eigelb
2 Teel. abgeriebene Schale von 1 Zitrone (unbehandelt) unterrühren

100 g Weizenmehl mit

100 g Speisestärke
1 gestrichenen Teel. Backpulver mischen, sieben, eßlöffelweise mit

50 g abgezogenen, gemahlenen Mandeln unterrühren

30 g gesiebten Kakao unter ⅔ des Teiges rühren
den dunklen Teig in eine gefettete Kranzform füllen, glattstreichen, den hellen Teig darauf verteilen
die Form auf dem Rost in den vorgeheizten Backofen schieben

Strom: Etwa 175, **Gas:** Etwa 2
Backzeit: 45-50 Minuten
den gebackenen Kuchen etwa 10 Minuten in der Form auskühlen lassen, ihn dann vorsichtig stürzen, erkalten lassen, zweimal waagerecht durchschneiden

für die Füllung

1 kg Sauerkirschen waschen, abtropfen lassen, entstielen, entsteinen, mit

125 g Zucker vermengen, etwa 1 Stunde zum Saftziehen stehenlassen, die Kirschen abtropfen lassen, den Saft auffangen

50 g Speisestärke mit

3-4 Eßl. Sauerkirsch-Saft anrühren, den übrigen Saft mit Wasser auf 250 ml (¼ l) Flüssigkeit auffüllen, zum Kochen bringen, die angerührte Speisestärke einrühren, aufkochen lassen, die Kirschen hinzufügen, zum Kochen bringen, 3-4 Minuten kochen, abkühlen lassen

1 Päckchen Gelatine gemahlen, weiß mit

4 Eßl. kaltem Wasser in einem kleinen Topf anrühren, 10 Minuten zum Quellen stehenlassen

500 ml (½ l) Schlagsahne steifschlagen, dabei

2 Päckchen Vanillin-Zucker unterschlagen, die Gelatine erwärmen, bis sie gelöst ist

3 Eßl. Rum unterrühren, unter die Sahne ziehen
die Hälfte der angedickten Kirschen auf dem unteren Kuchenboden verteilen, etwa 2 cm hoch mit der Rum-Sahne bestreichen, den zweiten Kuchenring darauflegen, leicht andrücken, die restlichen Kirschen darauf verteilen, ebenfalls etwa 2 cm hoch mit Rum-Sahne bestreichen, mit dem dritten Kuchenring bedecken
den Sauerkirschring ganz mit der restlichen Sahne bestreichen, über Nacht im Kühlschrank durchziehen lassen

100 g halbbittere Kuvertüre mit einem Sparschäler in sehr feine Späne hobeln, den Sauerkirschring damit bestreuen, mit

gesiebtem Puderzucker bestäuben.

Crème fraîche-Waffeln

(Abb. rechts)

2 Becher (je 150 g) Crème fraîche mit

3 Eigelb
100 g Zucker
Salz
abgeriebener Schale von ½ Zitrone (unbehandelt) verrühren

250 g Weizenmehl mit

1 Teel. Backpulver mischen, auf die Crème fraîche-Masse sieben, unterrühren

3 Eiweiß steifschlagen, unterheben
ein Waffeleisen mit

1 Speckschwarte ausfetten
den Teig in nicht zu großen Portionen in das erhitzte Waffeleisen füllen, sofort gut verstreichen
die Waffeln von beiden Seiten goldbraun backen, einzeln auf einem Kuchenrost erkalten lassen.

Beilage: Geschlagene Sahne, Vanille-Eis, gezukkerte Beerenfrüchte oder Marmelade, Gelee.

Marzipan-Mandel-Törtchen

(12-14 Stück - Abb. unten)

	Für den Teig
200 g Marzipan-Rohmasse	mit dem Rührbesen des elektrischen Handrührgeräts gut verrühren nach und nach
75 g Zucker	
2 Eier	
2 Eigelb	unterrühren, so lange rühren, bis eine cremige Masse entstanden ist
2 Eiweiß	steifschlagen, dabei
30 g Zucker	unterschlagen, auf die Eigelbcreme geben
100 g Weizenmehl	mit
1 Messerspitze Backpulver	mischen, auf die Eigelbcreme sieben, mit
30 g gehacktem Orangeat	unterheben
	den Teig in gut gefettete, mit
30 g abgezogenen, gehobelten Mandeln	ausgestreute Förmchen (Durchmesser etwa 8 cm, Höhe etwa 3-4 cm) füllen, mit
2-3 Eßl. abgezogenen, gehobelten Mandeln	bestreuen die Förmchen auf dem Backblech in den vorgeheizten Backofen schieben
Strom:	175-200
Gas:	3-4
Backzeit:	Etwa 20 Minuten
	zum Aprikotieren
3 Eßl. Aprikosen-Konfitüre	durch ein Sieb streichen, mit
3 Eßl. Rum	
1 Eßl. Wasser	verrühren, die erkalteten Törtchen damit bestreichen, etwas antrocknen lassen, in gut schließenden Dosen aufbewahren.

Nuß-Florentiner
(Abb. rechts)

300 g Haselnußkerne auf ein Backblech geben, in den vorgeheizten Backofen schieben, rösten lassen
Strom: 200-225
Gas: 3-4
Röstzeit: 8-12 Minuten
die gerösteten Haselnußkerne in einen Durchschlag schütten, die Häutchen mit den Händen abreiben
50 g Bienenhonig mit
150 g Zucker
250 ml (¼ l) Schlagsahne in einen Topf geben, zum Kochen bringen, 5-6 Minuten kochen lassen
die gerösteten Haselnußkerne,

100 g abgezogene, gehobelte Mandeln
abgeriebene Schale von 1 Zitrone (unbehandelt)
gemahlenen Zimt
30 g Weizenmehl unterrühren, unter Rühren einmal aufkochen lassen, von der Kochstelle nehmen
die Masse mit einem Eßlöffel in die Mulden des Florentiner-Bleches geben (pro Florentiner etwa 1 ½ Eßl.)
die Hände mit
Milch anfeuchten und die Masse mit nassen Händen etwas breitdrücken, dabei die ganzen Haselnüsse gleichmäßig verteilen
das Backblech in den vorgeheizten Backofen schieben
Strom: Etwa 175
Gas: Etwa 2
Backzeit: Etwa 20 Minuten
die gebackenen Florentiner auf dem Blech etwa 10 Minuten abkühlen lassen, aus den Mulden nehmen, erkalten lassen
200 g Kuvertüre in einem kleinen Topf im Wasserbad geschmeidig rühren, etwas abkühlen lassen, bis die Masse dickflüssig ist, wieder erwärmen
die Florentiner auf der Rückseite nicht zu dünn damit bestreichen
mit einer Gabel Wellenmuster durch die Kuvertüre ziehen, fest werden lassen.

Omas Nußkuchen

(Abb. unten)

Für den Teig

150 g Haselnußkerne mahlen, auf einem Backblech im Backofen leicht rösten

100 g Haselnußkerne fein hacken

275 g weiche Butter geschmeidig rühren, nach und nach

175 g Zucker
1 Päckchen Vanillin-Zucker
4 Eier unterrühren

200 g Weizenmehl mit

1 gestrichenen Teel. Backpulver mischen, sieben, eßlöffelweise unterrühren

alle Haselnußkerne unter den Teig heben, ihn in eine gefettete, mit Pergamentpapier ausgelegte Kastenform (30 × 11 cm) füllen

die Form auf dem Rost in den vorgeheizten Backofen schieben

Strom: 175-200
Gas: 2-3
Backzeit: 60-75 Minuten

den heißen, gebackenen Kuchen mehrmals mit einer Gabel einstechen, ihn von allen Seiten mit

5 Eßl. Rum bestreichen

zum Aprikotieren

4 Eßl. Aprikosen-Konfitüre durch ein Sieb streichen, mit

3 Eßl. Wasser verrühren, einmal aufkochen lassen, den Kuchen damit bestreichen, gut auskühlen lassen

für den Guß

100 g Schokolade in kleine Stücke brechen, mit

etwas Kokosfett in einem kleinen Topf im Wasserbad zu einer geschmeidigen Masse verrühren, den erkalteten Kuchen damit bestreichen.

Tiroler Kranzkuchen

(Abb. oben)

200 g weiche Butter oder Margarine	geschmeidig rühren, nach und nach
175 g Zucker	
3 Eier	
3 Eigelb	
abgeriebene Schale von ½ Zitrone (unbehandelt)	
1 Teel. gemahlenen Zimt	
Salz	
200 g gemahlene Haselnußkerne	unterrühren
125 g Weizenmehl	mit
1 Teel. Backpulver	mischen, sieben, eßlöffelweise unterrühren
3 Eiweiß	steifschlagen, unterheben
200 g zartbittere Schokolade	in kleine Stücke schneiden, unterheben
	den Teig in eine gut gefettete Kranzform (Durchmesser etwa 24 cm) füllen
	die Form auf dem Rost in den vorgeheizten Backofen schieben
Strom:	Etwa 175
Gas:	Etwa 3
Backzeit:	Etwa 70 Minuten
	den Kuchen aus der Form stürzen, erkalten lassen, mit
gesiebtem Puderzucker	bestäuben.

Rehrücken

(Abb. unten)

	Für den Teig
100 g Butter	geschmeidig rühren, nach und nach
150 g Zucker, 4 Eier	unterrühren
100 g Schokolade	reiben, hinzufügen
50 g Weizenmehl	mit
2 Päckchen Schokoladen-Pudding-Pulver	
1 ½ gestrichenen Teel. Backpulver	mischen, sieben, eßlöffelweise unterrühren
evtl. 2 Eßl. Milch	dazugeben (nur so viel Milch verwenden, daß der Teig schwerreißend vom Löffel fällt)
75 g abgezogene, gemahlene Mandeln oder Halselnußkerne	zuletzt unter den Teig heben, ihn in eine gefettete Rehrückenform füllen die Form auf dem Rost in den vorgeheizten Backofen schieben
Strom:	175-200
Gas:	2-3
Backzeit:	50-60 Minuten
	für den Guß
125 g Puderzucker	mit
30 g Kakao	mischen, sieben, mit
etwa 1 ½ Eßl. heißem Wasser	glattrühren, so daß eine dickflüssige Masse entsteht
25 g Kokosfett	zerlassen, unterrühren, den erkalteten Kuchen damit bestreichen, mit
40 g Mandelsplittern	spicken.

Königskuchen

250 g Butter oder Margarine	geschmeidig rühren, nach und nach
200 g Zucker	
1 Päckchen Vanillin-Zucker	
5 Eier	
Salz	
½ Fläschchen Backöl-Zitrone oder 1 Fläschchen Rum-Aroma	unterrühren

500 g Weizenmehl	mit
4 gestrichenen Teel. Backpulver	mischen, sieben, abwechselnd mit
knapp 125 ml (1/8 l) Milch	unterrühren (nur so viel Milch verwenden, daß der Teig schwerreißend vom Löffel fällt)
150 g Korinthen	
250 g Rosinen	verlesen
125 g gewürfeltes Zitronat (Sukkade)	
	die Zutaten zuletzt unter den Teig heben, ihn in eine gefettete, mit Pergamentpapier ausgelegte Kastenform (35 × 11 cm) füllen die Form auf dem Rost in den vorgeheizten Backofen schieben
Strom:	Etwa 175
Gas:	2-3
Backzeit:	80-100 Minuten.

Apfel- oder Kirschkuchen, sehr fein

(Abb. oben)

	Für den Teig
100-125 g Butter oder Margarine	geschmeidig rühren, nach und nach
125 g Zucker	
2-3 Eier, Salz	
4 Tropfen Backöl Zitrone	unterrühren
200 g Weizenmehl	
2 gestrichene Teel. Backpulver	mischen, sieben, abwechselnd mit
1-4 Eßl. Milch	unterrühren (nur so viel Milch verwenden, daß der Teig schwerreißend vom Löffel fällt) den Teig in eine gefettete Springform (Rand nicht fetten, Durchmesser etwa 28 cm) füllen, glattstreichen
	für den Belag
500-750 g Äpfel	schälen, vierteln, entkernen, mehrmals der Länge nach einritzen, kranzförmig auf den Teig legen oder
750 g Sauerkirschen	waschen, abtropfen lassen, entstielen, entsteinen, auf den Teig legen die Form auf dem Rost in den vorgeheizten Backofen schieben
Strom:	175-200
Gas:	3-4
Backzeit:	40-50 Minuten
	zum Aprikotieren
2 Eßl. Aprikosen-Konfitüre	durch ein Sieb streichen, mit
1 Eßl. Wasser	verrühren, den Kuchen sofort nach dem Backen damit bestreichen.

Walnußring

	Für den Teig
1 Orange (unbehandelt)	waschen, abtrocknen, dünn abreiben
125 g weiche Butter oder Margarine	geschmeidig rühren, nach und nach
100 g Zucker 6 Eigelb 2 Eßl. Rum 2 Eßl. Orangenlikör ½ Teel. gemahlenen Ingwer 1 Teel. gemahlenen Zimt ½ Teel. gemahlene Nelken ½ Teel. gemahlenen Piment	unterrühren
6 Eiweiß	steifschlagen, nach und nach
75 g Zucker	unterschlagen die Hälfte der Eiweißmasse unter die Butter-Eigelbmasse heben
100 g Weizenmehl	mit
50 g Speisestärke 50 g Kakao 1 Teel. Backpulver	mischen, sieben, eßlöffelweise unterrühren
100 g gemahlene Walnußkerne	mit
50 g gehackten Walnußkernen 30 g grobgehackten Pistazienkernen 1 Eßl. Aprikosen-Konfitüre	unterrühren, zum Schluß die restliche Eiweißmasse unterheben den Teig in eine gut gefettete, mit Weizenmehl bestäubte Kranz-Form füllen, glattstreichen die Form auf dem Rost in den vorgeheizten Backofen schieben
Strom:	Etwa 175
Gas:	Etwa 2
Backzeit:	60–70 Minuten den gebackenen Kuchen in der Form etwa 30 Minuten abkühlen lassen, auf einen Kuchenrost stürzen, erkalten lassen
	für den Guß
100 g Aprikosen-Konfitüre	durch ein Sieb streichen, mit
1 Eßl. Wasser	verrühren, aufkochen lassen, den Kuchen damit bestreichen, fest werden lassen
100 g dunkle Kuchenglasur	mit
100 g halbbitterer Kuvertüre	in einem kleinen Topf im Wasserbad geschmeidig rühren, den Kuchen ganz damit einstreichen
etwa 250 g Walnußkerne	dicht nebeneinander in den noch weichen Guß drücken den Walnußring in Alufolie einschlagen und vor dem Anschneiden einige Tage durchziehen lassen.

Englischer Früchtekuchen

(Abb. rechts)

	Für den Teig
300 g Sultaninen	mit
300 g Weinbeeren (aus dem Reformhaus) 100 g gewürfeltem Zitronat 100 g gewürfeltem Orangeat 125 ml (⅛ l) Whisky	über Nacht einweichen
50 g Marzipan-Rohmasse	mit
125 g braunem Rohrzucker 1 Teel. gemahlenem Zimt ½ Teel. gemahlenen Nelken	gut verrühren, nach und nach
6 Eigelb 1 Eßl. bittere Orangen-Marmelade	unterrühren, so lange rühren, bis eine cremige Masse entstanden ist
7 Eiweiß	steifschlagen, die Hälfte davon unter die Marzipan-Eiermasse heben
350 g Weizenmehl	mit
1 Teel. Backpulver	mischen, sieben, mit den eingeweichten Früchten unterrühren, die restliche Eiweißmasse unterrühren den Teig in eine gefettete, mit Mehl bestäubte Springform (Durchmesser etwa 26 cm) füllen, glattstreichen
200 g abgezogene Mandeln	dicht nebeneinander in den Teig drücken
1 Eigelb	mit
1 Eßl. Milch	verschlagen, die Mandeln damit bestreichen die Form auf dem Rost in den vorgeheizten Backofen schieben
Strom:	Etwa 150
Gas:	Etwa 1
Backzeit:	Etwa 1½ Stunden den Kuchen nach etwa 45 Minuten Backzeit mit einem gefetteten Stück Pergamentpapier abdecken den Kuchen auf einem Kuchenrost erkalten lassen, vor dem Anschneiden in einer verschlossenen Blechdose durchziehen lassen.
Tip:	Zum Verschenken den Früchtekuchen in Cellophanpapier großzügig verpacken, mit braunem Schleifenband zubinden.

Kokoskranz

(Abb. unten)

	Für den Teig
200 g Butter	zerlassen
4 Eier	mit einem elektrischen Handrührgerät mit Rührbesen auf höchster Stufe 1½-2 Minuten schlagen, dabei eßlöffelweise
200 g Zucker	mit
1 Päckchen Vanillin-Zucker	unterschlagen
100 g Weizenmehl	mit
100 g Speisestärke	
1 gestrichenen Teel. Backpulver	mischen, sieben, eßlöffelweise unterrühren
125 g Kokosraspeln	hinzufügen, die heiße Butter vorsichtig unterrühren
	den Teig in eine gut gefettete, mit
Weizenmehl	ausgestreute Kranzform geben, glattstreichen
	die Form auf dem Rost in den vorgeheizten Backofen schieben
Strom:	Etwa 175
Gas:	Etwa 3
Backzeit:	Etwa 55 Minuten den Kuchen sofort nach dem Stürzen aprikotieren
	zum Aprikotieren
2 Eßl. Aprikosen-Konfitüre	durch ein Sieb streichen, mit
2 Eßl. Wasser	zum Kochen bringen, den Kuchen damit bestreichen, mit
30-40 g Kokosraspeln	ganz bestreuen, mit
etwa 30 g aufgelöster Speisefettglasur	besprenkeln.

Marmorkuchen

300 g Butter oder Margarine	geschmeidig rühren, nach und nach
275 g Zucker	
1 Päckchen Vanillin-Zucker	
5 Eier	
Salz	
1 Fläschchen Rum-Aroma	unterrühren
500 g Weizenmehl	mit
1 Päckchen Backpulver	mischen, sieben, abwechselnd mit
125 ml (⅛ l) Milch	unterrühren (nur so viel Milch verwenden, daß der Teig schwerreißend vom Löffel fällt)
	⅔ des Teiges in eine gefettete Napfkuchenform (Durchmesser 22 cm) füllen
30 g Kakao	sieben, mit
25 g Zucker	
2-3 Eßl. Milch	unter den Rest des Teiges rühren, so daß er wieder schwer vom Löffel fällt
	den dunklen Teig auf den hellen verteilen, mit einer Gabel spiralförmig durch die Teigschichten ziehen, damit ein Marmormuster entsteht
	die Form auf dem Rost in den vorgeheizten Backofen schieben
Strom:	175-200
Gas:	2-3
Backzeit:	50-65 Minuten.

Beschwipste Madeleines

(Abb. rechts)

125 g Butter	zerlassen, etwas abkühlen lassen
	unter die wieder festgewordene Butter nach und nach
125 g Zucker	
Mark aus 1 Vanillestange	
4 Eier	rühren
120 g Weizenmehl	sieben, eßlöffelweise unterrühren

den Teig in gut gefettete, mit Weizenmehl bestäubte Tortelettförmchen füllen
die Förmchen auf dem Rost in den vorgeheizten Backofen schieben

Strom: Etwa 225
Gas: Etwa 4
Backzeit: 12-15 Minuten

die gebackenen Törtchen in der Form etwa 5 Minuten abkühlen lassen, stürzen, wieder in die Förmchen zurückgeben, mit

250 ml (¼ l) Cream Sherry beträufeln, von dem Gebäck aufsaugen lassen
die erkalteten Madeleines mit

500 ml (½ l) ungesüßter geschlagener Sahne und
Cream Sherry reichen.

Cream Sherry: Dunkel, mild und süß, ist er der ideale Begleiter zu Gebäck, Kaffee und Desserts.

Knetteig

Knetteig
Aus Knetteig bereitet man einerseits Kleingebäck, indem man den Teig ausrollt und die gewünschten Formen aussticht, oder man verarbeitet ihn zu Tortenböden.

Vorbereitung: Darauf achten, daß das zu verwendende Fett fest ist. Es sollte aus dem Kühlschrank kommen. Falls Nüsse oder Mandeln verwendet werden, die Nüsse in einer trockenen Pfanne rösten, bis sich die Häutchen lösen, dann die Häutchen abreiben; Mandeln mit kochendem Wasser übergießen, anschließend abziehen und trocknen. Nüsse und Mandeln mahlen. Backformen und Backbleche nur abwischen, aber nicht einfetten. Nur Tortenbodenformen werden mit Butter bestrichen.

Verarbeitung: Mehl und Backpulver werden vermischt und auf die Arbeitsplatte gesiebt. In der Mitte eine Mulde eindrücken. In diese kommen die übrigen Zutaten wie Zucker, Vanillin-Zucker, Eier, Geschmackszutaten und, wenn vorgesehen, etwas Flüssigkeit. Sämtliche Zutaten mit einem Teil des Mehls zu einem breiigen Teig verarbeiten. Auf diesen gibt man die sehr kalte, in Stückchen geschnittene Butter oder ein anderes Fett und ggf. Mandeln, Nüsse oder Früchte.
Von der Mitte aus werden nun sämtliche Zutaten sehr rasch zu einem glatten Teig verknetet, der zu einer Kugel oder einer Rolle geformt wird. Wenn man den Teig einige Zeit kalt stellt, läßt er sich besser weiterverarbeiten.

Backen: Den zu Kleingebäck oder Tortenböden weiterverarbeiteten Knetteig nach den Angaben im jeweiligen Rezept backen. Sofort nach dem Ende der Backzeit das Gebäck vom Blech oder aus der Form nehmen und auf einem Kuchenrost abkühlen lassen. Kleingebäck beim Abkühlen nicht übereinanderlegen.

Florentiner Schnitten

	Für den Teig
200 g Weizenmehl	mit
½ gestrichenen Teel. Backpulver	mischen, auf die Tischplatte sieben, in die Mitte eine Vertiefung eindrücken
75 g Zucker	
1 Päckchen Vanillin-Zucker	
Salz	
2 Eßl. Wasser	hineingeben, mit einem Teil des Mehls zu einem dicken Brei verarbeiten
100 g kalte Butter	in Stücke schneiden, auf den Brei geben, mit Mehl bedecken von der Mitte aus alle Zutaten schnell zu einem glatten Teig verkneten, den Teig in der Größe von etwa 28 × 36 cm ausrollen, die Teigplatte halbieren, so daß 2 Teigstreifen von etwa 14 × 36 cm entstehen, die Teigstreifen jeweils an den Längsseiten 1-2 cm nach innen klappen die Teigstreifen auf ein gut gefettetes Backblech legen das Backblech in den vorgeheizten Backofen schieben
Strom:	Etwa 200
Gas:	3-4
Backzeit:	Etwa 10 Minuten
	für den Belag
50 g Butter	zerlassen
100 g Zucker	
1 Päckchen Vanillin-Zucker	
2 Eßl. Honig	hinzufügen, unter Rühren karamelisieren lassen
250 ml (¼ l) Schlagsahne	hinzugießen, rühren, bis sich der Zukker gelöst hat
100 g abgezogene, gehobelte Mandeln	
100 g gehobelte Haselnußkerne	
25 g kandierte Kirschen (in kleine Stückchen geschnitten)	hinzufügen, so lange unter Rühren erhitzen, bis die Masse gebunden ist die Masse auf die beiden Gebäckstreifen verteilen, wieder in den Backofen schieben, bei gleicher Einstellung backen lassen
Backzeit:	10-12 Minuten das Gebäck etwas abkühlen lassen, in etwa 2-3 cm breite Streifen schneiden
etwa 75 g Kuvertüre	in einem kleinen Topf im Wasserbad geschmeidig rühren Randstreifen und Unterseite der Florentiner Schnitten damit bestreichen.

Käsekuchen mit Streuseln

(Abb. rechts)

	Für den Teig
150 g Weizenmehl	mit
½ gestrichenen Teel. Backpulver	mischen, auf die Tischplatte sieben, in die Mitte eine Vertiefung eindrücken
75 g Zucker	
1 Päckchen Vanillin-Zucker	
Salz	
1 Ei	hineingeben, mit einem Teil des Mehls zu einem dicken Brei verarbeiten
75 g kalte Butter	in Stücke schneiden, auf den Brei geben, mit Mehl bedecken, von der Mitte aus alle Zutaten schnell zu einem glatten Teig verkneten den Teig etwa 30 Minuten kalt stellen gut ⅔ des Teiges auf dem gefetteten Boden einer Springform (Durchmesser etwa 28 cm) ausrollen unter den Rest des Teiges
1 gestrichenen Eßl. Weizenmehl	kneten, zu einer Rolle formen, sie als Rand auf den Teigboden legen, so an die Form drücken, daß ein etwa 3 cm hoher Rand entsteht den Teigboden mehrmals mit einer Gabel einstechen die Form auf dem Rost in den vorgeheizten Backofen schieben
Strom:	200-225
Gas:	3-4
Backzeit:	Etwa 10 Minuten
	für die Füllung
750 g Speisequark (Magerstufe)	mit
150 g Zucker	
3 Eßl. Zitronensaft	
50 g Speisestärke	
3 Eigelb	gut verrühren
3 Eiweiß	steifschlagen
250 ml (¼ l) Schlagsahne	steifschlagen beide Zutaten unter die Quarkmasse heben, gleichmäßig auf den vorgebackenen Boden streichen
	für die Streusel
100 g Weizenmehl	in eine Schüssel sieben, mit

75 g Zucker
1 Päckchen
Vanillin-Zucker vermischen
75 g kalte Butter in Flöckchen daraufgeben, alle Zutaten zu Streuseln vermengen, gleichmäßig auf der Füllung verteilen
die Form auf dem Rost in den vorgeheizten Backofen schieben
Strom: Etwa 175
Gas: 2-3
Backzeit: 70-80 Minuten
den Kuchen nach der Backzeit im ausgeschalteten Backofen bei etwas geöffneter Backofentür abkühlen lassen.

Kirschschnitten

(Abb. unten)

2 Pakete (600 g = 10 Platten) tiefgekühlten Blätterteig nebeneinander auf ein Küchenhandtuch legen, bei Zimmertemperatur in etwa 20 Minuten auftauen lassen
5 Blätterteig-Platten auf ein mit Wasser abgespültes Backblech legen, in den vorgeheizten Backofen schieben

Strom: Etwa 225
Gas: Etwa 4
Backzeit: Etwa 12 Minuten

die restlichen 5 Blätterteig-Platten auf die gleiche Weise backen, erkalten lassen
jede Blätterteig-Platte mit einem Brotmesser vorsichtig längs aufschneiden

für die Füllung

1,5 kg Sauerkirschen waschen, abtropfen lassen, entstielen, entsteinen, mit

125 ml (1/8 l) Wasser
200 g Zucker
2 Päckchen Vanillin-Zucker
2 Stangen Zimt
Schale von 1 Zitrone (unbehandelt) zum Kochen bringen, etwa 8 Minuten dünsten lassen oder

etwa 900 g Sauerkirschen (aus dem Glas)

die Kirschen abtropfen lassen, den Saft auffangen, 500 ml (½ l) davon abmessen, 2 Teel. von dem Kirschsaft beiseite stellen
den übrigen Kirschsaft erhitzen mit

50 g Speisestärke
4 Eßl. Kirschwasser anrühren, in den Kirschsaft rühren, einmal aufkochen lassen, die Kirschen unterrühren, erkalten lassen, evtl. mit

Zucker abschmecken
die Kirschen auf eine Hälfte der Blätterteigschnitten verteilen

500 ml (½ l) Schlagsahne fast steifschlagen

2 Päckchen Sahnesteif einstreuen, die Sahne steifschlagen

60 g gesiebten Puderzucker
1 Päckchen Vanillin-Zucker
4 Eßl. Kirschwasser unterschlagen
die Sahne in einen Spritzbeutel mit Sterntülle füllen, dick auf die Kirschen spritzen

für den Guß

75 g gesiebten Puderzucker mit

2 Teel. Kirschsaft
1 Teel. Kirschwasser verrühren, die ungefüllten Blätterteigschnitten damit bestreichen, etwas antrocknen lassen und als Deckel auf die gefüllten Blätterteigschnitten setzen
die Schnitten bis zum Verzehr in den Kühlschrank stellen.

Birnen-Kuchen

(Abb. rechts)

Für den Teig

250 g Weizenmehl auf die Tischplatte sieben, in die Mitte eine Vertiefung eindrücken

etwa 3 Eßl. kaltes Wasser
1-2 Eßl. Zucker
Salz hineingeben, mit einem Teil des Mehls zu einem dicken Brei verarbeiten

75 g kalte Butter oder Margarine
75 g Schweineschmalz beide Zutaten in Stücke schneiden, auf den Brei geben, mit Mehl bedecken, von der Mitte aus alle Zutaten schnell zu einem glatten Teig verkneten, etwa 1 Stunde kalt stellen

für die Füllung

1 kg Birnen schälen, vierteln, entkernen, in Stücke schneiden, mit
4 Eßl. Zitronensaft beträufeln
50 g braunen Rohrzucker mit
1 Messerspitze gemahlenem Zimt
1 Messerspitze gemahlenen Nelken vermengen, mit
50 g gemahlenen Haselnußkernen
30 g in Scheiben geschnittenen Haselnußkernen zu den Birnen geben, alles vorsichtig vermengen, die Hälfte des Teiges ausrollen, den Boden und Rand einer Springform (Durchmesser etwa 28 cm) damit auslegen (Rand etwa 3 cm hoch), mit
1 Eßl. Semmelmehl bestreuen, die Birnenmasse darauf verteilen, den Teigrand in der Springform mit
Dosenmilch bestreichen
den restlichen Teig etwas größer als den Springformboden ausrollen, die Teigdecke auf die Birnen legen, festdrücken, überstehenden Teig abschneiden, aus den Teigresten Figuren ausschneiden
die untere Seite mit Dosenmilch bestreichen, auf die Teigdecke kleben
die Teigdecke mit
etwa 30 g zerlassener Butter bestreichen, mit
1-2 Eßl. braunem Rohrzucker bestreuen
die Form auf dem Rost in den vorgeheizten Backofen schieben

Strom: 200-225
Gas: 4-5
Backzeit: Etwa 45 Minuten.
Beigabe: Geschlagene Sahne.

Himbeer-Sahne in Pasteten

(Abb. unten)

Für die Pasteten

1 Packung (300 g) tiefgekühlten Blätterteig bei Zimmertemperatur auftauen lassen (nicht durchkneten)
den Teig zu einem Rechteck (etwa 43 × 18 cm) ausrollen, mit einer runden Form (Durchmesser etwa 8,5 cm) 10 Platten ausstechen, die Platten nochmals so ausstechen (Durchmesser etwa 5 cm), daß Ringe und Deckel entstehen
10 Ringe und 4 Deckel beiseite legen
die restlichen Deckel und den restlichen Teig übereinanderlegen, nochmals zu einem Rechteck (etwa 25,5 × 18,5 cm) ausrollen, mit einer runden Form (Durchmesser etwa 8,5 cm) 6 Platten und davon wieder 6 Ringe ausstechen, diese wieder beiseite legen, den restlichen Teig nochmals zu einer Platte (4 × 8,5 cm) ausrollen, 4 Platten (Durchmesser etwa 8,5 cm) ausstechen, diese auf ein mit kaltem Wasser abgespültes Backblech legen, mehrmals mit einer Gabel einstechen, den Rand dieser Platten dünn mit

Kondensmilch bestreichen, je 3 Ringe mit Kondensmilch bestreichen, jeweils 4 Ringe auf eine Platte legen (an den Rändern darf keine Milch herunterlaufen)
aus dem restlichen

	Teig mit einer runden, gezackten Form Plätzchen ausstechen, auf die mit Kondensmilch bestrichenen Deckel legen, das Backblech in den vorgeheizten Backofen schieben
Strom:	200-225
Gas:	4-5
Backzeit:	15-20 Minuten (die Deckel etwas früher herausnehmen)
	für die Füllung
250 g Himbeeren	sorgfältig verlesen, je 1 Eßl. davon in die erkalteten Pasteten füllen, die übrigen (einige zum Garnieren zurücklassen) durch ein Sieb streichen
125 ml (1/8 l) Schlagsahne	½ Minute schlagen
25 g Puderzucker	sieben, mit
1 Päckchen Sahnesteif	mischen, einstreuen, die Sahne steifschlagen, die Himbeeren unterheben die Himbeer-Sahne in die Pasteten füllen, mit zurückgelassenen Himbeeren garnieren, die Deckel darauflegen.
Tip:	Anstelle von Himbeeren Erdbeeren, Johannisbeeren, Brombeeren oder gedünstete Preiselbeeren verwenden.

Hobelspäne oder Räderkuchen

500 g Weizenmehl	mit
1 gestrichenen Teel. Backpulver	mischen, auf die Tischplatte sieben, in die Mitte eine Vertiefung eindrücken
100 g Zucker **einige Tropfen Backöl Zitrone** **1 Fläschchen Rum-Aroma** **3 Eier** **4 Eßl. Milch**	hineingeben, mit einem Teil des Mehls zu einem dicken Brei verarbeiten
125 g kalte Butter oder Margarine	in Stücke schneiden, auf den Brei geben, mit Mehl bedecken, von der Mitte aus alle Zutaten schnell zu einem glatten Teig verkneten den Teig dünn ausrollen, in Streifen rädern, in der Mitte einschneiden, das eine Ende einmal durchziehen, schwimmend in siedendem
Ausbackfett (Speiseöl oder Kokosfett)	goldbraun backen, mit einem Schaumlöffel herausnehmen, auf einem Kuchenrost abtropfen lassen, mit
gesiebtem Puderzucker	bestäuben.

Kirsch-Mandel-Kuchen

(Abb. oben)

	Für den Teig
150 g Weizenmehl	mit
½ gestrichenen Teel. Backpulver	mischen, auf die Tischplatte sieben, in die Mitte eine Vertiefung eindrücken
50 g Zucker **1 Päckchen Vanillin-Zucker** **1 Eiweiß**	hineingeben, mit einem Teil des Mehls zu einem dicken Brei verarbeiten
100 g kalte Butter	in Stücke schneiden, auf den Brei geben, mit Mehl bedecken, von der Mitte aus alle Zutaten schnell zu einem glatten Teig verkneten ⅔ des Teiges auf dem Boden einer gefetteten Springform (Durchmesser etwa 28 cm) ausrollen den Rest des Teiges zu einer Rolle formen, sie als Rand auf den Boden legen, so an die Form drücken, daß der Rand 1-2 cm hoch wird den Teigboden mehrmals mit einer Gabel einstechen, mit
1 gehäuften Eßl. Semmelmehl	bestreuen
	für den Belag
500 g entsteinte Sauerkirschen (aus dem Glas)	gut abtropfen lassen, auf dem Teigboden verteilen
1 Eigelb	mit
75 g Zucker **1 Päckchen Vanillin-Zucker** **3 Eßl. Schlagsahne** **15 g Speisestärke**	verrühren
100 g abgezogene, gehobelte Mandeln	unterrühren, die Masse auf die Kirschen verteilen, die Form auf dem Rost in den vorgeheizten Backofen schieben
Strom:	175-200
Gas:	2-3
Backzeit:	Etwa 45 Minuten.

Mohn-Apfel-Kuchen

(Abb. oben)

	Für den Teig
375 g Weizenmehl	mit
3 gestrichenen Teel. Backpulver	mischen, auf die Tischplatte sieben, in die Mitte eine Vertiefung eindrücken
75 g Zucker **1 Päckchen Vanillin-Zucker** **2 Eier**	hineingeben, mit einem Teil des Mehls zu einem dicken Brei verarbeiten
175 g kalte Butter	in kleine Stücke schneiden, auf den Brei geben, mit Mehl bedecken, von der Mitte aus alle Zutaten schnell zu einem glatten Teig verkneten den Teig auf einem gefetteten Backblech ausrollen
	für den Belag
350–400 g Pflaumenmus	auf den Teig geben, gleichmäßig verstreichen
625 g gemahlenen Mohn	mit
500 ml (½ l) Wasser **375 ml (⅜ l) Schlagsahne** **3–4 gehäuften Eßl. Honig** **1 Teel. gemahlenem Zimt** **3 Tropfen Backöl Bittermandel**	verrühren, zum Kochen bringen, von der Kochstelle nehmen
125 g Rosinen	hinzufügen, etwas abkühlen lassen
2 Eier	unterrühren die Masse auf das Pflaumenmus streichen
15 mittelgroße Äpfel	schälen, längs halbieren, entkernen, die gewölbte Oberfläche der Äpfel gitterartig einschneiden, die Apfelhälften auf die Mohnmasse legen, das Backblech in den vorgeheizten Backofen schieben

	etwa 15 Minuten vor Beendigung der Backzeit
50 g zerlassene Butter	mit
2 Eßl. Honig	verrühren, die Äpfel damit bestreichen
Strom:	175-200
Gas:	3-4
Backzeit:	45-50 Minuten.
Beigabe:	Geschlagene Sahne.

Englischer Apfelkuchen

(Abb. rechts)

	Für den Teig
360 g Weizenmehl	auf die Tischplatte sieben, in die Mitte eine Vertiefung eindrücken
7 Eßl. kaltes Wasser	
½ Teel. Salz	hineingeben, mit einem Teil des Mehls zu einem dicken Brei verarbeiten
150 g kalte Butter	in Stücke schneiden, auf den Brei geben, mit Mehl bedecken, von der Mitte aus alle Zutaten schnell zu einem glatten Teig verkneten, ihn etwa 10 Minuten kalt stellen etwa die Hälfte des Teiges in eine gut gefettete Pie-Form oder Springform (Durchmesser etwa 28 cm) geben, die Form damit ausfüllen, den Teig am Rand etwa 2-3 cm hochdrücken
	für die Füllung
etwa 500 g Äpfel	schälen, vierteln, entkernen, grob zerkleinern, mit
etwa 425 g Mincemeat (gezuckerte, gewürzte Trockenfrüchte im Glas)	
abgeriebener Schale von 1 Zitrone (unbehandelt)	vermengen, auf den Teigboden geben, glattstreichen den restlichen Teig ausrollen, mit einem Teigrädchen 12 gleich breite Streifen ausrädern, gitterartig auf die Füllung legen, gut an den Teigrand drücken zum Bestreichen
1 Ei	verschlagen, Teigstreifen und -rand damit bestreichen, mit
1 Eßl. Zucker	bestreuen die Form auf dem Rost in den vorgeheizten Backofen schieben
Strom:	Etwa 200
Gas:	Etwa 3
Backzeit:	Etwa 35 Minuten den Apfelkuchen lauwarm mit
geschlagener Sahne	servieren.

Beeren-Törtchen

(Abb. oben)

	Für den Teig
200 g Weizenmehl	mit
1 gestrichenen Teel. Backpulver	mischen, auf die Tischplatte sieben, in die Mitte eine Vertiefung eindrücken
75 g Zucker **1 Päckchen Vanillin-Zucker** **Salz** **4 Tropfen Backöl Zitrone** **2 Eßl. Wasser**	hineingeben, mit einem Teil des Mehls zu einem dicken Brei verarbeiten
100 g kalte Butter	in Stücke schneiden, auf den Brei geben, mit Mehl bedecken, von der Mitte aus alle Zutaten schnell zu einem glatten Teig verkneten den Teig etwa 3 mm dick ausrollen mit einer runden Form (Durchmesser 10-12 cm) ausstechen die Teigkreise in gut gefettete Tortelett-Förmchen mit glattem Rand legen, mehrmals mit einer Gabel einstechen auf ein Backblech setzen, in den vorgeheizten Backofen schieben
Strom:	175-200
Gas:	3-4
Backzeit:	10-15 Minuten die erkalteten Törtchen gleichmäßig mit
Sahnesteif	ausstreuen
500-750 g gemischtes Obst (z. B. Erdbeeren, Kirschen, Himbeeren, Brombeeren, Blaubeeren)	gleichmäßig auf die Törtchen verteilen
	für den Guß
1 Päckchen Tortenguß, klar	

Zucker nach der Angabe auf dem Päckchen	
250 ml (¼ l) Fruchtsaft oder Weißwein	nach der Vorschrift auf dem Päckchen zubereiten, über das Obst verteilen.

Flana-Törtchen

(20 Törtchen - Abb. unten)

	Für den Teig
250 g Weizenmehl	mit
1 gestrichenen Teel. Backpulver	mischen, auf die Tischplatte sieben, in die Mitte eine Vertiefung eindrücken
50 g Zucker	
1 Päckchen Vanillin-Zucker	
2 Eßl. saure Sahne	hineingeben, mit einem Teil des Mehls zu einem dicken Brei verarbeiten
175 g kalte Butter	in Stücke schneiden, auf den Brei geben, mit Mehl bedecken, von der Mitte aus alle Zutaten schnell zu einem glatten Teig verkneten, sollte er kleben, ihn eine Zeitlang kalt stellen den Teig etwa 3 mm dick ausrollen, 40 Plätzchen (Durchmesser etwa 7 cm) ausstechen, auf ein Backblech legen, in den vorgeheizten Backofen schieben
Strom:	175-200
Gas:	3-4
Backzeit:	12-15 Minuten
	für die Buttercreme aus
1 Päckchen Pudding-Pulver Schokolade, z. B. Flana	
50 g Zucker	
4 Eßl. kalter Milch	
250 ml (¼ l) Milch	nach der Vorschrift auf dem Päckchen einen Pudding zubereiten, kalt stellen, ab und zu durchrühren
	für den Guß
75 g Puderzucker	
20 g Kakao	mischen, sieben, mit
etwa 1½ Eßl. heißem Wasser	glattrühren, so daß eine dickflüssige Masse entsteht
25 g Kokosfett	zerlassen, unterrühren, die Hälfte der erkalteten Plätzchen auf der Oberseite damit bestreichen
150 g Butter	geschmeidig rühren, den erkalteten Flana eßlöffelweise darunter geben (darauf achten, daß weder Fett noch Flana zu kalt sind, da dann die sogenannte Gerinnung eintritt)
25 g Kokosfett	zerlassen, unterrühren die nicht bestrichenen Plätzchen auf der Unterseite spiralförmig mit der Creme bespritzen, die übrigen darauf legen, mit einem Cremetupfen verzieren.

Stachelbeer-Schnitten

(Abb. unten)

Für den Teig

200 g Weizenmehl	mit
1 gestrichenen Teel. Backpulver	mischen, auf die Tischplatte sieben, in die Mitte eine Vertiefung eindrücken
75 g Zucker	
1 Päckchen Vanillin-Zucker	
1 Ei	hineingeben, mit einem Teil des Mehls zu einem dicken Brei verarbeiten
125 g kalte Butter oder Margarine	in Stücke schneiden, auf den Brei geben, mit Mehl bedecken von der Mitte aus alle Zutaten schnell zu einem glatten Teig verkneten sollte er kleben, ihn eine Zeitlang kalt stellen den Teig in der Größe von etwa 30 × 30 cm auf einem gefetteten Backblech ausrollen, mehrmals mit einer Gabel einstechen das Backblech in den vorgeheizten Backofen schieben
Strom:	200-225
Gas:	3-4
Backzeit:	Etwa 20 Minuten sofort nach dem Backen die Platte auf dem Backblech halbieren, lösen, erkalten lassen nach Belieben eine der Hälften mit
Himbeer-Konfitüre	bestreichen
	für die Füllung
750 g Stachelbeeren	von Stiel und Blüte befreien, waschen, abtropfen lassen, mit
200 g Zucker	
2 Eßl. Wasser oder Weißwein	unter vorsichtigem Rühren weich dünsten (dürfen nicht zerfallen), abtropfen lassen, den Saft evtl. mit Wasser oder Weißwein auf 250 ml (¼ l) auffüllen
1 Päckchen Tortenguß, klar	mit
1 Eßl. Zucker	
250 ml (¼ l) Stachelbeersaft	nach der Vorschrift auf dem Päckchen zubereiten die Stachelbeeren unterrühren
	für den Krokant
1 Messerspitze Butter	
15 g Zucker	zerlassen, unter Rühren erhitzen, bis der Zucker schwach gebräunt ist

30 g abgezogene, gehackte Mandeln hinzufügen, unter Rühren erhitzen, bis der Krokant genügend gebräunt ist, die Masse auf einer mit
Speiseöl bestrichenen Platte erkalten lassen, in kleine Stücke zerstoßen
die mit Himbeer-Konfitüre bestrichene Knetteigplatte mit der Stachelbeermasse gleichmäßig bestreichen, die zweite Platte darauflegen, gut andrücken

500 ml (½ l) Schlagsahne ½ Minute schlagen
50 g Zucker mit
2 Päckchen Sahnesteif mischen, einstreuen, die Sahne steifschlagen

4 Eßl. Zitronensaft vorsichtig unterziehen, gleichmäßig auf dem oberen Knetteigboden verstreichen, mit dem Krokant bestreuen
das Gebäck in Schnitten von beliebiger Größe schneiden.

Mutzenmandeln

(Abb. oben)

500 g Weizenmehl mit
2 gestrichenen Teel. Backpulver mischen, auf die Tischplatte sieben, in die Mitte eine Vertiefung eindrücken

150 g Zucker
3–4 Tropfen Backöl Bittermandel
1 Fläschchen Rum-Aroma
3 Eier hineingeben, mit einem Teil des Mehls zu einem dicken Brei verarbeiten

150 g kalte Butter oder Margarine in Stücke schneiden, auf den Brei geben, mit Mehl bedecken, von der Mitte aus alle Zutaten schnell zu einem glatten Teig verkneten, sollte er kleben, ihn eine Zeitlang kalt stellen
den Teig etwa 1 cm dick ausrollen, Mutzenmandeln ausstechen, schwimmend in siedendem

Ausbackfett (Speiseöl, Schweineschmalz oder Kokosfett) goldgelb backen, mit einem Schaumlöffel herausnehmen, auf einem Kuchenrost gut abtropfen lassen, noch heiß mit

gesiebtem Puderzucker bestäuben.

Ananas-Kuchen

(Abb. oben)

	Für den Knetteig
175 g Weizenmehl	auf die Tischplatte sieben, in die Mitte eine Vertiefung eindrücken
1 Eßl. gesiebten Puderzucker Salz 3 Eßl. kaltes Wasser	hineingeben, mit einem Teil des Mehls zu einem dicken Brei verarbeiten
125 g kalte Butter	in Stücke schneiden, auf den Brei geben, mit Mehl bedecken, von der Mitte aus alle Zutaten schnell zu einem glatten Teig verkneten, 1-2 Stunden kalt stellen eine gefettete Pie- oder Springform (Durchmesser etwa 28 cm) mit dem Teig auslegen, am Springformrand 2-3 cm hochdrücken, den Teigboden mehrmals mit einer Gabel einstechen
	für den Belag
etwa 500 g Ananas (aus der Dose)	abtropfen lassen, in Streifen schneiden
	für den Rührteig
125 g Butter oder Margarine	geschmeidig rühren, nach und nach
100 g Zucker 1 Päckchen Vanillin-Zucker	
3 Eigelb	unterrühren
50 g Weizenmehl	sieben, mit
50 g abgezogenen, gemahlenen Mandeln	mischen, eßlöffelweise unterrühren, auf den Knetteigboden geben, glattstreichen
125 ml (1/8 l) Schlagsahne	steifschlagen, die Ananasstreifen unterheben
3 Eiweiß	steifschlagen, unterziehen die Masse auf den Teig geben, glattstreichen die Form auf dem Rost in den vorgeheizten Backofen schieben
Strom:	175-200
Gas:	3-4
Backzeit:	40-45 Minuten.

Erdbeer-Rhabarber-Schnitten

(Abb. unten)

Für den Teig

180 g Weizenmehl auf die Tischplatte sieben, in die Mitte eine Vertiefung eindrücken

100 g Zucker
2 Eier
Salz
2 Teel. abgeriebene Schale von 1 Zitrone (unbehandelt)
Mark von 1 Vanillestange hineingeben, mit einem Teil des Mehls zu einem dicken Brei verarbeiten

200 g kalte Butter oder Margarine in Stücke schneiden
100 g feingehackte Haselnußkerne
100 g kernige Haferflocken daraufgeben, von der Mitte aus alle Zutaten schnell zu einem glatten Teig verkneten, zu einer Kugel formen, etwa 2 Stunden kalt stellen

für den Belag

750 g Erdbeeren waschen, abtropfen lassen, entstielen, halbieren

1,5 kg Rhabarber putzen, waschen, in etwa 5 cm lange Stücke schneiden

125 ml (⅛ l) Weißwein mit
150 g Zucker zum Kochen bringen, den Rhabarber portionsweise hineingeben, zum Kochen bringen, weichdünsten lassen (er darf nicht zerfallen)
den Rhabarber abtropfen lassen, den Saft auffangen
den Teig halbieren, jedes Teigstück zu einem etwa 40 × 14 cm langen Streifen ausrollen
die Teigstreifen auf ein gefettetes Backblech legen, an den Längsseiten jeweils einen etwa 2 cm hohen Rand hochdrücken
das Backblech in den vorgeheizten Backofen schieben

Strom: Etwa 200
Gas: Etwa 3
Backzeit: 20-25 Minuten

die Gebäckstreifen sofort nach dem Backen mit jeweils 1 Eßl. von
etwa 450 g rotem Johannisbeer-Gelee (aus dem Glas) bestreichen, mit den Erdbeerhälften und dem Rhabarber belegen

für den Guß

1 Päckchen Gelatine gemahlen, weiß mit
4 Eßl. kaltem Wasser in einem kleinen Topf anrühren, 10 Minuten zum Quellen stehenlassen
das restliche Johannisbeer-Gelee mit dem Rhabarbersaft zum Kochen bringen, in 8-10 Minuten auf etwa 400 ml einkochen lassen, die Gelatine unter Rühren darin auflösen
etwas abkühlen lassen, die Früchte damit bestreichen
jeden Gebäckstreifen in etwa 10 Stücke schneiden.

Beigabe: Schlagsahne.

Erdbeer-Sahne-Törtchen

(10-11 Stück - Abb. unten)

	Für den Teig
150 g Weizenmehl	mit
½ gestrichenen Teel. Backpulver	mischen, auf die Tischplatte sieben, in die Mitte ein Vertiefung eindrücken
65 g Zucker	
1 Päckchen Vanillin-Zucker	
1 Ei	hineingeben
65 g kalte Butter	in Stücke schneiden, daraufgeben, mit Mehl bedecken, von der Mitte aus alle Zutaten schnell zu einem glatten Teig verkneten den Teig etwa 3 mm dick ausrollen runde Plätzchen (Durchmesser etwa 10 cm) ausstechen die Teigplätzchen auf ein gefettetes Backblech legen, mehrmals mit einer Gabel einstechen, in den vorgeheizten Backofen schieben
Strom:	175-200
Gas:	3-4
Backzeit:	10-15 Minuten

	die gebackenen Törtchen erkalten lassen
	für die Erdbeersahne
2 Päckchen Gelatine gemahlen, weiß	mit
6 Eßl. kaltem Wasser	in einem kleinen Topf anrühren, 10 Minuten zum Quellen stehenlassen
500-600 g Erdbeeren	putzen, vorsichtig waschen, abtropfen lassen, pürieren, mit
100 g Zucker Saft ½ Zitrone	verrühren die Gelatine unter Rühren erwärmen, bis sie gelöst ist, unter das Erdbeer-Pürree rühren wenn die Masse beginnt dicklich zu werden,
375 ml (⅜ l) Schlagsahne	steifschlagen, unterheben die Erdbeermasse in 10-11 kuppelförmige, mit
Speiseöl	ausgestrichene Tassen oder Backförmchen (Durchmesser etwa 7 cm) füllen, glattstreichen, im Kühlschrank fest werden lassen, auf die Knetteig-Törtchen stürzen, dafür die Erdbeercreme am Tassenrand mit einem Kuchenmesser lösen, die Tasse kurz in heißes Wasser tauchen, stürzen
125-250 ml (⅛-¼ l) Schlagsahne	½ Minute schlagen
1 Teel. Zucker ½-1 Päckchen Sahnesteif	einstreuen, die Sahne steifschlagen, in einen Spritzbeutel mit gezackter Tülle füllen, die Törtchen damit verzieren, mit
Erdbeeren	garnieren

Quarktaschen

	Für den Teig
150 g Weizenmehl	auf die Tischplatte sieben, in die Mitte eine Vertiefung eindrücken
1 Päckchen Vanillin-Zucker Salz 150 g Magerquark 150 g kalte, in Stücke geschnittene Butter oder Margarine	hineingeben das Fett mit Mehl bedecken, von der Mitte aus allen Zutaten schnell zu einem glatten Teig verkneten, sollte er zu weich sein, evtl. noch etwas Mehl unterkneten den Teig etwa 1 Stunde im Kühlschrank ruhen lassen
	für die Füllung
250 g Speisequark	mit
50 g Zucker 1 Päckchen Vanillin-Zucker 1 Eiweiß	verrühren
30 g Rosinen	unterrühren die Hälfte des Teiges zu einem Viereck von 30 × 30 cm ausrollen, in Quadrate von 10 × 10 cm schneiden, jedes Teigstück in der Mitte mit etwas von der Füllung belegen
1 Eigelb	mit
1½ Eßl. Milch	verschlagen, die Teigränder damit bestreichen die Teigstücke zu Taschen zusammenschlagen, mit dem verschlagenen Eigelb bestreichen, den restlichen Teig ebenso verarbeiten, die Teigreste ausrollen, in schmale Streifen schneiden, je 2 davon über Kreuz auf jede Tasche legen, ebenfalls mit der Eigelbmilch bestreichen
Strom:	200-225
Gas:	3-4
Backzeit:	Etwa 25 Minuten.

Marzipan-Kaffeeschnitten

(Abb. links)

Für den Teig

250 g Weizenmehl mit
½ gestrichenen Teel. Backpulver mischen, auf die Tischplatte sieben, in die Mitte eine Vertiefung eindrücken
75 g Zucker
1 Päckchen Vanillin-Zucker
1 Ei hineingeben, mit einem Teil des Mehls zu einem dicken Brei verarbeiten
125 g kalte Butter oder Margarine in Stücke schneiden, auf den Brei geben, mit Mehl bedecken, von der Mitte aus alle Zutaten schnell zu einem glatten Teig verkneten, sollte er kleben, ihn eine Zeitlang kalt stellen
den Teig zu einem Rechteck von 40 × 32 cm ausrollen, 8 Streifen (20 × 8 cm) daraus schneiden, auf ein Backblech legen, die Teigstreifen mehrmals mit einer Gabel einstechen, in den vorgeheizten Backofen schieben, hellgelb vorbacken
Strom: 175–200
Gas: 3–4
Backzeit: Etwa 15 Minuten
die Gebäckstreifen mit
4 Eßl. Konfitüre bestreichen

für den Belag

125 g Butter oder Margarine
125 g Marzipan-Rohmasse mit einem elektrischen Handrührgerät mit Rührbesen zu einer geschmeidigen Masse verrühren, nach und nach
100 g Zucker
1 Päckchen Vanillin-Zucker
2 Eier
abgeriebene Schale von ½ Zitrone (unbehandelt) unterrühren
250 g Weizenmehl
1 Messerspitze Backpulver mischen, sieben, eßlöffelweise unterrühren
die Masse in einen Spritzbeutel mit gezackter Tülle füllen, beliebige Muster auf die Gebäckstreifen spritzen, das Backblech in den vorgeheizten Backofen schieben
Strom: 175–200
Gas: 3–4
Backzeit: Etwa 20 Minuten
das Gebäck sofort nach dem Backen in schmale Streifen schneiden.

Stachelbeer-Streusel-Kuchen

(Abb. unten)

650 g grüne Stachelbeeren von Stiel und Blüte befreien, waschen, abtropfen lassen, jede Stachelbeere mit einer dicken Nadel mehrmals einstechen, mit
375 ml (⅜ l) Weißwein
200 g Zucker
1 Stange Zimt
1 Stück Zitronenschale (unbehandelt) zum Kochen bringen, etwa 8 Minuten dünsten, abtropfen lassen
125 g Weizenmehl in eine Schüssel sieben, mit
125 g abgezogenen, gemahlenen Mandeln
125 g Zucker
gemahlenem Zimt mischen
150 g Butter zerlassen, etwas abkühlen lassen, zu den vermischten Zutaten geben, alles miteinander mit 2 Gabeln zu Streuseln vermengen
die abgetropften Stachelbeeren in eine gut gefettete Pie-Form geben, die Streusel gleichmäßig darauf verteilen
die Form auf dem Rost in den vorgeheizten Backofen schieben
Strom: Etwa 200
Gas: 3–4
Backzeit: 20–25 Minuten.

Wiener Apfel-Strudel

(Abb. unten)

Für den Teig

200 g Weizenmehl auf die Tischplatte sieben, in die Mitte eine Vertiefung eindrücken

Salz, 75 ml lauwarmes Wasser
50 g zerlassene Butter hineingeben, mit einem Teil des Mehls zu einem dicken Brei verarbeiten, mit Mehl bedecken, von der Mitte aus alle Zutaten schnell zu einem glatten Teig verkneten, ihn auf Pergamentpapier in einen heißen, trockenen Kochtopf (vorher Wasser darin kochen) legen, mit einem Deckel verschließen, ½ Stunde ruhen lassen

für die Füllung

1 - 1½ kg Äpfel schälen, vierteln, entkernen, in feine Scheiben schneiden

1 Beutel Rum-Aroma untermischen

50 g Rosinen verlesen

75 g Butter zerlassen

den Strudelteig auf einem bemehlten, großen weißen Tuch (Tischtuch) etwas ausrollen, dünn mit einem Teil der Butter bestreichen, dann mit den Händen zu einem Rechteck (50 × 70 cm) ausziehen, er muß durchsichtig sein, die Ränder, wenn sie dicker sind, abschneiden, ⅔ der Butter auf den Teig streichen

50 g Semmelmehl auf ⅔ des Teiges streuen (von der längeren Seite ausgehend, an den kürzeren Seiten 3 cm frei lassen, nacheinander Äpfel, Rosinen,

100 g Zucker
1 Päckchen Vanillin-Zucker
50 g abgezogene, gehackte Mandeln darauf verteilen, die freigebliebe-

	nen Teigränder auf die Füllung schlagen, den Teig von der längeren Seite her, mit der Füllung beginnend, aufrollen, an den Enden gut zusammendrücken, auf ein gefettetes Backblech legen, mit der zerlassenen Butter bestreichen, in den vorgeheizten Backofen schieben
Strom:	175-200, **Gas:** 3-4
Backzeit:	45-55 Minuten während des Backens den Strudel mit der restlichen Butter bestreichen.

Apfel-Pie
(Abb. oben)

	Für den Teig
275 g Weizenmehl	mit
1 gestrichenen Teel. Backpulver	mischen, auf die Tischplatte sieben, in die Mitte eine Vertiefung eindrücken
60 g Zucker **1 Päckchen Vanillin-Zucker** **Salz, 1 Eiweiß**	hineingeben, mit einem Teil des Mehls zu einem dicken Brei verarbeiten
175 g kalte Butter	in Stücke schneiden, mit
½ Becher (75 g) Crème fraîche	auf den Brei geben, mit Mehl bedecken, von der Mitte aus alle Zutaten schnell zu einem glatten Teig verkneten den Teig 2-3 Stunden kalt stellen
	für die Füllung
1 ¼ kg Äpfel	schälen, vierteln, entkernen, in Scheiben schneiden, mit
2-3 Eßl. Zucker **gemahlenem Zimt**	vermengen ⅔ des Teiges ausrollen, eine gefettete Pie-Form (Durchmesser 28-30 cm) damit auslegen
3 Eßl. gemahlene Mandeln	mit
2 Eßl. Semmelmehl	vermengen, auf den Teigboden streuen, die Apfelscheiben darauf verteilen den restlichen Teig zu einer Platte in der Größe der Pie-Form ausrollen, den Teigrand mit
Wasser	bestreichen die Teigplatte auf die Füllung legen, gut andrücken die Teigoberfläche mehrmals mit einer Gabel einstechen, die Form auf dem Rost in den vorgeheizten Backofen schieben nach etwa 20 Minuten Backzeit
½ Becher (75 g) Crème fraîche	mit
1 Eigelb	verrühren, auf die Teigdecke streichen, mit
1 Eßl. Zimt-Zucker-Gemisch **40 g abgezogenen, gestiftelten Mandeln**	bestreuen
Strom:	Etwa 200, **Gas:** 3-4
Backzeit:	Etwa 50 Minuten.

Melonen-Törtchen

(Abb. unten)

Für den Teig

200 g Weizenmehl auf die Tischplatte sieben, in die Mitte eine Vertiefung eindrücken

65 g Zucker
1 Eigelb
Salz
1 Teel. abgeriebene Schale von 1 Zitrone (unbehandelt)
1 Eßl. Weinbrand hineingeben, mit einem Teil des Mehls zu einem dicken Brei verarbeiten

125 g kalte Butter in Stücke schneiden, auf den Brei geben, mit Mehl bedecken, von der Mitte aus alle Zutaten schnell zu einem glatten Teig verkneten, etwa 30 Minuten kalt stellen
den Teig ausrollen, in der Größe der Torteletförmchen (Durchmesser etwa 8 cm) ausstechen
die Förmchen damit auslegen
den Teig mehrmals mit einer Gabel einstechen
die Förmchen auf dem Rost in den vorgeheizten Backofen schieben

Strom: Etwa 200
Gas: Etwa 3
Backzeit: 15-18 Minuten
die gebackenen ausgekühlten Törtchen aus den Förmchen lösen

für die Füllung
die Törtchen mit

250 g Aprikosen-Konfitüre ausstreichen

1 Ogenmelone (etwa 750 g) halbieren, entkernen, das Fruchtfleisch mit einem Eßlöffel herauslösen, mit

1 Teel. abgeriebener Zitronenschale (unbehandelt)
4 Eßl. Zitronensaft pürieren, in den Kühlschrank stellen

1 Päckchen Gelatine gemahlen, weiß mit
4 Eßl. kaltem Wasser in einem kleinen Topf anrühren, 10 Minuten zum Quellen stehenlassen, unter Rühren erwärmen, bis sie gelöst ist, unter das Melonenpüree rühren

80 g Zucker mit
4 Eßl. Wasser sirupartig einkochen lassen
4 Eiweiß steifschlagen, den Sirup unterschlagen, die Eiweißmasse unter das Melonenpüree heben
1 Ogenmelone (etwa 750 g) halbieren, entkernen, achteln, schälen
die Hälfte des Fruchtfleisches in kleine Würfel, die andere Hälfte in dünne Spalten schneiden
die Melonenwürfel unter das Melonenpüree heben, die Fruchtcreme kalt stellen, bis sie dicklich wird, sie dann in einen Spritzbeutel mit weiter Lochtülle geben und die Creme in die Törtchen spritzen, die Törtchen etwa 30 Minuten kalt stellen, dekorativ mit den Melonenspalten belegen
nach Belieben das Fruchtfleisch von
¼ Wassermelone in Spalten schneiden oder zu Kugeln ausstechen und die Törtchen damit garnieren.

Haselnuß-Törtchen

(Abb. rechts)

200 g Haselnußkerne auf ein Backblech legen, in den vorgeheizten Backofen schieben, die Haselnußkerne rösten lassen, bis die Haut aufplatzt
Strom: 200-225
Gas: 3-4
Backzeit: 8-12 Minuten
die Haselnußkerne auf ein Sieb geben
die Haut mit den Händen abreiben
die Kerne fein mahlen

für den Teig
225 g Weizenmehl auf die Tischplatte sieben, in die Mitte eine Vertiefung eindrücken
75 g Zucker
1 Eigelb
Salz hineingeben, mit einem Teil des Mehls zu einem dicken Brei verarbeiten
150 g kalte Butter in Stücke schneiden, auf den Brei geben, mit Mehl bedecken, von der Mitte aus alle Zutaten schnell zu einem glatten Teig verkneten, etwa 30 Minuten kalt stellen
den Boden von etwa 16-18 Tortelett-Förmchen (Durchmesser etwa 9 cm) ausfetten, die Förmchen so dicht wie möglich aneinanderstellen
den Teig zu der Größe ausrollen, die sich aus den aneinandergestellten Törtchenformen ergibt
die Teigplatte um einen Teigroller wickeln, auf die Förmchen legen, leicht hineindrücken, mit dem Teigroller darüberrollen, so daß sich die Metallkanten der Förmchen durch den Teig drücken
den Teig in den Förmchen mit einer Gabel mehrmals einstechen
die Förmchen auf dem Rost in den vorgeheizten Backofen schieben
Strom: Etwa 175
Gas: Etwa 2
Backzeit: 8-10 Minuten

für die Füllung
die gemahlenen Haselnußkerne mit
400 g Zucker
Salz
abgeriebener Schale von 1 Zitrone (unbehandelt)
gemahlenem Zimt
Salz
8 Eiweiß in einen Topf geben, unter ständigem Rühren erhitzen, in 8-10 Minuten zu einer einheitlichen Masse verrühren (Zucker muß sich völlig aufgelöst haben)
den Topf von der Kochstelle nehmen
1 Eßl. Weizenmehl unter die Nußmasse rühren
die Masse mit einem Eßlöffel in die vorgebackenen Törtchen füllen
auf dem Rost in den vorgeheizten Backofen schieben
Strom: Etwa 175
Gas: Etwa 2
Backzeit: 30-35 Minuten
die gebackenen Törtchen etwa 10 Minuten in den Förmchen abkühlen lassen, erst dann stürzen.

Pfirsich-Törtchen

(Abb. unten)

Für den Teig

350 g Weizenmehl auf die Tischplatte sieben, in die Mitte eine Vertiefung eindrücken

100 g Zucker
2 Eier, Salz
gemahlenen Zimt hineingeben, mit einem Teil des Mehls zu einem dicken Brei verarbeiten

200 g kalte Butter in Stücke schneiden, auf den Brei geben, mit

50 g abgezogenen, gehobelten Mandeln bedecken, von der Mitte aus alle Zutaten schnell zu einem glatten Teig verkneten, etwa 30 Minuten kalt stellen
16 Tortelett-Förmchen (Durchmesser etwa 10 cm) leicht fetten, so dicht wie möglich aneinanderstellen
den Teig zu der Größe ausrollen, die sich aus den aneinandergestellten Törtchenformen ergibt
die Teigplatte um einen Teigroller wickeln, auf die Förmchen legen, leicht hineindrücken, mit dem Teigroller darüberrollen, so daß sich die Metallkanten der Förmchen durch den Teig drücken
den Teig in den Förmchen mit einer Gabel mehrmals einstechen
die Förmchen auf dem Rost in den vorgeheizten Backofen schieben

Strom: Etwa 225
Gas: Etwa 4
Backzeit: 12-15 Minuten
die gebackenen Törtchen in der Form etwas abkühlen lassen, erst dann herausnehmen

für die Füllung

8 große, reife Pfirsiche kurze Zeit in kochendes Wasser legen, in kaltem Wasser abschrecken, enthäuten, halbieren, entsteinen
die gewölbte Oberfläche fächerförmig einschneiden

1 Päckchen Gelatine gemahlen, weiß mit

4 Eßl. kaltem Wasser in einem kleinen Topf anrühren, 10 Minuten zum Quellen stehenlassen
unter Rühren erwärmen, bis sie gelöst ist

4 Eigelb mit

75 g Zucker mit einem elektrischen Handrührgerät mit Rührbesen in 5-6 Minuten dickcremig schlagen

375 ml (3/8 l) Aprikosen-Nektar
2 Eßl. Zitronensaft
Salz zum Kochen bringen, von dem kochenden Fruchtsaft etwas abnehmen und unter die Eigelbmasse schlagen, mit dem übrigen Obstsaft verrühren, unter ständigem Schlagen aufkochen lassen, von der Kochstelle nehmen, die lauwarme Gelatine unterrühren
die Creme erkalten lassen, ab und zu durchrühren

400 g Marzipan-Rohmasse mit

3 Eßl. Aprikosengeist verrühren, in einen Spritzbeutel mit Sterntülle füllen, auf jedes Törtchen einen Marzipanring spritzen, dabei etwa 1 cm Rand freilassen

200 ml Schlagsahne steifschlagen, unter die erkaltete Creme ziehen, die Sahne-Creme in einen Spritzbeutel mit mittelgroßer Lochtülle füllen und in jeden Marzipanring eine Halbkugel spritzen, die Törtchen mit der Füllung etwa 15 Minuten kühl stellen

50-100 g abgezogene, gehobelte Mandeln in einer Pfanne ohne Fett goldbraun rösten, auf jedes Törtchen eine Pfirsichhälfte legen

250 g Aprikosen-Konfitüre durch ein Sieb streichen, unter Rühren zum Kochen bringen, im Wasserbad wieder kalt rühren, die Pfirsichhälften und den Törtchenrand damit bestreichen die Mandeln mit Hilfe eines Messers an den Törtchenrand drücken.

Haselnuß-Kranz

(Abb. oben)

Für den Teig

300 g Weizenmehl mit

2 gestrichenen Teel. Backpulver mischen, auf die Tischplatte sie-

ben, in die Mitte eine Vertiefung eindrücken

100 g Zucker
1 Päckchen Vanillin-Zucker
Salz
1 Ei
2 Eßl. Milch oder Wasser hineingeben, mit einem Teil des Mehls zu einem dicken Brei verarbeiten

125 g weiche Margarine oder Butter in Stücke schneiden, auf den Brei geben, von der Mitte aus alle Zutaten schnell zu einem glatten Teig verkneten, sollte er kleben, ihn eine Zeitlang kalt stellen

für die Füllung

200 g gemahlene Haselnußkerne mit
100 g Zucker
4-5 Tropfen Backöl Bittermandel
½ Eigelb
1 Eiweiß
3-4 Eßl. Wasser verrühren, so daß eine geschmeidige Masse entsteht

den Teig zu einem Rechteck (etwa 35 × 45 cm) ausrollen, die Nußmasse darauf streichen, den Teig von der längeren Seite her aufrollen, als Kranz auf ein gefettetes Backblech legen

½ Eigelb mit
1 Eßl. Milch verschlagen, den Kranz damit bestreichen, sternförmig einschneiden, das Backblech in den vorgeheizten Backofen schieben

Strom: 175-200
Gas: 3-4
Backzeit: Etwa 45 Minuten.

Brombeer-Schiffchen

(12 Stück – Abb. oben)

Für den Teig

125 g Weizenmehl mit
1 Messerspitze Backpulver mischen, auf die Tischplatte sieben, in die Mitte eine Vertiefung eindrücken
25 g Zucker
1 Päckchen Vanillin-Zucker
1 Eigelb
½ Eßl. Milch hineingeben, mit einem Teil des Mehls zu einem dicken Brei verarbeiten
65 g kalte Butter in Stücke schneiden, auf den Brei geben, mit Mehl bedecken, von der Mitte aus alle Zutaten schnell zu einem glatten Teig verkneten
den Teig etwa 1 Stunde kalt stellen, ausrollen, in der Größe von 12 Schiffchen-Förmchen ausstechen
die Förmchen damit auslegen
die Förmchen auf ein Backblech setzen, in den vorgeheizten Backofen schieben
Strom: Etwa 200
Gas: Etwa 4
Backzeit: Etwa 12 Minuten
die gebackenen Schiffchen sofort aus den Förmchen lösen, erkalten lassen

40 g zartbittere Schokolade mit
etwas Kokosfett in einem kleinen Topf im Wasserbad zu einer geschmeidigen Masse verrühren, die Schiffchen damit ausstreichen

für die Füllung

2 Teel. Speisestärke mit
1 Eßl. Zucker
1 Päckchen Vanillin-Zucker
1 Becher (150 g) Crème fraîche in einem Topf gut verrühren
1 Ei hinzufügen, die Masse unter ständigem Schlagen einmal aufkochen lassen, von der Kochstelle nehmen
3 Eßl. Kirschwasser unterrühren
die Masse erkaltet in die Schiffchen geben, glattstreichen
250 g Brombeeren vorsichtig waschen, abtropfen lassen, mit
1–2 Eßl. Zucker bestreuen, einige Zeit stehenlassen, abtropfen lassen, den Saft auffangen, mit
1 gehäuften Eßl. Brombeer- oder Johannisbeer-Gelee verrühren, zum Kochen bringen, etwas einkochen lassen
die Brombeeren auf die Schiffchen verteilen, mit dem flüssigen Gelee bestreichen
1 Eiweiß steifschlagen, nach und nach

50 g Zucker unterschlagen, den Eischnee in einen Spritzbeutel mit großer, gezackter Tülle geben, auf die Brombeeren spritzen, unter den vorgeheizten Grill schieben, in 1-2 Minuten hell bräunen lassen.

Blätterteig-Nuß-Hörnchen

Für den Teig

1 Packung (300 g) tiefgekühlten Blätterteig bei Zimmertemperatur auftauen lassen, den Teig zu einer Platte von 70 × 14 cm ausrollen, Dreiecke ausrädern (die breite Dreieckseite soll etwa 10 cm lang sein) die Ränder der Dreiecke mit
Kondensmilch bestreichen

für die Füllung

100 g gemahlene Haselnußkerne mit
etwa 50 g Zucker
3-4 Tropfen Backöl Bittermandel
etwa 3 Eßl. Wasser verrühren, jeweils die breite Dreieckseite mit etwas von der Füllung belegen, von dieser Seite her zu Hörnchen aufrollen, die Hörnchen auf ein mit kaltem Wasser abgespültes Backblech legen, mit Kondensmilch bestreichen, in den vorgeheizten Backofen schieben

Strom: 200-225, **Gas:** 4-5
Backzeit: Etwa 15 Minuten
die noch warmen Nußhörnchen nach Belieben mit Puderzucker-Guß bestreichen.

Äpfel im Schlafrock

(Abb. oben)

2 Eßl. Rosinen in
3 Eßl. Rum über Nacht einweichen

für den Teig

375 g Weizenmehl auf die Tischplatte sieben, in die Mitte eine Vertiefung eindrücken
75 g Zucker
2 Päckchen Vanillin-Zucker
1 Ei hineingeben, mit einem Teil des Mehls zu einem dicken Brei verarbeiten
175 g kalte Butter in Stücke schneiden, auf den Brei geben, mit Mehl bedecken, von der Mitte aus alle Zutaten schnell zu einem glatten Teig verkneten, ihn etwa 30 Minuten kalt stellen

für die Füllung

150 g Marzipan-Rohmasse mit
75 g gesiebtem Puderzucker
1 Eßl. Rum verkneten, abgedeckt beiseite stellen
6 Äpfel (etwa 1 kg) schälen, das Kerngehäuse mit einem Apfelausstecher ausstechen
die entstandenen Öffnungen mit einem Küchenmesser etwas vergrößern
die Marzipanmasse halbieren, eine Hälfte in 6 Scheiben schneiden
jeweils eine Seite der 6 Apfelöffnungen damit verschließen
die eingeweichten Rum-Rosinen in die ausgehöhlten Äpfel geben
aus dem restlichen Marzipan 6 Scheiben schneiden, die Apfelöffnungen damit verschließen, die Äpfel in
50 g Zucker wälzen, den Teig auf einer mit
Weizenmehl bestäubten Tischplatte in der Größe von etwa 32 × 50 cm ausrollen, mit einem Teigrädchen 6 Quadrate in der Größe von etwa 16 × 16 cm ausrädern
jeweils einen Apfel in die Mitte jeder Teigplatte setzen
die Teigecken nach oben schlagen, die Seiten etwas zusammendrücken
aus dem restlichen Teig 6 Kreise von etwa 4 cm Durchmesser ausstechen, jeweils einen auf jede Oberfläche der Teigpakete legen, etwas andrücken
1 Eigelb mit
1 Eßl. Milch verschlagen, die Teigpakete damit bestreichen, mit
75 g abgezogenen, gehackten Mandeln bestreuen
die Teigpakete auf ein gefettetes Backblech setzen, in den vorgeheizten Backofen schieben

Strom: Etwa 200
Gas: Etwa 3
Backzeit: Etwa 30 Minuten.

Weißwein-Apfel-Törtchen

Für den Teig

150 g Weizenmehl mit
½ gestrichenen Teel. Backpulver mischen, auf die Tischplatte sieben, in die Mitte eine Vertiefung eindrücken
65 g Zucker
1 Päckchen Vanillin-Zucker
1 Ei hineingeben, mit einem Teil des Mehls zu einem dicken Brei verarbeiten
65 g kalte Butter in Stücke schneiden, auf den Brei geben, mit Mehl bedecken, von der Mitte aus alle Zutaten schnell zu einem glatten Teig verkneten
den Teig dünn ausrollen, mit einer runden Form (Durchmesser etwa 10 cm) ausstechen, die Plätzchen auf ein gefettetes Backblech legen, in den vorgeheizten Backofen schieben
Strom: 175-200
Gas: 3-4
Backzeit: 10-15 Minuten

für den Belag

6 kleine Äpfel schälen, halbieren, entkernen
125 ml (⅛ l) Wasser mit
125 ml (⅛ l) Weißwein
50 g Zucker
1 Päckchen Vanillin-Zucker
etwas Stangenzimt zum Kochen bringen, die Apfelhälften hineingeben, gar dünsten lassen (nicht zu weich), abtropfen und erkalten lassen
von dem Fruchtsaft 250 ml (¼ l) Flüssigkeit abnehmen
1 Päckchen Weißweincreme nach der Vorschrift auf dem Päckchen zubereiten (aber ohne Wasser), gleichmäßig auf die erkalteten Törtchen verteilen
auf jedes Törtchen eine Apfelhälfte legen
1 Päckchen Tortenguß, klar mit
250 ml (¼ l) Fruchtsaft nach der Vorschrift auf dem Päckchen zubereiten, über die Äpfel verteilen
den Rand der Törtchen mit
50 g abgezogenen, gehobelten, gebräunten Mandeln bestreuen.

Beschwipste Kiwi-Törtchen

(Abb. unten)

300 g Doppelrahm-Frischkäse mit
3 Gläschen Eierlikör
3 Päckchen Vanillin-Zucker gut verrühren, in einen Spritzbeutel mit großer Sterntülle füllen, in
4 Knetteig-Törtchen (fertig gekauft) spritzen
2 Kiwis (je etwa 100 g) schälen, längs vierteln, in Scheiben schneiden, dekorativ in die Creme drücken.

Ostdeutscher Mohnstrudel

(Abb. rechts)

Für den Teig

250 g Weizenmehl auf die Tischplatte sieben, in die Mitte eine Vertiefung eindrücken
Salz
100 ml lauwarmes Wasser
1 kleines Ei
1 Eßl. Speiseöl hineingeben, mit einem Teil des Mehls zu einem dicken Brei verarbeiten, von der Mitte aus alle Zutaten schnell zu einem glatten Teig verkneten, ihn auf Pergamentpapier in einen heißen, trockenen Kochtopf legen (vorher Wasser darin kochen), mit einem Deckel verschließen, etwa 30 Minuten ruhen lassen

für die Füllung

500 g gemahlenen Mohn mit

375-500 ml (3/8-1/2 l) kochendem Wasser übergießen, verrühren, quellen lassen, bis eine geschmeidige Masse entstanden ist
100 g Zucker mit
3 Eßl. Honig
1 Ei
abgeriebener Schale von 1 Zitrone (unbehandelt)
100 g Rosinen unterrühren
250 g säuerliche Äpfel schälen, entkernen, grob raspeln, unter die Mohnmasse rühren
den Strudelteig auf einem bemehlten großen Tuch (Tischtuch) dünn ausrollen, ihn dann mit den Händen zu einem Rechteck von etwa 50 × 70 cm ausziehen (er muß durchsichtig sein), die Ränder, wenn sie dicker sind, abschneiden
auf 2/3 des Teiges die Füllung streichen (an den kürzeren Seiten etwa 3 cm Teig frei lassen)
den Teig mit Hilfe des Tuches, mit der Füllung beginnend, aufrollen, an den Enden gut zusammendrücken, den Strudel auf ein gefettetes Backblech legen, mit etwas von
50 g zerlassener Butter bestreichen, in den vorgeheizten Backofen schieben, den Strudel während des Backens mit der restlichen Butter bestreichen

Strom: 200-225
Gas: 3-4
Backzeit: Etwa 50 Minuten

den erkalteten Strudel mit
gesiebtem Puderzucker bestäuben.

Aprikosen-Teilchen

(Abb. rechts)

1 Packung (300 g) tiefgekühlten Blätterteig	bei Zimmertemperatur auftauen lassen (nicht durchkneten) den Teig zu einem Rechteck (45 × 20 cm) ausrollen, Quadrate für Windmühlen und Kuverts (10 × 10 cm), Rechtecke und Kreise daraus ausschneiden
etwa 400 g gedünstete Aprikosenhälften	gut abtropfen lassen, die Teigstücke damit belegen, zu Windmühlen und Kuverts zusammenschlagen, auf ein mit Wasser abgespültes Backblech legen, mit
abgezogenen Mandeln	und ausgestochenen Teigmotiven garnieren
1 Eigelb	mit
1 Eßl. Milch	verschlagen, die Teigstücke damit bestreichen (an den Rändern darf keine Eigelbmilch herunterlaufen) das Backblech in den vorgeheizten Backofen schieben
Strom:	200-225, **Gas** 4-5
Backzeit:	Etwa 15 Minuten
	zum Aprikotieren
2 Eßl. Aprikosen-Konfitüre	durch ein Sieb streichen, mit
1 Eßl. Wasser	unter Rühren aufkochen lassen, sofort nach dem Backen die Gebäckstücke damit bestreichen.

Obstkuchen mit Walnußkernen

(Abb. rechts unten)

	Für den Teig
150 g Studentenfutter	in
2 Eßl. Rum	1-2 Stunden einweichen die Platten aus
1 Paket (300 g) tiefgekühltem Blätterteig	nebeneinander auf ein Küchentuch legen, in etwa 20 Minuten auftauen lassen
250 g blaue Weintrauben	
250 g grüne Weintrauben	waschen, abtropfen lassen, halbieren, entkernen
500 g Äpfel	
500 g Birnen	beide Zutaten schälen, vierteln entkernen

	die Fruchtstücke quer in nicht zu dünne Scheiben schneiden
	das vorbereitete Obst mit dem Studentenfutter und
Schale und 2 Eßl. Saft von 1 großen Zitrone (unbehandelt)	vermengen
250 g weiche Butter	geschmeidig rühren, nach und nach
250 g gesiebten Puderzucker Salz	
6 Eier	unterrühren
600 g Weizenmehl	mit
1 Päckchen Backpulver	mischen, sieben, eßlöffelweise unterrühren, zuletzt das Obst,
150 g grobgehackte Walnußkerne	unterrühren, den Teig in die gefettete, mit Mehl bestäubte Fettfangschale des Backofens geben, glattstreichen
	die Blätterteig-Platten übereinanderlegen, in der Größe der Fettfangschale ausrollen, auf einen Teigroller wickeln und als Decke über dem Teig abrollen, die Ränder etwas andrücken
1 Eigelb	mit
etwas Wasser	verschlagen
	die Blätterteigdecke damit bestreichen, die Teigdecke mehrmals mit einer Gabel einstechen
	das Backblech in den vorgeheizten Backofen schieben
Strom:	Etwa 175-200
Gas:	3-4
Backzeit:	Etwa 35 Minuten
	für den Guß
150 g gesiebten Puderzucker	mit
3 Eßl. Zitronensaft	
etwas Eiweiß	verrühren, den gebackenen, noch heißen Kuchen damit bestreichen, etwas abgekühlt in Stücke schneiden, lauwarm mit
geschlagener Sahne	servieren.

Käsekuchen

(Abb. unten)

50 g Rosinen	in
4 Eßl. Rum	3-4 Stunden einweichen
75 g abgezogene Mandeln	fein mahlen
75 g Zwieback	auf ein Küchentuch legen, mit dem Teigroller fein zerkleinern, mit den gemahlenen Mandeln mischen, auf dem Boden einer gefetteten Springform (Durchmesser etwa 28 cm) verteilen, gut andrücken
125 g weiche Butter oder Margarine	geschmeidig rühren, nach und nach
200 g Zucker	
1 Päckchen Vanillin-Zucker	
5 Eigelb	
abgeriebene Schale von 1 Zitrone (unbehandelt)	
3 Eßl. Zitronensaft	
Salz	unterrühren, so lange rühren, bis sich der Zucker aufgelöst hat
1 kg Magerquark	und die eingeweichten Rosinen unterrühren
1 Päckchen Soßenpulver Vanille-Geschmack	mit
1 Eßl. Grieß	mischen, unter die Quarkmasse rühren
5 Eiweiß	steifschlagen, unterheben (nicht rühren) die Quarkmasse auf das Mandel-Zwieback-Gemisch geben, glattstreichen die Form auf dem Rost in den vorgeheizten Backofen schieben
Strom:	Etwa 175
Gas:	Etwa 2
Backzeit:	75-90 Minuten den Kuchen evtl. mit Pergamentpapier abdecken, wenn die Kuchenoberfläche zu dunkel wird den gebackenen Kuchen im Backofen abkühlen lassen (bei etwas geöffneter Backofentür), ihn dann vorsichtig aus der Springform lösen, mit
gesiebtem Puderzucker	bestäuben.
Beigabe:	Geschlagene Sahne.

Mailänder Marzipan-Törtchen

(Abb. rechts)

	Für den Teig
200 g Weizenmehl	auf die Tischplatte sieben, in die Mitte eine Vertiefung eindrücken
65 g Zucker	
abgeriebene Schale von ½ Zitrone (unbehandelt)	hineingeben
125 g kalte Butter	in Stücke schneiden, daraufgeben, mit Mehl bedecken von der Mitte aus alle Zutaten schnell zu einem glatten Teig verkneten den Teig etwa 3 mm dick ausrollen runde Plätzchen (Durchmesser etwa 8 cm) ausstechen die Plätzchen auf ein gefettetes, mit Backtrennpapier belegtes Backblech legen
	für den Belag
125 g Marzipan-Rohmasse	mit dem Rührbesen des elektrischen Handrührgeräts gut verrühren nach und nach
30 g gesiebten Puderzucker	
1 Eigelb	
1 Eßl. Zitronensaft	unterrühren, so lange rühren, bis eine cremige Masse entstanden ist die Masse in einen Spritzbeutel mit kleiner gezackter Tülle geben, auf die Hälfte der Plätzchen Tuffs spritzen das Backblech in den vorgeheizten Backofen schieben
Strom:	175-200
Gas:	3-4
Backzeit:	Etwa 15 Minuten die gebackenen Plätzchen erkalten lassen
	für die Füllung
75 g Marzipan-Rohmasse	mit dem Rührbesen des elektrischen Handrührgeräts verrühren
1-2 Eßl. Rum oder Arrak	
1 Eßl. Aprikosen-	

Konfitüre	unterrühren
	die unbelegten Plätzchen damit bestreichen, mit den bespritzten Plätzchen zu Törtchen zusammensetzen
3-4 kandierte Kirschen	vierteln, jedes Törtchen mit einem Stück Kirsche garnieren

zum Aprikotieren

1 ½ Eßl. Aprikosen-Konfitüre	durch ein Sieb streichen, mit
2 Eßl. Wasser	verrühren, aufkochen lassen
	die Marzipan-Törtchen damit bestreichen, nach Belieben mit
geschlagener Sahne	verzieren

Apfelkuchen mit Gitter

(Abb. rechts)

	Für den Teig
250 g Weizenmehl	auf die Tischplatte sieben, in die Mitte eine Vertiefung eindrücken
1 Päckchen Vanillin-Zucker Salz 250 g Speisequark 250 g kalte Butter (in Stücke geschnitten)	hineingeben das Fett mit Mehl bedecken, von der Mitte aus alle Zutaten schnell zu einem glatten Teig verkneten, sollte er zu weich sein, evtl. noch etwas Mehl unterkneten, ihn 1 Stunde im Kühlschrank ruhen lassen
	für die Füllung
2 kg Äpfel (z. B. Boskop)	schälen, vierteln, entkernen, in kleine Stücke schneiden, mit
75-100 g Zucker 1 Päckchen Vanillin-Zucker	unter Rühren weich dünsten, erkalten lassen
125 g Rosinen	verlesen, unter die Apfelmasse heben ⅔ des Teiges auf einem gefetteten Backblech ausrollen, die erkalteten Äpfel gleichmäßig darauf verteilen den restlichen Teig dünn ausrollen, in 1 cm breite Streifen schneiden, gitterförmig über die Äpfel legen, mit
Kondensmilch	bestreichen, in den vorgeheizten Backofen schieben
Strom:	200-225, **Gas:** 3-4
Backzeit:	30-35 Minuten.

Schweineöhrchen

(Abb. rechts oben)

	Für den Teig
1 Packung (300 g) tiefgekühlten Blätterteig	bei Zimmertemperatur auftauen lassen (nicht noch einmal durchkneten) den Teig zu einer Platte (55 × 22 cm) ausrollen, mit
25 g zerlassener, abgekühlter Butter	bestreichen
50 g Zucker	mit
1 Päckchen Vanillin-Zucker	mischen, den Teig damit bestreuen von der Teigplatte den linken Teil der langen Seite zu ⅔ und den rechten Teil zu ⅓ zusammenlegen, so daß die Kanten aneinanderstoßen, dann den Teig von der längeren Seite her zur Hälfte überschlagen, so vor sich liegen lassen, dieses Teigstück zu einer Platte (30 × 30 cm) ausrollen

die linke und die rechte Seite so zur Mitte überschlagen, daß in der Mitte 2 cm Teig frei bleiben, die linke Kante des Teiges auf die rechte Kante legen, den Teig so lange kalt stellen, bis er schnittfest geworden ist

mit einem scharfen Messer ½ cm dicke Scheiben abschneiden, die Schweineöhrchen nach Belieben mit der oberen Seite in etwas Zucker drücken, sie auf ein mit kaltem Wasser abgespültes Backblech legen, in den vorgeheizten Backofen schieben

Strom: 175-200, **Gas:** 3-4
Backzeit: 15-20 Minuten.

Käsegebäck

Für den Teig

250 g Weizenmehl
3 gestrichene Teel. Backpulver — mischen, auf die Tischplatte sieben, in die Mitte eine Vertiefung eindrücken

250 g Speisequark — gut auspressen, hineingeben
250 g kalte Butter — in Stücke schneiden, darauf geben, mit Mehl bedecken, von der Mitte aus alle Zutaten schnell zu einem glatten Teig verkneten, etwa ½ cm dick ausrollen, mehrfach übereinanderschlagen, wieder ausrollen

das Übereinanderschlagen und Ausrollen ein- bis zweimal wiederholen

den Teig über Nacht kalt stellen

den Teig knapp ½ cm dick ausrollen, Streifen und Vierecke rädern, mit

Kondensmilch — bestreichen, mit
geriebenem Parmesan-Käse
Kümmel — bestreuen, auf ein mit kaltem Wasser abgespültes Blech legen, in den vorgeheizten Backofen schieben

Strom: 200-225
Gas: 4-5
Backzeit: Etwa 10 Minuten.

Sauerkirsch-Strudel

(Abb. unten)

	Für den Teig
300 g Weizenmehl	auf die Tischplatte sieben, in die Mitte eine Vertiefung eindrücken
100 ml Wasser **1 Ei** **Zucker, Salz** **1 Eßl. Speiseöl**	hineingeben, mit einem Teil des Mehls zu einem dicken Brei verarbeiten von der Mitte aus alle Zutaten schnell zu einem glatten Teig verkneten, ihn auf Pergamentpapier in einen heißen, trockenen Kochtopf legen (vorher Wasser darin kochen), mit einem Deckel verschließen, etwa 30 Minuten ruhen lassen
	für die Füllung
1,5 kg Sauerkirschen	waschen, abtropfen lassen, entstielen, entsteinen
225 g Zwieback (1 Paket)	in kleine Würfel schneiden
100 g Butter	zerlassen, die Zwiebackwürfel unter Rühren kurz darin anrösten
120 g abgezogene, gestiftelte Mandeln	in einer Pfanne ohne Fett unter Rühren goldbraun rösten
	den Strudelteig auf einem großen, bemehlten Tischtuch dünn ausrollen, ihn mit den Händen zu einem Rechteck von etwa 50 × 70 cm ausziehen (er muß durchsichtig sein) die Ränder, wenn sie dicker sind, abschneiden Kirschen, Zwiebackstücke, Mandelstifte,
80 g Zucker **½ Teel. gemahlenen Zimt** **1 Teel. abgeriebene Schale von 1 Zitrone (unbehandelt)**	vermengen auf ⅔ des Teiges die Füllung verteilen (an den Seiten etwa 3 cm Teig frei lassen) den Teig mit Hilfe des Tuches von unten nach oben aufrollen, an den Enden gut zusammendrücken, mit der Nahtstelle nach unten auf ein gut gefettetes Backblech legen, in den vorgeheizten Backofen schieben
Strom:	Etwa 200
Gas:	Etwa 3
Backzeit:	40-45 Minuten den Strudel während des Backens mit
50 g zerlassener Butter	bestreichen den Sauerkirschstrudel warm servieren.
Beigabe:	Gesüßte Schlagsahne oder warme Vanille-Soße.

Sauerkirsch-Kuchen mit Rotwein-Soße

(Abb. oben)

	Für den Teig
250 g Weizenmehl	auf die Tischplatte sieben, in die Mitte eine Vertiefung eindrücken
2 Eßl. Zucker	
Salz	
6 Eßl. kaltes Wasser	hineingeben, mit einem Teil des Mehls zu einem dicken Brei verarbeiten
175 g Butter oder Margarine	in Stücke schneiden, auf den Brei geben, mit Mehl bedecken, von der Mitte aus alle Zutaten schnell zu einem glatten Teig verkneten, 1-2 Stunden kalt stellen
	für die Füllung
75 g Löffelbiskuits	in einen Frischhaltebeutel geben, verschließen, die Löffelbiskuits mit einem Teigroller zerkleinern, mit
75 g abgezogenen gemahlenen Mandeln	vermengen
etwa 500 g gedünstete Sauerkirschen	abtropfen lassen, den Saft auffangen
250 g Äpfel	schälen, vierteln, entkernen, grob raspeln gut die Hälfte des Teiges ausrollen, Boden und Rand einer Springform (Durchmesser etwa 26 cm) damit auslegen, das Biskuit-Mandel-Gemisch darauf geben, die Sauerkirschen und geraspelten Äpfel darauf verteilen, den restlichen Teig etwas größer als die Springform ausrollen, den Teigrand in der Springform mit
Kondensmilch	bestreichen, die Teigdecke auf die Füllung legen, festdrücken, überstehenden Teig abschneiden aus dem restlichen Teig Figuren oder Blüten ausstechen, die untere Seite mit
Wasser	bestreichen, die Figuren (Blüten) auf die Teigdecke kleben die ganze Teigoberfläche mit Wasser bestreichen, mehrmals mit einer Gabel einstechen
2 Eßl. Zucker	mit
gemahlenem Zimt	vermengen, die Teigoberfläche damit bestreuen die Form auf dem Rost in den vorgeheizten Backofen schieben
Strom:	200-225
Gas:	3-4
Backzeit:	Etwa 45 Minuten
	für die Rotwein-Soße den Sauerkirschsaft mit
100-125 ml Rotwein	auf 500 ml (½ l) Flüssigkeit auffüllen, mit
2 Stücken Zitronenschale (unbehandelt)	
1 Stück Stangenzimt	
2 Nelken	
1-2 Eßl. Zucker	zum Kochen bringen
2 gehäufte Eßl. Speisestärke	mit
2 Eßl. kaltem Wasser	anrühren, die Soße damit binden die Gewürze herausnehmen die Soße evtl. mit
Zucker	abschmecken, heiß zum warmen Sauerkirsch-Kuchen servieren.
Beigabe:	Schlagsahne.

Träubles-Kuchen

(Abb. unten)

Für den Teig

250 g Weizenmehl auf die Tischplatte sieben, in die Mitte eine Vertiefung eindrücken

65 g Zucker
1 Ei
gemahlenen Zimt hineingeben, mit einem Teil des Mehls zu einem dicken Brei verarbeiten

125 g kalte Butter oder Margarine in Stücke schneiden, auf den Brei geben, mit Mehl bedecken, von der Mitte aus alle Zutaten schnell zu einem glatten Teig verkneten, etwa 30 Minuten kalt stellen
den Boden einer Springform (Durchmesser etwa 28 cm) ausfetten
den Teig etwas größer als den Springformboden ausrollen, in die Form legen, dabei am Rand etwa 2 cm hochziehen
den Teig mehrmals mit einer Gabel einstechen
die Form auf dem Rost in den vorgeheizten Backofen schieben

Strom: Etwa 200
Gas: 3-4
Backzeit: Etwa 20 Minuten
den vorgebackenen Boden etwas abkühlen lassen

für den Belag

40 g abgezogene, gestiftelte Mandeln in einer Pfanne ohne Fett unter Rühren rösten, gleichmäßig auf dem Tortenboden verteilen

500 g rote Johannisbeertrauben waschen, abtropfen lassen, die Beeren mit einer Gabel von den Stielen streifen

3 Eiweiß so steifschlagen, daß ein Messerschnitt sichtbar ist

125 g Zucker unterschlagen
3 Eßl. der Masse in einen Spritzbeutel mit Sterntülle füllen
unter die restliche Eiweißmasse vorsichtig die Johannisbeeren heben, auf dem Tortenboden verteilen, glattstreichen
den Rand der Tortenoberfläche mit Baisertupfen aus dem Spritzbeutel verzieren
die Form auf dem Rost in den vorgeheizten Backofen schieben

Strom: 150-175
Gas: Etwa 2
Backzeit: 20-25 Minuten
sollte die Tortenoberfläche zu braun werden, sie die letzten 10 Minuten der Backzeit mit Pergamentpapier abdekken.

Tip: Den Träubles-Kuchen nach Belieben mit geschlagener, gesüßter Sahne servieren

Apfelbombe

(Abb. rechts)

Für den Teig

350 g Weizenmehl auf die Tischplatte sieben, in die Mitte eine Vertiefung eindrücken

100 g Zucker
1 Päckchen Vanillin-Zucker
Salz
1 Ei
1 Teel. abgeriebene Schale von 1 Zitrone (unbehandelt) hineingeben, mit einem Teil des Mehls zu einem dicken Brei verarbeiten

200 g kalte Butter oder Margarine
50 g Marzipan-Rohmasse
beide Zutaten in kleine Stücke schneiden, auf den Brei geben, mit Mehl bedecken, von der Mitte aus alle Zutaten schnell zu einem glatten Teig verkneten, den Teig über Nacht abgedeckt kalt stellen

für die Füllung

2½ kg säuerliche Äpfel (z. B. Boskop) schälen, vierteln, entkernen, in etwa 1 cm dicke Spalten schneiden, mit dem

Saft und der

abgeriebenen Schale von 1-2 Zitronen (unbehandelt)
75-125 g Zucker in einen Topf geben, zum Kochen bringen, in etwa 10 Minuten weichdünsten lassen, zwischendurch vorsichtig umrühren (Äpfel dürfen nicht ganz zerfallen)

100 g Sultaninen oder Rosinen verlesen, unter die heißen Apfelstücke rühren
das Apfelkompott evtl. auf ein Sieb geben, abtropfen lassen den Teig nochmals durchkneten, halbieren
eine Teighälfte etwa 3 mm dick ausrollen, mit dem Ring einer Springform (Durchmesser etwa 24 cm) einen Teigboden ausstechen
die Springform zusammensetzen, den Teigboden in die Form legen, mehrmals mit einer Gabel einstechen
die Form auf dem Rost in den vorgeheizten Backofen schieben

Strom: Etwa 200
Gas: 3-4
Backzeit: Etwa 15 Minuten
den vorgebackenen Kuchenboden in der Form etwas auskühlen lassen
aus den Teigresten einen etwa 80 cm langen, etwa 5 cm breiten Teigstreifen ausrollen
den inneren Springformrand damit auslegen

60 g Löffelbiskuits zerkrümeln, auf dem gebackenen Boden verteilen, das Apfelkompott kuppelartig daraufgeben, etwas glattstreichen

1 Eigelb mit
1 Eßl. Wasser verschlagen, den Kuchenrand damit bestreichen
die zweite Teighälfte etwa 3 mm dick ausrollen, auf die Apfelfüllung legen
die Teigdecke auf den Kuchenrand drücken, überstehenden Teig mit einem scharfen Messer ringsherum abschneiden
die Teigreste dünn ausrollen, beliebige Motive ausstechen
die Kuchenoberfläche mit verschlagenem Eigelb bestreichen, mehrmals mit einer Gabel einstechen, die Teigmotive auf der Kuchenoberfläche dekorativ anordnen, ebenfalls mit verschlagenem Eigelb bestreichen
die Form auf dem Rost in den vorgeheizten Backofen schieben

Strom: Etwa 200
Gas: Etwa 3
Backzeit: Etwa 30 Minuten
die gebackene Apfelbombe mindestens 5-6 Stunden in der Form auskühlen lassen, vorsichtig (mit Hilfe eines spitzen, scharfen Küchenmessers) aus der Form lösen.

Beigabe: Geschlagene, mit Apfelschnaps gewürzte Sahne oder heiße Vanillesoße.

Mohnrolle
(Abb. oben)

Für den Teig

200 g Weizenmehl auf die Tischplatte sieben, in die Mitte eine Vertiefung eindrücken

75 g Zucker
1 Ei, Salz
1 Teel. abgeriebene Schale von 1 Zitrone (unbehandelt)
50 g geriebene Haselnußkerne hineingeben, mit einem Teil des Mehls zu einem dicken Brei verarbeiten

100 g kalte Butter in Stücke schneiden, auf den Brei geben, mit Mehl bedecken, von der Mitte aus alle Zutaten schnell zu einem glatten Teig verkneten, etwa 30 Minuten kalt stellen

für die Füllung

250 ml (1/4 l) Milch zum Kochen bringen, über

250 g gemahlenen Mohn gießen, verrühren, quellen lassen, bis eine geschmeidige Masse entstanden ist

200 g Marzipan-Rohmasse in kleine Würfel schneiden, unter den Mohn rühren, bis das Marzipan sich mit dem Mohn verbunden hat

50 g Honig
50 g verlesene Sultaninen
100 g feingehacktes Zitronat (Sukkade)
abgeriebene Schale von 1 Zitrone (unbehandelt)
1-2 Teel. gemahlenen Zimt
1-2 Teel. gemahlene Nelken
50 g abgezogene, gemahlene Mandeln unterrühren
4 Zwiebäcke fein reiben, mit
3 Eiern
2 Eßl. Rum unter die Mohnmasse rühren
gut ⅔ des Teiges dünn ausrollen
eine gefettete Rehrückenform oder eine Kastenform damit auslegen, die Mohnmasse hineinfüllen
den restlichen Teig in der Größe der Form-Oberfläche ausrollen, auf die Mohnmasse legen, die Teigränder gut andrücken
die Form auf dem Rost in den vorgeheizten Backofen schieben

Strom: Etwa 175, **Gas:** 2-3
Backzeit: Etwa 70 Minuten
die Mohnrolle sofort nach dem Backen auf einen Kuchenrost stürzen

50 g abgezogene, gehobelte Mandeln auf ein Blech streuen, im vorgeheizten Backofen goldgelb rösten

Strom: Etwa 200
Gas: Etwa 4
Röstzeit: Etwa 8 Minuten

zum Aprikotieren

4 Eßl. Aprikosen-Konfitüre durch ein Sieb streichen, mit
4 Eßl. Wasser verrühren, aufkochen lassen
den erkalteten Kuchen damit bestreichen, mit den gerösteten Mandeln bestreuen.

Zitronen-Kuchen

(Abb. rechts)

Für den Teig
die Teigplatten von
1 Paket (300 g) tiefgekühltem Blätterteig nebeneinander auf ein Küchenhandtuch legen, bei Zimmertemperatur auftauen lassen, wieder aufeinanderlegen und auf der mit
Weizenmehl bestäubten Tischplatte in der Größe des Backblechs ausrollen
auf ein mit kaltem Wasser abgespültes Backblech legen, die Ränder leicht andrücken, den Teig mit einer Gabel mehrmals einstechen
die offene Seite des Backblechs mit einem mehrfach gefalzten Streifen Alufolie verschließen

400 g weiche Butter oder Margarine geschmeidig rühren, nach und nach
350 g gesiebten Puderzucker
Salz, 5 Eier
Schale von 3 Zitronen (unbehandelt)
125 ml (⅛ l) Zitronensaft unterrühren
200 g Weizenmehl mit
200 g Speisestärke
1 Teel. Backpulver mischen, sieben, eßlöffelweise unterrühren
den Teig gleichmäßig auf den Blätterteig streichen
das Backblech in den vorgeheizten Backofen schieben

Strom: Etwa 200
Gas: Etwa 4
Backzeit: 25-30 Minuten
den gebackenen Kuchen etwas abkühlen lassen

für den Guß

200 g gesiebten Puderzucker
4 Eßl. Zitronensaft
abgeriebene Schale von 1 Zitrone (unbehandelt)
einige Tropfen Eiweiß verrühren, den Zitronenkuchen damit bestreichen, den völlig erkalteten Kuchen mit einem feuchen Messer in Stücke schneiden.

Feiner Nußstrudel

	Für den Teig
250 g Weizenmehl	auf die Tischplatte sieben, in die Mitte eine Vertiefung eindrücken
Salz **100 ml lauwarmes Wasser** **1 kleines Ei** **1 Eßl. Speiseöl**	hineingeben, mit einem Teil des Mehls zu einem dicken Brei verarbeiten, von der Mitte aus alle Zutaten schnell zu einem glatten Teig verkneten den Teig auf Pergamentpapier in einen heißen, trockenen Kochtopf (vorher Wasser darin kochen) legen, mit einem Deckel verschließen, etwa 30 Minuten ruhen lassen
	für die Füllung
400 g gemahlene Haselnußkerne	mit
250 g Honig **1 Eigelb** **2 Eiweiß** **6-8 Eßl. Wasser** **1 gehäuften Teel. gemahlenem Zimt** **100 g verlesenen Rosinen**	zu einer geschmeidigen Masse verrühren den Strudelteig auf einem bemehlten großten Tuch (Tischtuch) dünn ausrollen, ihn dann mit den Händen zu einem Rechteck von etwa 50 × 70 cm ausziehen (er muß durchsichtig sein), die Ränder, wenn sie dicker sind, abschneiden ⅔ des Strudelteiges mit der Füllung bestreichen (an den kürzeren Seiten etwa 3 cm Teig frei lassen), die freigebliebenen Teigränder auf die Füllung schlagen, den Teig mit Hilfe des Tuches, mit der Füllung beginnend, aufrollen, an den Enden gut zusammendrücken den Strudel auf ein gefettetes Backblech legen
1 Eigelb	mit
1 Eßl. Milch	verschlagen, den Strudel damit bestreichen, in den vorgeheizten Backofen schieben, etwa 5 Minuten vor Beendigung der Backzeit den Strudel mit
gesiebtem Puderzucker	bestäuben
Strom:	200-225
Gas:	3-4
Backzeit:	Etwa 35 Minuten.

Rhabarber-Törtchen

(Abb. rechts)

	Für den Teig
150 g Weizenmehl	mit
1 gestrichenen Teel. Backpulver	mischen, auf die Tischplatte sieben, in die Mitte eine Vertiefung eindrücken
75 g Zucker **1 Päckchen Vanillin-Zucker** **1 Ei**	hineingeben, mit einem Teil des Mehls zu einem dicken Brei verarbeiten
75 g kalte Butter	in Stücke schneiden, auf den Brei geben, mit Mehl bedecken, von der Mitte aus alle Zutaten schnell zu einem glatten Teig verkneten, sollte er kleben, ihn eine Zeitlang kalt stellen den Teig etwa 3 mm dick ausrollen, mit einer runden Form (Durchmesser etwa 10 cm) ausstechen, auf ein gefettetes Backblech legen, mehrmals mit einer Gabel einstechen,

	in den vorgeheizten Backofen schieben
Strom:	175-200
Gas:	3-4
Backzeit:	10-15 Minuten
	zum Bestreichen
30 g Kuvertüre	in einem kleinen Topf im Wasserbad zu einer geschmeidigen Masse verrühren, die erkalteten Plätzchen am Rand etwa 1 cm breit damit bestreichen
	für den Belag
750 g Rhabarber	waschen, abtrocknen, in 2 cm lange Stücke schneiden (nicht abziehen), mit
150 g Zucker	bestreuen, sobald der Rhabarber Saft gezogen hat, ihn zum Kochen bringen, bei schwacher Hitze weich dünsten (er darf nicht zerfallen), etwas abkühlen und abtropfen lassen 250 ml (¼ l) von dem Saft abmessen
1 Päckchen Tortenguß, rot 250 ml (¼ l) Rhabarbersaft Zucker	nach der Vorschrift zubereiten den Rhabarber in die Mitte der Plätzchen geben, den Guß darüber verteilen
	zum Verzieren
250 ml (¼ l) Schlagsahne	½ Minute schlagen
1 Päckchen Vanillin-Zucker	mit
1 Päckchen Sahnesteif	mischen, einstreuen, die Sahne steifschlagen, um den Rhabarber spritzen.

Hefeteig

Hefeteig
Manche Hausfrauen, oft sogar versierte Küchenbäckerinnen, haben soviel Respekt vorm Hefeteig, daß sie sich zu seiner Zubereitung gar nicht aufraffen können. Dabei ist er in der Herstellung kaum komplizierter als andere Teige, man muß nur die Abläufe kennen und die Ruhezeiten genau einhalten. Außerdem sollte die Küche gleichmäßig warm sein, während man den Hefekuchen backt; es darf vor allem keine Zugluft herrschen. Wer erst eine gewisse Routine im Hefeteigbacken hat, der kommt gewiß immer wieder darauf zurück, denn es gibt kaum etwas Köstlicheres als Hefekuchen oder -teilchen frisch aus dem Ofen.

Vorbereitung: Bei Verwendung von Trockenhefe kann man diese direkt mit dem Mehl vermischen. Nur wenn man sehr schwere Hefeteige mit vielen Zutaten backt, wie zum Beispiel Stollen, wird die Hefe besser vorher angerührt. Das Backblech wird mit weicher Butter bestrichen; will man einen Hefekuchen in der Form backen, diese mit Butter ausstreichen und mit Semmelmehl ausstreuen.

Verarbeitung: ⅔ des Mehls werden in eine Rührschüssel gesiebt und mit der Trocken-Backhefe vermischt. Die übrigen Zutaten samt der sonst zum Anrühren der Hefe gebrauchten Milch kommen dazu, und der Teig muß so lange geschlagen werden, bis er Blasen wirft. Dann siebt man das übrige Mehl darüber und knetet einen geschmeidigen Teig. Wenn nötig, noch etwas Mehl dazugeben, damit der Teig nicht klebt. Der Teig soll aber auf jeden Fall weich bleiben. Nun muß der Teig zugedeckt an einem warmen Platz so lange stehen, bis er sich etwa verdoppelt hat. Anschließend kann man ihn weiter verarbeiten, ihn also entweder ausrollen, zu einem Zopf flechten oder ihn in eine Form füllen. Bevor er gebacken wird, muß er nochmals aufgehen.

Backen: Die Form oder das Blech mit dem Hefekuchen in den vorgeheizten Backofen schieben bzw. stellen und so lange backen, wie es im Rezept angegeben ist; evtl. zwischendurch eine Garprobe machen.

Berliner

500 g Weizenmehl in eine Schüssel sieben, mit
1 Päckchen Trocken-Backhefe sorgfältig vermischen
30 g Zucker
1 Päckchen Vanillin-Zucker
3 Tropfen Backöl Bittermandel
1 gestrichenen Teel. Salz
100 g zerlassene, lauwarme Butter oder Margarine
2 Eier
1 Eigelb
125 ml (1/8 l) lauwarme Milch hinzufügen, alles mit einem elektrischen Handrührgerät mit Knethaken zuerst auf der niedrigsten, dann auf der höchsten Stufe in etwa 5 Minuten zu einem Teig verarbeiten, sollte er kleben, noch etwas Mehl hinzufügen (aber nicht zu viel, Teig muß weich bleiben)
den Teig an einem warmen Ort so lange stehenlassen, bis er etwa doppelt so hoch ist, ihn dann auf der Tischplatte nochmals gut durchkneten
den Teig etwa ½ cm dick ausrollen, auf der einen Teighälfte mit einem Metallring (Durchmesser 5-7 cm) Kreise leicht andeuten, den Rand dieser Kreise dünn mit
Eiweiß bestreichen, in die Mitte
Konfitüre geben, die leere Teighälfte darüber klappen, den Teig ausstechen, die Teigränder gut zusammendrücken
die Teigbällchen auf ein mit
Weizenmehl bestäubtes Backbrett legen, nochmals an einem warmen Ort so lange stehenlassen, bis sie etwa doppelt so hoch sind, die Bällchen schwimmend in siedendem
Ausbackfett (Speiseöl, Schweineschmalz oder Kokosfett) auf beiden Seiten backen, mit einem Schaumlöffel herausnehmen, auf einem Kuchenrost abtropfen lassen, mit
gesiebtem Puderzucker bestäuben.
Tip: Empfehlenswerte Konfitüren: Sauerkirsch-, Erdbeer-, Johannisbeer-, Aprikosen-Konfitüre.
Anstatt sie mit Puderzucker zu bestäuben, kann man Berliner auch in Zucker wälzen oder mit Zuckerguß überziehen.

Pflaumenkuchen

(Abb. oben)

Für den Teig
500 g Weizenmehl in eine Schüssel sieben, mit
1 Päckchen Trocken-Hefe sorgfältig vermischen
75 g Zucker
1 Päckchen Vanillin-Zucker
Salz
75 g zerlassene, lauwarme Butter

250 ml (¼ l)
lauwarme Milch hinzufügen, alles mit einem elektrischen Handrührgerät mit Knethaken zuerst auf der niedrigsten, dann auf der höchsten Stufe in etwa 5 Minuten zu einem Teig verarbeiten
den Teig an einem warmen Ort so lange stehenlassen, bis er etwa doppelt so hoch ist, ihn dann auf der Tischplatte nochmals gut durchkneten
den Teig auf einem gefetteten Backblech ausrollen, vor den Teig ein mehrfach gefalztes Stück Alufolie als Rand legen

für den Belag
3 kg Pflaumen waschen, gut abtropfen lassen, einzeln mit einem Tuch abreiben, entsteinen, mit der Innenseite nach oben auf den Teig legen
den Teig nochmals so lange an einem warmen Ort stehenlassen, bis er etwa doppelt so hoch ist, ihn erst dann in den vorgeheizten Backofen schieben

Strom: 200-225
Gas: 4-5
Backzeit: 20-30 Minuten
den etwas ausgekühlten Kuchen mit
Zucker bestreuen.

Ananaskuchen mit Vanillecreme

(Abb. unten)

	Für den Teig
65 g Frischhefe	zerbröckeln, mit
75 g lauwarmem Wasser	verrühren, bis sich die Hefe aufgelöst hat, mit
1 Teel. Zucker	
60 g Weizenmehl	zu einem dünnflüssigen Teig verrühren an einem warmen Ort etwa 30 Minuten stehenlassen inzwischen
250 g weiche Butter oder Margarine	geschmeidig rühren, nach und nach
50 g Zucker	
2 Eier	
7 Eigelb	
1 gestrichenen Teel. Salz	unterrühren
Weizenmehl	darauf sieben, unterrühren, mit dem gegangenen Hefeteig mit einem elektrischen Handrührgerät mit Knethaken auf der niedrigsten, dann auf der höchsten Stufe in etwa 5 Minuten zu einem Teig verarbeiten den Teig in eine gut gefettete, mit
Weizenmehl	bestäubte Guglhupf-Form (Durchmesser etwa 24 cm, Höhe etwa 12 cm)

	füllen, 40-50 Minuten an einem warmen Ort stehenlassen die Form auf dem Rost in den vorgeheizten Backofen schieben
Strom:	Etwa 175
Gas:	Etwa 2
Backzeit:	30-35 Minuten den gebackenen Kuchen vorsichtig auf einen Kuchenrost stürzen, erkalten lassen, waagerecht zweimal durchschneiden, so daß 3 gleichdicke Ringe entstehen
500 g Ananasscheiben (8 Stück, aus der Dose)	abtropfen lassen
	für den Sirup
100 g Zucker	mit
125 ml (1/8 l) Wasser	zum Kochen bringen, etwa 5 Minuten sprudelnd kochen lassen, von der Kochstelle nehmen
100 ml Maraschino	
1 Eßl. Aprikosen-Konfitüre	unterrühren, den Sirup erkalten lassen die 3 Kuchenringe nebeneinander auf ein Backblech legen, mit
etwa 15 g Zucker	bestreuen, 2-3 Minuten unter den vorgeheizten Grill schieben den unteren Kuchenring auf eine Kuchenplatte legen, mit etwas von dem Sirup bestreichen, mit 4 Scheiben Ananas belegen, den mittleren Kuchenring darauflegen, etwas andrücken, mit Sirup bestreichen, die restlichen 4 Ananasscheiben darauflegen, mit dem dritten Kuchenring bedecken, andrücken den ganzen Kuchen mit dem restlichen Sirup bestreichen, kalt stellen
	für die Vanillecreme
30 g Speisestärke	mit 4 Eßl. von
500 ml (1/2 l) kalter Milch	verrühren
4 Eigelb	unterrühren die übrige Milch mit dem
Mark von 1 Vanillestange	zum Kochen bringen das angerührte Eigelb unter Rühren hineingeben, von der Kochstelle nehmen
4 Eiweiß	steifschlagen, den Pudding nochmals aufkochen lassen, den Eierschnee unterziehen, von der Kochstelle nehmen
250 g abgetropfte Ananasstücke	unterrühren die Kuchenoberfläche mit
100 g gemischten, kandierten Früchten	belegen, einen Teil der Vanillecreme in die Mitte des Kuchens füllen, die restliche Creme dazureichen, sofort servieren.

Gerollte Hefe-Buchteln

(Abb. oben)

Für den Teig

400 g Weizenmehl mit
1 Päckchen Trocken-Backhefe sorgfältig vermischen
50 g Zucker
1 Päckchen Vanillin-Zucker
Salz
abgeriebene Schale von 1 Zitrone (unbehandelt)
3 Eigelb
200 ml lauwarme Milch
100 g zerlassene, abgekühlte Butter oder Margarine hinzufügen
die Zutaten mit einem elektrischen Handrührgerät mit Knethaken zunächst auf niedrigster, dann auf höchster Stufe in etwa 5 Minuten zu einem Teig verarbeiten
den Teig so lange an einem warmen Ort stehenlassen, bis er sich sichtbar vergrößert hat, ihn dann auf der Tischplatte nochmals gut durchkneten, knapp 1 cm dick ausrollen, in Rechtecke von etwa 6 × 8 cm schneiden
auf jedes Teigstück etwa 1 Teel.
Aprikosen-Konfitüre oder Pflaumenmus oder Preiselbeer-Kompott geben, etwas verstreichen, jedes Teigstück von der schmalen Seite her aufrollen, in
100 g zerlassener Butter wenden, in eine feuerfeste Form stellen, dabei zwischen den einzelnen Teigstücken kleine Abstände lassen
die Teigstücke in der Form nochmals an einem warmen Ort so lange stehenlassen, bis sie sich sichtbar vergrößert haben
die Form auf dem Rost in den vorgeheizten Backofen schieben

Strom: Etwa 200
Gas: 3-4
Backzeit: Etwa 30 Minuten
die Buchteln mit gesiebtem Puderzucker bestäuben, warm oder kalt servieren.

Beigabe: Vanille-Soße.

Gefüllte Halbmonde

	Für den Teig
300 g Weizenmehl	in eine Schüssel sieben, mit
1 Päckchen Trocken-Backhefe	sorgfältig vermischen
50 g Zucker **1 Päckchen Vanillin-Zucker** **3 Tropfen Backöl Zitrone** **Salz** **50 g zerlassene, lauwarme Butter oder Margarine** **1 Ei** **125 ml (1/8 l) lauwarme Milch**	hinzufügen, alles mit einem elektrischen Handrührgerät mit Knethaken zuerst auf der niedrigsten, dann auf der höchsten Stufe in etwa 5 Minuten zu einem Teig verarbeiten, sollte er kleben, noch etwas Mehl hinzufügen (aber nicht zu viel, Teig muß weich bleiben) den Teig an einem warmen Ort so lange stehenlassen, bis er etwa doppelt so hoch ist, ihn dann auf der höchsten Stufe nochmals gut durchkneten den Teig gut 1 cm dick ausrollen, mit einem Metallring (Durchmesser etwa 10 cm) so ausstechen, daß Halbmonde (etwa 12 Stück) entstehen, sie auf ein mit
Weizenmehl	bestäubtes Backblech legen, nochmals so lange an einem warmen Ort stehen lassen, bis sie etwa doppelt so hoch sind die Halbmonde schwimmend in siedendem
Ausbackfett (Speiseöl, Schweineschmalz oder Kokosfett)	auf beiden Seiten hellbraun backen, mit einem Schaumlöffel herausnehmen, auf einem Kuchenrost abtropfen und erkalten lassen
	für die Füllung aus
300 ml Milch **1 Packung Torten-Creme-Pulver Vanille-Geschmack** **100–200 g Butter oder Margarine bester Qualität**	eine Torten-Creme nach der Vorschrift auf der Packung zubereiten die »Halbmonde« jeweils an der äußeren Seite bis gut zur Mitte aufschneiden, die Creme hineinspritzen das Gebäck mit
Puderzucker	bestäuben.

Gefüllter Streuselkuchen

(Abb. rechts)

	Für den Teig
500 g Weizenmehl	mit
1 Päckchen Trocken-Backhefe	sorgfältig vermischen
100 g Zucker **1 Päckchen Vanillin-Zucker** **Salz** **1 Ei** **200 ml (1/5 l) lauwarme Milch** **100 g zerlassene, abgekühlte Butter**	hinzufügen die Zutaten mit einem Handrührgerät mit Knethaken zunächst auf niedrigster, dann auf höchster Stufe in etwa 5 Minuten zu einem Teig verarbeiten, sollte er kleben, noch etwas Mehl hinzufügen (aber nicht zu viel, Teig muß weich bleiben) den Teig so lange an einem warmen Ort stehenlassen, bis er sich sichtbar vergrößert hat, ihn dann auf der Tischplatte nochmals gut durchkneten, auf einem gefetteten Backblech ausrollen vor den Teig einen mehrfach gefalzten Streifen Alufolie legen
	für die Streusel
300 g Weizenmehl	in eine Rührschüssel sieben, mit
150 g Zucker **1 Päckchen Vanillin-Zucker**	mischen
200 g weiche Butter **50 g abgezogene, gemahlene Mandeln**	hinzufügen, alle Zutaten mit dem Handrührgerät mit Knethaken zu Streuseln von gewünschter Größe verarbeiten, gleichmäßig auf dem Teig verteilen den Teig nochmals so lange an einem warmen Ort gehen lassen, bis er sich sichtbar vergrößert hat das Backblech in den vorgeheizten Backofen schieben
Strom:	200–225
Gas:	4–5
Backzeit:	20–25 Minuten den gebackenen Kuchen erkalten lassen
	für die Füllung aus
1 l Milch **100 g Zucker** **2 Päckchen Puddingpulver**	

Vanille-Geschmack
2 Eiern nach der Vorschrift auf dem Päckchen einen Pudding kochen (die Eier unter das angerührte Puddingpulver rühren) in 2-3 Portionen
75 g weiche Butter unter den heißen Pudding rühren

die Masse unter gelegentlichem Umrühren erkalten lassen
den Kuchen halbieren oder vierteln, die einzelnen Stücke quer durchschneiden, jeweils die untere Hälfte mit etwas von der Creme bestreichen, mit der oberen Hälfte bedecken.

Kopenhagener

(Abb. oben)

	Für den Teig
500 g Weizenmehl	in eine Schüssel sieben, mit
1 Päckchen Trocken-Backhefe	sorgfältig vermischen
50 g Zucker, 1 Päckchen Vanillin-Zucker, Salz, 100 g zerlassene, lauwarme Butter, 2 Eier, 125 ml (1/8 l) lauwarme Milch	hinzufügen, alles mit einem Handrührgerät mit Knethaken zuerst auf der niedrigsten, dann auf der höchsten Stufe in etwa 5 Minuten zu einem Teig verarbeiten den Teig an einem warmen Ort so lange stehenlassen, bis er etwa doppelt so hoch ist, ihn dann auf der Tischplatte nochmals gut durchkneten, zu einem Rechteck von 40 × 60 cm ausrollen, mit
75 g weicher Butter	bestreichen
	für die Füllung
200 g Marzipan-Rohmasse	in kleine Würfel schneiden
125 g Mandeln	abziehen, hacken
75 g Zucker	
	die Zutaten mischen, gleichmäßig auf dem Teig verteilen (leicht andrücken), von der kürzeren Seite her fest aufrollen, mit einem scharfen Messer etwa 2 cm dicke Scheiben abschneiden, auf ein gefettetes Backblech legen, nochmals so lange an einem warmen Ort stehenlassen, bis sie etwa doppelt so hoch sind, sie erst dann in den vorgeheizten Backofen schieben
Strom:	200-225
Gas:	4-5
Backzeit:	10-15 Minuten
	zum Aprikotieren
4 Eßl. Aprikosen-Konfitüre	durch ein Sieb streichen, mit
3 Eßl. Wasser	verrühren, einmal aufkochen lassen, sofort nach dem Backen das Gebäck damit bestreichen.

Nuß-Plunderteilchen

(Abb. rechts)

	Für den Teig
375 g Weizenmehl	in eine Schüssel sieben, mit
1 Päckchen Trocken-Backhefe	sorgfältig vermischen
50 g Zucker, 1 Päckchen Vanillin-Zucker, 50 g zerlassene, lauwarme Butter, 1 Ei, 125 ml (1/8 l) lauwarme Milch	hinzufügen, alles mit einem elektrischen Handrührgerät mit Knethaken zuerst auf der niedrigsten, dann auf der höchsten Stufe in etwa 5 Minuten zu einem Teig verarbeiten, auf der gut mit
Weizenmehl	bestäubten Tischplatte zu einem Rechteck von 50 × 40 cm ausrollen die Hälfte von
125 g weicher Butter	daraufstreichen, von der Teigplatte den linken Teil der langen Seite zu 2/3 und den rechten Teil zu 1/3 so zusammenlegen, daß beide Kanten aneinanderstoßen, dann den Teig von der längeren Seite zur Hälfte übereinanderschlagen, 15 Minuten im Kühlschrank ruhen lassen, den Vorgang unter Verarbeitung der restlichen Butter wiederholen, den Teig nochmals 15 Minuten in den Kühlschrank stellen, den Teig halbieren, jede Hälfte zu einem Quadrat von 36 × 36 cm ausrollen, jeweils in 12 × 12 cm große Quadrate schneiden
	für die Füllung
200 g gemahlene Haselnußkerne	mit
100 g Zucker, 4 Tropfen Bittermandelöl, etwa 4 Eßl. Wasser oder Rum	zu einer streichfähigen Masse verrühren auf die Mitte jedes Teigquadrates etwas von der Füllung geben

	die Teigränder mit
verschlagenem Eiweiß	bestreichen, die Teigquadrate zu Dreiecken zusammenklappen, auf ein gut gefettetes Backblech legen, etwa 30 Minuten bei Zimmertemperatur stehenlassen
1 Eigelb	mit
1 Eßl. Milch	verschlagen, die Teig-Dreiecke damit bestreichen das Backblech in den vorgeheizten Backofen schieben
Strom:	Etwa 200
Gas:	3-4
Backzeit:	Etwa 15 Minuten

zum Aprikotieren

2 Eßl. Aprikosen-Konfitüre	durch ein Sieb streichen, mit
2 Eßl. Wasser	unter Rühren zum Kochen bringen die Plunderteilchen sofort nach dem Backen damit bestreichen

zum Glasieren

60 g gesiebten Puderzucker	mit
etwa 2 Eßl. Wasser oder Rum	verrühren, die Plunderteilchen damit bestreichen.

Flachszöpfchen

(Abb. links)

	Für den Teig
1 Päckchen Frischhefe (42 g)	mit
1 Teel. Zucker	
5 Eßl. lauwarmer Milch	sorgfältig verrühren, etwa 15 Minuten bei Zimmertemperatur gehen lassen
250 g weiche Butter	geschmeidig rühren, nach und nach
50 g Zucker	
1 Päckchen Vanillin-Zucker	
Salz	
abgeriebene Schale von 1 Zitrone (unbehandelt)	
2 Eier	unterrühren
500 g Weizenmehl	sieben, mit dem elektrischen Handrührgerät mit Knethaken auf niedrigster Stufe unterkneten, die angesetzte Hefe hinzufügen alles in etwa 5 Minuten auf höchster Stufe zu einem Teig verarbeiten den Teig sofort zu einer Rolle formen, in 16 Stücke schneiden jedes Teigstück zu einem etwa 35 cm langen Strang ausrollen, in
Zucker	wälzen die einzelnen Teigstränge in Hufeisenform nebeneinanderlegen und jeweils die Enden zweimal umeinanderschlingen, so daß Zöpfchen entstehen die Zöpfchen auf ein gefettetes Backblech legen, an einem warmen Ort stehenlassen, bis sie sich sichtbar vergrößert haben (etwa 30 Minuten) das Backblech in den vorgeheizten Backofen schieben
Strom:	Etwa 200
Gas:	Etwa 4
Backzeit:	15-20 Minuten.

Apfelkrapfen

(35-40 Stück, Abb. rechts)

	Für den Teig
600 g Weizenmehl	in eine Schüssel sieben, in die Mitte eine Vertiefung eindrücken
42 g Frischhefe	hineinbröckeln, 1 Teel. von
30 g Zucker	darauf geben, die Hefe mit dem Zukker, etwas von
250 ml (¼ l) lauwarmer Milch	verrühren, bis sich die Hefe aufgelöst hat, mit etwas von dem Mehl zu einem dicken Brei verrühren, an einem warmen Ort 10-15 Minuten stehenlassen, bis die Hefebrei-Oberfläche brüchig ist, den restlichen Zucker mit der restlichen Milch,
Salz	
abgeriebener Schale von 1 Zitrone (unbehandelt)	
3 Eiern	
2 Eigelb	hinzufügen die Zutaten mit einem elektrischen Handrührgerät mit Knethaken zuerst auf niedrigster, dann auf höchster Stufe in etwa 5 Minuten zu einem Teig verarbeiten den Teig an einem warmen Ort so lange stehenlassen, bis er etwa doppelt so hoch ist, ihn dann auf der Tischplatte nochmals gut durchkneten
1½ kg Äpfel (z. B. Boskop)	schälen, vierteln, entkernen, die Apfelviertel in kleine Stücke schneiden, unter den Teig heben, nochmals 10-15 Minuten stehenlassen
200 g Zucker	mit
2 Teel. gemahlenem Zimt	mischen
1,5-2 kg Schmalz oder Kokosfett	in einer Friteuse oder einem breiten Topf auf 180 Grad erhitzen einen Eßlöffel in das heiße Fett tauchen, 35-40 eiergroße Teig-Portionen abstechen und jeweils 5-6 Portionen in dem Fett in 5-7 Minuten ausbacken die Krapfen nach der Hälfte der Ausbackzeit wenden sobald die Krapfen goldbraun sind, sie mit einer Schaumkelle herausnehmen, auf Küchenpapier abtropfen lassen, sofort in dem Zimt-Zucker-Gemisch wälzen.

Apfelkuchen mit Streuseln

(Abb. oben)

	Für den Teig
400 g Weizenmehl	in eine Schüssel sieben, mit
1 Päckchen Trocken-Backhefe	sorgfältig vermischen
50 g Zucker	
1 Päckchen Vanillin-Zucker	
Salz	
1 Ei	
50 g zerlassene, lauwarme Butter oder Margarine	
2 Eßl. Speiseöl	
125 ml (⅛ l) lauwarme Milch	hinzufügen, alles mit einem elektrischen Handrührgerät mit Knethaken zuerst auf der niedrigsten, dann auf der höchsten Stufe in etwa 5 Minuten zu einem Teig verarbeiten
	den Teig an einem warmen Ort so lange stehenlassen, bis er doppelt so hoch ist, ihn dann auf der Tischplatte nochmals gut durchkneten
	den Teig auf einem gefetteten Backblech ausrollen, vor den Teig einen mehrfach gefalzten Streifen Alufolie legen
	für den Belag
etwa 1½ kg Äpfel	schälen, vierteln, vom Kerngehäuse befreien, in dicke Scheiben schneiden, gleichmäßig auf dem Teig verteilen

	für die Streusel
375 g Weizenmehl	in eine Schüssel sieben, mit
200 g Zucker	
1 Päckchen Vanillin-Zucker	
1 Messerspitze gemahlenem Zimt	vermischen
250 g Butter oder Margarine	in Flöckchen dazugeben, alle Zutaten zu Streuseln vermengen, gleichmäßig auf den Äpfeln verteilen den Teig nochmals so lange an einem warmen Ort stehenlassen, bis er etwa doppelt so hoch ist, das Backblech erst dann in den vorheizten Backofen schieben
Strom:	200-225
Gas:	4-5
Backzeit:	Etwa 30 Minuten.

Plunderkranz

(Abb. rechts)

	Für den Teig
375 g Weizenmehl	in eine Schüssel sieben, mit
1 Päckchen Trocken-Backhefe	sorgfältig vermischen
50 g Zucker	
1 Päckchen Vanillin-Zucker	
50 g zerlassene, lauwarme Butter	
1 Ei	
125 ml (⅛ l) lauwarme Milch	hinzufügen, alles mit einem elektrischen Handrührgerät mit Knethaken zuerst auf der niedrigsten, dann auf der höchsten Stufe in etwa 5 Minuten zu einem Teig verarbeiten, auf der gut mit
Weizenmehl	bestäubten Tischplatte zu einem Rechteck von 50 × 40 cm ausrollen die Hälfte von
125 g weicher Butter	darauf streichen, von der Teigplatte den linken Teil der langen Seite zu ⅔ und den rechten Teil zu ⅓ so zusammenlegen, daß beide Kanten aneinanderstoßen dann den Teig von der längeren Seite zur Hälfte übereinanderschlagen, 15 Minuten im Kühlschrank ruhen lassen, den Vorgang unter Verarbeitung der restlichen Butter wiederholen, den Teig nochmals 15 Minuten in den Kühlschrank stellen, danach zu einem Rechteck von 40 × 50 cm ausrollen
	für die Füllung
200 g Marzipan-Rohmasse	
50 g Butter	mit einem elektrischen Handrührgerät mit Rührbesen verrühren
1 Eßl. Rum	hinzufügen, die Masse auf die Teigplatte streichen
125 g Rosinen	
50 g Korinthen	verlesen, mit
50 g abgezogenen, gehackten Mandeln	auf die Marzipanmasse geben, die Teigplatte längs durchschneiden, beide Teighälften von der längeren Seite her aufrollen, umeinanderschlingen, als Kranz auf ein gefettetes Backblech legen, etwa ½ Stunde bei Zimmertemperatur gehen lassen das Backblech in den vorgeheizten Backofen schieben
Strom:	175-200
Gas:	3-4
Backzeit:	35-40 Minuten
	zum Aprikotieren
1 Eßl. Aprikosen-Konfitüre	durch ein Sieb streichen, mit
1 Eßl. Wasser	verrühren, kurz aufkochen lassen, den Kranz sofort nach dem Backen damit bestreichen, etwas abkühlen lassen
	für den Guß
50 g Puderzucker	sieben, mit
1-2 Eßl. Rum	verrühren, so daß eine dünnflüssige Masse entsteht, den Plunderkranz damit überziehen, sofort mit
abgezogenen, gehobelten, gebräunten Mandeln	bestreuen.

Nuß-Brezeln

(Abb. oben)

Für den Teig

500 g Weizenmehl in eine Schüssel sieben, mit **1 Päckchen Trocken-Backhefe** sorgfältig vermischen

30 g Zucker
1 Päckchen Vanillin-Zucker
1 gestrichenen Teel. Salz
abgeriebene Schale von ½ Zitrone (unbehandelt)
100 g zerlassene Butter oder Margarine
2 Eier
1 Eigelb
½ Eiweiß
gut 125 ml (⅛ l) lauwarme Milch hinzufügen, alles mit einem elektrischen Handrührgerät mit Knethaken zuerst auf der niedrigsten, dann auf der höchsten Stufe in etwa 5 Minuten zu einem Teig verarbeiten

100 g gemahlene Haselnußkerne unterkneten

den Teig an einem warmen Ort so lange stehenlassen, bis er etwa doppelt so hoch ist, ihn dann auf der Tischplatte nochmals gut durchkneten

den Teig zu einem Rechteck von etwa 42 × 35 cm ausrollen, in Streifen von etwa 42 cm Länge und etwa 1½ cm Breite schneiden oder rädern, die Streifen zu Brezeln formen, die Enden mit

verschlagenem Eiweiß ankleben, zugedeckt an einem warmen Ort gehen lassen, bis sich die Brezeln sichtbar vergrößert haben

die Brezeln schwimmend in siedendem **Ausbackfett**

(Speiseöl oder Kokosfett) auf beiden Seiten hellbraun backen mit einem Schaumlöffel herausnehmen, sofort in einem

Zimt-Zucker-Gemisch wälzen, auf einem Kuchenrost erkalten lassen.

Marzipan-Butterkuchen

(Abb. rechts)

Für den Teig

500 g Weizenmehl in eine Schüssel sieben, mit

1 Päckchen Trocken-Backhefe sorgfältig vermischen

100 g Zucker

Salz

100 g zerlassene Butter oder Margarine

250 ml (¼ l) lauwarme Milch hinzufügen, alles mit einem elektrischen Handrührgerät mit Knethaken zuerst auf der niedrigsten, dann auf der höchsten Stufe in etwa 5 Minuten zu einem Teig verarbeiten

den Teig an einem warmen Ort so lange stehenlassen, bis er etwa doppelt so hoch ist, ihn dann auf der Tischplatte nochmals gut durchkneten

den Teig auf einem gefetteten Backblech ausrollen,

125 g weiche Butter

200 g Marzipan-Rohmasse verrühren, die Masse in einen Spritzbeutel mit weiter Lochtülle geben, mit den Fingern in Abständen von 2-3 cm Vertiefungen in den Teig drücken

in jede Vertiefung etwas von der Marzipanmasse spritzen

den Teig nochmals an einem warmen Ort so lange stehenlassen, bis er etwa doppelt so hoch ist

1 Becher (150 g) Crème fraîche verrühren, in einen Spritzbeutel geben, die Zwischenräume auf dem Kuchen ausfüllen

2-3 Eßl. Zucker mit

1 Päckchen Vanillin-Zucker mischen, den Kuchen damit bestreuen

40 g abgezogene, gehobelte Mandeln darüber verteilen

das Backblech in den vorgeheizten Backofen schieben

Strom: 200-225

Gas: 4-5

Backzeit: Etwa 20 Minuten.

Brioche

(Abb. oben)

	Für den Vorteig
100 g Weizenmehl	in eine Schüssel sieben
50 g Frischhefe	mit
1 gestrichenen Teel. Zucker	
6 Eßl. lauwarmem Wasser	verrühren, bis sich die Hefe aufgelöst hat, zu dem Mehl geben, gut verrühren, evtl. noch etwas Wasser hinzugeben den Teig an einem warmen Ort so lange stehenlassen, bis er etwa doppelt so hoch ist
	für den Teig
400 g Weizenmehl	mit
50 g Puderzucker	in eine Schüssel sieben, mit
10 g Salz	vermengen
40 g weiche Butter	cremig rühren, nach und nach
6 Eier	unterschlagen, mit dem Mehlgemisch vermengen, den gegangenen Vorteig hinzufügen alles mit einem elektrischen Handrührgerät mit Knethaken zuerst auf der niedrigsten, dann auf der höchsten Stufe in etwa 5 Minuten zu einem Teig verarbeiten, eine gut gefettete Kastenform (32 × 10 cm) und eine Brioche-Form (Inhalt 1 l) oder kleine Brioche-Förmchen (Durchmesser etwa 8 cm) mit
Semmelmehl	ausstreuen den Teig auf die beiden Formen verteilen, nochmals so lange an einem warmen Ort stehenlassen (etwa 30 Minuten) bis er etwa doppelt so hoch ist die Formen auf dem Rost in den vorgeheizten Backofen schieben
Strom:	Etwa 200
Gas:	3–4

Backzeit für die großen Formen: Etwa 40 Minuten
für die kleinen Formen: Etwa 20 Minuten

Verpackungsvorschlag zum Verschenken: Ein altes Brotkörbchen mit Goldspray gleichmäßig einsprühen, mit grobmaschigem Dekorationsstoff auslegen, die Brioches vorsichtig hineinsetzen und dekorativ verpacken oder eine große Brioche wieder in die gut gesäuberte Form setzen, großzügig in Geschenkpapier einpacken, das handgeschriebene Rezept daran befestigen.

Thüringer Zwetschenkuchen

(Abb. rechts unten)

Für den Teig

250 g Weizenmehl in eine Schüssel sieben, in die Mitte eine Vertiefung eindrücken
20 g Frischhefe hineinbröckeln, 1 Teel. von
50 g Zucker daraufgeben, die Hefe mit dem Zucker,
4 Eßl. lauwarmer Milch und etwas Mehl zu einem dicken Brei verrühren, an einem warmen Ort 10-15 Minuten stehenlassen, bis die Hefebrei-Oberfläche brüchig ist
den restlichen Zucker mit
1 Päckchen Vanillin-Zucker
1 Ei
75 g weicher Butter oder Margarine
abgeriebener Schale von 1 Zitrone (unbehandelt) hinzufügen
die Zutaten mit einem elektrischen Handrührgerät mit Knethaken zuerst auf niedrigster, dann auf der höchsten Stufe in etwa 5 Minuten zu einem Teig verarbeiten
den Teig an einem warmen Ort so lange stehenlassen, bis er etwa doppelt so hoch ist, ihn dann auf der Tischplatte nochmals gut durchkneten

für den Belag

1 kg Pflaumen oder Zwetschen waschen, einzeln abtrocknen, zur Hälfte aufschneiden, entsteinen
eine Springform (Durchmesser etwa 28 cm) ausfetten, den Teig hineingeben, als Boden in die Form drükken, am Rand etwa 3 cm hochdrücken
den Teigboden mehrmals mit einer Gabel einstechen
die Zwetschen (Pflaumen) schuppenförmig auf dem Teigboden anordnen
nochmals etwa 15 Minuten stehenlassen
die Form auf dem Rost in den vorgeheizten Backofen schieben

Strom: Etwa 200
Gas: 3-4
Backzeit: Etwa 15 Minuten

2 kleine Eier mit
75 g Zucker cremig rühren
knapp 125 ml (⅛ l) Schlagsahne
etwas gemahlenen Zimt unterrühren, die Eiersahne über die Zwetschen (Pflaumen) gießen
bei gleicher Temperatur weitere 10 Minuten backen, bis die Eiersahne gestockt ist

für die Streusel

150 g Weizenmehl in eine Schüssel sieben, mit
75 g Zucker
gemahlenem Zimt
abgeriebener Schale von 1 Zitrone (unbehandelt) vermischen
100 g kalte Butter in Flöckchen dazugeben, die Zutaten zu Streuseln vermengen, gleichmäßig auf den Zwetschen verteilen
bei gleicher Temperatur 15-20 Minuten weiterbacken lassen
den erkalteten Kuchen mit
geschlagener, mit Zwetschenwasser abgeschmeckter Sahne servieren.

Marmorguglhupf

(Abb. rechts)

	Für den Teig
500 g Weizenmehl	in eine Schüssel sieben, mit
1 Päckchen Trocken-Backhefe	sorgfältig vermischen
175 g Zucker	
1 Päckchen Vanillin-Zucker	
200 g zerlassene Butter oder Margarine	
50 g Haselnußmus (aus dem Reformhaus)	
6 Eier	
5 Eßl. lauwarme Milch	hinzufügen, alles mit einem elektrischen Handrührgerät mit Knethaken zuerst auf der niedrigsten, dann auf der höchsten Stufe in etwa 5 Minuten zu einem Teig verarbeiten, an einem warmen Ort so lange stehenlassen, bis er etwa doppelt so hoch ist, ihn dann auf der Tischplatte nochmals gut durchkneten ⅔ des Teiges in eine gefettete, mit
Semmelmehl	ausgestreute Napfkuchenform füllen unter den restlichen Teig
30 g Kakao	
25 g Zucker	
60 g geriebene zartbittere Schokolade	
3 Eßl. Milch	rühren den dunklen Teig auf dem hellen verteilen, mit einer Gabel spiralförmig durch die Teigschichten ziehen den Teig nochmals an einem warmen Ort stehenlassen, bis er etwa um ⅓ höher ist, erst dann in den Backofen schieben
Strom:	175-200
Gas:	3-4
Backzeit:	Etwa 50 Minuten den Kuchen sofort nach dem Backen mit
50 g zerlassener Butter	bestreichen, mit
gesiebtem Puderzucker	bestäuben.

Beschwipste Berliner

	Für den Teig
350 g Weizenmehl	in eine Schüssel sieben, mit
1 Päckchen Trocken-Backhefe	sorgfältig vermischen
40 g Zucker	
1 Päckchen Vanillin-Zucker	
2 Tropfen Bittermandelöl	
Salz	
65 g zerlassene Butter	
2 Eier	
knapp 100 ml lauwarme Milch	hinzufügen die Zutaten mit einem Handrührgerät mit Knethaken zunächst auf niedrigster, dann auf höchster Stufe in etwa 5 Minuten zu einem Teig verarbeiten sollte er kleben, noch etwas Mehl hinzufügen (aber nicht zu viel, Teig muß weich bleiben)

den Teig so lange an einem warmen Ort stehenlassen, bis er sich sichtbar vergrößert hat, ihn dann auf der Tischplatte nochmals gut durchkneten

den Teig etwa 2 cm dick ausrollen, mit einer runden Form (Durchmesser etwa 7 cm) Plätzchen ausstechen, auf ein bemehltes Geschirrtuch legen, abdecken, nochmals so lange stehenlassen, bis die Teigstücke sich sichtbar vergrößert haben

die Bällchen schwimmend in siedendem

Ausbackfett auf beiden Seiten backen, mit einem Schaumlöffel herausnehmen, auf einem Kuchenrost abtropfen, erkalten lassen

für die Füllung

250 ml (1/4 l) Schlagsahne etwa 1/2 Minute schlagen

1 Päckchen Sahnesteif einstreuen, die Sahne steifschlagen, aus

1 Päckchen Weißweincreme mit

5 Eßl. Wasser nach der Vorschrift auf der Packung eine Creme zubereiten, die Sahne unterheben, die Berliner durchschneiden, die Creme in einen Spritzbeutel mit großer Sterntülle füllen, auf die untere Hälfte der Berliner spritzen, mit der oberen Hälfte bedecken, mit

gesiebtem Puderzucker bestäubt servieren.

Apfelkuchen

(Abb. unten)

Für den Teig

500 g Weizenmehl	in eine Rührschüssel sieben, mit
1 Päckchen Trocken-Backhefe	sorgfältig vermischen
75 g Zucker **1 Päckchen Vanillin-Zucker** **Salz** **250 ml (¼ l) lauwarme Milch** **75 g zerlassene, abgekühlte Butter oder Margarine**	hinzufügen die Zutaten mit einem Handrührgerät mit Knethaken zunächst auf niedrigster, dann auf höchster Stufe in etwa 5 Minuten zu einem Teig verarbeiten, sollte er kleben, noch etwas Mehl hinzufügen (aber nicht zu viel, Teig muß weich bleiben) den Teig so lange an einem warmen Ort stehenlassen, bis er sich sichtbar vergrößert hat, ihn dann auf der Tischplatte nochmals gut durchkneten, auf einem gefetteten Backblech ausrollen, vor den Teig einen mehrfach umgeknickten Streifen Alufolie legen

für den Belag

etwa 1 ½ kg Äpfel	schälen, vierteln, entkernen, in dicke Scheiben schneiden, gleichmäßig auf den Teig legen, mit
20 g abgezogenen, gestiftelten Mandeln **20 g verlesenen Rosinen**	bestreuen, den Teig nochmals so lange an einem warmen Ort gehen lassen, bis es sich sichtbar vergrößert hat, in den vorgeheizten Backofen schieben
Strom:	200–225
Gas:	4–5
Backzeit:	20–30 Minuten

zum Aprikotieren

gut 3 Eßl. Aprikosen-Konfitüre	mit
1 Eßl. Wasser	unter Rühren aufkochen lassen, den Apfelkuchen sofort nach dem Backen damit bestreichen.

Schneckenkuchen mit Datteln

(Abb. oben)

	Für den Teig
500 g Weizenmehl	in eine Schüssel sieben, in die Mitte eine Vertiefung eindrücken
20 g Frischhefe	hineinbröckeln, 1 Teel. von
50 g Zucker	daraufgeben, die Hefe mit dem Zucker, 4 Eßl. von
125 ml (⅛ l) lauwarmer Milch	und etwas von dem Mehl zu einem dicken Brei verrühren, an einem warmen Ort 10–15 Minuten stehenlassen, bis die Hefebrei-Oberfläche brüchig ist den restlichen Zucker und die restliche Milch,
2 kleine Eier **Salz** **100 g weiche Butter**	hinzufügen die Zutaten mit einem elektrischen Handrührgerät mit Knethaken zuerst auf der niedrigsten, dann auf der höchsten Stufe in etwa 5 Minuten zu einem Teig verarbeiten den Teig an einem warmen Ort so lange stehenlassen, bis er etwa doppelt so hoch ist, ihn dann auf der Tischplatte nochmals gut durchkneten, zu einem Rechteck von etwa 30 × 50 cm ausrollen
80 g Butter	zerlassen
150 g entsteinte frische oder getrocknete Datteln	grob hacken
200 g Marzipan-Rohmasse	mit
2 gehäuften Eßl. Mirabellen-Konfitüre **geriebener Muskatnuß**	verrühren, die Butter mit den Datteln unterrühren, auf das Teigrechteck streichen, zu einer Rolle von etwa 50 cm Länge aufrollen die Teigrolle in etwa 5 cm lange Stücke schneiden die Teigstücke nebeneinander in eine gut gefettete Springform (Durchmesser etwa 28 cm) stellen (etwas Abstand zwischen den einzelnen Teigstücken lassen) nochmals an einem warmen Ort etwa 30 Minuten stehenlassen die Form auf dem Rost in den vorgeheizten Backofen schieben
Strom:	Etwa 200
Gas:	Etwa 3
Backzeit:	Etwa 40 Minuten.

Aprikosen-Schnecken

(16 Stück - Abb. unten)

Für die Füllung
einen Pudding aus

½ Päckchen Puddingpulver Vanille-Geschmack
25 g Zucker
Salz
250 ml (¼ l) Milch nach der Vorschrift auf dem Päckchen zubereiten
1 Eigelb unterrühren
den Pudding unter Rühren erkalten lassen

für den Teig
500 g Weizenmehl in eine Schüssel sieben, in die Mitte eine Vertiefung eindrücken
1 Würfel (42 g) Frischhefe hineinbröckeln, 1 Teel. von
70 g Zucker daraufgeben, die Hefe mit dem Zucker, etwas von
250 ml (¼ l) lauwarmer Milch und etwas von dem Mehl zu einem dicken Brei verrühren
an einem warmen Ort 10-15 Minuten stehenlassen, bis die Hefebrei-Oberfläche brüchig ist
den restlichen Zucker mit der restlichen Milch,
75 g weiche Butter
Salz
1 Ei
etwas abgeriebene Schale von 1 Zitrone (unbehandelt) hinzufügen
die Zutaten mit einem elektrischen Handrührgerät mit Knethaken zuerst auf der niedrigsten, dann auf der höchsten Stufe in etwa 5 Minuten zu einem Teig verarbeiten

den Teig an einem warmen Ort so lange stehenlassen, bis er doppelt so hoch ist, ihn dann auf der Tischplatte nochmals gut durchkneten, weitere etwa 15 Minuten stehenlassen

für den Belag
8 Aprikosen kurze Zeit in kochendes Wasser legen (nicht kochen lassen), in kaltem Wasser abschrecken, enthäuten, halbieren, entsteinen
den Teig zu einem Rechteck von etwa 30 × 45 cm ausrollen, mit 2 Eßl. von
75 g zerlassener Butter bestreichen
100 g verlesene Rosinen darauf verteilen
das Rechteck von der längeren Seite her aufrollen
die Rolle in 16 gleichgroße Stücke schneiden, auf ein gefettetes Backblech legen
in die Mitte jedes Teigstückes eine Vertiefung eindrücken, mit dem gut verrührten Pudding füllen, jeweils eine Aprikosenhälfte mit der Wölbung nach oben daraufsetzen
das Backblech in den vorgeheizten Backofen schieben

Strom: 200-225
Gas: 3-4
Backzeit: Etwa 20 Minuten
das heiße Gebäck sofort mit der restlichen flüssigen Butter bestreichen.

Hahnenkämme

(Abb. oben rechts)

Für den Teig
375 g Weizenmehl in eine Schüssel sieben, mit
1 Päckchen Trocken-Backhefe sorgfältig vermischen
50 g Zucker
1 Päckchen Vanillin-Zucker
50 g zerlassene, lauwarme Butter
1 Ei
125 ml (⅛ l) lauwarme Milch hinzufügen, alles mit einem elektrischen Handrührgerät mit Knethaken zuerst auf der niedrigsten, dann auf der höchsten Stufe in etwa 5 Minuten zu einem Teig verarbeiten, auf der gut mit
Weizenmehl bestäubten Tischplatte zu einem Rechteck von 50 × 40 cm ausrollen
die Hälfte von
125 g weicher Butter darauf streichen, von der Teigplatte den linken Teil der langen Seite zu ⅔ und den rechten Teil zu ⅓ so zusammenlegen, daß beide

Kanten aneinanderstoßen
dann den Teig von der längeren Seite zur Hälfte übereinanderschlagen,
15 Minuten im Kühlschrank ruhen lassen, den Vorgang unter Verarbeitung der restlichen Butter wiederholen, den Teig nochmals 15 Minuten in den Kühlschrank stellen
den Teig halbieren, jede Hälfte zu einem Quadrat von 36 × 36 cm ausrollen,
jeweils in 12 × 12 cm große Quadrate schneiden

für die Füllung

200 g Marzipan-Rohmasse mit
50 g weicher Butter
1 Ei gut verrühren
auf die Mitte jedes Teigquadrates etwas von der Füllung geben
die Teigränder mit
verschlagenem Eiweiß bestreichen, über die Füllung klappen, etwas andrücken
die Teigtaschen in Abständen von etwa 1½ cm leicht einschneiden, etwas auseinanderbiegen, auf ein gut gefettetes Backblech legen,
etwa 30 Minuten bei Zimmertemperatur stehenlassen
1 Eigelb mit
1 Eßl. Milch verschlagen, die Hahnenkämme damit bestreichen
das Backblech in den vorgeheizten Backofen schieben

Strom: Etwa 200
Gas: 3–4
Backzeit: Etwa 15 Minuten

zum Aprikotieren

2 Eßl. Aprikosen-Konfitüre durch ein Sieb streichen, mit
2 Eßl. Wasser unter Rühren zum Kochen bringen
die Hahnenkämme sofort nach dem Backen damit bestreichen, etwas abkühlen lassen

zum Glasieren

60 g gesiebten Puderzucker mit
etwa 2 Eßl. Zitronensaft verrühren, die Hahnenkämme damit bestreichen.

Brötchen-Hase

(Abb. oben)

Für den Teig

500 g Roggenmehl (Type 1150)
250 g Weizenvollkornschrot (Type 1700) in eine Schüssel geben, in die Mitte eine Vertiefung eindrücken
60 g Frischhefe hineinbröckeln
1 Teel. Zucker daraufgeben, mit etwas von
625 ml (5/8 l) lauwarmem Wasser und etwas von dem Mehl zu einem dicken Brei verrühren, an einem warmen Ort 10-15 Minuten stehenlassen, bis die Hefebrei-Oberfläche brüchig ist
das restliche Wasser,
125 ml (1/8 l) Pflanzenöl
2 gestrichene Teel. Salz hinzufügen
die Zutaten mit einem elektrischen Handrührgerät mit Knethaken zuerst auf niedrigster, dann auf höchster Stufe in etwa 5 Minuten zu einem Teig verarbeiten
den Teig so lange an einem warmen Ort stehenlassen, bis er etwa doppelt so hoch ist, ihn dann auf der Tischplatte nochmals gut durchkneten, zu einer Rolle formen, von der Rolle 4 Stück zu etwa 200 g abschneiden, zu Kugeln formen, weitere 6 Stücke von etwa 100 g abschneiden, oval formen
den restlichen Teig zur Kugel formen
3 große Kugeln als Körper des Hasen auf ein gut gefettetes Backblech legen
die Stellen, an denen sich die Kugeln berühren, mit Wasser bestreichen
die letzte große Kugel leicht länglich formen, als Kopf ansetzen, als Auge
1 schwarze Olive eindrücken
die ovalen Stücke als Ohren, Vorder- und Hinterläufe ansetzen
die kleine Kugel als Schwanz ansetzen
den ganzen Hasen mit Wasser bestreichen
die Einzelteile nach Belieben mit
Sesam, Kümmel oder Mohn bestreuen
das Backblech in den vorgeheizten Backofen schieben

Strom: Etwa 225
Gas: Etwa 4
Backzeit: 35-45 Minuten.

Neujahrs-Brezel
(Abb. unten)

Für den Teig

1 Päckchen Trocken-Backhefe mit
1 Teel. Zucker
125 ml (⅛ l) lauwarmer Milch verrühren, etwa 15 Minuten gehen lassen
500 g Weizenmehl in eine Schüssel sieben, in die Mitte eine Vertiefung eindrücken um den Mehlrand
50 g Zucker
1 Päckchen Vanillin-Zucker
Salz
1 Ei
250 g weiche Butter (in Stücke geschnitten) geben, die gegangene Hefe in die Vertiefung geben
von der Mitte aus alle Zutaten mit einem elektrischen Handrührgerät mit Knethaken zuerst auf der niedrigsten, dann auf der höchsten Stufe in etwa 5 Minuten zu einem Teig verarbeiten
etwas Teig zum Garnieren beiseite legen, den restlichen Teig in 3 gleich große Stücke teilen, zu Rollen formen, diese zu einem Zopf flechten und zu einer Brezel zusammenlegen, aus dem zurückgelegten Teig eine Blume formen, auf die Brezel legen, mit
Kondensmilch bestreichen, die Brezel auf ein gefettetes Backblech legen, an einem warmen Ort etwa 30 Minuten stehenlassen
das Backblech in den vorgeheizten Backofen schieben

Strom: Etwa 200
Gas: 3-4
Backzeit: Etwa 40 Minuten.

Verpackungsvorschlag zum Verschenken: Die Neujahrs-Brezel auf ein Holzbrett legen, in grobes, kariertes Leinentuch einpacken, mit Schleifenband verzieren.

Gebackenes Lamm

(Abb. oben)

	Für den Teig
375 g Weizenmehl (Type 1050 oder 405)	in eine Schüssel sieben
125 g Weizen-Vollkornmehl	hinzufügen, mit
1 Päckchen Trocken-Backhefe	sorgfältig vermischen mit
1 Teel. Zucker	
2 gestrichenen Teel. Salz	
1 ½ Eiern	
50 g zerlassener Butter	
knapp 250 ml (¼ l) lauwarmem Wasser	hinzufügen, alles mit einem elektrischen Handrührgerät mit Knethaken zuerst auf der niedrigsten, dann auf der höchsten Stufe in etwa 5 Minuten zu einem Teig verarbeiten, den Teig an einem warmen Ort so lange stehenlassen, bis er etwa doppelt so hoch ist, ihn dann auf der Tischplatte nochmals gut durchkneten ein fast faustgroßes Stück Teig für Kopf, Beine, Schwanz und Ohren des Lammes abnehmen, aus dem restlichen Teig etwa walnußgroße Kugeln formen, sie als Körper auf einem gefetteten Backblech zusammensetzen aus dem zurückgelassenen Teig Kopf, Beine, Schwanz und Ohren formen, an den Körper legen, den Teig nochmals an einem warmen Ort stehenlassen, bis er etwa doppelt so hoch ist, mit
½ verschlagenem Ei	bestreichen, den Lamm-Körper mit
abgezogenen, gestiftelten Mandeln	bestreuen als Augen
2 Rosinen oder Korinthen	in den Kopf drücken das Backblech in den vorgeheizten

	Backofen schieben
Strom:	200-225
Gas:	Etwa 4
Backzeit:	Etwa 25 Minuten.
Verpackungsvorschlag zum Verschenken:	Auf ein Holzbrett oder eine dicke bezogene Pappe Ostergras legen, grüne Schleifen, frische Gänseblümchen oder Seidenblumen in das Gras stecken, das Lamm darauf setzen, nach Belieben mit einem Glas- oder Messingglöckchen schmücken, in Cellophanpapier verpacken oder das Lamm in einen passenden, mit Ostergras oder grünem Papier ausgeschmückten Karton legen. Den Karton von außen mit Oster-Motiven bemalen.

Hefezopf mit Zwetschen

(Abb. rechts)

	Für den Teig
500 g Weizenmehl	in eine Schüssel sieben, in die Mitte eine Vertiefung eindrücken
1 Würfel (42 g) Frischhefe	hineinbröckeln, 1 Teel. von
50 g Zucker	daraufgeben, die Hefe mit dem Zucker,
3 Eßl. lauwarmer Schlagsahne	und etwas von dem Mehl zu einem dicken Brei verrühren, an einem warmen Ort 10-15 Minuten stehenlassen, bis die Hefebrei-Oberfläche brüchig ist den restlichen Zucker, die restliche Schlagsahne
375 g weiche Butter oder Margarine 1 Eigelb Salz	hinzufügen die Zutaten mit einem elektrischen Handrührgerät mit Knethaken zuerst auf der niedrigsten, dann auf der höchsten Stufe in etwa 5 Minuten zu einem Teig verarbeiten den Teig zugedeckt 6 Stunden kalt stellen (nicht in den Kühlschrank)
	für die Füllung
250 g Mohn	mahlen, mit
200 ml Schlagsahne 50 g Honig 50 g Zucker	zum Kochen bringen, von der Kochstelle nehmen, gut durchrühren
abgeriebene Schale von 1 Zitrone (unbehandelt) gemahlenen Zimt 50 g verlesene Sultaninen	unterrühren, die Masse erkalten lassen
2 Eßl. Rum 3 Eier 3 Eßl. Zwiebackbrösel	unterrühren
1 kg Zwetschen	waschen, einzeln abtrocknen, halbieren, entsteinen
Weizenmehl	auf die Tischplatte sieben, den Teig darauf zu einem Rechteck von etwa 45 × 39 cm ausrollen, in Streifen von je etwa 12 cm Breite schneiden, auf ein gefettetes Backblech legen in die Mitte jedes Teigstreifens etwas von der Mohnmasse streichen, die vorbereiteten Zwetschen darauf verteilen den Teig von den beiden Längsseiten her zur Mitte so weit überschlagen, daß die Füllung noch zu sehen ist
1 Eigelb	mit
2 Eßl. kalter Milch	verschlagen, den Teig damit bestreichen das Backblech in den vorgeheizten Backofen schieben
Strom:	Etwa 200-225
Gas:	Etwa 4
Backzeit:	Etwa 25 Minuten
	für den Guß
125 g gesiebten Puderzucker	mit
2 Eßl. Zitronensaft	verrühren, so daß ein dickflüssiger Guß entsteht, das noch heiße Gebäck damit bestreichen.

Butter-Kuchen

(Abb. unten)

Für den Teig

500 g Weizenmehl in eine Rührschüssel sieben, mit
1 Päckchen Trocken-Backhefe sorgfältig vermischen
75 g Zucker
1 Päckchen Vanillin-Zucker
Salz
250 ml (¼ l) lauwarme Milch
75 g zerlassene abgekühlte Butter oder Margarine hinzufügen
die Zutaten mit einem Handrührgerät mit Knethaken zunächst auf niedrigster, dann auf höchster Stufe in etwa 5 Minuten zu einem Teig verarbeiten, sollte er kleben, noch etwas Mehl hinzufügen (aber nicht zuviel, Teig muß weich bleiben)
den Teig so lange an einem warmen Ort stehenlassen, bis er sich sichtbar vergrößert hat, ihn dann auf der Tischplatte nochmals gut durchkneten, auf einem gefetteten Backblech ausrollen, vor den Teig einen mehrfach gefalzten Streifen Alufolie legen

für den Belag

125 g Butter in Flöckchen gleichmäßig auf den Teig setzen oder zerlassen daraufstreichen

75 g Zucker mit
1 Päckchen Vanillin-Zucker mischen, darüberstreuen
50 g abgezogene, gehobelte Mandeln gleichmäßig darüber verteilen, den Teig nochmals so lange an einem warmen Ort gehen lassen, bis er sich sichtbar vergrößert hat, in den vorgeheizten Backofen schieben

Strom: 200–225
Gas: 4–5
Backzeit: Etwa 15 Minuten.

Veränderung: 250 ml (¼ l) Schlagsahne steifschlagen, sofort nach dem Backen gleichmäßig auf den Butterkuchen streichen.

Hefezopf

(Abb. rechts)

500 g Weizenmehl in eine Schüssel sieben, mit
1 Päckchen Trocken-Backhefe sorgfältig vermischen
50 g Zucker
1 Päckchen Vanillin-Zucker
Salz
2 Eier
1 Eiweiß
250 ml (¼ l) lauwarme Schlagsahne hinzufügen, alles mit einem elektrischen Handrührgerät mit Knethaken zuerst auf der niedrigsten, dann auf der höchsten Stufe in etwa 5 Minuten zu einem Teig verarbeiten
den Teig an einem warmen Ort so lange stehenlassen, bis er etwa doppelt so hoch ist
150 g verlesene Rosinen unterkneten
aus ⅔ des Teiges etwa 40 cm lange Rollen formen, als Zopf auf ein gefettetes Backblech legen, mit einem Rollholz der Länge nach eine Vertiefung eindrücken
1 Eigelb mit
1 Eßl. Milch verschlagen, die Vertiefung mit etwas Eigelbmilch bestreichen
von dem Rest des Teiges etwa 35 cm lange Rollen formen, daraus einen Zopf flechten, auf den größeren legen
den Zopf nochmals an einem warmen Ort so lange stehenlassen, bis er sich in Breite und Höhe etwa um die Hälfte vergrößert hat, mit Eigelbmilch bestreichen, in den vorgeheizten Backofen schieben

Strom: 175–200
Gas: 3–4
Backzeit: Etwa 35 Minuten.

Mohnkuchen mit Streuseln

(Abb. unten)

Für den Teig

500 g Weizenmehl in eine Schüssel sieben, mit

1 Päckchen Trocken-Backhefe sorgfältig vermischen

75 g Zucker
1 Päckchen Vanillin-Zucker
Salz
75 g zerlassene, lauwarme Butter oder Margarine
250 ml (¼ l) lauwarme Milch hinzufügen, alles mit einem elektrischen Handrührgerät mit Knethaken zuerst auf der niedrigsten, dann auf der höchsten Stufe in etwa 5 Minuten zu einem Teig verarbeiten, an einem warmen Ort so lange stehenlassen, bis er etwa doppelt so hoch ist, ihn dann auf der Tischplatte nochmals gut durchkneten, den Teig auf einem gefetteten Backblech ausrollen, vor den Teig einen mehrfach gefalzten Streifen Alufolie legen

für den Belag

500 g gemahlenen Mohn mit heißem Wasser überbrühen, etwas quellen, gut abtropfen lassen

125 g Zucker
1 Päckchen Vanillin-Zucker
4 Tropfen Backöl Zitrone
½ gestrichenen Teel. gemahlenen Zimt hinzugeben, mit

75 g zerlassener Butter oder Margarine
knapp 125 ml (⅛ l) heißer Milch oder
1 Eßl. Honig zu einer streichfähigen Masse verrühren

75 g verlesene Rosinen unterheben, die Masse abkühlen lassen, gleichmäßig auf den Teig streichen

für die Streusel

200 g Weizenmehl in eine Schüssel sieben

100 g Zucker
1 Päckchen Vanillin-Zucker
1 Messerspitze gemahlenen Zimt
100 g Butter oder Margarine (in Flöckchen) dazugeben, zu Streuseln vermengen, gleichmäßig auf den Belag streuen das Backblech in den vorgeheizten Backofen schieben

Strom: 175-200
Gas: 3-4
Backzeit: 25-30 Minuten.

Heiligen-Brot

(Abb. oben)

1 kg Weizenmehl in eine Schüssel sieben, in die Mitte eine Vertiefung eindrücken

1 Würfel (42 g) Frischhefe hineinbröckeln, 1 Teel. von

200 g gesiebtem Puderzucker daraufgeben, die Hefe mit dem Zukker, etwas von

250 ml (¼ l) lauwarmer Milch und etwas von dem Mehl zu einem dicken Brei verrühren, an einem warmen Ort 10-15 Minuten stehenlassen, bis die Hefebrei-Oberfläche brüchig ist

den restlichen Puderzucker, die restliche Milch,

250 g weiche Butter
1 Päckchen Vanillin-Zucker
Salz
1 Döschen gemahlenen Safran
4 Eßl. Rum
100 g abgezogene, gehackte Mandeln
5 Eigelb hinzufügen

die Zutaten mit einem elektrischen Handrührgerät mit Knethaken zuerst auf der niedrigsten Stufe, dann auf der höchsten Stufe in etwa 5 Minuten zu einem Teig verarbeiten

den Teig an einem warmen Ort so lange stehenlassen, bis er doppelt so hoch ist, ihn dann auf der Tischplatte nochmals gut durchkneten, zu einer Rolle von etwa 120 cm Länge formen

die Teigrolle auf einem gefetteten Backblech zu einer Brezel formen

die Teigbrezel nochmals an einem warmen Ort stehenlassen, bis sie etwa doppelt so hoch ist

das Backblech in den vorgeheizten Backofen schieben

Strom: Etwa 200
Gas: Etwa 3
Backzeit: 20-30 Minuten

das Heiligen-Brot sofort nach dem Backen mit

gesiebtem Puderzucker bestäuben.

Heidelbeer-Kuchen mit Streuseln

(Abb. oben)

Für den Teig

500 g Weizenmehl in eine Schüssel sieben, in die Mitte eine Vertiefung eindrücken

1 Würfel (42 g) Frischhefe hineinbröckeln, 1 Teel. von

60 g Zucker daraufgeben, die Hefe mit dem Zukker, etwas von

250 ml (¼ l) lauwarmer Milch und etwas von dem Mehl zu einem dicken Brei verrühren, an einem warmen Ort 10-15 Minuten stehenlassen, bis die Hefebrei-Oberfläche brüchig ist

den restlichen Zucker mit der restlichen Milch

150 g weichem Schmalz, Salz hinzufügen

die Zutaten mit einem elektrischen Handrührgerät mit Knethaken zuerst auf der niedrigsten, dann auf der höchsten Stufe in etwa 5 Minuten zu einem Teig verarbeiten

den Teig an einem warmen Ort so lange stehenlassen, bis er doppelt so hoch ist, ihn dann auf der Tischplatte nochmals gut durchkneten, auf einem gefetteten Backblech ausrollen, vor den Teig einen mehrfach gefalzten Streifen Alufolie legen

für den Belag

1,5 kg Heidelbeeren verlesen, vorsichtig waschen,

abtropfen lassen

4 Zwiebäcke fein reiben, auf dem Teig verteilen, die Heidelbeeren daraufgeben

für die Streusel

300 g Weizenmehl in eine Schüssel sieben, mit
125 g Zucker
2 Teel. gemahlenem Zimt vermischen
200 g kalte Butter in Flöckchen dazugeben, die Zutaten zu Streuseln vermengen, gleichmäßig über die Heidelbeeren geben, nochmals so lange an einem warmen Ort stehenlassen, bis er etwa doppelt so hoch ist, das Backblech erst dann in den vorgeheizten Backofen schieben

Strom: Etwa 200
Gas: Etwa 3
Backzeit: 30-40 Minuten

den erkalteten Kuchen dünn mit
gesiebtem Puderzucker bestäuben.

Böhmischer Mohnstrietzel

(Abb. unten rechts)

Für den Teig

500 g Weizenmehl in eine Schüssel sieben, in die Mitte eine Vertiefung eindrücken
30 g Frischhefe hineinbröckeln, 1 Teel. von
80 g Zucker daraufgeben, die Hefe mit dem Zukker, etwas von
etwa 200 ml (1/5 l) lauwarmer Milch und etwas von dem Mehl zu einem dicken Brei verrühren, an einem warmen Ort 10-15 Minuten stehenlassen, bis die Hefebrei-Oberfläche brüchig ist
den restlichen Zucker mit der restlichen Milch,
Salz
abgeriebene Schale von 1 Zitrone (unbehandelt)
1 Ei
125 g weiche Butter hinzufügen
die Zutaten mit einem elektrischen Handrührgerät mit Knethaken zuerst auf der niedrigsten, dann auf der höchsten Stufe in etwa 5 Minuten zu einem Teig verarbeiten
den Teig an einem warmen Ort so lange stehenlassen, bis er etwa doppelt so hoch ist, ihn dann auf der Tischplatte nochmals gut durchkneten

für die Füllung

500 ml (1/2 l) Milch zum Kochen bringen, über
500 g gemahlenen Mohn gießen, den Mohn quellen lassen
200 g feingewürfeltes Zitronat (Sukkade)
100 g Zucker
2 Eßl. Honig
1 Päckchen Vanillin-Zucker
2 Eier
100 g verlesene Rosinen unterrühren
den Hefteig zu einem Rechteck von etwa 55 × 40 cm ausrollen, den Mohn gleichmäßig daraufstreichen, dabei rundherum einen etwa 2 cm breiten Rand freilassen
die schmalen Teigseiten zur Mitte hin einmal umklappen, den Teig von der längeren Seite her aufrollen
die Mohnrolle auf ein gefettetes Backblech legen
die Mohnrollen-Oberfläche mit einer Küchenschere in Abständen von etwa 10 cm kreuzweise einschneiden, nochmals etwa 15 Minuten an einem warmen Ort stehenlassen
das Backblech in den vorgeheizten Backofen schieben

Strom: 175-200
Gas: Etwa 3
Backzeit: Etwa 35 Minuten

für den Belag

50 g grobgehackte Haselnußkerne in einer Pfanne ohne Fett leicht rösten

für den Guß

125 g gesiebten Puderzucker mit
2 Eßl. Zitronensaft
1 Eßl. Rum verrühren, den heißen Strietzel damit bestreichen, mit den gerösteten Haselnußkernen bestreuen.

Bienenstichfladen mit Vanillecreme

(Abb. oben)

Für den Teig

300 g Weizenmehl in eine Schüssel sieben, in die Mitte eine Vertiefung eindrücken

30 g Frischhefe hineinbröckeln, 1 Teel. von
40 g Zucker daraufgeben, die Hefe mit dem Zukker, etwas von

125 ml (1/8 l) lauwarmer Milch und etwas von dem Mehl zu einem dicken Brei verrühren
an einem warmen Ort 10-15 Minuten stehenlassen, bis die Hefebrei-Oberfläche brüchig ist
den restlichen Zucker mit der restlichen Milch,

60 g weicher Butter
Salz
1 Ei hinzufügen
die Zutaten mit einem elektrischen Handrührgerät zuerst auf der niedrigsten, dann auf der höchsten Stufe in etwa 5 Minuten zu einem Teig verarbeiten
den Teig an einem warmen Ort so lange stehenlassen, bis er doppelt so hoch ist, ihn dann auf der Tischplatte nochmals gut durchkneten

für die Vanillecreme

1 1/2 Päckchen Pudding-Pulver Vanille-Geschmack mit
2 Eigelb
125 ml (1/8 l) kalter Milch verrühren

375 ml (3/8 l) Milch mit
50 g Zucker
Salz
50 g Butter oder Margarine zum Kochen bringen, das angerührte Puddingpulver unter Rühren hineingeben, einmal aufkochen lassen, von der Kochstelle nehmen, erkalten lassen, ab und zu durchrühren
den Teig zu einer Rolle formen, die Rolle quer halbieren, jede Hälfte zu einer Kugel formen, nochmals etwa 8 Minuten stehenlassen
jede Kugel zu einem Oval von etwa 28 × 15 cm ausrollen, auf ein gefettetes Backblech legen, 15-20 Minuten gehen lassen

für die Mandelmasse

knapp 125 ml (1/8 l) Schlagsahne mit
40 g Honig
40 g Zucker
1 Teel. abgeriebener Schale von 1/2 Zitrone (unbehandelt) zum Kochen bringen, 2-3 Minuten kochen lassen

300 g abgezogene, gestiftelte Mandeln mit
1 Teel. Weizenmehl in die heiße Flüssigkeit rühren, etwas abkühlen lassen
die Mandelmasse auf die beiden Teigovale verteilen, glattstreichen
das Backblech in den vorgeheizten Backofen schieben

Strom: Etwa 200
Gas: Etwa 3
Backzeit: 20-25 Minuten

die gebackenen Fladen erkalten lassen
die Vanillecreme durch ein feines Sieb streichen

250 ml (1/4 l) Schlagsahne steifschlagen, unter die Vanillecreme ziehen
die beiden Fladen mit einem Sägemesser waagerecht durchschneiden
die Vanillecreme gleichmäßig auf die beiden unteren Hälften streichen, jeweils mit der oberen Hälfte bedecken, etwas andrücken, 1-1 1/2 Stunden kalt stellen, die Bienenstichfladen in Stücke schneiden.

Hefeschnecken

(Abb. rechts)

Für den Teig

500 g Weizenmehl in eine Schüssel sieben, mit
1 Päckchen

Trocken-Backhefe sorgfältig vermischen
50 g Zucker
1 Päckchen Vanillin-Zucker
Salz
100 g zerlassene, lauwarme Butter
2 Eier
125 ml (1/8 l) lauwarme Milch hinzufügen, alles mit einem elektrischen Handrührgerät mit Knethaken zuerst auf der niedrigsten, dann auf der höchsten Stufe in etwa 5 Minuten zu einem Teig verarbeiten, an einem warmen Ort so lange stehenlassen, bis er etwa doppelt so hoch ist, ihn dann auf der Tischplatte nochmals gut durchkneten
den Teig zu einem Rechteck von etwa 45 × 35 cm ausrollen, mit
30 g weicher Butter bestreichen

für die Füllung

50 g Korinthen
50 g Rosinen verlesen, mit
50 g Zucker
1 Päckchen Vanillin-Zucker
50 g abgezogenen, gehackten Mandeln mischen, auf den Teig streuen, von der kürzeren Seite her aufrollen, mit einem scharfen Messer etwa 1½ cm breite Stücke abschneiden, auf ein gefettetes Backblech legen, leicht flachdrücken
den Teig nochmals so lange an einem warmen Ort stehenlassen, bis er etwa doppelt so hoch ist, erst dann in den vorgeheizten Backofen schieben

Strom: 175-200
Gas: 3-4
Backzeit: 15-20 Minuten

für den Guß

175 g gesiebten Puderzucker mit
etwa 2 Eßl. Zitronensaft glattrühren, so daß eine dickflüssige Masse entsteht
die Schnecken sofort nach dem Backen damit bestreichen.

Brandteig

Brandteig

Dies ist der einzige Teig, der nicht auf kaltem Wege hergestellt wird, sondern für den die Zutaten - Mehl, Fett und Wasser - zunächst einmal in einem Topf zum Kochen gebracht und dann erst weiterverarbeitet werden.

Vorbereitung: Mehl und ggf. Speisestärke sieben, weil es dadurch aufgelockert wird. Ein Backblech dünn mit weicher Butter bestreichen und mit Mehl bestäuben. Dazu das Mehl nur auf die eine Hälfte des Backblechs sieben und dieses dann mit der nicht bemehlten Seitenkante auf den Tisch schlagen. So verteilt sich das Mehl dünn und gleichmäßig über die gesamte Fläche des Backblechs.

Verarbeitung: In einem Stieltopf Wasser und Fett zum Kochen bringen, von der Kochstelle nehmen und das gesiebte Mehl hineinrühren, bis ein glatter Kloß entsteht. Dieser muß unter ständigem Rühren für etwa 1 Minute erhitzt werden. Dabei bildet sich auf dem Boden ein weißer Belag. Der erhitzte Kloß kommt in eine Rührschüssel, in die man nach und nach auch die Eier gibt, die mit dem Teig gut verrührt werden müssen. Die Eimenge reicht, wenn der Teig schön glänzt und so vom Löffel reißt, daß lange Spitzen hängenbleiben. Erst wenn der Teig abgekühlt ist, das Backpulver einrühren.

Backen: Bei Brandteigen, die im Backofen gebacken werden, darf man erst kurz vor Ende der angegebenen Garzeiten den Backofen öffnen, um festzustellen, ob das Gebäck fertig ist.
Brandteig ist sehr empfindlich und fällt leicht zusammen.
Backt man Brandteiggebäck in Fett aus, muß das Fett so heiß sein, daß sich um einen ins heiße Fett gehaltenen Löffel Bläschen bilden. Gibt man den Teig in nicht genügend erhitztes Fett, saugt er zuviel Fett auf.

Windbeutel mit Ananas

	Für den Teig
250 ml (¼ l)	
Wasser	mit
50 g Butter	am besten in einem Stieltopf zum Kochen bringen
150 g Weizenmehl	
30 g Speisestärke	mischen, sieben auf einmal in die von der Kochstelle genommene Flüssigkeit schütten, zu einem glatten Kloß rühren, unter Rühren etwa 1 Minute erhitzen den heißen Kloß sofort in eine Rührschüssel geben nach und nach
4-6 Eier	mit einem elektrischen Handrührgerät mit Knethaken auf höchster Stufe unterarbeiten, weitere Eizugabe erübrigt sich, wenn der Teig stark glänzt und so vom Löffel abreißt, daß lange Spitzen hängengleiben
1 gestrichenen	
Teel. Backpulver	in den erkalteten Teig rühren, mit 2 Löffeln oder mit einem Spritzbeutel mandarinengroße Teighäufchen auf ein gefettetes, mit Weizenmehl bestäubtes Backblech setzen oder spritzen, in den vorgeheizten Backofen schieben
Strom:	200-225
Gas:	4-5
Backzeit:	25-30 Minuten während der ersten 15 Minuten Backzeit die Backofentür nicht öffnen, da das Gebäck sonst zusammenfällt sofort nach dem Backen von jedem Windbeutel einen Deckel abschneiden
	für die Füllung
etwa 350 g Ananasscheiben (aus der Dose)	abtropfen lassen, in kleine Stücke schneiden
500 ml (½ l) Schlagsahne	
2 Teel. Zucker	
1 Päckchen Vanillin-Zucker	
2 Päckchen Sahnesteif	hinzufügen, die Sahne steifschlagen
2-3 Eßl. Kirschwasser	unterziehen die Windbeutel mit der Sahne und den Ananasstückchen füllen, die Deckel darauflegen, mit
gesiebtem Puderzucker	bestäuben.
Veränderung:	Die Schlagsahne anstatt mit Kirschwasser mit Ananassaft abschmecken.

Windbeutel mit Kirschfüllung

(Abb. rechts)

	Für den Teig
250 ml (¼ l)	
Wasser	mit
50 g Butter	am besten in einem Stieltopf zum Kochen bringen
150 g Weizenmehl	
30 g Speisestärke	mischen, sieben, auf einmal in die von der Kochstelle genommene Flüssigkeit schütten, zu einem glatten Koß rühren, unter Rühren etwa 1 Minute erhitzen den heißen Kloß sofort in eine Rührschüssel geben nach und nach
4-6 Eier	mit einem elektrischen Handrührgerät mit Knethaken auf höchster Stufe unterarbeiten, weitere Eizugabe erübrigt sich, wenn der Teig stark glänzt und so vom Löffel abreißt, daß lange Spitzen hängenbleiben
1 gestrichenen	
Teel. Backpuler	in den erkalteten Teig rühren den Teig in einen Spritzbeutel mit großer gezackter Tülle füllen und auf ein gefettetes, mit Weizenmehl bestäubtes Backblech spritzen, das Backblech in den vorgeheizten Backofen schieben
Strom:	200-225
Gas:	4-5
Backzeit:	25-30 Minuten während der ersten 15 Minuten Backzeit die Backofentür nicht öffnen, da das Gebäck sonst zusammenfällt sofort nach dem Backen den Deckel des Windbeutels abschneiden
	für die Füllung
500 g Sauerkirschen	waschen, entstielen, entsteinen, mit
50 g Zucker	
etwas Vanillin-Zucker	mischen, einige Zeit zum Saftziehen stehenlassen, nur ganz kurz zum Kochen bringen oder
etwa 400 g entsteinte Sauerkirschen (aus dem Glas)	abtropfen lassen von dem Saft 125 ml (⅛ l) abmessen (evtl. mit Wasser ergänzen), mit
20 g Speisestärke	anrühren, unter Rühren zum Kochen bringen die Kirschen unterrühren die Füllung kalt stellen, mit
Zucker	abschmecken

500 ml (½ l) Schlagsahne	½ Minute schlagen
25 g gesiebten Puderzucker 1 Päckchen Vanillin-Zucker 2 Päckchen Sahnesteif	mischen, einstreuen, die Sahne steifschlagen
	den Windbeutel mit den Kirschen füllen, darauf die Sahne spritzen, den Deckel darauflegen den Windbeutel mit
gesiebtem Puderzucker	bestäuben.

Frucht-Eclairs

(Abb. oben)

Für den Teig

250 ml (¼ l) Wasser
50 g Butter oder Schweineschmalz am besten in einem Stieltopf zum Kochen bringen
150 g Weizenmehl mit
30 g Speisestärke mischen, sieben, auf einmal in die von der Kochstelle genommene Flüssigkeit schütten, zu einem glatten Kloß rühren, unter Rühren etwa 1 Minute erhitzen, den heißen Kloß sofort in eine Rührschüssel geben, nach und nach
4-6 Eier mit einem elektrischen Handrührgerät mit Knethaken auf höchster Stufe unterarbeiten, weitere Eizugabe erübrigt sich, wenn der Teig stark glänzt und so von einem Löffel abreißt, daß lange Spitzen hängenbleiben
1 gestrichenen Teel. Backpuler in den erkalteten Teig arbeiten, ihn in einen Spritzbeutel (große gezackte Tülle) füllen, jeweils zwei fingerlange Streifen nebeneinander, einen dritten darauf, auf ein gefettetes, mit Weizenmehl bestäubtes Backblech spritzen
das Backblech in den vorgeheizten Backofen schieben

Strom: 200-225
Gas: 4-5
Backzeit: Etwa 20 Minuten
sofort nach dem Backen von jedem Eclair einen Deckel abschneiden

für die Füllung

2 gestrichene Teel. Gelatine gemahlen, weiß mit
2 Eßl. kaltem Wasser anrühren, 10 Minuten zum Quellen stehenlassen
mit den Ecken von
3 Stück Würfelzucker die Schale von
etwa ½ Apfelsine (unbehandelt) abreiben oder
1-1½ Teel. Orangenschalenpulver
die gequollene Gelatine mit dem Würfelzucker unter Rühren erwärmen, bis sie gelöst ist
6 Eßl. Apfelsinensaft hinzufügen, abkühlen lassen
500 ml (½ l) Schlagsahne fast steifschlagen, nach und nach die Apfelsinen-Gelatine unterschlagen und die Sahne vollkommen steifschlagen
etwas von der Apfelsinen-Sahne auf die Unterseite jedes Eclair-Deckels streichen, die restliche Apfelsinen-Sahne in die Eclairs

geben, die Deckel mit der unbestrichenen Seite darauf legen

etwa 380 g Mandarinenspalten (aus der Dose) abtropfen lassen, dekorativ auf den Eclair-Deckeln anrichten.

Flockentorte

(Abb. rechts)

Für den Knetteig

100 g Weizenmehl auf die Tischplatte sieben, in die Mitte eine Vertiefung eindrücken

25 g Zucker
1 Päckchen Vanillin-Zucker hineingeben
75 g kalte Butter in Stücke schneiden, daraufgeben, mit Mehl bedecken, von der Mitte aus alle Zutaten schnell zu einem glatten Teig verkneten, sollte er kleben, ihn eine Zeitlang kalt stellen
den Teig auf dem Boden einer gefetteten Springform (Durchmesser etwa 28 cm) aurollen, mehrmals mit einer Gabel einstechen, mit Springformrand im vorgeheizten Backofen backen

Strom: 200–225
Gas: 3–4
Backzeit: Etwa 15 Minuten
sofort nach dem Backen den Boden vom Springformboden lösen, ihn aber erst, wenn er erkaltet ist, auf eine Tortenplatte legen

für den Brandteig

125 ml (⅛ l) Wasser mit
25 g Butter am besten in einem Stieltopf zum Kochen bringen
75 g Weizenmehl mit
15 g Speisestärke mischen, sieben, auf einmal in die von der Kochstelle genommene Flüssigkeit schütten, zu einem glatten Kloß rühren, unter Rühren etwa 1 Minute erhitzen
den heißen Kloß sofort in eine Schüssel geben, nach und nach
2–3 Eier unterrühren, weitere Eizugabe erübrigt sich, wenn der Teig stark glänzt und so vom Löffel abreißt, daß lange Spitzen hängenbleiben
1½ gestrichenen Teel. Backpulver in den erkalteten Teig rühren
aus dem Teig 3 Böden backen, dazu jeweils ⅓ des Teiges auf einen gefetteten, mit Weizenmehl bestäubten Springformboden (Durchmesser etwa 28 cm) streichen (darauf achten, daß die Teiglage am Rand nicht zu dünn ist, damit der Boden nicht zu dunkel wird)
jeden Boden ohne Springformrand im vorgeheizten Backofen backen, bis er hellbraun ist

Strom: 200–225
Gas: 4–5
Backzeit: 20–25 Minuten
das Gebäck nach dem Backen sofort vom Springformboden lösen, auf einem Kuchenrost erkalten lassen (wichtig, da der Dampf entweichen muß)

für die Füllung

500 g entsteinte Sauerkirschen (aus dem Glas) abtropfen lassen, von dem Saft 250 ml (¼ l) abmessen (evtl. mit Wasser ergänzen)
mit 4 Eßl. von dem Saft
30 g Speisestärke anrühren, den übrigen Saft zum Kochen bringen, in den von der Kochstelle genommenen Saft die angerührte Speisestärke rühren, einmal kurz aufkochen lassen, die Kirschen darunter geben, evtl. mit
Zucker abschmecken, die Masse kalt stellen
500 ml (½ l) Schlagsahne ½ Minute schlagen
25 g gesiebten Puderzucker mit
2 Päckchen Sahnesteif
1 Päckchen Vanillin-Zucker mischen, einstreuen, die Sahne steifschlagen
den Knetteigboden dünn mit
rotem Johannisbeergelee bestreichen, mit einem Brandteigboden bedecken, diesen zunächst mit der Kirschcreme, dann mit etwa ⅓ der Schlagsahne bestreichen, darauf den zweiten Brandteigboden legen, mit der restlichen Sahne bestreichen, den dritten Boden zerbröckeln, auf der Sahne verteilen, mit
gesiebtem Puderzucker bestäuben.

Schwänchen

(Abb. oben)

Für den Teig

250 ml (¼ l) Wasser mit
50 g Butter am besten in einem Stieltopf zum Kochen bringen
150 g Weizenmehl mit
25 g Speisestärke mischen, sieben, auf einmal in die von der Kochstelle genommene Flüssigkeit schütten, zu einem glatten Kloß rühren, diesen unter Rühren noch etwa 1 Minute erhitzen, den heißen Kloß in eine Schüssel geben, nach und nach
4–5 Eier mit einem elektrischen Handrührgerät mit Knethaken auf höchster Stufe unterarbeiten, weitere Eizugabe erübrigt sich, wenn der Teig stark glänzt und so vom Löffel fällt, daß lange Spitzen hängenbleiben

1 gestrichenen Teel. Backpulver in den erkalteten Teig rühren
gut walnußgroße Teighäufchen auf ein gefettetes, mit Mehl bestäubtes Backblech setzen (etwa 2 Eßl. Teig zurücklassen), in den vorgeheizten Backofen schieben

Strom: 200-225
Gas: 4-5
Backzeit: 25-30 Minuten
während der ersten 15 Minuten Backzeit die Backofentür nicht öffnen, da das Gebäck sonst zusammenfällt
sofort nach dem Backen von jedem Windbeutel einen Deckel abschneiden, die 2 Eßl. Teig in ein Pergamentpapiertütchen füllen, auf ein gefettetes, mit Weizenmehl bestäubtes Backblech so viele Zweien (Ziffer 2) spritzen, wie Windbeutel vorhanden sind, in den vorgeheizten Backofen schieben

Strom: 200-225
Gas: 4-5
Backzeit: Etwa 15 Minuten

für die Füllung

2 gestrichene Teel. Gelatine gemahlen, weiß mit
3 Eßl. kaltem Wasser in einem kleinen Topf anrühren, 10 Minuten zum Quellen stehenlassen, unter Rühren erwärmen, bis sie gelöst ist

500 ml (1 2 l) Schlagsahne fast steifschlagen, die lauwarme Gelatinelösung darunter schlagen, die Sahne vollkommen steifschlagen

25 g Zucker
1 Päckchen Vanillin-Zucker unter die steifgeschlagene Sahne geben, die Windbeutel damit füllen, bevor die Zweien als Hälse in die Sahne gesteckt werden, von dem unteren Teil jeder Zwei ein kleines Stück abbrechen
die Deckel der Windbeutel halbieren, als Flügel in die Sahne stecken
das abgebrochene Stück der Zwei als Schwänzchen in die Sahne stecken
die Schwänchen mit

gesiebtem Puderzucker bestäuben.

Eberswalder Spritzkuchen

(Abb. rechts)

250 ml (¼ l) Wasser
50 g Margarine am besten in einem Stieltopf zum Kochen bringen

150 g Weizenmehl mit
30 g Speisestärke mischen, sieben, auf einmal in die von der Kochstelle genommene Flüssigkeit schütten, zu einem glatten Kloß rühren, unter Rühren etwa 1 Minute erhitzen, den heißen Kloß sofort in eine Rührschüssel geben, nach und nach

25 g Zucker
1 Päckchen Vanillin-Zucker
4-6 Eier mit einem elektrischen Handrührgerät mit Knethaken auf höchster Stufe unterarbeiten
weitere Eizugabe erübrigt sich, wenn der Teig stark glänzt und so von einem Löffel abreißt, daß lange Spitzen hängenbleiben

1 gestrichenen Teel. Backpulver in den erkalteten Teig arbeiten, ihn in einen Spritzbeutel (weite Tülle) füllen, auf gefettete Pergamentpapiere (etwa 10 × 10 cm groß) in Form von Kränzen spritzen
durch Eintauchen des Papiers in siedendes

Ausbackfett (Speiseöl oder Kokosfett) die Kränzchen lösen, schwimmend auf beiden Seiten hellbraun backen, mit einem Schaumlöffel herausnehmen, auf einem Kuchenrost abtropfen lassen

für den Guß

200 g Puderzucker sieben, mit
2 Eßl. Zitronensaft
etwa 2 Eßl. heißem Wasser glattrühren, so daß eine dickflüssige Masse entsteht, das Gebäck damit überziehen.

Eclairs oder Liebesknochen

(Abb. oben)

	Für den Teig
125 ml (⅛ l) Wasser	
25 g Margarine	
oder Butter	am besten in einem Stieltopf zum Kochen bringen
75 g Weizenmehl	mit
15 g Speisestärke	mischen, sieben, auf einmal in die von der Kochstelle genommene Flüssigkeit schütten, zu einem glatten Kloß rühren, unter Rühren etwa 1 Minute erhitzen, den heißen Kloß sofort in eine Rührschüssel geben, nach und nach
2-3 Eier	mit einem elektrischen Handrührgerät mit Knethaken auf höchster Stufe unterarbeiten, weitere Eizugabe erübrigt sich, wenn der Teig stark glänzt und so von einem Löffel abreißt, daß lange Spitzen hängenbleiben
1 Messerspitze	
Backpulver	in den erkalteten Teig arbeiten, ihn in einen Spritzbeutel (große gezackte Tülle) füllen, etwa 6 cm lange Streifen auf ein gefettetes, mit Weizenmehl bestäubtes Backblech spritzen oder jeweils zwei fingerlange Streifen nebeneinander, einen dritten darauf spritzen das Backblech in den vorgeheizten Backofen schieben
Strom:	200-225
Gas:	4-5
Backzeit:	Etwa 20 Minuten sofort nach dem Backen von jedem Eclair einen Deckel abschneiden
	zum Aprikotieren
etwas Aprikosen-	
Konfitüre	durch ein Sieb streichen, unter Rühren erhitzen, die Gebäckdeckel dünn damit bestreichen
	für die Füllung
75 g Nuß-Nougat-	
masse	in einem kleinen Topf im Wasserbad zu einer geschmeidigen Masse verrühren, etwas abkühlen lassen
250 ml (¼ l) Schlagsahne	½ Minute schlagen
1 Päckchen	
Sahnesteif	einstreuen, die Sahne steifschlagen, die Nougat-Masse eßlöffelweise vorsichtig unterrühren die Nougat-Sahne in einen Spritzbeutel (gezackte Tülle) füllen, in die Eclairs spritzen, auf jeden einen Deckel legen.

Quark-Ölteig

Quark-Öl-Teig

Er kann die Verwandtschaft mit dem Knetteig einerseits und mit dem Rührteig andererseits eigentlich nicht verleugnen, wobei ihn die Zutat Quark aber besonders wohlschmeckend macht. Und er hat den Vorzug, daß man ihn problemlos, schnell und ohne Risiko zubereiten kann.

Vorbereitung: Mehl und Backpulver werden vermischt und gesiebt, weil so das Gebäck lockerer wird. Backblech oder -form einfetten.

Verarbeitung: Den Quark mit Milch, Öl, Zucker, Vanillin-Zucker und Salz verrühren, je nach Rezept kommt auch noch Ei dazu. Die Hälfte des Mehls, das mit Backpulver vermischt wurde, zugeben und verrühren. Die zweite Hälfte des Mehls wird dann untergeknetet. Den glatten Teig kann man nach Wunsch weiterverarbeiten, ihn ausrollen und für Torten oder Kleingebäck verwenden.

Backen: Man legt die Teigstücke auf das gefettete Backblech oder gibt die entsprechend geformten Teigplatten in eine Torten- oder Springform und backt sie nach Vorschrift. Sobald die Backzeit abgelaufen ist, muß man das Gebäck aus der Form oder vom Blech lösen und auf einem Kuchenrost abkühlen lassen. Ähnlich wie Hefegebäck schmecken auch Teilchen oder Kuchen aus Quark-Öl-Teig am besten ganz frisch.

Thüringer Mohnkuchen

	Für den Teig
150 g Speisequark	mit
6 Eßl. Milch	
6 Eßl. Speiseöl	
75 g Zucker	
1 Päckchen Vanillin-Zucker	
Salz	verrühren
300 g Weizenmehl	mit
1 Päckchen Backpulver	mischen, sieben, die Hälfte davon unterrühren, den Rest des Mehls unterkneten den Teig auf einem gefetteten Backblech ausrollen
	für den Belag
375 g gemahlenen Mohn	in
500 ml (½ l) Wassser	geben, zum Kochen bringen, etwas ausquellen lassen
2 Päckchen Pudding-Pulver Vanille-Geschmack	mit
50 g Grieß	
200 g Zucker	und 125 ml (⅛ l) von
1 l Milch	anrühren, die restliche Milch zum Kochen bringen, das angerührte Pudding-Pulver einrühren, kurz aufkochen lassen, die Mohnmasse,
100 g Rosinen	unterrühren, abkühlen lassen die Hälfte der Masse auf den Teig streichen, unter den Rest
2 Eigelb	rühren
2 Eiweiß	steifschlagen, unterheben, auf die Mohnmasse streichen das Backblech in den vorgeheizten Backofen schieben
Strom:	175-200
Gas:	3-4
Backzeit:	Etwa 30 Minuten.
Beigabe:	Geschlagene Sahne.

Orangen-Marzipan-Zöpfchen

(Abb. oben)

	Für die Füllung
200 g Marzipan-Rohmasse	mit
50 g weicher Butter	
2 Eßl. Orangenmarmelade	
abgeriebener Schale von ½ Orange (unbehandelt) oder	
1 Teel. Orangenschalenpulver	verrühren
	für den Teig
150 g Speisequark	mit
6 Eßl. Milch	
6 Eßl. Speiseöl	
75 g Zucker	
1 Päckchen Vanillin-Zucker	
Salz	verrühren
300 g Weizenmehl	mit
1 Päckchen Backpulver	mischen, sieben, die Hälfte davon unterrühren, den Rest des Mehls unterkneten den Teig zu einem Rechteck von

etwa 36 × 48 cm ausrollen, in
etwa 12 × 12 cm große Quadrate
schneiden
jeweils etwas von der Füllung auf
eine Teigquadrat-Hälfte streichen,
dabei immer einen ½-1 cm breiten
Rand freilassen
die Teigränder mit

verschlagenem Eiweiß bestreichen, jeweils die unbestrichene Teighälfte über die Füllung klappen, leicht andrücken
jedes Teigstück zweimal längs bis etwa 1 cm unter den oberen Rand durchschneiden
die 3 zusammenhängenden Teigstreifen zu Zöpfen flechten, die Enden etwas festdrücken

die Teigzöpfe auf ein mit Back-Trennpapier belegtes Backblech legen

1 Eigelb mit
1 Eßl. Milch verschlagen, die Teigzöpfe damit bestreichen
das Backblech in den vorgeheizten Backofen schieben

Strom: 175-200
Gas: 3-4
Backzeit: 15-20 Minuten

für den Guß

100 g gesiebten Puderzucker mit
2-3 Eßl. Orangensaft verrühren, die Teigzöpfe sofort nach dem Backen damit bestreichen.

Sauerkirsch-Teilchen

(Abb. unten)

	Für den Belag
450 g Sauerkirschen (aus dem Glas)	abtropfen lassen
	für den Teig
150 g Speisequark	mit
6 Eßl. Milch	
6 Eßl. Speiseöl	
75 g Zucker	
1 Päckchen Vanillin-Zucker	
Salz	verrühren
300 g Weizenmehl	mit
1 Päckchen Backpulver	mischen, sieben, gut die Hälfte unterrühren, den Rest des Mehls unterkneten den Teig ausrollen, in Quadrate (etwa 12 × 12 cm) schneiden, auf ein gefettetes Backblech legen auf jedes Teigstück in die Mitte die Sauerkirschen verteilen, die Teigecken zur Mitte hin zusammenlegen, mit
Kondensmilch	bestreichen
1 Messerspitze gemahlenen Zimt	mit
1 Eßl. Zucker	mischen, die Teilchen damit und mit
1 gehäuften Eßl. abgezogenen, gestiftelten Mandeln	bestreuen, in den vorgeheizten Backofen schieben
Strom:	175-200
Gas:	3-4
Backzeit:	Etwa 20 Minuten.

Stollen

500 g Weizenmehl	
1 Päckchen Backpulver	mischen, auf die Tischplatte sieben, in die Mitte eine Vertiefung eindrücken
150-175 g Zucker	
1 Päckchen Vanillin-Zucker	
Salz	
4 Tropfen Backöl Bittermandel	
1 Fläschchen Rum-Aroma	
4 Tropfen Backöl Zitrone	
1 Messerspitze gemahlenen Kardamom	
1 Messerspitze gemahlene Muskatblüte	
2 Eier	hineingeben, mit einem Teil des Mehls zu einem dicken Brei verarbeiten
125 g kalte Butter oder Margarine	in Stücke schneiden
50 g Rinderfett	fein hacken
250 g Speisequark	
125 g Korinthen	
125-250 g Rosinen	beide Zutaten verlesen
125-150 g abgezogene, gemahlene Mandeln	
50 g gewürfeltes Zitronat (Sukkade)	alle Zutaten auf den Brei geben, die Früchte mit Mehl bedecken von der Mitte aus alle Zutaten schnell zu einem glatten Teig verkneten, sollte er kleben, noch etwas Mehl hinzugeben den Teig zu einem Stollen formen auf ein mit Alufolie belegtes Backblech legen
Strom:	Vorheizen 250, backen 160-180
Gas:	2-3
Backzeit:	50-60 Minuten den Stollen sofort nach dem Backen mit
100 g zerlassener Butter	bestreichen, mit
50 g gesiebtem Puderzucker	bestäuben.

Apfelkuchen mit Pudding

(Abb. oben)

	Für den Teig
150 g Speisequark	mit
6 Eßl. Milch	
6 Eßl. Speiseöl	
75 g Zucker	
1 Päckchen Vanillin-Zucker	
Salz	verrühren
300 g Weizenmehl	mit
1 Päckchen Backpulver	mischen, sieben, die Hälfte davon unterrühren, den Rest des Mehls unterkneten, den Teig auf einem gefetteten Backblech ausrollen
	für den Belag
1 Päckchen Pudding-Pulver Vanille-Geschmack	
20 g Speisestärke	
75 g Zucker	mit 6 Eßl. von
375 ml (3/8 l) kalter Milch	anrühren, die übrige Milch zum Kochen bringen, von der Kochstelle nehmen, das Pudding-Pulver unter Rühren hineingeben, kurz aufkochen lassen, den Pudding während des Erkaltens ab und zu umrühren
125 ml (1/8 l) Schlagsahne	
1 Eigelb	unter den etwas abgekühlten Pudding rühren
1 Eiweiß	steifschlagen, es muß so fest sein, daß ein Messerschnitt sichtbar bleibt, unter den Pudding heben, die Masse gleichmäßig auf dem Teig verteilen
1 1/4 kg Äpfel	schälen, vierteln, entkernen, in Spalten schneiden, schuppenförmig auf den Pudding legen vor den Teig ein mehrfach gefalztes Stück Alufolie legen, in den vorgeheizten Backofen schieben
Strom:	175-200
Gas:	3-4
Backzeit:	Etwa 35 Minuten
	zum Aprikotieren
2 Eßl. Aprikosenkonfitüre	durch ein Sieb streichen, mit
1 Eßl. Wasser	
1-2 Eßl. Aprikot Brandy	verrühren, kurz aufkochen lassen, sofort nach dem Backen den Kuchen damit bestreichen.

Bananen-Hörnchen

(Abb. unten)

Für den Teig

150 g Magerquark mit
6 Eßl. Milch
6 Eßl. Speiseöl
75 g Zucker
1 Päckchen Vanillin-Zucker
Salz verrühren
300 g Weizenmehl mit
1 Päckchen Backpulver mischen, sieben, gut die Hälfte zu dem Quark geben, unterrühren, das restliche Mehl unterkneten
den Teig ausrollen, in 10 Quadrate von 12 × 12 cm schneiden

für die Füllung

4-5 Bananen schälen, je nach Größe in 2 bzw. 3 Stücke schneiden
jedes Teigstück mit
Aprikosen-Konfitüre bestreichen, jeweils 1 Bananenstück darauflegen, ebenfalls mit Aprikosen-Konfitüre bestreichen
die Teigränder mit
verschlagenem Eiweiß bestreichen und jeweils von einer Ecke her aufrollen, so daß Hörnchen entstehen
die Teig-Hörnchen auf ein gefettetes Backblech legen
1 Eigelb mit
1 Eßl. Milch verrühren,
die Hörnchen damit bestreichen, nach Belieben mit
abgezogenen, gehobelten Mandeln
Hagelzucker bestreuen
das Backblech in den vorgeheizten Backofen schieben

Strom: 175-200
Gas: 3-4
Backzeit: 15-20 Minuten

die Bananen-Hörnchen warm mit
Schlagsahne oder Vanille-Soße servieren.

Tip: Anstelle der Aprikosen-Konfitüre Kiwi-Konfitüre verwenden.

Quark-Nuß-Kranz

(Abb. oben)

Für den Teig

125 g Butter oder Margarine geschmeidig rühren, nach und nach
125 g Zucker
1 Päckchen Vanillin-Zucker
1 gestrichenen Teel. Salz
abgeriebene Schale von ½ Zitrone (unbehandelt)
2 Eier
150 g Magerquark unterrühren
350 g Weizenmehl mit
4 gestrichenen Teel. Backpulver mischen, sieben, die Hälfte eßlöffelweise unterrühren, den Rest des Mehls unterkneten
den Teig zu einer Rolle formen und in eine große gefettete Kranzform legen, breitdrücken

für den Belag

250 g Magerquark mit
40 g Zucker
1 Päckchen Vanillin-Zucker
abgeriebener Schale von ½ Zitrone (unbehandelt)
1 Ei
15 g Weizenmehl
30 g zerlassener Butter verrühren
die Masse in einen Spritzbeutel ohne Tülle füllen, auf die Mitte der Teigrolle spritzen
aus
100 g Studentenfutter (Rosinen, Haselnußkerne, Mandeln, Cashewkerne, Paranußkerne) die Rosinen heraussuchen, auf die Quarkmasse streuen, darauf die grob gehackten Nußkerne und Mandeln verteilen
die Form auf dem Rost in den vorgeheizten Backofen schieben

Strom: 175-200
Gas: 3-4
Backzeit: Etwa 50 Minuten.

Quark-Brot

(Abb. oben)

125 g Butter	geschmeidig rühren, nach und nach
125 g Zucker	
2 Eier	
1 gestrichenen Teel. Salz	
abgeriebene Schale von ½ Zitrone (unbehandelt)	
150 g Magerquark	unterrühren
350 g Weizenmehl	mit
4 gestrichenen Teel. Backpulver	mischen, sieben, ⅔ des Mehls eßlöffelweise unterrühren das restliche Mehl mit
125 g verlesenen Rosinen	unterkneten den Teig etwa zu einem Oval formen eine Längsseite mit einem Teigroller etwas flachrollen, die andere Längsseite überschlagen (wie bei einem Stollen) das Teigstück auf ein gut gefettetes, mit Pergamentpapier ausgelegtes Backblech legen das Backblech in den vorgeheizten Backofen schieben
Strom:	175-200
Gas:	3-4
Backzeit:	Etwa 50 Minuten das Quark-Brot sofort nach dem Backen mit
50 g zerlassener Butter	bestreichen, mit
Zimt-Zucker-Gemisch	bestreuen.

Mohn-Gitter-Kuchen

(Abb. rechts)

	Für die Füllung
125 ml (⅛ l) Milch	mit
150 g Zucker	
100 g Butter oder	

Margarine	zum Kochen bringen, von der Kochstelle nehmen
400 g frisch gemahlenen Mohn	
1 gestrichenen Teel. gemahlenen Zimt	
1 Ei	
2 Eßl. Schlagsahne oder Kondensmilch	
5 Eßl. Weinbrand	
5 Eßl. Rosenwasser	
100 g verlesene Rosinen oder Korinthen	hinzufügen, gut unterrühren, die Mohnmasse kalt stellen
	für den Teig
125 g Speisequark	mit
5 Eßl. Milch	
5 Eßl. Speiseöl	
75 g Zucker	
1 Päckchen Vanillin-Zucker	
Salz	verrühren
300 g Weizenmehl	mit
1 Päckchen Backpulver	mischen, sieben, gut die Hälfte zu dem Quark geben, unterrühren das restliche Mehl unterkneten den Teig zu einer Rolle formen knapp ⅕ des Teiges beiseite legen, den restlichen Teig in 4 gleich große Stücke teilen, jeweils zu einem Boden in der Größe einer Springform (Durchmesser etwa 28 cm) ausrollen den letzten Boden sofort in die Springform (Boden gefettet) legen aus dem fünften Teigstück eine Rolle formen, sie als Rand auf den Boden legen, so an die Form drücken, daß ein etwa 2 cm hoher Rand entsteht ⅓ der erkalteten Mohnmasse in die Form geben, mit einer Teigplatte bedecken das zweite Drittel der Mohnmasse darauf streichen, mit einer Teigplatte bedecken, mit der restlichen Mohnmasse bestreichen aus der letzten Teigplatte 16-20 gleichmäßig breite Streifen rädern, gitterförmig auf die Mohnmasse legen, mit
Milch	bestreichen die Form auf dem Rost in den vorgeheizten Backofen schieben
Strom:	175-200
Gas:	3-4
Backzeit:	50-55 Minuten
	zum Glasieren
25 g Zucker	mit
1 Eßl. Wasser	unter Rühren gut aufkochen, das Gebäck sofort nach dem Backen damit bestreichen.

Apfel-Mohn-Schnecken

(Abb. rechts)

	Für die Füllung
500-600 g Äpfel (z. B. Boskop)	schälen, vierteln, entkernen, in Spalten schneiden, mit
50 g Zucker 1 Stück Zitronenschale (unbehandelt) 1 Stück Stangenzimt	in
250 ml (¼ l) Wasser	zum Kochen bringen, einige Minuten dünsten lassen (sie dürfen nicht zerfallen), mit einem Schaumlöffel aus der Flüssigkeit nehmen, abkühlen lassen in die heiße Apfelflüssigkeit
250 g gemahlenen Mohn	rühren, zum Kochen bringen, von der Kochstelle nehmen
75 g weiche Butter 2 Eßl. Honig 1 Ei	unterrühren, ausquellen lassen
75 g Rosinen 2-3 Tropfen Bittermandelöl	hinzufügen
	für den Teig
200 g Speisequark	mit
6 Eßl. Milch 1 Ei 8 Eßl. Speiseöl 100 g Zucker 1 Päckchen Vanillin-Zucker Salz	verrühren
400 g Weizenmehl	mit
1 Päckchen und 2 gestrichenen Teel. Backpulver	mischen, sieben, die Hälfte davon unterrühren, den Rest des Mehls unterkneten den Teig zu einem Rechteck von 50 × 40 cm ausrollen, die Mohnmasse daraufstreichen, die Apfelspalten darauf verteilen den Teig von der längeren Seite her aufrollen, mit einem scharfen Messer in 1½-2 cm breite Scheiben schneiden die Teigscheiben auf ein gefettetes Backblech legen, in den vorgeheizten Backofen schieben
Strom:	175-200
Gas:	3-4
Backzeit:	15-20 Minuten
	für den Guß
150-175 g gesiebten Puderzucker	mit
6 Eßl. Rum	zu einer dünnflüssigen Masse verrühren die Schnecken sofort nach dem Backen damit bestreichen.

Quark-Obstkuchen mit Streuseln

	Für den Teig
150 g Magerquark	mit
6 Eßl. Milch 6 Eßl. Speiseöl 75 g Zucker 1 Päckchen Vanillin-Zucker Salz	verrühren
300 g Weizenmehl	mit
1 Päckchen Backpulver	mischen, sieben, die Hälfte davon unterrühren, den Rest des Mehls unterkneten den Teig in der Größe einer Fettfangschale ausrollen, in die gut gefettete Fettfangschale legen
	für den Belag
150 g weiche Butter	geschmeidig rühren, nach und nach
150 g Zucker 1 Päckchen Vanillin-Zucker 2 Eier 750 g Magerquark 75 g Speisestärke	unterrühren
1½ kg Zwetschen	waschen, abtrocknen, längs halbieren, entsteinen, die Zwetschenhälften unter die Quarkmasse heben die Masse auf dem Teig verteilen oder die Quarkmasse ohne Zwetschen auf den Teig streichen und mit
etwa 1250 g gedünstetem, gut abgetropftem Obst (Stachelbeeren, Sauerkirschen, Aprikosen, Pfirsichspalten)	belegen, leicht in die Quarkmasse drücken
	für die Streusel
175-200 g Butter	zerlassen, abkühlen lassen
300 g Weizenmehl	in eine Schüssel sieben,
100 g Zucker etwas gemahlenen Zimt	und die zerlassene Butter hinzufügen, mit einer Gabel verrühren, mit den Händen zu Streuseln formen, auf die Obst- bzw. Obst-Quark-Masse verteilen, das Backblech in den vorgeheizten Backofen schieben
Strom:	175-200
Gas:	3-4
Backzeit:	Etwa 45 Minuten.

Biskuit

Biskuitteig
Locker und luftig muß er sein, dieser Teig, damit das Gebäck, das man daraus bereitet, seine köstliche Zartheit und Leichtigkeit bekommt.

Vorbereitung: Das Backblech oder die Form mit Papier auslegen. Am besten eignet sich Back-Trennpapier oder Pergamentpapier. Den Boden einer Springform legt man aus, indem man diese umgekehrt auf das Papier legt und rundherum ausschneidet. Dann paßt der Papierkreis genau in die Form. Nun den Boden der Form an mehreren Stellen mit weicher Butter bestreichen, das Papier darauflegen und fest andrücken.
Werden Nüsse oder Mandeln für den Biskuit benötigt, die Mandeln mit kochendem Wasser begießen, abziehen, gut abtrocknen lassen und mahlen. Nüsse in einer trockenen Pfanne rösten, die Haut durch Reiben zwischen den Händen entfernen und die Kerne mahlen.

Verarbeitung: Eigelb und Wasser mit dem Schneebesen oder dem Handrührer schaumig rühren. Nach und nach ⅔ der vorgesehenen Zuckermenge, vermischt mit Vanillin-Zucker, unterrühren. Die Masse so lange schlagen, bis sie cremig ist. Die Gewürze zugeben. Unterdessen das Eiweiß zu steifem Schnee schlagen. Der Schnee muß so fest sein, daß ein Schnitt mit dem Messer durch die Masse sichtbar bleibt. Den restlichen Zucker unter das Eigelb-Zucker-Gemisch rühren. Dann den Schnee auf die Eigelbcreme geben. Das mit Backpulver und ggf. Speisestärke gemischte Mehl darüber sieben. Vorsichtig mit dem Schneebesen unter die Creme ziehen, aber nicht rühren.
Den Teig in die mit Papier ausgelegte Backform füllen.

Backen: Wenn der Biskuitteig fertig und in die Form oder auf das Blech gefüllt ist, darf man keine Zeit verlieren, weil sonst der Eischnee in dem Teig wieder zusammenfällt. Der Teig kommt deshalb sofort in den heißen Backofen. Bevor man ihn aus dem Ofen nimmt, stellt man am besten durch Auflegen der flachen Hand fest, ob die Oberfläche sich nicht mehr feucht anfühlt; die Krumen sollen watteweich sein.
Man läßt den Biskuit etwas abkühlen, bevor man ihn vom Springformrand mit einem Messer löst und den Boden auf einem Kuchenrost völlig abkühlen läßt.

Das Gleiche gilt für auf dem Blech gebackenen Biskuit. Damit er besser ausdampfen kann, zieht man das Papier sofort ab. Will man den Biskuit nicht gleich verzehren, bleibt das Papier besser darauf, bis er gebraucht wird.

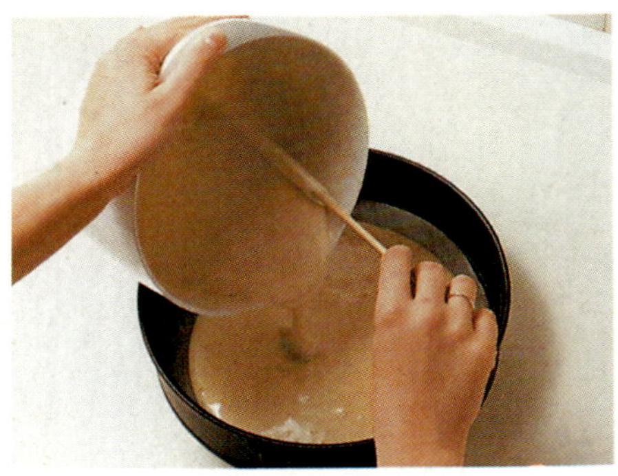

Zitronen-Sahnerolle

Für den Teig

4 Eier
3-4 Eßl. heißes Wasser mit einem elektrischen Handrührgerät mit Rührbesen auf höchster Stufe in 1 Minute schaumig schlagen

125 g Zucker
1 Päckchen Vanillin-Zucker mischen, in 1 Minute einstreuen, dann noch etwa 2 Minuten schlagen

75 g Weizenmehl
50 g Speisestärke
1 Messerspitze Backpulver mischen, die Hälfte davon auf die Eiercreme sieben, kurz auf niedrigster Stufe unterrühren
den Rest des Mehlgemisches auf dieselbe Weise unterarbeiten
den Teig etwa 1 cm dick auf ein gefettetes, mit Pergamentpapier belegtes Backblech streichen, an der offenen Seite des Blechs das Papier unmittelbar vor dem Teig zur Falte knicken, so daß ein Rand entsteht, sofort in den vorgeheizten Backofen schieben

Strom: 200-225
Gas: 3-4
Backzeit: 10-15 Minuten
den Biskuit nach dem Backen sofort auf ein mit
Zucker bestreutes Geschirrtuch stürzen, das Backpapier mit kaltem Wasser bestreichen, vorsichtig, aber schnell abziehen
den Biskuit mit dem Geschirrtuch aufrollen, kalt stellen

für die Füllung

2 gestrichene Teel. Gelatine gemahlen, weiß mit
2 Eßl. kaltem Wasser in einem kleinen Topf anrühren, 10 Minuten zum Quellen stehenlassen
mit den Ecken von
3 Stück Würfelzucker die
Schale von etwa ½ Zitrone (unbehandelt) abreiben, die Gelatine mit dem Würfelzucker unter Rühren erwärmen, bis alles gelöst ist

5 Eßl. Zitronensaft hinzufügen
500 ml (½ l) Schlagsahne fast steifschlagen, die Gelatinelösung unter Schlagen nach und nach hinzufügen, die Sahne vollkommen steifschlagen
100 g Puderzucker sieben, unterrühren
die ausgekühlte Rolle vorsichtig auseinanderrollen, mit ⅔ der Zitronensahne bestreichen, aufrollen, die äußere braune Haut entfernen, mit der restlichen Sahne die Rolle bestreichen, durch wellenförmige Längsstriche mit einer Gabel verzieren.

Trüffel-Rolle

(Abb. rechts)

Für den Teig

4 Eier
3 Eßl. heißes Wasser mit einem elektrischen Handrührgerät mit Rührbesen auf höchster Stufe in 1 Minute schaumig schlagen

125 g Zucker mit
1 Päckchen Vanillin-Zucker mischen, in 1 Minute einstreuen, dann noch etwa 2 Minuten schlagen

75 g Weizenmehl mit
50 g Speisestärke
20 g Kakao
1 gestrichenen Teel. Backpulver mischen, die Hälfte davon auf die Eiercreme sieben, kurz auf niedrigster Stufe unterrühren
den Rest des Mehl-Kakao-Gemisches auf dieselbe Weise unterarbeiten

50 g zerlassene, abgekühlte Butter nach und nach hinzufügen
den Teig etwa 1 cm dick auf ein gefettetes, mit Pergamentpapier belegtes Backblech streichen, an der offenen Seite des Blechs das Papier unmittelbar vor dem Teig zur Falte knicken, so daß ein Rand entsteht
das Backblech in den vorgeheizten Backofen schieben

Strom: 200-225, **Gas:** 4-5
Backzeit: 10-15 Minuten
den Biskuit sofort nach dem Backen auf ein mit
Zucker bestreutes Geschirrtuch stürzen, das Backpapier mit kaltem Wasser bestreichen, vorsichtig, aber schnell abziehen
den Biskuit mit dem Geschirrtuch aufrollen, kalt stellen

für die Füllung

400 g halbbittere Kuvertüre fein schneiden
250 ml (¼ l) Schlagsahne zum Kochen bringen, von der Koch-

stelle nehmen, die Kuvertüre hineingeben, so lange mit einem Schneebesen schlagen, bis eine zusammenhängende, glänzende Masse entstanden ist, unter Rühren erkalten lassen

2 Eßl. Zucker mit
6 Eßl. Wasser zum Kochen bringen, so lange rühren, bis sich der Zucker gelöst hat abkühlen lassen

6 Eßl. Orangen-Likör unterrühren
die Biskuitrolle auseinanderrollen, mit der Likör-Flüssigkeit tränken
die Schokoladencreme kräftig aufschlagen, bis die Masse hell und locker ist

75 g weiche Butter geschmeidig rühren, mit
abgeriebener Orangenschale von ½ Orange (unbehandelt) unter die Schokoladencreme rühren
⅔ der Masse auf den Biskuit streichen, aufrollen
die braune äußere Haut der Biskuitrolle vorsichtig entfernen
von der restlichen Creme 2 Eßl. in einen Spritzbeutel geben, mit der übrigen Creme die Rolle bestreichen, mit Creme-Tuffs bespritzen, mit
gesiebtem Kakao bestäuben.

Früchtebrot

(Abb. unten)

125 g Haselnußkerne	halbieren
125 g getrocknete Feigen	in Würfel schneiden
250 g Rosinen	verlesen
3 Eier	mit einem elektrischen Handrührgerät mit Rührbesen auf höchster Stufe schaumig schlagen
125 g Zucker	mit
1 Päckchen Vanillin-Zucker	mischen, in 1 Minute einstreuen, dann noch etwa 3 Minuten schlagen
½ Fläschchen Rum-Aroma	
1 Messerspitze gemahlenen Zimt	kurz unterrühren
125 g Weizenmehl	mit
50 g Speisestärke	
1 gestrichenen Teel. Backpulver	mischen, sieben, alle Zutaten mit
60 g abgezogenen, gehackten Mandeln	
125 g gewürfeltem Zitronat (Sukkade)	auf niedrigster Stufe unter die Eiercreme rühren den Teig in eine gefettete, mit Pergamentpapier ausgelegte Kastenform (30 × 11 cm) füllen, glattstreichen die Form auf dem Rost in den vorgeheizten Backofen schieben
Strom:	175-200
Gas:	2-3
Backzeit:	70-90 Minuten.

Havanna-Törtchen

(16-17 Stück - Abb. rechts)

	Für den Teig
6 Eiweiß	steifschlagen
150 g Zucker	mit
1 Päckchen Vanillin-Zucker	eßlöffelweise unterschlagen
1 Messerspitze gemahlenen Zimt	
150 g gemahlene, geröstete Haselnußkerne	unterrühren
60 g Weizenmehl	sieben, vorsichtig unter die Eierschnee-Haselnuß-Masse heben (nicht rühren) ein gefettetes Backblech mit Back-Trennpapier auslegen, darauf 34 Kreise von etwa 6 cm Durchmesser zeichnen die Nußmasse in der Größe der Kreise daraufstreichen das Backblech in den vorgeheizten Backofen schieben
Strom:	Etwa 150
Gas:	Etwa 2
Backzeit:	Etwa 30 Minuten
	für die Füllung
20 g Speisestärke	sieben, mit
1 Teel. Zucker	
250 ml (¼ l) Milch	anrühren, in einem Topf unter Rühren zum Kochen bringen
2-3 Teel. Instant-Kaffee	unterrühren
100 g Nuß-Nougatmasse	in kleine Stücke schneiden, unter den heißen Pudding rühren die Masse unter Rühren erkalten lassen
125 g weiche Butter	geschmeidig rühren, den Nougat-Pudding eßlöffelweise unterrühren die Masse in einen Spritzbeutel mit gezackter Tülle füllen, die eine Hälfte der Plätzchen damit bespritzen (etwas von der Creme für 16-17 Tuffs zurücklassen), mit den unbespritzten Plätzchen bedecken die Ränder der Törtchen mit
gesiebtem Kakao	bestäuben, dabei die Törtchenoberfläche jeweils mit einem Pappkreis bedekken, damit sie nicht mit Kakao bestäubt wird in die Mitte jedes Törtchens einen Creme-Tuff spritzen, jeweils eine von
16-17 Mokkabohnen	darauflegen.
Tip:	Die Havanna-Törtchen mit Cream Sherry servieren.

Apfelsinen- und Weinbrand-Törtchen

(Abb. oben)

Vorarbeit
30 cm breite Alufolie so falzen, daß sie 6mal im Format 15 × 30 cm aufeinanderliegt, 2 Kreise von jeweils 15 cm Durchmesser nebeneinander aufzeichnen, ausschneiden, so daß 12 runde Folienblätter entstehen, diese über den Boden einer Konservendose (Durchmesser etwa 7,5 cm) legen, so daß Förmchen mit einem gleichmäßig hohen Rand von etwa 3,5 cm Höhe entstehen

für den Teig

2 Eier
3-4 Eßl. heißes Wasser — mit einem elektrischen Handrührgerät mit Rührbesen auf höchster Stufe in 1 Minute schaumig schlagen

100 g Zucker
1 Päckchen Vanillin-Zucker — mischen, in 1 Minute einstreuen, dann noch etwa 2 Minuten schlagen

75 g Weizenmehl — mit
50 g Speisestärke
1 gestrichenen Teel. Backpulver — mischen, die Hälfte davon auf die Eiercreme sieben, kurz auf niedrigster Stufe unterrühren
den Rest des Mehl-Gemisches auf dieselbe Weise unterarbeiten, zuletzt

50 g abgezogene, gemahlene Mandeln — unterziehen
den Teig auf die gefetteten Folienförmchen verteilen, auf ein Backblech setzen, in den vorgeheizten Backofen schieben

Strom: 175-200, **Gas:** 3-4
Backzeit: Etwa 25 Minuten
sofort nach dem Backen die Törtchen aus den Förmchen nehmen, erkalten lassen

für die Apfelsinen-Törtchen
den Rand von 6 Backförmchen bis auf etwa 1 cm abschneiden, je 1 Törtchen wieder hineinsetzen

zum Tränken der Törtchen

2 Eßl. Wasser — mit
30 g Zucker — aufkochen

1 Apfelsine (unbehandelt) — mit heißem Wasser abwaschen, abtrocknen, mit den Ecken von

3 Stück Würfelzucker — die Apfelsinenschale abreiben, in dem heißen Zuckerwasser auflösen, erkalten lassen

125 ml (⅛ l) Apfelsinensaft
2-3 Eßl. Orangenlikör hinzufügen, die Törtchen damit beträufeln, gut durchziehen lassen

375 ml (⅜ l) Schlagsahne ½ Minute schlagen
40-50 g Puderzucker sieben, mit
1 Päckchen Sahnesteif mischen, einstreuen, die Sahne steifschlagen
jedes Apfelsinen-Törtchen mit einem Sahnetuff verzieren
Apfelsinenscheiben vierteln, in die Sahnetuffs stecken

für die Weinbrand-Törtchen
2 Eßl. Weinbrand unter die restliche Schlagsahne ziehen
die restlichen Törtchen einmal durchschneiden, mit Weinbrandsahne füllen
Rand und obere Seite der Törtchen mit Weinbrandsahne bestreichen, mit
etwa 75 g abgezogenen, gehackten gebräunten Mandeln bestreuen, mit
Marzipanplättchen, kandierten Kirschen oder Pralinen garnieren.

Himbeercreme-Schnitten
(Abb. rechts unten)

Für den Teig
4 Eier
2 Eßl. heißes Wasser mit einem elektrischen Handrührgerät mit Rührbesen auf höchster Stufe in 1 Minute schaumig schlagen

125 g Zucker
1 Päckchen Vanillin-Zucker in einer Minute einstreuen, dann noch etwa 2 Minuten schlagen
75 g Weizenmehl mit
50 g Speisestärke
1 gestrichenen Teel. Backpulver
20 g Kakao mischen, sieben, die Hälfte davon auf die Eiercreme geben, kurz auf niedrigster Stufe unterrühren
den Rest des Mehl-Gemisches auf die gleiche Weise unterarbeiten

50 g zerlassene, abgekühlte Butter vorsichtig unterrühren
den Teig auf ein gut gefettetes, mit Pergamentpapier ausgelegtes Backblech streichen, an der offenen Seite des Blechs das Papier unmittelbar vor dem Teig zur Falte knicken, so daß ein Rand entsteht
das Backblech in den vorgeheizten Backofen schieben

Strom: 200-225
Gas: Etwa 4
Backzeit: 10-15 Minuten
den Biskuit sofort nach dem Backen auf ein mit Zucker bestreutes Papier stürzen, das Pergamentpapier mit kaltem Wasser bestreichen, vorsichtig aber schnell abziehen, die Gebäckplatte erkalten lassen

für die Himbeercreme
200 g Himbeeren sorgfältig verlesen, pürieren
250 ml (¼ l) Schlagsahne etwa ½ Minute schlagen
1 Päckchen Sahnesteif einstreuen, die Sahne steifschlagen
100 g weiche Butter geschmeidig rühren, nach und nach
100 g gesiebten Puderzucker unterrühren, danach abwechselnd eßlöffelweise die Schlagsahne und das Himbeer-Püree unterrühren
von der Gebäckplatte 2 Streifen von je etwa 9 cm Breite abschneiden, mit
Himbeer-Konfitüre bestreichen
¾ der Himbeer-Creme auf die restliche Gebäckplatte streichen, diese in etwa 6 cm breite Streifen schneiden, aufeinanderlegen, hochkant auf eine der mit Konfitüre bestrichenen Platten setzen, mit der zweiten mit Konfitüre bestrichenen Platte abdecken und mit der restlichen Creme ganz bestreichen, mit
Schlagsahne verzieren
kalt stellen, vor dem Verzehr in Schnitten schneiden.

Tip: Die Himbeercreme-Schnitten können bereits 1 Tag vor dem Verzehr zubereitet werden. Dann sollte das Gebäck aber vor dem Garnieren ganz mit Schlagsahne bestrichen werden, damit die Himbeercreme beim Stehen nicht nachdunkeln kann.

Kaiserkuchen

(Abb. oben)

	Für den Knetteig
250 g Weizenmehl	mit
1 gestrichenen Teel. Backpulver	mischen, auf die Tischplatte sieben, in die Mitte eine Vertiefung eindrücken
75 g Zucker **1 Päckchen Vanillin-Zucker** **2 Eßl. Milch**	hineingeben, mit einem Teil des Mehls zu einem dicken Brei verarbeiten
125 g kalte Butter	in Stücke schneiden, auf den Brei geben, mit Mehl bedecken, von der Mitte aus alle Zutaten schnell zu einem glatten Teig verkneten, sollte er kleben, ihn eine Zeitlang kalt stellen gut ⅓ des Teiges auf dem Boden einer gefetteten Springform (Durchmesser etwa 28 cm) ausrollen, aus gut der Hälfte des restlichen Teiges eine Platte in der Größe der Springform ausrollen, daraus 16-20 gleichmäßig breite Streifen rädern, aus dem Rest des Teiges eine Rolle formen, sie als Rand auf den Boden legen, so an die Form drücken, daß ein gut 3 cm hoher Rand entsteht
	für den Biskuitteig
6 Eier	mit einem elektrischen Handrührgerät mit Rührbesen auf höchster Stufe in 1 Minute schaumig schlagen
200 g Zucker **1 Päckchen Vanillin-Zucker**	mischen, in 1 Minute einstreuen, dann noch etwa 2 Minuten schlagen
1 Fläschchen Rum-Aroma	unterrühren
250 g Weizenmehl	mit
1 gestrichenen Teel. Backpulver	mischen, die Hälfte davon auf die Eiercreme sieben, kurz auf niedrigster Stufe unterrühren, den Rest des Mehl-Gemisches auf dieselbe Weise unterarbeiten, zuletzt
100 g abgezogene, gehackte Mandeln **150-200 g verlesene Rosinen** **100 g gewürfeltes Zitronat (Sukkade)**	unterheben, dabei nach und nach
125 g zerlassene, lauwarme Butter	unterziehen, in die mit Knetteig ausgelegte Springform füllen, glattstreichen, die Teigstreifen gitterförmig darauflegen, die Form auf dem Rost in den vorgeheizten Backofen schieben
Strom:	175-200
Gas:	2-3
Backzeit:	65-80 Minuten.

Kirsch-Kuchen mit Mandeln

(Abb. unten)

Für den Teig

4 Eier mit einem elektrischen Handrührgerät mit Rührbesen auf höchster Stufe in 1 Minute schaumig schlagen

200 g Zucker
1 Päckchen Vanillin-Zucker
1 Messerspitze gemahlenem Zimt
1 Messerspitze gemahlenen Nelken
abgeriebener Schale von ½ Zitrone (unbehandelt) mit mischen, in 1 Minute einstreuen, dann noch etwa 2 Minuten schlagen

200 g unabgezogene, gemahlene Mandeln
4 Eßl. Semmelmehl
1 Teel. Backpulver mischen, die Hälfte davon auf die Eiercreme geben, kurz auf niedrigster Stufe unterrühren
den Rest des Mandel-Semmel-Gemisches auf dieselbe Weise unterarbeiten
die Hälfte des Teiges in eine gefettete, mit Pergamentpapier ausgelegte Springform (Durchmesser etwa 28 cm) füllen

etwa 900 g Sauerkirschen (aus dem Glas) abtropfen lassen, die Hälfte auf dem Teig verteilen, den restlichen Teig darauf geben
die restlichen Kirschen darauf verteilen
die Form auf dem Rost in den vorgeheizten Backofen schieben

Strom: Etwa 175
Gas: Etwa 3
Backzeit: Etwa 1 Stunde
den erkalteten Kuchen aus der Form stürzen, das Pergamentpapier abziehen
den Kuchen mit

gesiebtem Puderzucker bestäuben.

Kiwi-Omeletts

(Abb. unten)

Als Vorarbeit aus Alufolie 14 Kreise (Durchmesser etwa 15 cm) ausschneiden, diese über den Boden einer Konservendose (Durchmesser etwa 10 cm) legen, so daß Förmchen mit einem 2 cm hohen Rand entstehen

für den Teig

3 Eier **60 g Zucker** **1 Päckchen Vanillin-Zucker**	im Wasserbad mit einem Schneebesen so lange schlagen, bis eine cremeartige Masse entstanden ist, aus dem Wasserbad nehmen, so lange weiterschlagen, bis sie wieder kalt ist
50 g Weizenmehl	mit
50 g Speisestärke **1 Messerspitze Backpulver**	mischen, darüber sieben, alles vorsichtig unter die Eiercreme ziehen (nicht rühren), dabei
100 g zerlassene, abgekühlte Butter	nach und nach hinzufügen den Teig auf die gut gefetteten Folienförmchen verteilen, auf ein Backblech stellen, in den vorgeheizten Backofen schieben
Strom:	200–225
Gas:	3–4
Backzeit:	Etwa 10 Minuten sofort nach dem Backen die Omletts aus den Förmchen lösen, erkalten lassen

für die Füllung

7 kleine Kiwis	schälen, in Scheiben schneiden, auf 7 Biskuitplatten verteilen
250 ml (1/4 l) Schlagsahne	etwa ½ Minute schlagen
40 g Zucker **2 Päckchen Sahnesteif**	einstreuen, die Sahne steifschlagen
1 Becher Joghurt (150 g) **2 Eßl. Zitronensaft**	unterrühren, auf die Kiwischeiben verteilen, mit den restlichen Biskuitplatten bedecken, die Ränder mit
1–2 Eßl. abgezogenen, gehobelten, gebräunten Mandeln	garnieren, ein Gitterrost auf die Biskuitomeletts legen die Omeletts mit
gesiebtem Puderzucker	bestäuben, kalt stellen, vor dem Servieren halbieren.

Biskuitrolle

Für den Teig

3 Eier **5–6 Eßl. heißes Wasser**	mit einem elektrischen Handrührgerät mit Rührbesen auf höchster Stufe in 1 Minute schaumig schlagen
150 g Zucker **1 Päckchen Vanillin-Zucker**	mischen, in 1 Minute einstreuen, dann noch etwa 2 Minuten schlagen
100 g Weizenmehl	mit
50 g Speisestärke **1 gestrichenen Teel. Backpulver**	mischen, die Hälfte davon auf die Eiercreme sieben, kurz auf niedrigster Stufe unterrühren den Rest des Mehl-Gemisches auf dieselbe Weise unterarbeiten den Teig etwa 1 cm dick auf ein gefettetes mit Pergamentpapier belegtes Backblech streichen, an der offenen Seite des Blechs das Papier unmittelbar vor dem Teig zur Falte knicken, so daß ein Rand entsteht, sofort in den vorgeheizten Backofen schieben
Strom:	200–225
Gas:	3–4
Backzeit:	10–15 Minuten den Biskuit nach dem Backen sofort auf ein mit Zucker bestreutes Geschirrtuch stürzen, Backpapier mit kaltem Wasser bestreichen, vorsichtig, aber schnell abziehen den Biskuit sofort gleichmäßig mit
250–375 g Konfitüre	bestreichen, von der kürzeren Seite her aufrollen, die Rolle mit
Puderzucker	bestäuben.

Johannisbeer-Schnitten

(Abb. oben)

	Für den Teig
3 Eier **5-6 Eßl. heißes Wasser**	mit einem elektrischen Handrührgerät mit Rührbesen auf höchster Stufe in 1 Minute schaumig schlagen
150 g Zucker **1 Päckchen Vanillin-Zucker**	mischen, in 1 Minute einstreuen, dann noch etwa 2 Minuten schlagen
100 g Weizenmehl **50 g Speisestärke** **1 gestrichenen Teel. Backpulver**	mischen, die Hälfte davon auf die Eiercreme sieben, kurz auf niedrigster Stufe unterarbeiten, den Rest des Mehl-Gemisches auf dieselbe Weise unterarbeiten den Teig etwa 1 cm dick auf ein gefettetes, mit Pergamentpapier belegtes Backblech streichen, das Papier unmittelbar vor dem Teig zur Falte knicken, so daß ein Rand entsteht das Backblech in den vorgeheizten Backofen schieben
Strom:	200-225, **Gas:** 3-4
Backzeit:	10-15 Minuten den Biskuit sofort nach dem Backen auf ein mit Zucker bestreutes Geschirrtuch stürzen, das Backpapier mit kaltem Wasser bestreichen, vorsichtig, aber schnell abziehen
	für die Füllung
500 g Johannisbeertrauben	waschen, gut abtropfen lassen, entstielen, die Johannisbeeren pürieren, den Johannisbeerbrei durch ein Sieb streichen
500 ml (½ l) Schlagsahne	½ Minute schlagen
125 g gesiebten Puderzucker	mit
1 Päckchen Vanillin-Zucker **3 Päckchen Sahnesteif**	mischen, unter ständigem Schlagen einstreuen, die Sahne steifschlagen, den Johannisbeerbrei vorsichtig unter die Sahne heben den Biskuit in zwei Hälften schneiden, die eine mit ⅓ der Johannisbeersahne bestreichen, die andere darauflegen, mit der restlichen Sahne gleichmäßig bestreichen, die obere Seite mit
etwas geraspelter Schokolade	bestreuen den Biskuit in Schnitten beliebiger Größe schneiden, evtl. mit
gezuckerten Johannisbeertrauben	garnieren.

Mandarinen-Omeletts

(Abb. unten)

Als Vorarbeit aus Alufolie 14 Kreise (Durchmesser etwa 15 cm) ausschneiden, diese über den Boden einer Konservendose (Durchmesser etwa 10 cm) legen, so daß Förmchen mit einem 2 cm hohen Rand entstehen

für den Teig

2 Eier
60 g Zucker
1 Päckchen Vanillin-Zucker in eine Rührschüssel geben, im Wasserbad mit einem Schneebesen so lange schlagen, bis eine cremeartige Masse entstanden ist, die Schüssel aus dem Wasserbad nehmen, die Masse in etwa 5 Minuten kaltschlagen

50 g Weizenmehl
50 g Speisestärke mischen, auf die Eiercreme sieben, kurz auf niedrigster Stufe unterrühren, dabei

100 g zerlassene, abgekühlte Butter nach und nach hinzufügen
den Teig auf die gut gefetteten Folienförmchen verteilen, auf ein Backblech stellen, in den vorgeheizten Backofen schieben

Strom: 200–225
Gas: 3–4
Backzeit: 8–12 Minuten

sofort nach dem Backen die Omeletts aus den Förmchen lösen, zur Hälfte leicht überschlagen (am besten über einem Rührlöffel), erkalten lassen, leicht mit

gesiebtem Puderzucker bestäuben

für die Füllung

etwa 300 g Mandarinenspalten (aus der Dose) abtropfen lassen, den Saft auffangen, mit den Ecken von

1 Stück Würfelzucker die

gelbe Schale von etwa ½ Zitrone (unbehandelt) abreiben, die Zitrone auspressen, 2 Eßl. Zitronensaft zu dem Mandarinensaft geben, das Zuckerstück hinzufügen, unter Rühren auflösen

375 ml (3/8 l) Schlagsahne in eine Schüssel geben, den Saft hinzufügen, ½ Minute schlagen

2 schwach gehäufte Teel. Zucker mit

2 Päckchen Sahnesteif mischen, einstreuen, die Sahne steifschlagen, in die Omeletts spritzen, mit den Mandarinenspalten garnieren.

Schokoladen-Pyramide

(Abb. rechts)

Für den Teig

4 Eier mit

4 Eßl. heißem Wasser mit einem elektrischen Handrührgerät mit Rührbesen auf höchster Stufe in 1 Minute schaumig schlagen

125 g Zucker in 1 Minute einstreuen, dann noch etwa 2 Minuten schlagen

50 g Weizenmehl
50 g Speisestärke
1 gestrichenen Teel. Backpulver
30 g Kakao mischen, die Hälfte davon auf die Eiercreme geben, kurz auf niedrigster Stufe unterrühren
den Rest des Mehl-Kakao-Gemisches auf dieselbe Weise unterarbeiten
den Teig auf ein gefettetes, mit Pergamentpapier belegtes Backblech streichen
an der offenen Seite des Blechs das Papier unmittelbar vor dem Teig zur Falte knicken, so daß ein Rand entsteht
das Backblech in den vorgeheizten Backofen schieben

Strom: 200–225
Gas: 4–5
Backzeit: 12–15 Minuten

den Biskuit sofort nach dem Backen auf ein mit Zucker bestreutes Geschirrtuch stürzen, das Backpapier mit kaltem Wasser bestreichen, vorsichtig, aber schnell abziehen

für die Füllung
aus

500 ml (½ l) Milch
1 Päckchen Pudding-Pulver Schokolade
75 g Zucker
10 g Kakao nach der Vorschrift auf dem Päckchen einen Pudding zubereiten

25 g Kokosfett unter den heißen Pudding rühren
den Pudding unter gelegentlichem Umrühren erkalten lassen

250 g weiche Butter geschmeidig rühren, den Pudding eßlöffelweise unterrühren
von der gebackenen, erkalteten Biskuitplatte einen etwa 8 cm breiten Streifen abschneiden, beiseite stellen
auf die andere Biskuitplatte etwa ⅔ der Creme streichen, nun ebenfalls in etwa 8 cm breite Streifen schneiden und übereinanderlegen
zuletzt mit der unbestrichenen Platte bedecken, gut andrücken, durchkühlen lassen
das Gebäck quer durchschneiden
jedes Gebäckstück diagonal durchschneiden und mit etwas von der verbliebenen Creme zu einer Dreiecksform zusammensetzen
mit der restlichen Creme bestreichen und verzieren, mit

Schokoraspeln bestreuen.

Haselnuß-Roulade mit Krokant

(Abb. oben)

	Zum Bestreuen
250 g Haselnußkerne	in einer Pfanne ohne Fett unter Rühren goldbraun rösten, auf ein Sieb schütten, die braune Haut mit den Händen abreiben 80 g der Haselnußkerne fein mahlen, die restlichen Haselnußkerne beiseite stellen
	für den Teig
4 Eier **3 - 4 Eßl. heißes Wasser**	mit einem elektrischen Handrührgerät mit Rührbesen auf höchster Stufe in 1 Minute schaumig schlagen
120 g Zucker **Salz** **1 Teel. abgeriebene Schale von 1 Zitrone (unbehandelt)**	mischen, in 1 Minute einstreuen, dann noch etwa 2 Minuten schlagen
60 g Weizenmehl **60 g Speisestärke**	mischen, die Hälfte davon auf die Eiercreme sieben, kurz auf niedrigster Stufe unterrühren den Rest des Mehl-Gemisches und die gemahlenen Haselnußkerne auf dieselbe Weise unterarbeiten den Teig etwa 1 cm dick auf ein gefettetes, mit Pergamentpapier belegtes Backblech streichen, an der offenen Seite des Blechs das Papier unmittelbar vor dem Teig zur Falte knicken, so daß ein Rand entsteht, in den vorgeheizten Backofen schieben
Strom:	225-250
Gas:	4-5
Backzeit:	Etwa 10 Minuten den Biskuit sofort nach dem Backen auf ein mit
Zucker	bestreutes Geschirrtuch stürzen, das Backpapier mit kaltem Wasser bestreichen, vorsichtig, aber schnell abziehen, den Biskuit mit dem Geschirrtuch aufrollen, kalt stellen
	für die Füllung
1 Päckchen Gelatine gemahlen, weiß	mit
3 Eßl. kaltem Wasser	in einem kleinen Topf anrühren, 10 Minuten quellen lassen
4 Eigelb	mit
80 g gesiebtem Puderzucker **Salz**	mit einem Handrührgerät mit Rührbesen schlagen, bis die Masse dickcremig ist
1 Eßl. Instant-Kaffee	in
1-3 Eßl. Weinbrand	auflösen, unter die Eiercreme rühren die Gelatine, erwärmen, bis sie gelöst ist, unterrühren, sobald die Masse beginnt dicklich zu werden,

375 ml (3/8 l) Schlagsahne steifschlagen, unterziehen
die Biskuitrolle auseinanderrollen, gleichmäßig mit der Mokkasahne bestreichen, aufrollen, mit der Nahtstelle nach unten auf eine Platte legen, die Creme an beiden Enden glattstreichen, die Biskuitrolle etwa 30 Minuten kalt stellen

für den Krokant

150 g gesiebten Puderzucker in einen Topf geben, erst rühren, wenn er zu schmelzen beginnt, so lange weiterrühren, bis ein hellbrauner Karamel entsteht, die beiseite gestellten Haselnußkerne unterrühren, so lange erhitzten, bis der Krokant genug gebräunt ist, auf ein geöltes Backblech geben
die erkaltete Krokantmasse mit einem Teigroller zerdrücken

125 ml (1/8 l) Schlagsahne steifschlagen, die Biskuitroulade ganz damit bestreichen, den Krokant auf Biskuitroulade und die Seiten streuen.

Nougat-Törtchen

(Abb. unten)

Für den Teig

2 Eier
2 Eßl. heißes Wasser mit einem elektrischen Handrührgerät mit Rührbesen auf höchster Stufe in 1 Minute schaumig schlagen

100 g sehr feinkörnigen Zucker
1 Päckchen Vanillin-Zucker mischen, in 1 Minute einstreuen, dann noch etwa 2 Minuten schlagen mit

125 g Weizenmehl
30 g Speisestärke
1/2 gestrichenen Teel. Backpulver mischen, die Hälfte davon auf die Eiercreme sieben, kurz auf niedrigster Stufe unterrühren
den Rest des Mehl-Gemisches auf dieselbe Weise unterarbeiten
den Teig mit einem Teelöffel in

etwa 20 Papier-Backförmchen füllen, die Förmchen auf dem Backblech in den vorgeheizten Backofen schieben

Strom: 175-200
Gas: 3-4
Backzeit: Etwa 25 Minuten

etwa 200 g Nuß-Nougatmasse in einem kleinen Topf im Wasserbad zu einer geschmeidigen Masse verrühren, in einen Spritzbeutel mit gezackter Tülle geben,
jeweils 3 Tupfen auf die erkalteten Törtchen spritzen
die Törtchen mit

Raspel-Schokolade
Mokkabohnen garnieren.

Bismarckeiche

(Abb. oben)

	Für den Teig	
4 Eier		
3-4 Eßl. heißes Wasser	mit einem elektrischen Handrührgerät mit Rührbesen auf höchster Stufe in 1 Minute schaumig schlagen	
125 g Zucker		
1 Päckchen Vanillin-Zucker	mischen, in 1 Minute einstreuen, dann noch etwa 2 Minuten schlagen	
75 g Weizenmehl		
50 g Speisestärke		
1 Messerspitze Backpulver	mischen, die Hälfte davon auf die Eiercreme sieben, kurz auf niedrigster Stufe unterrühren	
	den Rest des Mehl-Gemisches auf dieselbse Weise unterarbeiten	
	den Teig etwa 1 cm dick auf ein gefettetes, mit Pergamentpapier belegtes Backblech streichen, an der offenen Seite des Blechs das Papier unmittelbar vor dem Teig zur Falte knicken, so daß ein Rand entsteht, sofort in den vorgeheizten Backofen schieben	
Strom:	200-225	
Gas:	3-5	
Backzeit:	10-15 Minuten	
	den Biskuit nach dem Backen sofort auf ein mit Zucker bestreutes Papier stürzen, das Backpapier mit kaltem Wasser bestreichen, vorsichtig, aber schnell abziehen, den Biskuit mit der Papierunterlage aufrollen, kalt stellen	

	für die Füllung aus
1 Päckchen Pudding-Pulver Schokolade 75-100 g Zucker 500 ml (½ l) kalter Milch	nach der Vorschrift auf dem Päckchen einen Pudding zubereiten, kalt stellen, ab und zu durchrühren
175-200 g Butter oder Margarine	geschmeidig rühren, den Pudding eßlöffelweise darunter geben (darauf achten, daß weder Fett noch Pudding zu kalt sind, da dann die sogenannte Gerinnung eintritt) die ausgekühlte Rolle vorsichtig auseinanderollen, mit der Buttercreme (etwas zum Bestreichen zurücklassen) gleichmäßig bestreichen, aufrollen, die äußere braune Haut entfernen, mit der restlichen Creme die Rolle bestreichen, durch wellenförmige Längsstriche mit einer Gabel verzieren.

Savarin mit Erdbeeren

(Abb. rechts)

	Für den Teig
2 Eier 2 Eßl. heißes Wasser	mit einem elektrischen Handrührgerät mit Rührbesen auf höchster Stufe in 1 Minute schaumig schlagen
100 g Zucker 1 Päckchen Vanillin-Zucker	mischen, in 1 Minute einstreuen, dann noch etwa 2 Minuten schlagen mit
125 g Weizenmehl 30 g Speisestärke ½ gestrichenen Teel. Backpulver	mischen, die Hälfte davon auf die Eiercreme sieben, kurz auf niedrigster Stufe unterrühren den Rest des Mehl-Gemisches auf dieselbe Weise unterarbeiten den Teig in eine gut gefettete Kranzform (Durchmesser etwa 24 cm) geben, die Form auf dem Rost in den vorgeheizten Backofen schieben
Strom:	175-200
Gas:	3-4
Backzeit:	Etwa 35 Minuten
	zum Tränken etwa 3 Stunden vor dem Servieren
125 ml (⅛ l) Wasser	mit
100 g Zucker 1 Päckchen Vanillin-Zucker	zum Kochen bringen, von der Kochstelle nehmen
375 ml (⅜ l) Weißwein	hinzufügen
	etwa ⅓ dieser heißen Flüssigkeit in die Kranzform gießen, das Gebäck hineinlegen, vorsichtig, mit der restlichen Flüssigkeit begießen, kalt stellen, damit es gut durchziehen kann
	für den Guß
250 g Erdbeeren	waschen, gut abtropfen lassen, entstielen, durch ein Sieb streichen, 250 ml (¼ l) Erdbeerpülpe davon abmessen (evtl. mit Wasser ergänzen), aus der Pülpe,
1 Päckchen Tortenguß, rot 25 g Zucker	nach der Vorschrift auf dem Päckchen einen Guß zubereiten den Erdbeerguß unregelmäßig über den auf einen Kuchenteller gestürzten Kranz verteilen, erkalten lassen
	für die Füllung
500 g Erdbeeren	waschen, gut abtropfen lassen, entstielen, mit
50 g Zucker	mischen, in den Kranz füllen
	für die Verzierung
125 ml (⅛ l) Schlagsahne	steifschlagen, in einen Spritzbeutel füllen, den Kranz damit verzieren.
Savarin (auch Baba):	In einer Ringform (Savarinform) gebackener, mit Sirup, Likör oder anderen Spirituosen getränkter Biskuit- oder Hefeteig. Er wird mit beliebigen Früchten und Schlagsahne gefüllt und verziert.

Nuß-Schnitten

(Abb. rechts)

	Für den Teig
6 Eier	mit einem elektrischen Handrührgerät mit Rührbesen auf höchster Stufe in 1 Minute schaumig schlagen
150 g Zucker 1 Päckchen Vanillin-Zucker Salz ½ Teel. gemahlenen Zimt	mischen, in 1 Minute einstreuen, dann noch etwa 2 Minuten schlagen
1 gehäuften Eßl. Weizenmehl	mit
1 gestrichenen Teel. Backpulver	mischen, sieben, mit
250 g gemahlenen Haselnußkernen	mischen, die Hälfte davon auf die Eiercreme geben, kurz auf niedrigster Stufe unterrühren den Rest des Nuß-Mehl-Gemisches auf dieselbe Weise unterarbeiten den Teig etwa 1 cm dick auf ein gefettetes, mit Pergamentpapier belegtes Backblech streichen, an der offenen Seite des Blechs das Papier unmittelbar vor dem Teig zur Falte knicken, so daß ein Rand entsteht, das Backblech in den vorgeheizten Backofen schieben
Strom:	Etwa 200
Gas:	3-4
Backzeit:	12-15 Minuten den Biskuit sofort nach dem Backen auf ein mit Zucker bestreutes Papier stürzen, das Backpapier mit kaltem Wasser bestreichen, vorsichtig, aber schnell abziehen, die Gebäckplatte erkalten lassen, halbieren
	für die Füllung
750 ml (¾ l) Schlagsahne	½ Minute schlagen
1 Teel. Zucker	mit
3 Päckchen Sahnesteif 1 Päckchen Vanillin-Zucker	mischen, hinzufügen, die Sahne steifschlagen
100 g zartbittere Schokolade	sehr fein schneiden, unter gut die Hälfte der Schlagsahne heben, auf eine Gebäckplatte streichen, mit der zweiten Gebäckplatte bedecken, mit gut der Hälfte der restlichen Schlagsahne bestreichen auf der Schlagsahne mit einem Messer gleichgroße Schnitten markieren die restliche Schlagsahne in einen Spritzbeutel mit gezackter Tülle füllen, die markierten Nuß-Schnitten damit verzieren, mit
Borkenschokolade Haselnußkernen oder Walnußhälften	garnieren, einige Stunden in den Kühlschrank stellen, erst dann die markierten Nuß-Schnitten schneiden.

Nuß-Biskuitrolle

	Für den Teig
4 Eier 3-4 Eßl. heißes Wasser	mit einem elektrischen Handrührgerät mit Rührbesen auf höchster Stufe in 1 Minute schaumig schlagen
100 g Zucker	mit
1 Päckchen Vanillin-Zucker abgeriebener Schale von ½ Zitrone (unbehandelt)	mischen, in 1 Minute einstreuen, dann noch etwa 2 Minuten schlagen
50 g Weizenmehl	mit
1 gestrichenen	

Teel. Backpulver	mischen, sieben, mit
100 g gemahlenen Haselnußkernen	mischen, die Hälfte davon auf die Eiercreme geben, kurz auf niedrigster Stufe unterrühren den Rest des Nuß-Mehl-Gemisches auf dieselbe Weise unterarbeiten den Teig etwa 1 cm dick auf ein gefettetes, mit Pergamentpapier belegtes Backblech streichen, an der offenen Seite des Blechs das Papier unmittelbar vor dem Teig zur Falte knicken, so daß ein Rand entsteht, das Backblech in den vorgeheizten Backofen schieben
Strom:	200-225
Gas:	3-4
Backzeit:	10-15 Minuten den Nuß-Biskuit sofort nach dem

	Backen auf ein mit
Zucker	bestreutes Geschirrtuch stürzen, das Backpapier mit kaltem Wasser bestreichen, vorsichtig, aber schnell abziehen
	für die Füllung
300 g Aprikosen-Konfitüre	mit
3 Eßl. Aprikosen-Likör	verrühren den Nuß-Biskuit sofort gleichmäßig mit der Aprikosen-Konfitüre bestreichen, aufrollen, dabei die äußere braune Haut entfernen, die Rolle mit
gesiebtem Puderzucker	bestäuben.
Beigabe:	Schlagsahne.

Sauerkirschrolle mit Limetten-Sahne

(Abb. unten)

	Für die Füllung
750 g Sauerkirschen	waschen, abtropfen lassen, entstielen, entsteinen, den aufgefangenen Saft mit den Steinen,
100 g Zucker	zum Kochen bringen, so lange sprudelnd kochen lassen, bis sich der Zucker völlig aufgelöst hat den Saft durch ein Sieb über die Kirschen gießen, über Nacht durchziehen lassen
	für den Teig
4 Eier 3-4 Eßl. heißes Wasser	mit einem elektrischen Handrührgerät mit Rührbesen auf höchster Stufe in 1 Minute schaumig schlagen
120 g Zucker Salz 2 Teel. abgeriebene Schale von 1 Zitrone (unbehandelt)	mischen, in einer Minute einstreuen, dann noch etwa 2 Minuten schlagen
80 g Weizenmehl	mit
60 g Speisestärke	mischen, die Hälfte davon auf die Eiercreme sieben, kurz auf niedrigster Stufe unterrühren den Rest des Mehl-Gemisches auf dieselbe Weise unterarbeiten den Teig etwa 1 cm dick auf ein gefettetes, mit Pergamentpapier belegtes Backblech streichen an der offenen Seite des Backblechs das Papier unmittelbar vor dem Teig zur Falte knicken, so daß ein Rand entsteht, das Bachblech in den vorgeheizten Backofen schieben
Strom:	225-250
Gas:	4-5
Backzeit:	Etwa 10 Minuten den Biskuit sofort nach dem Backen auf ein mit
Zucker	bestreutes Geschirrtuch stürzen, das Backpapier mit kaltem Wasser bestreichen, vorsichtig, aber schnell abziehen den Biskuit mit dem Geschirrtuch aufrollen, kalt stellen
	für die Limetten-Sahne
1 Päckchen Gelatine gemahlen, weiß	mit
4 Eßl. kaltem Wasser	in einem kleinen Topf anrühren, 10 Minuten zum Quellen stehenlassen
3 Limetten (unbehandelt)	mit heißem Wasser abspülen, abtrocknen, die Schale dünn abreiben, den Saft auspressen
250 ml (¼ l) trockenen Weißwein	mit abgeriebener Limettenschale und -saft erhitzen
4 Eigelb	mit
125 g Zucker	in 4-5 Minuten mit dem Handrührgerät mit Rührbesen cremig rühren, mit dem Schneebesen in die heiße Flüssigkeit rühren, so lange schlagen, bis eine dickliche Creme entsteht, von der Kochstelle nehmen, die gequollene Gelatine unter ständigem Rühren darin auflösen die Creme, abkühlen lassen, ab und zu durchrühren
250 ml (¼ l) Schlagsahne	steifschlagen, unter die Limettencreme ziehen, den Biskuit auseinanderrollen, ⅔ der Limetten-Sahne gleichmäßig daraufstreichen die gut abgetropften Kirschen darauf verteilen, 4-5 Minuten einziehen lassen den Biskuit aufrollen, die Rolle mit der Nahtstelle nach unten auf eine Kuchenplatte legen, mit der restlichen Limettensahne bestreichen, mit
50 g abgezogenen, gehobelten, gebräunten Mandeln	bestreuen, dünn mit
gesiebtem Puderzucker	bestäuben.

Mandel-Schoko-Schnitten

(Abb. oben)

	Für den Teig
4 Eier **2-3 Eßl. heißes Wasser**	mit einem elektrischen Handrührgerät mit Rührbesen auf höchster Stufe in 1 Minute schaumig schlagen
100 g Zucker **1 Päckchen Vanillin-Zucker**	mischen, in 1 Minute einstreuen, dann noch etwa 2 Minuten schlagen
½ Fläschchen Rum-Aroma **2 Tropfen Backöl Bittermandel**	hinzufügen
50 g abgezogene, gemahlene Mandeln **50 g Speisestärke** **50 g Semmelmehl** **1 Teel. Backpulver** **50 g geriebene Schokolade**	mischen, die Hälfte davon auf die Eiercreme geben, kurz auf niedrigster Stufe unterrühren den Rest des Mehl-Gemisches auf dieselbe Weise unterarbeiten den Teig etwa 1 cm dick auf ein gefettetes, mit Pergamentpapier belegtes Backblech streichen, an der offenen Seite des Blechs das Papier unmittelbar vor dem Teig zur Falte knicken, so daß ein Rand entsteht das Backblech in den vorgeheizten Backofen schieben
Strom:	200-225
Gas:	3-4
Backzeit:	10-15 Minuten den Biskuit sofort nach dem Backen auf ein mit Zucker bestreutes Geschirrtuch stürzen, das Backpapier mit kaltem Wasser bestreichen, vorsichtig, aber schnell abziehen
4 Eßl. Aprikosen-Konfitüre	durch ein Sieb streichen, mit
2 Eßl. Rum **2 Eßl. Wasser**	verrühren, aufkochen lassen den Biskuit nach dem Erkalten gleichmäßig damit bestreichen, erkalten lassen
	für den Guß
100 g Schokolade	in kleine Stücke brechen, mit
1 Eßl. Kokosfett	in einem kleinen Topf im Wasserbad zu einer geschmeidigen Masse verrühren, ihn auf die Aprikosenschicht streichen, etwas antrocknen lassen mit einem Messer Vierecke in der Größe von etwa 5 × 5 cm in den Schokoladen-Guß ziehen die Vierecke in der Mitte mit
abgezogenen, halbierten Mandeln	belegen sobald der Guß fest ist, das Gebäck mit einem in heißes Wasser getauchten Messer auseinanderschneiden

Marzipan-Säckchen

(Abb. oben)

Vorarbeit: Aus Alufolie (evtl. doppelt legen) 10 Förmchen formen, dazu 10 Scheiben (Durchmesser etwa 15 cm) ausschneiden, über den Boden eines Joghurtbechers legen, andrücken und abziehen

für den Teig

1 Ei
3 Eßl. heißes Wasser mit einem elektrischen Handrührgerät mit Rührbesen auf höchster Stufe in 1 Minute schaumig schlagen

75 g Zucker
1 Päckchen Vanillin-Zucker mischen, in 1 Minute einstreuen, dann noch etwa 2 Minuten schlagen

100 g Weizenmehl mit
1 gestrichenen Teel. Backpulver mischen, die Hälfte davon über die Eigelbcreme sieben, kurz auf niedrigster Stufe unterrühren
den Rest des Mehl-Gemisches auf dieselbe Weise unterarbeiten
von dem Teig jeweils 2 gehäufte Teel. in ein gefettetes Förmchen füllen
die Förmchen auf ein Backblech stellen, in den vorgeheizten Backofen schieben

Strom: 175-200
Gas: 3-4
Backzeit: Etwa 15 Minuten
sofort nach dem Backen das Gebäck mit einem spitzen Messer vom Förmchenrand lösen, die Folie vorsichtig abziehen, die Törtchen gut auskühlen lassen

für die Füllung

1 Päckchen Soßen-Pulver für Schokoladen-Soße
25 g Zucker mit 3 Eßl. von
125 ml (1/8 l) kalter Milch anrühren, die restliche Milch zum Kochen bringen, in die von der Kochstelle genommene Milch das angerührte Soßen-Pulver rühren, kurz aufkochen lassen, während des Erkaltens ab und zu durchrühren

65 g Butter geschmeidig rühren, darunter eßlöffelweise die Creme geben
die Törtchen einmal durchschneiden, die untere Hälfte mit Creme bestreichen, mit der oberen Hälfte bedecken
den Rand der Törtchen ebenfalls mit Creme bestreichen

100 g Puderzucker sieben, mit
200 g Marzipan-Rohmasse verkneten, dünn auf gesiebtem

Puderzucker ausrollen, in 10 Streifen von etwa 9 cm Breite und etwa 18 cm Länge schneiden
jedes Törtchen so auf einen Marzipanstreifen legen, daß am unteren Törtchenrand etwa 2 cm und am oberen etwa 3 cm überstehen
die Törtchen einwickeln, dabei jeweils Anfang und Ende eines Marzipanstreifens mit
etwas Wasser bestreichen, gut andrücken
den schmaleren Marzipanstreifen am Törtchenboden andrücken, die Törtchen aufrecht stellen, das überstehende Marzipan leicht zusammendrücken, so daß der Eindruck eines zusammengebundenen Säckchens entsteht
die Marzipan-Säckchen leicht mit
Kakao bestäuben, kalt stellen.

Biskuitrollen-Bombe

(Abb. rechts)

Für den Teig

2 Eier
3-4 Eßl. heißes Wasser* mit einem elektrischen Handrührgerät mit Rührbesen auf höchster Stufe in 1 Minute schaumig schlagen
100 g Zucker mit
1 Päckchen Vanillin-Zucker mischen, in 1 Minute einstreuen, dann noch etwa 2 Minuten schlagen
75 g Weizenmehl mit
40 g Speisestärke
1 gestrichenen Teel. Backpulver mischen, die Hälfte davon auf die Eiercreme sieben, kurz auf niedrigster Stufe unterrühren
den Rest des Mehl-Gemisches auf dieselbe Weise unterarbeiten
den Teig etwa 1 cm dick auf ein gefettetes, mit Pergamentpapier belegtes Backblech streichen, an der offenen Seite des Blechs das Papier unmittelbar vor dem Teig zur Falte knicken, so daß ein Rand entsteht, das Backblech in den vorgeheizten Backofen schieben
Strom: 200-225
Gas: 3-4
Backzeit: 10-15 Minuten
den Biskuit sofort nach dem Backen auf ein mit
Zucker bestreutes Geschirrtuch stürzen, das Backpapier mit kaltem Wasser bestreichen, vorsichtig, aber schnell abziehen
den Biskuit sofort gleichmäßig mit
200-250 g roter Konfitüre (Kirsch-, Erdbeer- oder Johannisbeer-Konfitüre) bestreichen, von der kürzeren Seite her aufrollen
die erkaltete Rolle in etwa 1 cm dicke Scheiben schneiden, eine Schüssel (Durchmesser etwa 23 cm, 2,5 l Inhalt) damit auslegen (einige Scheiben zurücklassen)

für die Füllung

500 ml (½ l) Schlagsahne ½ Minute schlagen
50 g Zucker mit
1 Päckchen Vanillin-Zucker
2 Päckchen Sahnesteif mischen, einstreuen, die Sahne steifschlagen, mit
etwa 2 Eßl. Kirschwasser abschmecken
die Sahne in die mit Biskuitscheiben ausgelegte Schüssel füllen, mit den restlichen Biskuitscheiben bedecken
die Biskuitrollen-Bombe bis zum Servieren kalt stellen, auf eine runde Platte stürzen, nach Belieben mit
Sauerkirschen garnieren, mit
Schlagsahne verzieren.

*Bei großen Eiern die kleinere, bei kleinen Eiern die größere Wassermenge nehmen.

Torten

Torten und Plätzchen

Für das Backen von Torten und Plätzchen gibt es meist einen besonderen Anlaß. Torten gelten als das passende Gebäck für besonders feierliche Gelegenheiten wie Hochzeit, Taufe, Geburtstag, Jubiläum usw. Und die Plätzchenbäckerei steht vor allem vor dem schönsten Fest des Jahres, nämlich zu Weihnachten, hoch im Kurs. Die Weihnachtsbäckerei ist, zumal in Familien mit Kindern, der angenehmste und aufregendste Teil der Vorbereitungen auf das Fest.

Die Kunst der Tortenbäckerei

Seit Jahrhunderten reizt es die Zuckerbäcker der Welt, dem riesigen Tortenrepertoire, das es ohnehin schon gibt, auch eine eigene neue Kreation hinzuzufügen.

Torten sind im allgemeinen rund; das geht auf eine uralte Tradition zurück, denn ursprünglich aß man tortenähnliche Gebilde in der Form der Sonne, wir würden heute sagen runde Fladen, zu den Sonnwendfeiern.

Man braucht also eine runde Backform für die Torte. Entweder verwendet man also die Springform mit glattem Boden oder mit ringförmigem gewelltem Einsatz oder die flache Tortenbodenform.
Springformen werden heute in Weißblech oder Aluminium angeboten (fürs Backen im Gasherd am besten geeignet) oder aus dunklem Stahlblech (für den Elektroherd günstiger).
Beschichtungen sorgen dafür, daß die Torte garantiert nicht in der Form hängenbleibt. Aber wenn man die Form sorgfältig ausfettet und dann noch mit Semmelbröseln ausstreut oder mit Backtrennpapier auslegt, kann eigentlich auch in den einfachen Formen gar nichts passieren.
Für klassische Obsttorten gibt es die speziellen flacheren Tortenformen mit gewelltem Rand. Sie werden vielfach auch in feuerfester Keramik und sogar aus hitzebeständigem Porzellan oder Glas angeboten; darin kann man die Torten gleich dekorativ servieren.
Für die beliebten Torteletts, die man mit allen möglichen Obstsorten belegen kann, gibt es entsprechend kleinere Portionsförmchen.

Boden

Die solide Basis jeder Torte ist der Boden. Er besteht bei vielen klassischen Torten aus Biskuitteig, der - je nach der gewünschten Höhe der Torte - in zwei oder mehrere Schichten oder Platten geschnitten wird.
Andere Teige, wie Knetteig und Rührteig, die für Tortenböden ebenfalls Verwendung finden, sind meist schwerer und kalorienreicher, da sie zusätzlich zu Mehl, Zukker und Eiern auch noch Fett enthalten. Als Belag kommen deshalb für sie eher Früchte als üppige Sahne- oder Buttercremes in Frage.
Den Biskuitboden für eine Torte bereitet man am besten schon einen Tag vorher. Dann läßt er sich leichter schneiden und bestreichen.
Wichtig für jede Torte, die dekorativ aussehen soll, ist, daß die Oberfläche schön glatt ist. Wenn sich beim Backen aber kleine Wellen gebildet haben, kann man diese entweder mit einem scharfen Messer abschneiden oder die Torte einfach umdrehen und damit die in jedem Fall glatte Unterseite nach oben nehmen.
Für das Querdurchschneiden des Tortenbodens gibt es zwei Möglichkeiten, die aus den nebenstehenden Abbildungen zu ersehen sind.
Entweder verwendet man ein Messer mit sehr langer Schneide, oder man ritzt den Tortenrand rundherum mit einem spitzen Messer ein und schneidet den Boden oder die Platten mit Hilfe eines in diese Rille gelegten Zwirnsfadens durch.
Für das Hantieren mit den einzelnen Tortenschichten, also das Abnehmen und Wiederaufsetzen nach dem Füllen, verwendet man am besten starkes Papier (Pergamentpapier).

Füllung und Belag

Als Füllungen für Torten eignen sich Schlagsahne, Buttercreme, Sahnecreme, Pudding, zur Abwechslung bei mehrschichtigen Torten auch Marmeladen, bevorzugt Aprikosenmarmelade.
Die Füllung wird nach Rezeptanweisung zubereitet und mit einem Spatel, einer Teigkarte oder einem breiten Messer auf

jedem Boden verstrichen, bevor der nächste aufgesetzt wird.
Für die Gestaltung und Dekoration der Tortenoberfläche, also der ganz oben liegenden Platte sowie des Randes, sind der Fantasie kaum Grenzen gesetzt, wenn man sich nicht an klassischen historischen Vorbildern orientieren will; eine Sachertorte ist immer mit glattem Schokoladenguß überzogen, eine Dobostorte verlangt als letzten Schliff den karamelisierten Überzug, die Malakofftorte den weißen Sahnemantel und zur Dekoration für jedes Tortenstück eine kandierte Kirsche sowie einen Sahnetuff; beim Frankfurter Kranz wird die mit Buttercreme bestrichene Oberfläche mit gehackten gerösteten Nüssen oder Mandeln bestreut.

Als Geräte für das Füllen und Verzieren von Torten stehen dem Tortenbäcker der Tortenteiler, die Tortenspritze oder der Spritzbeutel mit verschieden geformten Tüllen zur Verfügung. Außerdem braucht er einen Pinsel zum Verstreichen dünnflüssiger Marmeladen und Glasuren und eine Palette oder ein breites Messer, um Füllungen und Glasuren damit glatt aufstreichen zu können.

Glasuren

Man kann eine Torte, statt sie zu füllen, auch einfach mit einer Glasur überziehen. Es gibt unzählig viele Zuckerglasuren, die durch unterschiedliche Geschmackszutaten aromatisiert werden können, zum Beispiel durch Zugabe von Zitronen- oder Orangensaft oder Rum oder Maraschino oder Kirschwasser oder Himbeergeist. Fast jedes Fruchtaroma eignet sich zur Verfeinerung und Färbung von Glasuren.
Besonders beliebt sind Glasuren aus Schokolade, die man entweder selbst aus geriebener Schokolade, Puderzucker, etwas Milch und gehärtetem Fett zubereitet oder fertig kauft und dann nur im Wasserbad zu schmelzen und auf der Torte zu verstreichen braucht.
Man kann eine Glasur auch mit steifgeschlagenem Eiweiß statt mit Wasser oder anderer Flüssigkeit anrühren; eine solche Eiweißglasur läßt sich mit dem Spritzbeutel verteilen.

Dekoration mit Creme

Sahne- oder Buttercreme werden sowohl für die Füllung zwischen einzelnen Böden oder Schichten als auch für die Verzierung der Oberfläche von Torten verwendet. Nachdem der Rand und die Oberseite glatt mit der jeweiligen Creme bestrichen sind, tritt der Tortenteiler in Aktion. Dann füllt man die verbleibende Creme in eine Tortenspritze oder in den Spritzbeutel und verziert je nach Backvorschrift oder ganz nach Lust und Fantasie die Torte.

Beim Umgang mit dem Spritzbeutel ist zu beachten, daß man die Tülle senkrecht aufsetzt, den Beutel mit einer Hand zudrückt und mit der andern die Tülle hält und führt. So kann man die tollsten Gebilde aus Sahne- oder Buttercreme auf die Torte zaubern.
Das Verzieren sollte aber relativ zügig vor sich gehen, damit die Creme inzwischen nicht warm und damit zu flüssig wird.
Zusätzlich stehen einem die vielfältigsten Zutaten für das Tortendekor zur Verfügung. Sie reichen von Marzipan, kandierten Früchten, Liebesperlen, bunten oder Schokoladenstreuseln, gehackten Mandeln oder Haselnüssen und Walnußhälften bis zu fertig gekauften Blüten, Blättern, Sternchen und Herzen. Außerdem kann man Spritzglasuren in jeder gewünschten Farbe einfärben.
Eine andere Möglichkeit der Dekoration ist, sich Schablonen zu schneiden, diese auf die Tortenoberfläche zu legen und dann die Torte mit Kakao oder Puderzukker zu bestäuben. Dem Formen- und Farbenreichtum von Torten sind also, wie man sieht, kaum Grenzen gesetzt.

Rhabarber-Torte mit Baiser

(Abb. unten)

	Für den Teig
150 g Weizenmehl	mit
1 Messerspitze Backpulver	mischen, auf die Tischplatte sieben, in die Mitte eine Vertiefung eindrücken
65 g Zucker **1 Ei** **etwas abgeriebene Schale von 1 Zitrone (unbehandelt)**	hineingeben, mit einem Teil des Mehls zu einem dicken Brei verarbeiten
65 g kalte Butter oder Margarine	in Stücke schneiden, auf den Brei geben, mit Mehl bedecken, von der Mitte aus alle Zutaten schnell zu einem glatten Teig verkneten, etwa 30 Minuten kalt stellen den Teig in eine gut gefettete Tortenbodenform (Durchmesser etwa 24 cm) gleichmäßig hineindrücken, mehrmals mit einer Gabel einstechen die Form auf dem Rost in den vorgeheizten Backofen schieben
Strom:	Etwa 200
Gas:	3-4
Backzeit:	20-25 Minuten den gebackenen Tortenboden etwas abkühlen lassen, auf einen Kuchenrost stürzen
	für den Belag
1,5 kg Rhabarber	putzen, waschen, evtl. abziehen, in etwa 3 cm lange Stücke schneiden, mit
250 g Zucker **2 Päckchen Vanillin-Zucker**	vermengen, einige Zeit zum Saftziehen stehenlassen
1 Stück Zitronenschale (unbehandelt)	hinzufügen, den Rhabarber in einen großen, flachen Topf geben, zugedeckt etwa 5 Minuten dünsten lassen (Rhabarber darf nicht zerfallen), die Zitronenschale entfernen
35 g Speisestärke	mit
6 Eßl. Weißwein	anrühren, den Rhabarber damit binden, im kalten Wasserbad erkalten lassen
	für das Baiser
5 Eiweiß	so steif schlagen, daß ein Messerschnitt sichtbar ist, nach und nach
250 g Zucker	unterschlagen
etwas Zitronensaft	hinzufügen die Baisermasse in einen Spritzbeutel mit großer Sterntülle füllen das Rhabarber-Kompott auf dem Tortenboden verteilen, dick mit der Baisermasse bespritzen, die Torte unter den vorgeheizten Grill schieben, goldbraun überbacken
Grillzeit:	2-3 Minuten.

Johannisbeer-Baiser-Torte

(Abb. rechts)

	Für den Teig
250 g Weizenmehl	auf die Tischplatte sieben, in die Mitte eine Vertiefung eindrücken
65 g Zucker **1 Päckchen Vanillin-Zucker** **Salz** **1 Ei**	hineingeben, mit einem Teil des Mehls zu einem dicken Brei verarbeiten
125 g kalte Butter	in Stücke schneiden, auf den Brei geben, mit Mehl bedecken, von der Mitte aus alle Zutaten schnell zu einem glatten Teig verkneten, etwa 1 Stunde kalt stellen ⅔ des Teiges auf dem gefetteten Boden einer Springform (Durchmesser etwa 28 cm) ausrollen

den restlichen Teig zu einer Rolle formen, sie als Rand auf den Teigboden legen, so an die Form drücken, daß ein etwa 4 cm hoher Rand entsteht
den Teigboden mehrmals mit einer Gabel einstechen
die Form auf dem Rost in den vorgeheizten Backofen schieben

Strom: 200-225
Gas: 4-5
Backzeit: 10-15 Minuten

für den Belag

500 g rote Johannisbeertrauben waschen, abtropfen lassen, die Beeren mit einer Gabel von den Stielen streifen

5 Eiweiß so steif schlagen, daß ein Messerschnitt sichtbar ist, nach und nach
175 g Zucker unterschlagen, die Johannisbeeren unterheben
den noch heißen Tortenboden mit
30 g geriebenem Zwieback bestreuen, die Johannisbeer-Baisermasse darauf verteilen
die Form nochmals in den vorgeheizten Backofen schieben, die Baisermasse goldbraun backen

Strom: Etwa 225
Gas: 4-5 Minuten
Backzeit: 5-10 Minuten
die Torte 1-2 Stunden in der Form auskühlen lassen, erst dann vorsichtig aus der Form lösen.

Beigabe: Geschlagene Sahne.

Erdbeertorte mit Baiserhaube

(Abb. oben)

	Für den Teig
150 g Weizenmehl	auf die Tischplatte sieben, mit
100 g abgezogenen, gemahlenen Mandeln	mischen, in die Mitte eine Vertiefung eindrücken
65 g Zucker **1 Päckchen Vanillin-Zucker** **1 Ei**	hineingeben, mit einem Teil des Mehls zu einem dicken Brei verarbeiten
125 g kalte Butter	in Stücke schneiden, auf den Brei geben, mit Mehl bedecken, von der Mitte aus alle Zutaten schnell zu einem glatten Teig verkneten, etwa 30 Minuten kalt stellen ⅔ des Teiges auf dem Boden einer gefetteten Springform (Durchmesser etwa 26 cm) ausrollen, aus dem restlichen Teig eine Rolle formen, sie als Rand auf den Teigboden legen, etwa 2-3 cm hochdrücken den Teigboden mehrmals mit einer Gabel einstechen die Form auf dem Rost in den vorgeheizten Backofen schieben
Strom:	Etwa 200, **Gas:** 3-4
Backzeit:	20-25 Minuten
	für den Belag
750 g Erdbeeren	vorsichtig waschen, abtropfen lassen, entstielen, evtl. halbieren, mit
Zucker	bestreuen, abtropfen lassen
	für den Guß
4 Eßl. Himbeersirup **Wasser**	mit dem Erdbeersaft und auf 250 ml (¼ l) Flüssigkeit auffüllen, mit
1 Päckchen Tortenguß, rot **Zucker**	nach der Vorschrift auf dem Päckchen zubereiten, auf den erkalteten Tortenboden streichen, die Erdbeeren darauflegen, mit
3 Eßl. Himbeergeist	beträufeln
	für das Baiser
3 Eiweiß	so steif schlagen, daß ein Messerschnitt sichtbar ist, nach und nach
150 g Zucker	unterschlagen die Eiweißmasse auf die Erdbeeren streichen
einige Pistazienkerne	darüberstreuen die Torte unter den vorgeheizten Grill schieben
Grillzeit:	3-5 Minuten.

Aprikosen-Mandel-Torte

(Abb. rechts)

	Für den Teig
175 g Weizenmehl	mit
1 Messerspitze Backpulver	mischen, auf die Tischplatte sieben, in die Mitte eine Vertiefung eindrücken
25 g Zucker **1 Päckchen Vanillin-Zucker** **2 Eßl. Weißwein**	hineingeben, mit einem Teil des Mehls zu einem dicken Brei verarbeiten
125 kalte Butter	in Stücke schneiden, auf den Brei geben, mit Mehl bedecken, von der Mitte aus alle Zutaten schnell zu einem glatten Teig verkneten knapp ⅔ des Teiges auf dem umgedrehten, gefetteten Boden einer Springform (Durchmesser etwa 26 cm) ausrollen, den Springformrand darumstellen aus dem restlichen Teig eine Rolle formen, sie als Rand auf den Teigboden legen, so an die Form drücken, daß ein 2-3 cm hoher Rand entsteht den Teigboden mehrmals mit einer Gabel einstechen die Form auf dem Rost in den vorgeheizten Backofen schieben
Strom:	200-225, **Gas:** 3-4
Backzeit:	Etwa 15 Minuten
	für die Füllung
125 g weiche Butter **125 g Zucker** **1 Päckchen**	geschmeidig rühren, nach und nach

Vanillin-Zucker	
4 Eigelb	
abgeriebene Schale von ½ Zitrone (unbehandelt)	unterrühren
125 g unabgezogene, gemahlene Mandeln	unterrühren
4 Eiweiß	steifschlagen, unterheben die Masse auf dem vorgebackenen Knetteigboden verteilen, glattstreichen die Form auf dem Rost in den vorgeheizten Backofen schieben
Strom:	Etwa 175
Gas:	2-3
Backzeit:	30-35 Minuten die gebackene Torte erkalten lassen
500 g gedünstete Aprikosenhälften	abtropfen lassen, den Saft auffangen, 250 ml (¼ l) davon abmessen, die Aprikosenhälften mit der Wölbung nach oben auf die Mandelfüllung legen
	für den Guß
1 Päckchen Tortenguß, klar **2 gestrichene Eßl. Zucker** **250 ml (¼ l) Aprikosensaft**	nach der Vorschrift auf dem Päckchen zubereiten, auf die Aprikosen geben die Torte am Rand mit
1-2 Eßl. abgezogenen, gehobelten, gebräunten Mandeln	bestreuen.

Bananen-Torte mit Aprikosen

(Abb. unten)

	Für den Teig
300 g Weizenmehl	mit
1 gestrichenen Teel. Backpulver	mischen, auf die Tischplatte sieben, in die Mitte eine Vertiefung eindrücken
100 g Zucker **1 Päckchen Vanillin-Zucker** **Salz** **1 Ei**	hineingeben, mit einem Teil des Mehls zu einem dicken Brei verarbeiten
125 g kalte Butter oder Margarine	in Stücke schneiden, auf den Brei geben, mit Mehl bedecken, von der Mitte aus alle Zutaten schnell zu einem glatten Teig verkneten, etwa 30 Minuten kalt stellen
	für den Belag
etwa 500 g gedünstete Aprikosen	abtropfen lassen
4 Bananen	schälen beide Zutaten in Spalten bzw. Scheiben schneiden, mit
2 Eßl. Zitronensaft **1 Eßl. Aprikosengeist** **25 g abgezogenen, gehackten Mandeln**	vermengen, abgedeckt etwas durchziehen lassen ⅔ des Teiges auf dem Boden einer gefetteten Springform (Durchmesser etwa 28 cm) ausrollen, ihn am Springformrand etwa 2 cm hochdrücken den Teigboden mehrmals mit einer Gabel einstechen die Form auf dem Rost in den vorgeheizten Backofen schieben
Strom:	200–225
Gas:	Etwa 4
Backzeit:	Etwa 10 Minuten die Früchte auf dem vorgebackenen Boden verteilen den restlichen Teig zu einer Platte in der Größe der Springform ausrollen, als Decke auf die Früchte legen die Teigdecke mehrmals mit einer Gabel einstechen die Form auf dem Rost in den vorgeheizten Backofen schieben
Strom:	200–225
Gas:	Etwa 4
Backzeit:	Etwa 35 Minuten
	für den Guß
150 g gesiebten Puderzucker	mit
2–3 Eßl. Zitronensaft	verrühren, die heiße Tortenoberfläche damit bestreichen, den Guß fest werden lassen.

Stachelbeer-Torte mit Makronen-Gitter

(Abb. rechts)

	Für den Teig
Etwa 200 g Weizenmehl	auf die Tischplatte sieben, in die Mitte eine Vertiefung eindrücken
65 g Zucker **Salz** **1 Ei**	hineingeben, mit einem Teil des Mehls zu einem dicken Brei verarbeiten
125 g kalte Butter oder Margarine	in Stücke schneiden, auf den Brei geben, mit Mehl bedecken, von der Mitte aus alle Zutaten schnell zu einem glatten Teig verkneten, etwa 1 Stunde kalt stellen
	für den Belag
750 g Stachelbeeren	von Stiel und Blüte befreien, die Beeren waschen, abtropfen lassen von
500 ml (½ l) Weißwein	5 Eßl. abnehmen, beiseite stellen, den übrigen Wein mit
200 g Zucker	

1 Päckchen Vanillin-Zucker abgeriebener Schale von 1 Zitrone (unbehandelt)	zum Kochen bringen, die Stachelbeeren hineingeben, zum Kochen bringen, weichdünsten lassen (Beeren dürfen nicht platzen) die Stachelbeeren mit einer Schaumkelle aus dem Saft nehmen, abtropfen lassen
80 g Speisestärke	mit dem zurückgelassenen Weißwein anrühren, den Stachelbeersaft damit binden, die Stachelbeeren vorsichtig unterheben, etwas abkühlen lassen ⅔ des Teiges auf dem Boden einer gefetteten Springform (Durchmesser etwa 28 cm) ausrollen den restlichen Teig zu einer Rolle formen, sie als Rand auf den Boden legen, so an die Form drücken, daß ein etwa 4 cm hoher Rand entsteht den Teigboden mehrmals mit einer Gabel einstechen die Form auf dem Rost in den vorgeheizten Backofen schieben
Strom:	Etwa 200
Gas:	3-4
Backzeit:	20-25 Minuten
2 Zwiebäcke	sehr fein reiben, auf den erkalteten Tortenboden streuen das Stachelbeer-Kompott auf dem Tortenboden verteilen
	für das Makronen-Gitter
200 g Marzipan-Rohmasse	mit
50 g gesiebtem Puderzucker 2 Eigelb 1 Eßl. Zitronensaft	verrühren die Masse in einen Spritzbeutel mit mittlerer Tülle füllen und ein Gitter auf den Belag spritzen die Torte etwa 30 Minuten stehenlassen, damit die Makronenmasse antrocknen kann, die Form in den vorgeheizten Backofen schieben, goldbraun überbacken
Strom:	225-250
Gas:	4-5
Backzeit:	Etwa 5 Minuten
2 Eßl. Aprikosen-Konfitüre	mit
2 Eßl. Wasser	verrühren, aufkochen lassen, die etwas abgekühlte Torte damit bestreichen.

Obsttörtchen

12-14 Törtchen
(Abb. oben)

	Für den Teig
200 g Weizenmehl	mit
1 gestrichenen Teel. Backpulver	mischen, auf die Tischplatte sieben, in die Mitte eine Vertiefung eindrücken
75 g Zucker **1 Päckchen Vanillin-Zucker** **Salz** **4 Tropfen Backöl Zitrone** **2 Eßl. Wasser**	hineingeben, mit einem Teil des Mehls zu einem dicken Brei verarbeiten
100 g kalte Butter	in Stücke schneiden, auf den Brei geben, mit Mehl bedecken, von der Mitte aus alle Zutaten schnell zu einem glatten Teig verkneten, sollte er kleben, ihn eine Zeitlang kalt stellen den Teig etwa 3 mm dick ausrollen, mit einer runden Form (Durchmesser etwa 10 cm) ausstechen, auf ein Backblech legen, mehrmals mit einer Gabel einstechen, in den vorgeheizten Backofen schieben
Strom:	175-200
Gas:	3-4
Backzeit:	10-15 Minuten die erkalteten Plätzchen gleichmäßig mit
Sahnesteif	bestreuen, um zu verhindern, daß die mit Obst belegten Plätzchen durchweichen
	für den Belag
500-750 g rohes Obst (z. B. Erdbeeren, Himbeeren, Heidelbeeren, Weintrauben)	waschen (Himbeeren nur verlesen),

gut abtropfen lassen, entstielen oder verlesen, mit

Zucker	bestreuen, kurze Zeit stehenlassen
oder gedünstetes oder eingemachtes Obst (z. B. Ananas, Aprikosen, Pfirsiche, Sauerkirschen, Stachelbeeren, Mandarinen)	abtropfen lassen, die Früchte auf die Plätzchen legen (einen etwa 1 cm breiten Rand frei lassen)
	für den Guß
1 Päckchen Tortenguß	mit
Zucker	
250 ml (¼ l) Wasser oder Fruchtsaft	nach der Vorschrift auf dem Päckchen zubereiten, über das Obst verteilen nach Belieben
250 ml (¼ l) Schlagsahne	½ Minute schlagen
1 Päckchen Sahnesteif	mit
1 Päckchen Vanillin-Zucker	mischen, einstreuen, die Sahne steifschlagen, die Törtchen am Rand mit der Sahne verzieren.

Himbeer-Torte

(Abb. rechts)

	Für den Teig
125 g Weizenmehl	auf die Tischplatte sieben, in die Mitte eine Vertiefung eindrücken
30 g Zucker	
Salz	
1 Ei	hineingeben, mit einem Teil des Mehls zu einem dicken Brei verarbeiten
65 g kalte Butter	in Stücke schneiden, auf den Brei geben, mit Mehl bedecken, von der Mitte aus alle Zutaten schnell zu einem glatten Teig verkneten, ihn etwa 1 Stunde kalt stellen ⅔ des Teigs auf dem gefetteten Boden einer Springform (Durchmesser etwa 23 cm) ausrollen den restlichen Teig zu einer Rolle formen, sie als Rand auf den Teigboden legen, so an die Form drücken, daß ein etwa 4 cm hoher Rand entsteht den Teig mehrmals mit einer Gabel einstechen die Form auf dem Rost in dem vorgeheizten Backofen schieben
Strom:	Etwa 200
Gas:	Etwa 4
Backzeit:	20–25 Minuten den gebackenen Boden aus der Form lösen, erkalten lassen
	für den Belag
750 g Himbeeren	verlesen, die Hälfte davon mit
125 ml (⅛ l) Wasser	
125 ml (⅛ l) Weißwein	
60 g Zucker	zum Kochen bringen, in etwa 10 Minuten weichdünsten lassen
1 Päckchen Gelatine gemahlen, weiß	mit
3 Eßl. kaltem Wasser	anrühren. 10 Minuten zum Quellen stehenlassen die gedünsteten Himbeeren auf ein Sieb geben, abtropfen lassen (Himbeeren anderweitig verwenden), den Saft erhitzen, die gequollene Gelatine unter Rühren darin auflösen in kaltes Wasser stellen, bis die Flüssigkeit beginnt, dicklich zu werden die restlichen Himbeeren auf dem Tortenboden verteilen, die Gelierflüssigkeit darübergeben (3 Eßl. davon abnehmen, zurücklassen) die Torte kühl stellen das zurückgelassene Himbeergelee in einem kleinen Topf wieder flüssig werden lassen, den Tortenrand damit bestreichen, mit
etwa 40 g abgezogenen, gehobelten gebräunten Mandeln	bestreuen.

Rhabarber-Makronen-Torte

(Abb. oben)

Für den Teig

175 g Weizenmehl auf die Tischplatte sieben, in die Mitte eine Vertiefung eindrücken

50 g Zucker
1 Päckchen Vanillin-Zucker
Salz
abgeriebene Schale von ½ Zitrone (unbehandelt)
1 Ei hineingeben, mit einem Teil des Mehls zu einem dicken Brei verarbeiten

100 g kalte Butter oder Margarine in Stücke schneiden, auf den Brei geben, mit Mehl bedecken, von der Mitte aus alle Zutaten schnell zu einem glatten Teig verkneten, zu einer Kugel formen, mit
Weizenmehl bestäuben, etwa 1 Stunde kalt stellen

für die Makronenmasse

400 g Marzipan-Rohmasse
1 Ei
1 Eigelb
1 Teel. abgeriebene Zitronenschale (unbehandelt) verrühren, abgedeckt beiseite stellen

für den Belag

1 kg Rhabarber putzen, waschen, in 4-5 cm lange Stücke schneiden

125 ml (⅛ l) Weißwein mit
125 ml (⅛ l) Rotwein
100 g Zucker
etwas gemahlenem Zimt zum Kochen bringen, den Rhabarber portionsweise hineingeben, zum Kochen bringen, weichdünsten lassen (Rhabarber darf nicht zerfallen)
den Rhabarber abtropfen lassen, den Saft auffangen
den Teig kurz durchkneten, in der Größe einer Springform (Durchmesser etwa 28 cm) ausrollen, den Springformboden damit belegen
den Teig mehrmals mit einer Gabel einstechen
die Form auf dem Rost in den vorgeheizten Backofen schieben

Strom: Etwa 200
Gas: 3-4
Backzeit: Etwa 15 Minuten

den vorgebackenen Tortenboden erkalten lassen, den Springformring abnehmen
etwa ½ der Makronenmasse auf den Tortenboden geben, glattstreichen
den Springformring bis zur halben Höhe einfetten, wieder um den Tortenboden stellen, schließen
die restliche Makronenmasse in einen Spritzbeutel mit großer Sterntülle füllen und den Tortenrand ringsherum dicht mit Tuffs bespritzen
die Form auf dem Rost auf die unterste Einschubleiste des vorgeheizten Backofens schieben

Strom: Etwa 200
Gas: 3-4
Backzeit: 12-15 Minuten

den gebackenen Tortenboden auf einem Kuchenrost auskühlen lassen

für den Guß

1 Päckchen Tortenguß, rot mit
250 ml (¼ l) Rhabarbersaft
Zucker nach der Vorschrift auf dem Päckchen zubereiten
die Rhabarberstücke auf dem Tortenboden verteilen, den Guß darauf verteilen
die Torte mit
geschlagener Sahne servieren.

Feine Johannisbeer-Torte

(Abb. oben)

Für den Knetteig

150 g Weizenmehl auf die Tischplatte sieben, in die Mitte eine Vertiefung eindrücken

40 g Zucker
1 Päckchen Vanillin-Zucker
2 Eigelb hineingeben, mit einem Teil des Mehls zu einem dicken Brei verarbeiten

75 g kalte Butter oder

Margarine	in Stücke schneiden, auf den Brei geben von der Mitte aus alle Zutaten schnell zu einem glatten Teig verkneten den Teig auf dem umgedrehten Boden einer Springform (Durchmesser etwa 28 cm) ausrollen, mehrmals mit einer Gabel einstechen, auf dem Rost in den vorgeheizten Backofen schieben
Strom:	200-225
Gas:	3-4
Backzeit:	Etwa 15 Minuten den Tortenboden sofort nach dem Backen vom Springformboden lösen, auf dem Springformboden erkalten lassen

für den Mandel-Biskuitteig

2 Eiweiß	mit einem Handrührgerät mit Rührbesen steifschlagen
2 gehäufte Eßl. Zucker	
Salz	unterschlagen
3 Eigelb	hinzufügen
2 gehäufte Eßl. Weizenmehl	sieben, mit
2 Eßl. abgezogenen, gemahlenen Mandeln	unterheben den Teig in eine gefettete, mit Pergamentpapier ausgelegte Springform (Durchmesser etwa 28 cm) füllen, glattstreichen die Form auf dem Rost in den vorgeheizten Backofen schieben
Strom:	175-200
Gas:	3-4
Backzeit:	Etwa 15 Minuten sofort nach dem Backen den Tortenboden aus der Form lösen, auf einen Kuchenrost stürzen, erkalten lassen

für den Belag

1 kg Johannisbeeren	waschen, abtropfen lassen, mit einer Gabel von den Stielen streifen, mit
175 g Zucker	bestreuen, etwas Saft ziehen lassen, in einen Topf geben, zum Kochen bringen
50-60 g Speisestärke	mit
5 Eßl. kaltem Wasser	anrühren, die Johannisbeeren damit binden, etwas abkühlen lassen, ab und zu durchrühren den Knetteigboden mit
Johannisbeer-Gelee	bestreichen, den Biskuitboden darauflegen, die Johannisbeermasse darauf verstreichen
3 Eiweiß	steifschlagen, nach und nach
150 g Zucker	unterschlagen die Tortenoberfläche mit etwa der Hälfte der Eiweißmasse bestreichen, die restliche Eiweißmasse in einen Spritzbeutel mit Sterntülle füllen und die Torte damit verzieren den Tortenrand mit
abgezogenen, gehobelten Mandeln	bestreuen, die Torte auf dem Rost in den vorgeheizten Backofen schieben, die Baisermasse hell bräunen lassen
Strom:	225-250
Gas:	4-5
Backzeit:	Etwa 5 Minuten.
Beigabe:	Geschlagene Sahne.

Kiwi-Torte

(Abb. rechts)

175 g Löffel-Biskuits	in eine Plastiktüte geben, die Tüte verschließen, die Löffel-Biskuits mit einem Teigroller zerdrücken die Hälfte der zerbröckelten Biskuits auf den Boden einer gefetteten, mit Papier ausgelegten Springform geben (Durchmesser etwa 26 cm)
150 g weiche Butter	geschmeidig rühren, nach und nach
125 g gesiebten Puderzucker	mit
1 Päckchen Vanillin-Zucker	
3 Eigelb	
150 g abgezogenen, gemahlenen Mandeln	
1½ Becher (225 g) Crème fraîche	unterrühren
3 Kiwis	schälen, in kleine Stücke schneiden, unterheben die Masse auf die Biskuitbrösel geben, glattstreichen, mit den restlichen Bröseln bedecken die Form abgedeckt 3-4 Stunden in den Kühlschrank stellen, dann auf eine Platte stürzen
3 Kiwis	schälen, in Scheiben schneiden die Tortenoberfläche dicht damit belegen
1½ Becher (225 g) Crème fraîche	mit
1 Päckchen Sahnesteif	
1 gehäuften Teel. Zucker	steifschlagen, die Crème fraîche in einen Spritzbeutel mit Sterntülle geben, die Torte damit verzieren den Tortenrand mit
abgezogenen, gehobelten, gebräunten Mandeln	bestreuen.

Kirsch-Käse-Torte

(Abb. unten)

	Für den Teig
1 Packung (175 g) Löffelbiskuits	in eine Plastiktüte geben, mit einem Teigroller zerdrücken, mit
125 g weicher Butter	verkneten einen Springformring auf eine Tortenplatte setzen, den inneren Rand mit Alufolie oder Pergamentpapierstreifen auslegen, die Biskuitmasse hineingeben, etwas festdrücken
	für den Belag
200 g Doppelrahm-Frischkäse	mit
50-75 g Zucker **1 Päckchen Vanillin-Zucker** **3 Eßl. Zitronensaft**	verrühren
250 ml (¼ l) Schlagsahne	½ Minute schlagen
1 Päckchen Sahnesteif	einstreuen, die Sahne steifschlagen, unter die Käsemasse heben, die Masse auf den Tortenboden streichen
500-650 g Sauerkirschen (1½-2 Gläser)	abtropfen lassen, den Saft auffangen, 500 ml (½ l) davon abmessen, die Sauerkirschen auf der Käsemasse verteilen aus
2 Päckchen Tortenguß, klar **1-2 Eßl. Zucker** **500 ml (½ l) Kirschsaft**	nach der Vorschrift auf dem Päckchen einen Guß zubereiten den Guß über die Kirschen verteilen, fest werden lassen die Torte für 2-3 Stunden in den Kühlschrank stellen vor dem Servieren den Springformrand abnehmen, den Rand der Tortenoberfläche mit
geraspelter, weißer Schokolade	bestreuen.

Hippen-Torte

(Abb. rechts)

	Für den Teig
100 g Marzipan-Rohmasse	mit
2 Eiweiß **30 ml Milch**	verrühren
30 g Weizenmehl	mit
60 gesiebtem Puderzucker **gemahlenem Zimt**	vermengen, auf die Marzipanmasse sieben, den Teig portionsweise in ein gefettetes Waffeleisen oder in eine Crêpe-Pfanne geben und Hippen backen, auf einem Kuchenrost erkalten lassen
	für die Füllung
500 g Ananas-Fruchtfleisch (etwa 1¼ kg Ananas)	in dünne Stifte schneiden, gut die Hälfte im Mixer pürieren
400 ml Schlagsahne	½ Minute schlagen
2 Päckchen Sahnesteif	einstreuen, die Sahne steifschlagen, das Ananas-Püree,
2-3 Eßl. Orangen-Likör	unterziehen, evtl. mit
Zucker	süßen die Hippen mit der Ananas-Sahne bestreichen, die Ananasstifte darauf verteilen, jeweils 3-4 Hippen zu einer kleinen Torte zusammensetzen, die restliche Sahne in einen Spritzbeutel mit Sterntülle füllen, die Tortenoberfläche damit verzieren, mit
gehackten Pinienkernen	bestreuen, mit
Ananasstiften **Erdbeerachteln**	garnieren.
Tip:	Die Hippen erst kurz vor dem Verzehr mit der Füllung bestreichen und zusammensetzen.

Mozart-Torte

(Abb. rechts)

	Für den Knetteig
150 g Weizenmehl	auf die Tischplatte sieben, in die Mitte eine Vertiefung eindrücken
40 g Zucker **2 Päckchen Vanillin-Zucker**	hineingeben
100 g kalte Butter oder Margarine	in Stücke schneiden, auf den Zucker geben, mit Mehl bedecken, von der Mitte aus alle Zutaten schnell zu einem glatten Teig verkneten den Teig auf dem Boden einer Springform (Durchmesser etwa 28 cm) ausrollen, mehrmals mit einer Gabel einstechen, den Springformrand darumlegen die Form auf dem Rost in den vorgeheizten Backofen schieben
Strom:	200-225, **Gas:** 4-5
Backzeit:	Etwa 15 Minuten den gebackenen Tortenboden sofort vom Springformboden lösen, aber erst nach dem Erkalten auf eine Tortenplatte legen
	für den Biskuitteig
4 Eier **2 Eßl. heißes Wasser**	mit einem elektrischen Handrührgerät mit Rührbesen auf höchster Stufe in 1 Minute schaumig schlagen
100 g Zucker **1 Päckchen Vanillin-Zucker**	in einer Minute einstreuen, dann noch etwa 2 Minuten schlagen
75 g Weizenmehl	mit
30 g Speisestärke **10 g Kakao** **½ gestrichenen Teel. Backpulver**	mischen, die Hälfte davon auf die Eiercreme sieben, kurz auf niedrigster Stufe unterrühren den Rest des Mehl-Gemisches auf dieselbe Weise unterarbeiten den Teig in eine gefettete, mit Pergamentpapier ausgelegte Springform (Durchmesser etwa 28 cm) füllen, glattstreichen die Form auf dem Rost in den vorgeheizten Backofen schieben
Strom:	175-200
Gas:	3-4
Backzeit:	30-35 Minuten sofort nach dem Backen den Tortenboden aus der Form lösen, auf einen Kuchenrost stürzen, das Papier abziehen den erkalteten Tortenboden einmal waagerecht durchschneiden
	für die Füllung
50 g Rosinen	verlesen, in
3 Eßl. Rum	einige Stunden einweichen

1 Päckchen Gelatine gemahlen, weiß	mit
3 Eßl. kaltem Wasser	in einem kleinen Topf anrühren, 10 Minuten zum Quellen stehenlassen die gequollene Gelatine erwärmen, bis sie gelöst ist
750 ml (¾ l) Schlagsahne	fast steifschlagen, die Gelatine mit etwas von der Sahne verrühren, zu der übrigen Sahne geben, die Sahne vollkommen steifschlagen die Sahne in 3 Teile teilen
75 g Nuß-Nougatmasse	in einem kleinen Topf im heißen Wasserbad geschmeidig rühren, unter einen Teil der Sahne rühren die eingeweichten Rosinen abtropfen lassen, die Flüssigkeit mit
20 g gesiebtem Puderzucker	unter den zweiten Teil Sahne rühren die Rosinen,

20 g gesiebten Puderzucker unter die restliche Sahne rühren
den Knetteigboden mit
2-3 Eßl. Preiselbeeren (aus dem Glas) bestreichen, mit dem unteren Biskuitteigboden bedecken, etwas andrücken, mit der Nougatsahne bestreichen, mit dem oberen Biskuitboden bedecken, mit der Rosinensahne bestreichen
von der Rum-Sahne 2-3 Eßl. in einen Spritzbeutel mit Sterntülle füllen
mit der restlichen Rum-Sahne Rand und Tortenoberfläche gleichmäßig bestreichen
den Tortenrand mit
Schokostreuseln bestreuen
die Tortenoberfläche mit der Sahne aus dem Spritzbeutel verzieren.

Kiwi-Quark-Torte

Für den Teig
125 g Weizenmehl auf die Tischplatte sieben, in die Mitte eine Vertiefung eindrücken
30 g Zucker
½ Teel. abgeriebene Zitronenschale (unbehandelt)
1 Eigelb hineingeben, mit einem Teil des Mehls zu einem dicken Brei verarbeiten
75 g kalte Butter in Stücke schneiden, auf den Brei geben, mit Mehl bedecken, von der Mitte aus alle Zutaten schnell zu einem glatten Teig verkneten, ihn etwa 30 Minuten kalt stellen
den Teig auf dem Boden einer gefetteten Springform (Durchmesser etwa 24 cm) ausrollen

	die Form auf dem Rost in den vorgeheizten Backofen schieben
Strom:	Etwa 200
Gas:	3-4
Backzeit:	15-20 Minuten den gebackenen Tortenboden erkalten lassen
	für den Belag
1 Päckchen Gelatine gemahlen, weiß	mit
3 Eßl. kaltem Wasser	anrühren, 10 Minuten zum Quellen stehenlassen
500 g Magerquark	mit
150 g Zucker	
3 Eigelb	
Saft von 2 Zitronen	verrühren die gequollene Galatine unter Rühren erwärmen, bis sie gelöst ist, unter die Quarkmasse rühren, kalt stellen sobald die Masse beginnt dicklich zu werden,
250 ml (¼ l) Schlagsahne	steifschlagen, unter die Quarkmasse heben
2 Gläschen Orangen-Likör	unterrühren den gebackenen Tortenboden auf eine Tortenplatte legen, mit dem Ring einer Springform (Durchmesser etwa 24 cm) umlegen, die Quarkmasse einfüllen, glattstreichen, die Torte 3-4 Stunden in den Kühlschrank stellen
5-6 Kiwis	schälen, in Scheiben schneiden schuppenförmig auf der Torte anrichten
	für den Guß
1 Päckchen Tortenguß, klar	
Zucker (nach Angabe auf dem Päckchen)	
250 ml (¼ l) Fruchtsaft oder Wasser	nach der Vorschrift auf dem Päckchen zubereiten, die Kiwischeiben damit bestreichen die Torte bis zum Servieren in den Kühlschrank stellen.

Königliche Erdbeer-Torte

(Abb. rechts)

	Für die Tortenböden
4 Eiweiß	so steif schlagen, daß ein Messerschnitt sichtbar ist, nach und nach
200 g Zucker	unterschlagen die Masse in einen Spritzbeutel mit Lochtülle füllen (3-4 cm Durchmesser) 2 Böden (Durchmesser etwa 28 cm) auf zwei mit Back-Trennpapier belegte Backbleche streichen und einen Boden (Durchmesser etwa 28 cm) auf die mit Back-Trennpapier belegte Fettfangschale streichen die 3 Tortenböden in einen Heißluft-Backofen schieben oder nacheinander abbacken
Strom:	110-120
Gas:	1-2
Backzeit:	1½-1¾ Stunden die gebackenen Baiserböden im ausgeschalteten Backofen über Nacht nachtrocknen lassen
	für die Füllung
1 kg Erdbeeren	waschen, abtropfen lassen, entstielen, die Hälfte der Früchte pürieren, mit der
abgeriebenen Schale von 1 Zitrone (unbehandelt) **50 g Zucker** **1 Eßl. Himbeergeist**	verrühren 200 g Erdbeeren in kleine Würfel schneiden, mit
2 Eßl. Himbeergeist	beträufeln, mit dem Erdbeer-Püree zugedeckt beiseite stellen
200 g Kuvertüre	in einem kleinen Topf im heißen Wasserbad geschmeidig rühren die Tortenböden von dem Back-Trennpapier lösen, erst eine Seite der Böden mit der Kuvertüre bestreichen, trocknen lassen, dann die andere Seite bestreichen
4 Eigelb	mit
100 g Zucker	cremig rühren
250 ml (⅕ l) Schlagsahne	steifschlagen, etwa ¾ des Erdbeer-Pürees und die Eigelbcreme unterziehen eine Tortenplatte mit Alufolie belegen, einen Springformring (Durchmesser etwa 28 cm) daraufsetzen, die Folie an den Seiten andrücken einen Baiserboden mit der glatten Seite nach unten hineinlegen die Hälfte der Erdbeer-Creme und die Hälfte der Erdbeerwürfel darauf verteilen, mit dem zweiten Baiserboden bedecken, etwas andrücken, die restliche Erdbeer-Creme und die restlichen Erdbeerwürfel daraufgeben, glattstreichen, mit dem dritten Boden bedecken die Torte etwa 6 Stunden in das Gefrierfach des Kühlschranks stellen
½ Päckchen Gelatine gemahlen, rot	mit
2 Eßl. kaltem Wasser	anrühren, 10 Minuten zum Quellen stehenlassen
200 ml (⅕ l) Schlagsahne	mit
1 Päckchen Vanillin-Zucker	steifschlagen den Springformring von der Torte lösen, die Alufolie abziehen die Torte ganz mit der Sahne bestreichen (etwas davon zum Verzieren in einen Spritzbeutel mit Sterntülle geben, beiseite stellen) die restlichen Erdbeeren halbieren, die Tortenoberfläche dicht damit belegen, dabei einen 2-3 cm breiten Rand freilassen die gequollene Gelatine unter Rühren erwärmen, bis sie gelöst ist, unter das restliche Erdbeer-Püree rühren, die Erdbeeren dick damit bestreichen, die Torte mit der Sahne aus dem Spritzbeutel verzieren
Etwa 36 Löffelbiskuits	der Tortenhöhe entsprechend abschneiden, rund um den Tortenrand stellen, etwas andrücken, sofort servieren.

Erdbeer-Torte

(Abb. oben)

	Für den Teig
4 Eier	
2 Eßl. heißes Wasser	mit einem elektrischen Handrührgerät mit Rührbesen auf höchster Stufe in 1 Minute schaumig schlagen
150 g Zucker	mit
1 Päckchen Vanillin-Zucker	mischen, in 1 Minute einstreuen, dann noch etwa 2 Minuten schlagen
100 g Weizenmehl	mit
100 g Speisestärke	
2 gestrichenen Teel. Backpulver	mischen, die Hälfte davon auf die Eiercreme sieben, kurz auf niedrigster Stufe unterrühren den Rest des Mehl-Gemisches auf dieselbe Weise unterarbeiten den Teig in eine Springform (Durchmesser etwa 28 cm, Boden gefettet, mit Pergamentpapier ausgelegt) füllen, glattstreichen die Form auf dem Rost in den vorgeheizten Backofen schieben
Strom:	175-200, **Gas:** 3-4
Backzeit:	20-30 Minuten sofort nach dem Backen den Tortenboden aus der Form lösen, auf einen Kuchenrost stürzen, das Pergamentpapier abziehen, den Tortenboden erkalten lassen, zweimal durchschneiden, die Tortenböden mit
8 Eßl. Erdbeer-Likör	beträufeln
	für die Füllung
1 Päckchen und 2 gehäufte Teel. Gelatine gemahlen, weiß	mit
5 Eßl. kaltem Wasser	anrühren, 10 Minuten zum Quellen stehenlassen, unter Rühren erwärmen, bis sie gelöst ist
500 ml (½ l) Erdbeer-Püree (von 500 g Erdbeeren)	mit
1-2 Eßl. Zitronensaft	
100 g Zucker	verrühren die heiße Gelatine unterrühren, das Püree kalt stellen, sobald die Masse beginnt dicklich zu werden,
600 ml Schlagsahne	steifschlagen, unterheben gut die Hälfte der Erdbeersahne auf die 3 Tortenböden streichen, zu einer Torte zusammensetzen die restliche Erdbeer-Sahne in einen Spritzbeutel mit Sterntülle füllen, die Torte damit verzieren, mit
gewaschenen, halbierten Erdbeeren	garnieren.

Torte Emden

(Abb. rechts)

	Für den Teig
2 Eier	
2-3 Eßl. heißes Wasser	mit einem elektrischen Handrührgerät mit Rührbesen auf höchster Stufe in 1 Minute schaumig schlagen
100 g Zucker	
1 Päckchen Vanillin-Zucker	mischen, in 1 Minute einstreuen, dann noch etwa 2 Minuten schlagen
75 g Weizenmehl	mit
50 g Speisestärke	
1 gestrichenen Teel. Backpulver	mischen, die Hälfte davon auf die Eiercreme sieben, kurz auf niedrigster Stufe unterrühren den Rest des Mehl-Speisestärke-Gemisches auf dieselbe Weise unterarbeiten die Hälfte des Teiges in eine gefettete, mit Pergamentpapier ausgelegte Springform (Durchmesser

	etwa 28 cm) füllen, glattstreichen die Form auf dem Rost in den vorgeheizten Backofen schieben
Strom:	175-200
Gas:	3-4
Backzeit:	Etwa 15 Minuten unter den restlichen Teig
20 g gesiebten Kakao	rühren, den Teig in eine zweite gefettete, mit Pergamentpapier ausgelegte Springform (Durchmesser etwa 28 cm) füllen, glattstreichen ebenso backen wie den hellen Tortenboden, die beiden Tortenböden sofort nach dem Backen aus der Form lösen, das Papier abziehen, die Tortenböden erkalten lassen
750 ml (¾ l) Schlagsahne	½ Minute schlagen
3 Päckchen Sahnesteif	einstreuen, die Sahne steifschlagen unter gut ⅓ der Schlagsahne
3 Eßl. Preiselbeeren (aus dem Glas)	
1-2 Eßl. Zitronensaft	rühren, die Preiselbeer-Sahne auf den dunklen Tortenboden streichen den hellen Tortenboden darauflegen, leicht andrücken
100 g zartbittere Schokolade	in Stücke brechen, in einem kleinen Topf im heißen Wasserbad geschmeidig rühren, etwas abkühlen lassen, unter die restliche Sahne rühren die Torte mit der Hälfte der Schokoladen-Sahne ganz bestreichen die restliche Schokoladen-Sahne in einen Spritzbeutel mit Sterntülle füllen, die Tortenoberfläche damit verzieren, mit
Preiselbeeren	garnieren.

Walnuß-Torte

(Abb. unten)

Für den Teig

den Boden einer Springform (Durchmesser etwa 28 cm) ausfetten, mit Pergamentpapier auslegen

7 Eier
4 Eßl. heißes Wasser mit einem elektrischen Handrührgerät mit Rührbesen auf höchster Stufe in 1 Minute schaumig schlagen

150 g Zucker mit
Salz
gemahlenem Zimt
abgeriebener Schale von 1 Zitrone (unbehandelt) mischen, in 1 Minute einstreuen, dann noch etwa 2 Minuten schlagen

300 g gemahlene Walnußkerne mit
75 g Grieß vermengen, die Hälfte davon auf die Eiercreme geben, kurz auf niedrigster Stufe unterrühren

den Rest des Nuß-Gemisches auf dieselbe Weise unterarbeiten

den Teig in die vorbereitete Springform füllen, glattstreichen

die Form auf dem Rost in den vorgeheizten Backofen schieben

Strom: 175-200
Gas: 3-4
Backzeit: 30-35 Minuten

sofort nach dem Backen den Tortenboden aus der Form lösen, auf einen Kuchenrost stürzen, das Papier abziehen, den Boden erkalten lassen, zweimal durchschneiden

für die Füllung

1 Päckchen und 1 gehäuften Teel. Gelatine gemahlen, weiß mit
5 Eßl. kaltem Wasser anrühren, 10 Minuten zum Quellen stehenlassen

375 ml (3/8 l) Milch mit
Salz
Mark von 1 Vanillestange und der Stange zum Kochen bringen
5 Eigelb mit
100 g Zucker cremig schlagen

die Vanillestange aus der heißen Milch nehmen, die Milch unter ständigem Rühren zu der Eigelbmasse geben

die gequollene Gelatine unter Rühren erwärmen, bis sie gelöst ist, unter die Eigelbmilch rühren

125 ml (1/8 l) Mokka-Likör unterrühren

die Masse in den Kühlschrank stellen, bis sie beginnt dicklich zu werden, dann

500 ml (1/2 l) Schlagsahne sehr steifschlagen, (3 Eßl. zurücklassen) unter die restliche Creme heben

den unteren Tortenboden auf eine Tortenplatte legen, den Springformring darumstellen

den Tortenboden mit gut 1/3 der

Creme bestreichen, mit der Hälfte von

75 g grobgehackten Walnußkernen bestreuen, mit dem zweiten Boden bedecken, etwas andrücken, mit der Hälfte der restlichen Creme bestreichen, mit den restlichen Walnußkernen bestreuen, den oberen Boden auflegen, die restliche Creme daraufstreichen
die Torte mit

etwa 50 Walnußkernhälften
etwa 50 g Borkenschokolade garnieren
die Torte mindestens 1 Stunde in den Kühlschrank stellen, Springformrand entfernen
den Tortenrand mit der zurückgelassenen Sahne (3 Eßl.) bestreichen.

Birnen-Sahnetorte

(Abb. rechts oben)

Für den Teig

150 g Weizenmehl sieben, mit
100 g Kokosraspeln mischen, auf die Tischplatte geben, in die Mitte eine Vertiefung eindrücken

75 g Zucker
1 Päckchen Vanillin-Zucker
abgeriebene Schale von 1 Zitrone (unbehandelt)
1 Ei hineingeben, mit einem Teil des Mehls zu einem dicken Brei verarbeiten

125 g kalte Butter oder Margarine in Stücke schneiden, auf den Brei geben, mit Mehl bedecken, von der Mitte aus alle Zutaten schnell zu einem glatten Teig verkneten, ihn etwa 30 Minuten kalt stellen
gut ⅔ des Teiges auf dem Boden einer gefetteten Springform (Durchmesser etwa 28 cm) ausrollen
den Springformring darumlegen
den Rest des Teiges zu einer Rolle formen, als Rand auf den Tortenboden legen, so an die Form drücken, daß ein etwa 3 cm hoher Rand entsteht
den Teigboden mehrmals mit einer Gabel einstechen
die Form auf dem Rost in den vorgeheizten Backofen schieben

Strom: 200–225
Gas: Etwa 4
Backzeit: 20–25 Minuten
sofort nach dem Backen den Springformrand vorsichtig lösen, den Tortenboden erkalten lassen

für den Belag

1 kg Birnen (z. B. Williams-Christbirne) schälen, halbieren, entkernen
375 ml (⅜ l) Weißwein mit
50 g Zucker
1 Zimtstange zum Kochen bringen, die Birnenhälften hineingeben, zum Kochen bringen, etwa 6 Minuten dünsten, abtropfen, erkalten lassen

für die Creme

1 Päckchen Gelatine gemahlen, weiß mit
3 Eßl. kaltem Wasser anrühren, 10 Minuten zum Quellen stehenlassen

2 Eigelb
25 g Zucker
125 ml (⅛ l) Milch erhitzen, nach und nach unter die Eigelbcreme rühren
die Masse im heißen Wasserbad so lange schlagen, bis eine dickliche Creme entstanden ist
die gequollene Gelatine unter Rühren in der Creme auflösen, nach und nach

250 ml (¼ l) Birnen-Kochflüssigkeit unterschlagen
die Creme im kalten Wasserbad abkühlen lassen
sobald die Creme beginnt dicklich zu werden,

250 ml (¼ l) Schlagsahne steifschlagen, unterheben
etwa die Hälfte der Sahnecreme auf dem Tortenboden verteilen
die Birnenhälften dicht nebeneinander darauf anordnen
die restliche Sahne-Creme in einen Spritzbeutel mit Sterntülle füllen
die Torte damit verzieren

2 Eßl. Johannisbeer-Gelee unter Rühren erhitzen, etwas abkühlen lassen, die Birnenhälften damit bestreichen.

Feine Buchweizen-Torte

(Abb. rechts)

Für den Teig

6 Eier
2 Eßl. heißes
Wasser mit einem elektrischen Handrührgerät mit Rührbesen auf höchster Stufe in 1 Minute schaumig schlagen

125 g Zucker
abgeriebene Schale
von 1 Zitrone
(unbehandelt) mischen, in 1 Minute einstreuen dann noch etwa 2 Minuten schlagen die Hälfte von

175 g Buchweizen-
mehl auf die Eiercreme sieben, kurz auf niedrigster Stufe unterrühren
den Rest des Mehls auf dieselbe Weise unterarbeiten
den Teig in eine gefettete, mit Pergamentpapier ausgelegte Springform (Durchmesser etwa 28 cm) füllen

Strom: 175-200
Gas: 3-4
Backzeit: 30-35 Minuten

sofort nach dem Backen den Tortenboden aus der Form lösen, auf einen Kuchenrost stürzen, das Papier abziehen
den Boden erkalten lassen, zweimal waagerecht durchschneiden

für die Füllung

375 g Brombeeren vorsichtig waschen, evtl. entstielen, abtropfen lassen, pürieren, durch ein Sieb streichen

1 Päckchen Gelatine
gemahlen, weiß mit
Wasser in einem kleinen Topf anrühren, 10 Minuten zum Quellen stehenlassen, unter Rühren erwärmen, bis sie gelöst ist

100 g Zucker
1 Päckchen
Vanillin-Zucker
2 Eßl. Zitronen-
saft unter die Brombeeren rühren, die Gelatine hinzufügen, gut verrühren wenn die Masse beginnt dicklich zu werden,

500 ml (½ l)
Schlagsahne steifschlagen, unterheben
den unteren Tortenboden mit 2-3 Eßl. von

225 g Himbeer-
oder Brombeer-Gelee bestreichen, die Hälfte der Brombeer-Sahne daraufgeben, glattstreichen, mit dem mittleren Boden bedecken, die restliche Brombeer-Sahne daraufstreichen, den oberen Tortenboden darauflegen, etwas andrücken

375 g Brombeeren waschen, evtl. entstielen, abtropfen lassen, die Tortenmitte damit belegen
das restliche Gelee unter Rühren erhitzen, bis es gelöst ist, etwas abkühlen lassen, die Brombeeren damit bestreichen

zum Verzieren

250 ml (¼ l)
Schlagsahne ½ Minute schlagen

1 Päckchen Sahnesteif
1 Teel. Zucker einstreuen, die Sahne steifschlagen
die Sahne in einen Spritzbeutel mit Sterntülle füllen, den unbelegten Rand der Tortenoberfläche damit verzieren
die Torte gut gekühlt servieren.

Schokoladen-Himbeer-Sahnetorte

Für den Teig

150 g zartbittere
Schokolade in kleine Stücke brechen, in einem kleinen Topf im heißen Wasserbad geschmeidig rühren, in eine Schüssel geben, nach und nach

5 Eigelb
50 g Zucker unterrühren, die Masse leicht cremig schlagen

1 Eßl. Weizenmehl mit
1 Messerspitze
Backpulver mischen, auf die Schokoladenmasse sieben, unterrühren

5 Eiweiß steifschlagen, unterheben
den Teig in eine gefettete, mit Pergamentpapier ausgelegte Springform (Durchmesser etwa 28 cm) füllen, glattstreichen
die Form auf dem Rost in den vorgeheizten Backofen schieben

Strom: Etwa 150
Gas: 1-2
Backzeit: Etwa 45 Minuten

den gebackenen Tortenboden erkalten lassen

375 ml (⅜ l)
Schlagsahne ½ Minute schlagen

2 Päckchen
Sahnesteif
1 Eßl. Zucker
1 Päckchen
Vanillin-Zucker einstreuen, die Sahne steifschlagen
⅓ der Sahne in einen Spritzbeutel mit Sterntülle geben, unter die restliche Sahne

250 g verlesene
Himbeeren heben
die Himbeersahne auf den Tortenboden streichen, mit der Sahne aus dem Spritzbeutel verzieren, mit

geraspelter
Schokolade oder
Schokoblättchen
Himbeeren garnieren.

Kiwi-Biskuit-Torte

(Abb. unten)

	Für den Teig
5 Eigelb	mit
200 g Honig	cremig rühren
5 Eiweiß	steifschlagen
200 g sehr fein gemahlenen Weizen oder feingemahlenen Buchweizen	mit
½ Teel. Backpulver	mischen, sieben, mit der Eigelbcreme auf den Eierschnee geben, vorsichtig unterziehen (nicht rühren)
1 Eßl. zerlassene Butter	unterziehen den Teig in eine gut gefettete, mit Pergamentpapier ausgelegte Springform (Durchmesser etwa 26 cm) füllen glattstreichen die Form auf dem Rost in den vorgeheizten Backofen schieben
Strom:	Etwa 175
Gas:	Etwa 3
Backzeit:	20-30 Minuten den Tortenboden sofort nach dem Backen aus der Form lösen das Pergamentpapier abziehen, den Boden erkalten lassen, zweimal durchschneiden

	für die Füllung
750 ml (¾ l) Schlagsahne	½ Minute schlagen
3 Päckchen Sahnesteif	
1 Päckchen Vanillin-Zucker	
2 Teel. Zucker	einstreuen, die Sahne steifschlagen
2-3 Kiwis	schälen, in 3 mm dicke Scheiben schneiden den unteren Tortenboden mit 4 Eßl. von der Sahne bestreichen, dicht mit Kiwischeiben belegen, mit etwas Schlagsahne bestreichen, mit dem zweiten Tortenboden bedecken etwas andrücken, 4. Eßl. von der Sahne daraufstreichen, mit Kiwischeiben belegen, mit dem dritten Tortenboden bedecken, etwas andrücken von der restlichen Sahne etwas zum Verzieren in einen Spritzbeutel mit Sterntülle füllen, mit der übrigen Sahne die Torte ganz einstreichen, auf der Tortenoberfläche etwas anhäufen die Torte mit der Sahne aus dem Spritzbeutel verzieren, mit
Kiwischeiben gehackten Pistazienkernen	garnieren.
Tip:	Die Torte einige Stunden kühl stellen.

Birnen-Brombeer-Torte

(Abb. rechts)

	Für den Teig
60 g Butter oder Margarine	zerlassen, etwas abkühlen lassen
5 Eier	
4-5 Eßl. heißes Wasser	mit einem elektrischen Handrührgerät mit Rührbesen auf höchster Stufe in 1 Minute schaumig schlagen
120 g Zucker	
Salz	
abgeriebene Schale von 1 Zitrone (unbehandelt)	mischen, in 1 Minute einstreuen, dann noch etwa 2 Minuten schlagen
80 g Weizenmehl	mit
60 g Speisestärke	mischen, die Hälfte davon auf die Eiercreme sieben, kurz auf niedrigster Stufe unterrühren den Rest des Mehl-Gemisches auf die gleiche Weise unterarbeiten von dem lauwarmen Fett den Schaum (Molke) abnehmen das Fett unter den Teig ziehen den Teig in eine Springform (Durchmesser etwa 28 cm, Boden gefettet, mit Pergamentpapier ausgelegt) füllen, glattstreichen die Form auf dem Rost in den vorgeheizten Backofen schieben
Strom:	175-200
Gas:	3-4
Backzeit:	25-30 Minuten sofort nach dem Backen den Tortenboden aus der Form lösen, auf einen Kuchenrost stürzen, das Pergamentpapier abziehen, den Tortenboden erkalten lassen, einmal durchschneiden
	für die Füllung
2 kg reife, nicht zu große Birnen	schälen, das Stielende gerade schneiden die Birnen mit
2 Eßl. Zitronensaft	beträufeln, vierteln, entkernen das Mark von
1 Vanillestange	mit
gut 500 ml (½ l) Weißwein	
75 g Zucker	verrühren, die Vanillestange hinzufügen, zum Kochen bringen, nacheinander jeweils die Hälfte der Birnenviertel hineingeben, zum Kochen bringen, weichdünsten, im Saft erkalten lassen, den unteren Tortenboden mit der Hälfte von
300 g Brombeer-Konfitüre	bestreichen von den Birnenvierteln die 14 schönsten beiseite legen, ½ von den restlichen Birnen dicht nebeneinander auf den bestrichenen Tortenboden legen
1 Päckchen Gelatine gemahlen, weiß	mit
3 Eßl. kaltem Wasser	anrühren, 10 Minuten zum Quellen stehenlassen, unter Rühren erwärmen, bis sie gelöst ist die restlichen Birnen mit
125 ml (⅛ l) Birnensaft	pürieren
4 Eßl. Birnengeist	
2 Eßl. Zitronensaft	unterrühren, die lauwarme Gelatine unterrühren sobald die Masse beginnt dicklich zu werden,
375 ml (⅜ l) Schlagsahne	steifschlagen, unterheben um den belegten Tortenboden den Springformring setzen, die Birnensahne auf den Birnenvierteln verteilen den zweiten Tortenboden darauflegen, etwas andrücken
125 ml (⅛ l) Birnensaft	mit
4 Eßl. Birnengeist	verrühren, den Biskuitboden damit beträufeln, die Torte etwa 1 Stunde kalt stellen
125 ml (⅛ l) Schlagsahne	steifschlagen, die Torte ganz damit bestreichen die 14 zurückgelassenen Birnenviertel gleichmäßig auf der Tortenoberfläche anordnen die Tortenmitte mit der restlichen Brombeer-Konfitüre ausfüllen.
Beigabe:	Sherry medium.

Pfirsich-Torte mit Nuß-Nougat-Guß

(Abb. unten)

	Für den Teig
3 Eier	
4 Eßl. heißes Wasser	mit einem elektrischen Handrührgerät mit Rührbesen auf höchster Stufe in 1 Minute schaumig schlagen
150 g Zucker	
1 Päckchen Vanillin-Zucker	in 1 Minute einstreuen, dann noch etwa 2 Minuten schlagen
100 g Weizenmehl	mit
100 g Speisestärke	
3 gestrichenen Teel. Backpulver	mischen, die Hälfte davon auf die Eiermasse sieben, kurz auf niedrigster Stufe unterrühren, den Rest des Mehl-Gemisches auf die gleiche Weise unterarbeiten den Teig in eine Springform (Durchmesser etwa 28 cm, Boden gefettet, mit Pergamentpapier belegt) füllen die Form auf dem Rost in den vorgeheizten Backofen schieben
Strom:	175-200
Gas:	3-4
Backzeit:	30-35 Minuten den gebackenen Boden sofort aus der Form lösen, das Pergamentpapier abziehen, den Boden erkalten lassen
1 Päckchen Gelatine gemahlen, weiß	mit
3 Eßl. kaltem Wasser	anrühren, 10 Minuten zum Quellen stehenlassen
8 Pfirsiche	kurze Zeit in kochendes Wasser legen (nicht kochen lassen), in kaltem Wasser abschrecken, enthäuten 5 Pfirsiche mit Alufolie bedeckt beiseite stellen die übrigen 3 Pfirsiche halbieren, entsteinen, kleinschneiden, das Fruchtfleisch pürieren das Pfirsichpüree mit
2 Eßl. Zitronensaft	
4 Eßl. Marillen-Likör	
2 Päckchen Vanillin-Zucker	verrühren die gequollene Gelatine unter Rühren erwärmen, bis sie gelöst ist, unter das Pfirsich-Püree rühren, sobald die Fruchtmasse beginnt dicklich zu werden,
500 ml (½ l) Schlagsahne	steifschlagen, unterrühren den Tortenboden einmal waagerecht durchschneiden, einen Tortenring darum stellen, die zurückgelassenen 5 Pfirsiche halbieren, entsteinen, den unteren Tortenboden damit belegen, die Pfirsichsahne darauf verteilen, glattstreichen, mit dem oberen Tortenboden bedecken, etwas andrücken die Torte etwa 2 Stunden kühl stellen die ganze Torte mit
3-4 Eßl. Zitronen-Marmelade	bestreichen
400 g Marzipan-Rohmasse	mit
200 g gesiebtem Puderzucker	verkneten, auf
gesiebtem Puderzucker	ausrollen, einen Kreis von etwa 28 cm Durchmesser und einen Streifen in Höhe der Torte ausschneiden die Marzipanplatte auf die Torte legen, den Marzipanstreifen um die Torte herum geben, etwas andrücken
	für den Guß
200 g Nuß-Nougat-Masse	in einem kleinen Topf im heißen Wasserbad geschmeidig rühren, über die Torte gießen, die Torte wieder gut durchkühlen lassen.

Erdbeer-Sahnetorte

(Abb. rechts oben)

	Für den Teig
2 Eiweiß	mit einem elektrischen Handrührgerät mit Rührbesen auf höchster Stufe in 1 Minute schaumig schlagen, nach und nach
2 gehäufte Eßl. Zucker	
Salz	unterschlagen
2 Eigelb	verschlagen, unter die Eiweißmasse ziehen

2 gehäufte Eßl. Weizenmehl	daraufsieben, mit
2 gehäuften Eßl. abgezogenen, gemahlenen Mandeln	unterheben den Teig in eine gefettete, mit Pergamentpapier ausgelegte Springform (Durchmesser etwa 28 cm) füllen, glattstreichen die Form auf dem Rost in den vorgeheizten Backofen schieben
Strom:	175-200
Gas:	3-4
Backzeit:	Etwa 14 Minuten den gebackenen Tortenboden sofort aus der Form lösen, auf einen Kuchenrost stürzen, das Pergamentpapier abziehen, den Boden erkalten lassen
	für den Belag
1 Päckchen Gelatine gemahlen, weiß	mit
3 Eßl. kaltem Wasser	in einem kleinen Topf anrühren, 10 Minuten zum Quellen stehenlassen
300 g Erdbeeren	vorsichtig waschen, abtropfen lassen, entstielen, pürieren
75 g Zucker **1 Päckchen Vanillin-Zucker** **1 Eßl. Zitronensaft**	unterrühren die Gelatine unter Rühren erwärmen, bis sie gelöst ist, unter das Erdbeerpüree rühren wenn die Masse beginnt dicklich zu werden,
375 ml (3/8 l) Schlagsahne	steifschlagen, unterheben den erkalteten Tortenboden auf eine Tortenplatte legen, den mit Papier ausgelegten Springformrand darumstellen, die Erdbeersahne auf den Tortenboden geben, glattstreichen, kalt stellen
700 g Erdbeeren	waschen, abtropfen lassen, entstielen, halbieren, mit
Zucker	bestreuen, einige Zeit durchziehen lassen, auf ein Sieb geben, den Saft auffangen die Erdbeeren schuppenförmig auf

der Erdbeersahne anrichten
den Erdbeersaft mit Wasser auf 250 ml (¼ l) Flüssigkeit auffüllen aus

1 Päckchen Tortenguß, rot
2 gestrichenen Eßl. Zucker
250 ml (¼ l) Erdbeer-Flüssigkeit — nach der Vorschrift auf dem Päckchen einen Tortenguß zubereiten
die Erdbeeren mit dem Guß bestreichen

250 ml (¼ l) Schlagsahne — ½ Minute schlagen

1 Päckchen Sahnesteif
1 Päckchen Vanillin-Zucker — einstreuen, die Sahne steifschlagen, in einen Spritzbeutel mit gezackter Tülle füllen und den Tortenrand ringsherum mit senkrechten Linien bespritzen.

Schwarze Johannisbeer-Torte

(Abb. unten)

Für den Teig

5 Eier
3-4 Eßl. heißes Wasser — mit einem elektrischen Handrührgerät mit Rührbesen auf höchster Stufe in 1 Minute schaumig schlagen

100 g Zucker — mit

Salz
gemahlenem Zimt
1 Teel. abgeriebener Zitronenschale — in 1 Minute einstreuen, dann noch etwa 2 Minuten schlagen

50 g Weizenmehl — mit

50 g Speisestärke
25 g Kakao — mischen, die Hälfte davon auf die Eiercreme sieben, kurz auf niedrigster Stufe unterrühren
den Rest des Mehl-Gemisches auf dieselbe Weise unterarbeiten

100 g halbbittere Kuvertüre — in einem kleinen Topf im heißen Wasserbad geschmeidig rühren, unter den Teig ziehen
den Teig in eine Springform (Durchmesser etwa 28 cm, Boden gefettet, mit Pergamentpapier ausgelegt) füllen, glattstreichen
die Form auf dem Rost in den vorgeheizten Backofen schieben

Strom: Etwa 175
Gas: 2-3
Backzeit: 30-35 Minuten

sofort nach dem Backen den Tortenboden aus der Form lösen, auf einen Kuchenrost stürzen
das Pergamentpapier abziehen
den Tortenboden erkalten lassen, einmal durchschneiden

für die Füllung

600 g schwarze Johannisbeeren — waschen, abtropfen lassen, mit einer Gabel von den Stielen zupfen
⅔ der Johannisbeeren mit

100 g Zucker — zum Kochen bringen, 2-3 Minuten kochen, erkalten lassen

1 Päckchen Gelatine gemahlen, weiß — mit

3 Eßl. kaltem Wasser — anrühren, 10 Minuten zum Quellen stehenlassen
die restlichen Johannisbeeren in das kalte Johannisbeer-Kompott geben, ⅔ der Früchte auf dem unteren Tortenboden verteilen
die gequollene Gelatine unter Rühren erwärmen, bis sie gelöst ist, unter das restliche Johannisbeer-Kompott rühren
die Hälfte von

125 ml (⅛ l) Cassis-Likör (schwarzer Johannisbeer-Likör) — unterrühren, kalt stellen
sobald die Fruchtmasse beginnt dicklich zu werden,

500 ml (½ l) Schlagsahne — steifschlagen, unterheben
die Johannisbeer-Sahne kuppelförmig auf den Tortenboden streichen, einige Zeit kalt stellen, mit dem oberen Tortenboden bedecken, etwas andrücken, mit dem restlichen Cassis-Likör bestreichen

125 ml (⅛ l) Schlagsahne — steifschlagen, die Torte ganz damit bestreichen

150 g Vollmilch-Kuvertüre — mit einem Sparschäler auf die Torte raspeln
die Schokoladen-Späne mit einem

breiten Messer an den Tortenrand drücken, die Torte etwa 2 Stunden in den Kühlschrank stellen.

Nektarinen-Torte

(Abb. unten)

	Für den Teig
5 Eier	mit
165 g Zucker	
1 Päckchen Vanillin-Zucker	
Salz	
abgeriebener Schale von 1 Zitrone (unbehandelt)	in einem Topf im heißen Wasserbad mit einem elektrischen Handrührgerät mit Rührbesen auf höchster Stufe etwa 7 Minuten schlagen, aus dem Wasserbad nehmen und weitere 7 Minuten schlagen
100 g Weizenmehl	mit
100 g Speisestärke	mischen, auf die Eigelbmasse sieben, unterziehen
60 g zerlassene Butter oder Margarine	unterrühren
	den Teig in eine Springform (Durchmesser etwa 28 cm, Boden gefettet, mit Pergamentpapier ausgelegt) füllen, glattstreichen
	die Form auf dem Rost in den vorgeheizten Backofen schieben
Strom:	175-200
Gas:	2-3
Backzeit:	30-35 Minuten
	sofort nach dem Backen den Tortenboden aus der Form lösen, auf einen Kuchenrost stürzen, erkalten lassen, zweimal durchschneiden
	für den Belag
1 ¼ kg Nektarinen	kurze Zeit in kochendes Wasser legen (nicht kochen lassen), enthäuten, halbieren, entsteinen
500 ml (½ l) Weißwein	
125 ml (⅛ l) Wasser	mit
125 g Zucker	zum Kochen bringen, die Nektarinenhälften darin zum Kochen bringen, 3-4 Minuten ziehen, abtropfen lassen, den Saft auffangen
	für die Füllung
500 ml (½ l) Nektarinensaft	mit
2 Eßl. Zitronensaft	verrühren, ⅓ davon abnehmen, mit

4 Eigelb
20 g Speisestärke verrühren, den übrigen Saft zum Kochen bringen, das angerührte Eigelb unter Rühren hinzufügen, aufkochen, erkalten lassen

1 Päckchen Gelatine gemahlen, weiß mit
3 Eßl. kaltem Wasser anrühren, 10 Minuten zum Quellen stehenlassen
gut ⅓ der Nektarinen in kleine Würfel schneiden, mit

3-4 Eßl. Aprikosen-Likör
500 ml (½ l) Schlagsahne steifschlagen
die gequollene Gelatine unter Rühren erwärmen, bis sie gelöst ist, mit Nektarinenwürfeln unter die erkaltete Fruchtcreme rühren, die steifgeschlagene Sahne unterheben

3-4 Eßl. Aprikosen-Likör mit
4 Eßl. Nektarinensaft verrühren, die 3 Tortenböden damit beträufeln
den Springformring innen mit Pergamentpapier auslegen, den untersten Biskuitboden in die Form legen, die Hälfte der Sahne-Fruchtcreme daraufstreichen, mit dem mittleren Boden bedecken, die restliche Sahne-Fruchtcreme darauf verteilen,
den dritten Tortenboden mit der gebräunten Seite nach oben darauflegen, etwas andrücken
die Torte etwa 1 Stunde in den Kühlschrank stellen
die restlichen Nektarinen in Spalten schneiden

250 ml (¼ l) Schlagsahne steifschlagen
von der Torte den Springformring entfernen
die Torte ganz mit der Sahne bestreichen
die Nektarinenspalten fächerförmig dicht auf der Tortenoberfläche anordnen

100 g Aprikosen-Konfitüre durch ein Sieb streichen, unter Rühren erhitzen, die Nektarinenspalten dünn damit bestreichen.

Friesische Weihnachts-Torte

(Abb. rechts)

Für den Teig

250 g Weizenmehl mit
1 Messerspitze Backpulver mischen, auf die Tischplatte sieben, in die Mitte eine Vertiefung eindrücken

2 Päckchen Vanillin-Zucker
1 Becher (150 g) Crème fraîche
175 g in Stücke geschnittene kalte Butter hineingeben, mit Mehl bedecken, von der Mitte aus alle Zutaten schnell zu einem glatten Teig verkneten, sollte er zu weich sein, evtl. noch etwas Mehl unterkneten oder ihn eine Zeitlang kalt stellen
den Teig in 4 gleich große Stücke teilen
jeweils ein Teigstück auf dem gefetteten Boden einer Springform (Durchmesser etwa 28 cm) ausrollen (darauf achten, daß der Teigboden am Rand nicht zu dünn ist), mehrmals mit einer Gabel einstechen, den Springformring darumlegen, schließen

für die Streusel

150 g Weizenmehl in eine Schüssel sieben, mit
75 g Zucker mit
1 Päckchen Vanillin-Zucker
1 Messerspitze gemahlenem Zimt mischen
100 g kalte Butter in Flöckchen dazugeben
die Zutaten mit den Händen oder 2 Gabeln zu Streuseln vermengen, die Teigböden gleichmäßig damit bedekken
die Formen nacheinander auf dem Rost in den vorgeheizten Backofen schieben

Strom: 200-225
Gas: 3-4
Backzeit: Etwa 15 Minuten
die Böden sofort nach dem Backen vom Springformboden lösen und einen der Böden in 12 Tortenstücke schneiden
die Böden auf einem Kuchenrost erkalten lassen

für die Füllung

500 ml (½ l) Schlagsahne ½ Minute schlagen
25 g Zucker
2 Päckchen Sahnesteif
1 Päckchen Vanillin-Zucker einstreuen, die Sahne steifschlagen, in einen Spritzbeutel mit gezackter Tülle füllen
die 3 unzerteilten Böden zunächst mit jeweils ⅓ von
450 g Pflaumenmus bestreichen, die Schlagsahne darauf spritzen, mit dem geschnittenen Boden zu einer Torte zusammensetzen
die Torte mit
gesiebtem Puderzucker bestäuben, kalt stellen, vor dem Verzehr mit einem Sägemesser schneiden.

Schokoladen-Sahne-Bombe

(Abb. oben)

	Für den Teig
100 g bittere Kuvertüre	mit
150 g Butter	in einem kleinen Topf im heißen Wasserbad geschmeidig rühren
3 Eier	
1 Eßl. heißes Wasser	mit einem elektrischen Handrührgerät mit Rührbesen auf höchster Stufe in 1 Minute schaumig schlagen
125 g Zucker	mit
Salz	
Mark von 1 Vanillestange	mischen, in 1 Minute einstreuen, dann noch etwa 2 Minuten schlagen
150 g Weizenmehl	mit
1 Teel. Backpulver	mischen, sieben, mit
100 g grobgehackten Walnußkernen	mischen, die Hälfte davon auf die Eiercreme geben, kurz auf niedrigster Stufe unterrühren den Rest des Mehl-Gemisches auf dieselbe Weise unterarbeiten die lauwarme Kuvertüre-Buttermischung vorsichtig unterziehen den Teig in eine Springform (Durchmesser etwa 26 cm, Boden gefettet, mit Pergamentpapier ausgelegt) füllen, glattstreichen die Form auf dem Rost in den vorgeheizten Backofen schieben
Strom:	Etwa 200
Gas:	3-4
Backzeit:	25-30 Minuten sofort nach dem Backen den Tortenboden aus der Form lösen, auf einen Kuchenrost stürzen, das Papier abziehen, den Boden erkalten lassen
	für die Schokoladen-Sahne
300 g bittere Kuvertüre	in einem kleinen Topf im heißen Wasserbad geschmeidig rühren, etwas abkühlen lassen
5 Eigelb	mit
5 Eßl. kaltem Wasser	
1 Päckchen Vanillin-Zucker	
2 Eßl. Weinbrand	
Salz	mit einem elektrischen Handrührgerät mit Rührbesen in etwa 5 Minuten cremig schlagen, unter die lauwarme Kuvertüre rühren
375 ml (3/8 l) Schlagsahne	steifschlagen
5 Eiweiß	steifschlagen zuerst die Sahne, dann den Eierschnee unter die Kuvertürenmasse heben die Masse in eine Eisbombenform (1 ½ l Inhalt, Durchmesser etwa 26 cm) oder in eine entsprechend große Schüssel füllen, glattstreichen, über Nacht in den Kühlschrank stellen
	für den Belag
300 g bittere Kuvertüre	im heißen Wasserbad geschmeidig rühren, mit einem breiten Messer auf ein Backblech streichen bevor die Kuvertüre ganz fest wird, sie mit einem Spachtel in Längsrichtung in dicke Späne und Rollen schaben den Tortenboden auf eine Tortenplatte legen die Form mit der Schokoladen-Sahne kurz in heißes Wasser tauchen, auf den Tortenboden stürzen
250 ml (1/4 l) Schlagsahne	steifschlagen
1 Eßl. gesiebten Kakao	mit
1 Eßl. gesiebtem Puderzucker	
1 Eßl. Weinbrand	verrühren, unter die Sahne ziehen die Tortenkuppel mit der Weinbrand-Sahne bestreichen Kuvertüre-Späne und -rollen auf der Torte verteilen die Torte dünn mit
gesiebtem Puderzucker	bestäuben.

Cointreau-Sahnetorte mit Aprikosen

(Abb. rechts)

	Für den Teig
150 g weiche Butter	geschmeidig rühren, nach und nach
150 g Zucker	
1 Päckchen Vanillin-Zucker	

4 Eier unterrühren

200 g gemahlene Haselnußkerne mit
30 g gesiebtem Kakao
2 gestrichenen Teel. Backpulver mischen, eßlöffelweise unterrühren
den Teig in eine Springform, (Durchmesser etwa 28 cm, Form gefettet, mit Pergamentpapier ausgelegt) füllen, glattstreichen
die Form auf dem Rost in den vorgeheizten Backofen schieben

Strom: 175-200
Gas: 3-4
Backzeit: 15-20 Minuten

sofort nach dem Backen den Tortenboden aus der Form lösen, auf einen Kuchenrost stürzen, das Papier abziehen, den Tortenboden erkalten lassen, einmal durchschneiden

für die Füllung

500 g gedünstete Aprikosenhälften abtropfen lassen, auf dem unteren Tortenboden verteilen, dabei einen etwa 2 cm breiten Rand freilassen

500 ml (½ l) Schlagsahne ½ Minute schlagen
2 Päckchen Sahnesteif mit
2 gut gehäuften Teel. Zucker mischen, einstreuen, die Sahne steifschlagen
5 Eßl. Cointreau unterrühren

knapp ¼ der Sahne in einen Spritzbeutel mit Lochtülle füllen
gut die Hälfte der übrigen Sahne auf die Aprikosenhälften streichen, mit dem oberen Boden bedecken, etwas andrücken
die Torte ganz mit der restlichen Sahne bestreichen, in 16 gleich große Stücke einteilen, auf jedes markierte Tortenstück einen Sahnering spritzen, mit der restlichen Sahne die Torte beliebig verzieren

2 Eßl. Aprikosen-Konfitüre durch ein Sieb streichen, in jeden Sahnering etwas davon hineingeben.

Joghurt-Weincreme-Torte

(Abb. oben)

Für den Teig

4 Eier
7-8 Eßl. heißes Wasser mit einem elektrischen Handrührgerät mit Rührbesen auf höchster Stufe in 1 Minute schaumig schlagen

200 g Zucker
1 Päckchen Vanillin-Zucker mischen, in 1 Minute einstreuen, dann noch etwa 2 Minuten schlagen

150 g Weizenmehl mit
60 g Speisestärke
1 schwach gehäuften Teel. Backpulver mischen, die Hälfte davon auf die Eiercreme sieben, kurz auf niedrigster Stufe unterrühren
den Rest des Mehl-Gemisches auf dieselbe Weise unterarbeiten
¾ des Teiges etwa 1 cm dick auf ein gefettetes, mit Pergamentpapier belegtes Backblech

streichen, an der offenen Seite des Blechs das Papier unmittelbar zur Falte knicken, so daß ein Rand entsteht
das Backblech in den vorgeheizten Backofen schieben, backen
den Rest des Teiges in eine Springform (Durchmesser etwa 28 cm, Boden gefettet, mit Pergamentpapier belegt) füllen, sofort backen

Strom: 200-225
Gas: 3-4
Backzeit für die Rolle: 10-15 Minuten
für den Boden: 15-20 Minuten

den Biskuit für die Rolle nach dem Backen sofort auf ein mit Zucker bestreutes Papier stürzen, das Pergamentpapier mit kaltem Wasser bestreichen, vorsichtig, aber schnell abziehen
den Biskuit sofort gleichmäßig mit

300 g Kirsch-Konfitüre bestreichen, von der längeren Seite her aufrollen, die erkaltete Rolle in 16 Stücke schneiden, in eine Springform (Boden mit Pergamentpapier belegt) legen

für die Füllung

1 Päckchen Gelatine gemahlen, weiß
3 Eßl. kaltem Wasser in einem kleinen Topf anrühren, 10 Minuten zum Quellen stehenlassen

25 g Speisestärke mit
200 ml (⅕ l) Weißwein in einem großen Topf verrühren
60 g Zucker
3 Eigelb
Saft von 1 Zitrone hinzufügen, unter ständigem Schlagen erhitzen, bis eine Kochblase aufsteigt
die gequollene Gelatine in der Weißweincreme lösen, die Masse erkalten lassen, ab und zu durchschlagen, sobald die Masse beginnt dicklich zu werden,

500 ml (½ l) Schlagsahne steifschlagen, mit
1 Becher (150 g) Vollmilch-Joghurt unterheben
die Masse gleichmäßig über die Biskuitrollenstücke streichen
das Pergamentpapier des Biskuitbodens abziehen, den Biskuitboden auf die Füllung legen, gut andrücken,
die Torte kalt stellen
die Torte vom Springformrand lösen, auf eine Tortenplatte stürzen, das Papier abziehen, den Springformrand wieder darumlegen aus

1 Päckchen Tortenguß, klar
25 g Zucker
250 ml (¼ l) Weißwein nach der Vorschrift auf dem Päckchen einen Tortenguß zubereiten
den Guß lauwarm eßlöffelweise über die Torte geben
den Tortenrand mit
gehackten Pistazienkernen garnieren.

Meringuen-Torte mit Erdbeeren

(Abb. unten)

Für die Füllung

750 g Erdbeeren putzen, vorsichtig waschen, abtropfen lassen, 500 g Erdbeeren vierteln, mit
3-4 Eßl. Kirschwasser beträufeln, mit
1-2 Eßl. gesiebtem Puderzucker bestäuben, etwa 3 Stunden zugedeckt durchziehen lassen
die restlichen Erdbeeren beiseite stellen

für die Tortenböden

2 Backbleche mit Back-Trennpapier auslegen, mit Hilfe eines Springfromringes (Durchmesser etwa 22 cm) 3 Kreise auf das Back-Trennpapier zeichnen

4 Eiweiß mit
250 g Zucker
1 Eßl. Zitronensaft im heißen Wasserbad mit einem elektrischen Handrührgerät mit Rührbesen auf höchster Stufe zu

einem festen Schaum aufschlagen
jeweils ⅓ der Masse auf die markierten Kreise verteilen
die Backbleche übereinander in den vorgeheizten Backofen schieben

Strom: Etwa 100
Gas: Etwa 1
Backzeit: Etwa 3 Stunden
nach etwa 1 ½ Stunden die Backbleche austauschen
die Tortenböden vom Back-Trennpapier lösen, einen Boden auf einen Tortenteller legen, den Springformring (Durchmesser etwa 22 cm) darumstellen

500 ml (½ l) Schlagsahne steifschlagen, nach und nach
1 Päckchen Sahnesteif
2 Päckchen Vanillin-Zucker unterschlagen, die marinierten Erdbeeren unterheben
die Hälfte der Erdbeer-Sahne auf den unteren Boden streichen, mit dem zweiten Boden bedecken, etwas andrücken, die restliche Erdbeer-Sahne darauf verteilen,
den dritten Boden daraufsetzen
die Torte mindestens 5 Stunden in das Gefrierfach des Kühlschranks stellen
etwa 30 Minuten vor dem Servieren

125 ml (⅛ l) Schlagsahne steifschlagen
1 Päckchen Vanillin-Zucker unterschlagen, die Torte ganz mit der Sahne bestreichen, mit den restlichen Erdbeeren garnieren.

Mokka-Sahnetorte

(Abb. rechts)

Für den Knetteig

150 g Weizenmehl auf die Tischplatte sieben, in die Mitte eine Vertiefung eindrücken
2 schwach gehäufte Eßl. Zucker
1 Päckchen Vanillin-Zucker hineingeben
100 g kalte Butter in Stücke schneiden, auf den Zucker geben, mit Mehl bedecken, von der Mitte aus alle Zutaten schnell zu einem glatten Teig verkneten
den Teig auf dem umgedrehten Boden einer gefetteten Springform (Durchmesser etwa 28 cm) ausrollen, mehrmals mit einer Gabel einstechen
den Boden ohne Springformring auf dem Rost in den vorgeheizten Backofen schieben

Strom: 175-200
Gas: 3-4
Backzeit: 15-20 Minuten

sofort nach dem Backen den Tortenboden vom Springformboden lösen, erkalten lassen

für den Biskuitteig

2 Eier
2-3 Eßl. heißes Wasser mit einem elektrischen Handrührgerät mit Rührbesen auf höchster Stufe in 1 Minute schaumig schlagen
1 Päckchen Vanillin-Zucker mischen, in 1 Minute einstreuen, dann noch etwa 2 Minuten schlagen
75 g Weizenmehl
50 g Speisestärke
1 gestrichener Teel. Backpulver mischen, die Hälfte davon auf die Eiercreme sieben, kurz auf niedrigster Stufe unterrühren
den Rest des Mehl-Gemisches auf die gleiche Weise unterarbeiten
den Teig in eine Springform (Durchmesser etwa 28 cm, Form gefettet, mit Pergamentpapier ausgelegt) füllen, glattstreichen
die Form auf dem Rost in den vorge-

	heizten Backofen schieben
Strom:	175-200
Gas:	3-4
Backzeit:	25-30 Minuten sofort nach dem Backen den Tortenboden aus der Form lösen, auf einen Kuchenrost stürzen, das Papier abziehen, den Boden erkalten lassen, einmal durchschneiden
	für die Füllung
etwa 250 g gedünstete Sauerkirschen	abtropfen lassen, 200 ml (⅕ l) von dem Saft abmessen (evtl. mit Wasser ergänzen)
2 gehäufte Eßl. Speisestärke	mit dem abgemessenen Saft anrühren, unter Rühren zum Kochen bringen, die Kirschen unterrühren, mit
Zucker	abschmecken, kalt stellen
1 Tube löslichen Kaffee (für 2 Tassen)	mit
2 Eßl. kochendem Wasser	verrühren, abkühlen lassen
	den Knetteigboden mit
2-3 Eßl. Kirsch-Konfitüre	bestreichen den unteren Biskuitboden auf den bestrichenen Knetteigboden legen, die Kirschen darauf verteilen
750 ml (¾ l) Schlagsahne	½ Minute schlagen
3 Päckchen Sahnesteif	mit
2 Eßl. gesiebtem Puderzucker **1 Päckchen Vanillin-Zucker**	mischen, einstreuen, die Sahne steifschlagen, ⅓ davon abnehmen unter die restliche Sahne den Kaffee heben, auf die Kirschen streichen, den oberen Biskuitboden darauflegen, etwas andrücken, die Torte ganz mit der Hälfte der zurückgelassenen Sahne bestreichen, die restliche Sahne in einen Spritzbeutel füllen die Torte in 16 gleichgroße Stücke teilen, Sahnetuffs auf die Tortenoberfläche spritzen, mit
Mokkabohnen	garnieren.

Rum-Flocken-Torte

(Abb. unten)

Für den Brandteig

250 ml (¼ l) Wasser mit
125 g Butter
Salz, Zucker am besten in einem Stieltopf zum Kochen bringen

125 g Weizenmehl sieben, auf einmal in die von der Kochstelle genommene Flüssigkeit schütten, zu einem glatten Kloß rühren
unter Rühren etwa 1 Minute erhitzen
den heißen Kloß sofort in eine Schüssel geben, nach und nach

5-6 Eier unterrühren, weitere Eizugabe erübrigt sich, wenn der Teig stark glänzt und so vom Löffel abreißt, daß lange Spitzen hängenbleiben
aus dem Teig 3 Böden backen
dazu jeweils ⅓ des erkalteten Teiges auf einen gefetteten, mit Mehl bestäubten Springformboden (Durchmesser etwa 28 cm) streichen (darauf achten, daß die Teiglage am Rand nicht zu dünn ist, damit der Boden nicht zu dunkel wird)
jeden Boden ohne Springformrand im vorgeheizten Backofen hellbraun backen

Strom: Etwa 225
Gas: 4-5
Backzeit: 15-20 Minuten
das Gebäck sofort nach dem Backen vom Springformboden lösen, den Boden umdrehen, weitere 3-5 Minuten bei gleicher Backtemperatur backen, auf einem Kuchenrost erkalten lassen

für den Knetteig

150 g Weizenmehl auf die Tischplatte sieben, in die Mitte eine Vertiefung eindrücken

50 g Zucker
Salz
1 Teel. abgeriebene Zitronenschale (unbehandelt)
1 kleines Ei hineingeben, mit einem Teil des Mehls zu einem dicken Brei verarbeiten

80 g kalte Butter in Stücke schneiden, auf den Brei geben, mit Mehl bedecken, von der Mitte aus alle Zutaten schnell zu einem glatten Teig verkneten, ihn etwa 15 Minuten kalt stellen
den Teig auf dem gefetteten Boden einer Springform (Durchmesser etwa 28 cm) ausrollen, den Springformrand darumlegen, mehrmals mit einer Gabel einstechen
die Form auf dem Rost in den vorgeheizten Backofen schieben

Strom:	Etwa 200
Gas:	3-4
Backzeit:	12-15 Minuten den gebackenen Boden erkalten lassen
	für die Kirschfüllung
etwa 370 g gedünstete Sauerkirschen	abtropfen lassen, den Saft auffangen, 250 ml (¼ l) davon abmessen (evtl. mit Wasser ergänzen)
30 g Speisestärke	mit 4 Eßl. von dem Saft anrühren den übrigen Saft mit
etwas gemahlenem Zimt	
1 Eßl. Zucker	zum Kochen bringen, von der Kochstelle nehmen, die angerührte Speisestärke unterrühren, einmal aufkochen lassen, die Kirschen unterrühren, erkalten lassen
	für die Rumcreme
2 Päckchen Gelatine gemahlen, weiß	mit
6 Eßl. kaltem Wasser	anrühren, 10 Minuten zum Quellen stehenlassen
7 Eigelb	mit
100 g Zucker	schaumig schlagen
375 ml (⅜ l) Milch	mit dem
Mark von 2 Vanillestangen	
Salz	
30 g Zucker	zum Kochen bringen, ⅔ der Flüssigkeit unter die Eigelbmasse schlagen, die Masse mit dem Schneebesen unter die restliche Milch schlagen, so lange schlagen, bis eine dickliche Creme entstanden ist, die gequollene Gelatine unter Rühren darin auflösen, wenn die Creme beginnt dicklich zu werden,
750 ml (¾ l) Schlagsahne	steifschlagen, mit
3-4 Eßl. Rum	unterheben den Knetteigboden auf eine Tortenplatte legen, den gesäuberten Ring der Springform darumlegen, Kirschfüllung daraufstreichen, einen Brandteigboden auf die Kirschen legen, etwas andrücken, die Hälfte der Rumcreme daraufstreichen, mit dem zweiten Brandteigboden bedecken, mit der restlichen Creme bestreichen, den dritten Boden darauflegen, etwas andrücken die Torte 4-5 Stunden kalt stellen
50-60 g abgezogene, gehobelte Mandeln	in einer Pfanne ohne Fett goldbraun rösten, gleichmäßig an den Tortenrand drücken, die Tortenoberfläche mit
gesiebtem Puderzucker	bestäuben.

Johannisbeer-Weincreme-Sahnetorte

(Abb. oben)

	Für den Knetteig
150 g Weizenmehl	auf die Tischplatte sieben, in die Mitte eine Vertiefung eindrücken
50 g Zucker	
Salz	
abgeriebene Schale von 1 Zitrone (unbehandelt)	
1 Eigelb	hineingeben, mit einem Teil des Mehls zu einem dicken Brei verarbeiten
100 g kalte Butter	in Stücke schneiden, auf den Brei geben, mit Mehl bedecken, von der Mitte aus alle Zutaten schnell zu einem glatten Teig verkneten, ihn etwa 30 Minuten kalt stellen den Teig auf dem Boden einer gefetteten Springform (Durchmesser etwa 28 cm) ausrollen mehrmals mit einer Gabel einstechen den Springformrand darumlegen die Form auf dem Rost in den vorgeheizten Backofen schieben
Strom:	Etwa 200
Gas:	3-4
Backzeit:	Etwa 15 Minuten den Knetteigboden sofort nach dem Backen vom Springformboden lösen, erkalten lassen
	für den Biskuitteig
6 Eier	
5-6 Eßl. heißes Wasser	mit einem elektrischen Handrührge-

	rät mit Rührbesen auf höchster Stufe in 1 Minute schaumig schlagen
90 g Zucker **1 Päckchen Vanillin-Zucker** **Salz**	mischen, in 1 Minute einstreuen, dann noch etwa 2 Minuten schlagen
120 g Weizenmehl	mit
80 g Speisestärke	mischen, die Hälfte davon auf die Eiercreme sieben den Rest des Mehl-Gemisches auf dieselbe Weise unterarbeiten den Teig auf ein gefettetes, mit Pergamentpapier oder Alufolie ausgelegtes Backblech füllen, glattstreichen das Backblech in den vorgeheizten Backofen schieben
Strom:	Etwa 200-225
Gas:	Etwa 4
Backzeit:	Etwa 10 Minuten die Biskuitplatte sofort nach dem Backen auf ein entsprechend großes, mit
Zucker	bestreutes Stück Pergamentpapier stürzen etwas abkühlen lassen, mit
300 g Johannisbeer-Gelee	bestreichen
	für die Weincreme-Sahne
1 Päckchen Gelatine gemahlen, weiß	mit
3 Eßl. kaltem Wasser	anrühren, 10 Minuten zum Quellen stehenlassen
125 ml (1/8 l) Weißwein	mit
1 Eßl. Zitronensaft **100 g Zucker**	zum Kochen bringen, von der Kochstelle nehmen, die gequollene Gelatine unter Rühren darin auflösen
2 Eigelb	unterschlagen, im kalten Wasserbad abkühlen lassen sobald die Creme beginnt dicklich zu werden,
500 ml (1/2 l) Schlagsahne	steifschlagen, unterheben die Weincreme-Sahne gleichmäßig auf die Biskuitplatte streichen die Platte in etwa 4 cm breite Streifen schneiden den Knetteigboden mit
100 g Johannisbeer-Gelee	bestreichen den ersten Streifen des Biskuits zu einer Schnecke aufrollen, in die Mitte des Knetteigbodens setzen, die anderen Biskuitteig-Streifen als Spirale auf den Tortenboden setzen, bis alle Streifen verbraucht sind, den Springformring um die Torte stellen, die Torte etwa 1 Stunde kalt stellen
	für den Belag
500 g Johannisbeertrauben	waschen, abtropfen lassen, von den Stielen streifen, auf der Tortenoberfläche verteilen
300 g Johannisbeer-Gelee	unter Rühren erhitzen, auf die Johannisbeeren geben, mit einem Pinsel verteilen, die Torte nochmals etwa 10 Minuten kalt stellen
125 ml (1/8 l) Schlagsahne	steifschlagen, den Tortenring von der Torte abnehmen, den Tortenrand mit der Sahne bestreichen.

Schneeflocken-Torte

(Abb. rechts)

	Für den Teig
125 g weiche Butter	geschmeidig rühren, nach und nach
125 g Zucker **1 Päckchen Vanillin-Zucker** **4 Eigelb** **Salz**	unterrühren
100 g Weizenmehl	mit
1 gestrichenen Teel. Backpulver	mischen, sieben, mit
60 g hellbraun gerösteten Kokosraspeln	unterrühren
4 Eiweiß	steifschlagen, unterheben den Teig in eine gefettete Springform (Durchmesser etwa 28 cm) füllen, glattstreichen die Form auf dem Rost in den vorgeheizten Backofen schieben
Strom:	Etwa 175
Gas:	Etwa 3
Backzeit:	Etwa 30 Minuten den erkalteten Boden einmal durchschneiden
	für die Füllung den unteren Boden mit
3 Eßl. Himbeer- oder Sauerkirsch-Konfitüre	bestreichen
500 ml (1/2 l) Schlagsahne	½ Minute schlagen
1 Päckchen Vanillin-Zucker **2 Päckchen Sahnesteif**	einstreuen, die Sahne steifschlagen, gut die Hälfte der Schlagsahne auf den unteren Tortenboden streichen, mit dem oberen Tortenboden bedecken die Torte mit der restlichen Schlagsahne bestreichen, mit
40-50 g Kokosraspeln	ganz einstreuen, kurz vor dem Servieren mit
gesiebtem Puderzucker	bestäuben.

Preiselbeer-Eierlikör-Torte

(Abb. unten)

	Für den Teig
3 Eier	
2 Eßl. heißes Wasser	mit einem elektrischen Handrührgerät mit Rührbesen auf höchster Stufe in 1 Minute schaumig schlagen
100 g Zucker	in 1 Minute einstreuen, dann noch etwa 2 Minuten schlagen
100 g gemahlene Haselnußkerne	mit
100 g geriebener Blockschokolade	mischen, die Hälfte davon auf die Eiercreme geben, kurz auf niedrigster Stufe unterrühren den Rest des Nuß-Schokoladen-Gemisches auf die gleiche Weise unterarbeiten den Teig in eine gefettete, mit Pergamentpapier ausgelegte Springform (Durchmesser etwa 26 cm) geben die Form auf dem Rost in den vorgeheizten Backofen schieben
Strom:	175-200
Gas:	3-4
Backzeit:	25-30 Minuten sofort nach dem Backen den Boden aus der Form lösen, auf einen Kuchenrost stürzen, das Backpapier mit kaltem Wasser bestreichen, vorsichtig, aber schnell abziehen den Tortenboden erkalten lassen
	für den Belag den Tortenboden mit
225 g Preiselbeeren (aus dem Glas)	bestreichen
375 ml (3/8 l) Schlagsahne	½ Minute schlagen
½ Päckchen Sahnesteif **2 Teel. Zucker** **etwas Vanillin-Zucker**	einstreuen, die Sahne steifschlagen ⅔ der Schlagsahne auf die Preiselbeeren streichen, die restliche Sahne in einen Spritzbeutel mit glatter Tülle füllen, Tortenrand und -oberfläche damit verzieren die Tortenmitte mit
4-5 Eßl. Eierlikör	ausfüllen nach Belieben noch Eierlikör dazureichen.

Aprikosen-Torte

(Abb. rechts)

	Für den Teig
250 g Weizenmehl	auf eine Tischplatte sieben, in die Mitte eine Vertiefung eindrücken
200 g kalte Butter	in Stücke schneiden, mit

Salz
100 ml kaltem Wasser in die Vertiefung geben, mit Mehl bedecken, von der Mitte aus alle Zutaten grob verkneten (Butterstücke sollen noch sichtbar sein)
den Teig auf der mit
Weizenmehl bestäubten Tischplatte zu einem Rechteck von etwa 32 × 22 cm ausrollen
⅓ des Teigstückes von der Seite her zur Mitte einschlagen
die anderen ⅔ Teig darüberklappen, etwas andrücken, den Vorgang wiederholen, so daß das Teigstück aus 6 Teiglagen besteht, den Teig etwa 30 Minuten kalt stellen

für die Creme
50 g Speisestärke mit 5 Eßl. von
375 ml (⅜ l) Weißwein anrühren, den restlichen Wein mit
100 g Zucker
Saft von 2 Zitronen
abgeriebener Schale von 1 Zitrone (unbehandelt) zum Kochen bringen, mit der angerührten Speisestärke binden, von der Kochstelle nehmen
2 Eigelb unterrühren, die Creme unter Rühren erkalten lassen
1 kg reife Aprikosen kurze Zeit in kochendes Wasser legen (nicht kochen lassen), in kaltem Wasser abschrecken, enthäuten, halbieren, entsteinen, etwa ⅔ beiseite stellen, ⅓ der Früchte würfeln, mit
4 Eßl. Aprikosen-Likör verrühren, den Teig in 2 gleichgroße Stücke schneiden
jedes Teigstück ausrollen, in der Größe eines Springformbodens (Durchmesser etwa 28 cm) ausschneiden
die Teigböden auf mit kaltem Wasser abgespülte Backbleche legen, mehrmals mit einer Gabel einstechen, etwa 10 Minuten stehenlassen, nacheinander im vorgeheizten Backofen backen
Strom: Etwa 200
Gas: 3-4
Backzeit: Etwa 15 Minuten
sofort nach dem Backen die Tortenböden vorsichtig vom Backblech lösen, erkalten lassen
8 Eßl. Aprikosen-Konfitüre mit
4 Eßl. Wasser unter Rühren zum Kochen bringen, 5-8 Minuten kochen lassen
2 Tortenböden von beiden Seiten, den dritten Tortenboden nur von einer Seite mit der heißen Konfitüre bestreichen
die erkaltete Creme glattrühren

125 ml (⅛ l) Schlagsahne steifschlagen, mit den Aprikosenwürfeln unter die Creme ziehen
einen Springformring (Durchmesser etwa 28 cm) auf eine Tortenplatte stellen, den nur einseitig bestrichenen Tortenboden mit der unbestrichenen Seite nach unten in den Springformring legen, die Hälfte der Creme darauf verteilen, mit einem zweiten Tortenboden bedecken, etwas andrücken
mit der restlichen Creme bestreichen
den dritten Tortenboden darauflegen, etwas andrücken
2 gestrichene Teel. Gelatine gemahlen, weiß mit
2 Eßl. kaltem Wasser anrühren, 10 Minuten zum Quellen stehenlassen
4 Eßl. Aprikosengeist mit
4 Eßl. Aprikosen-Nektar
2 Eßl. Aprikosen-Konfitüre verrühren
die gequollene Gelatine unter Rühren erwärmen, bis sie gelöst ist, unter die Aprikosenmischung rühren
die Torte sehr dicht mit den Aprikosenhälften belegen, mit der Aprikosenmischung bestreichen
die Torte etwa 15 Minuten kalt stellen
375 ml (⅜ l) Schlagsahne steifschlagen
den Springformring von der Torte entfernen
den Tortenrand dick mit Sahne bestreichen, die restliche Sahne in einen Spritzbeutel füllen, um die Tortenoberfläche einen Ring spritzen
etwa 150 g dünne Schokoladentäfelchen an den Tortenrand drücken.

Krokant-Torte mit Himbeeren

(Abb. oben)

	Für den Krokant
100 g grob gehackte Haselnußkerne	mit
100 g grob gehackten Walnußkernen	vermengen
250 g gesiebten Puderzucker	unter Rühren schmelzen lassen, so lange rühren, bis er goldbraun karamelisiert, die Nüsse unterheben die Masse auf ein Backblech streichen erstarren lassen, nicht zu fein zerstoßen
	für den Teig 3 Stück Back-Trennpapier in der Größe eines Backbleches schneiden auf jedem Bogen mit Hilfe des Springformringes einen Kreis (Durchmesser etwa 28 cm) markieren
4 Eier 1 Eßl. heißes Wasser	mit einem elektrischen Handrührgerät mit Rührbesen auf höchster Stufe in 1 Minute schaumig schlagen
50 g Zucker	mit dem
Mark von 1 Vanillestange	mischen, in 1 Minute einstreuen, dann noch etwa 2 Minuten schlagen
100 g Semmelmehl	mit
Salz	und der Hälfte der Krokantmasse vermengen die Hälfte davon auf die Eiercreme geben, kurz auf niedrigster Stufe unterrühren, den Rest des Semmelmehl-Krokant-Gemisches auf dieselbe Weise unterarbeiten je ⅓ des Teiges auf die markierten Back-Trennpapier-Kreise streichen, nacheinander im vorgeheizten Backofen backen
Strom:	Etwa 225
Gas:	Etwa 4
Backzeit:	5-6 Minuten sofort nach dem Backen die Böden auf einen Kuchenrost stürzen, das Back-Trennpapier abziehen, die Böden erkalten lassen
	für die Füllung
1 Päckchen und 2 gehäufte Teel. Gelatine gemahlen, weiß	mit
5 Eßl. kaltem	

Wasser anrühren, 10 Minuten zum Quellen stehenlassen

200 g rotes Johannisbeer-Gelee unter Rühren zum Kochen bringen, in 5-6 Minuten etwas einkochen lassen, ⅓ der gequollenen Gelatine unter Rühren darin auflösen

4 Eigelb mit
75 g gesiebtem Puderzucker
Salz im heißen Wasserbad dickcremig schlagen
die restliche gequollene Gelatine unter Rühren erwärmen, bis sie gelöst ist, unter die Eigelbcreme rühren
einen Tortenboden auf eine Tortenplatte legen, einen Springformring (Durchmesser etwa 28 cm) darumstellen, die Hälfte von

500 g verlesenen Himbeeren darauf verteilen (einen etwa 1 cm breiten Tortenrand frei lassen)
die Hälfte des etwas abgekühlten Johannisbeer-Gelees daraufstreichen

500 ml (½ l) Schlagsahne steifschlagen, mit dem restlichen Krokant, der Eigelbcreme,

5-6 Eßl. Himbeergeist vermengen, die Hälfte davon auf die Himbeeren geben, verstreichen, den mittleren Tortenboden darauflegen, etwas andrücken, mit den restlichen Himbeeren belegen, mit dem restlichen Johannisbeer-Gelee bestreichen, darauf die restliche Krokant-Sahne-Creme verteilen
die Torte etwa 1 Stunde in den Kühlschrank stellen

für den Guß

25 g halbbittere Kuvertüre in einem kleinen Topf im heißen Wasserbad geschmeidig rühren
aus Pergamentpapier ein Tütchen mit einer 3-4 mm großen Öffnung an der Spitze formen

200 ml (⅕ l) Schlagsahne steifschlagen, die Torte ganz damit bestreichen
die heiße Kuvertüre in das Pergamentpapier-Tütchen füllen und auf die Tortenoberfläche eine Spirale spritzen
ein spitzes Holzstäbchen in gleichmäßigen Abständen achtmal von der Tortenmitte zum Rand durch die Sahne ziehen, diese Tortenachtel nochmals unterteilen, dazu das Hölzchen vom Tortenrand zur Mitte hin achtmal durch den Guß ziehen, so daß 16 Tortenstücke erkennbar sind
die Torte nach Belieben mit

Himbeeren garnieren.

Zwetschen-Kokos-Torte

(Abb. unten)

Für den Teig

4 Eier
3 Eßl. heißes Wasser mit einem elektrischen Handrührgerät mit Rührbesen auf höchster Stufe in 1 Minute schaumig schlagen

150 g Zucker
1 Päckchen Vanillin-Zucker mischen, in 1 Minute einstreuen, dann noch etwa 2 Minuten schlagen
mit

100 g Weizenmehl
100 g Speisestärke
2 gestrichenen Teel. Backpulver mischen, die Hälfte davon auf die Eiercreme sieben, kurz auf niedrigster Stufe unterrühren
den Rest des Mehl-Gemisches auf dieselbe Weise unterarbeiten
den Teig in eine Springform (Durchmesser etwa 28 cm, Boden gefettet, mit Pergamentpapier ausgelegt) füllen, glattstreichen
die Form auf dem Rost in den vorgeheizten Backofen schieben

Strom: 175-200
Gas: 3-4
Backzeit: Etwa 35 Minuten
sofort nach dem Backen den Tortenboden aus der Form lösen, auf einen Kuchenrost stürzen, erkalten lassen, zweimal durchschneiden

für die Füllung

1 Päckchen Gelatine, gemahlen weiß mit

3 Eßl. kaltem Wasser	anrühren
1 Päckchen Gelatine, gemahlen rot	mit
3 Eßl. kaltem Wasser	anrühren die angerührte Gelatine 10 Minuten zum Quellen stehenlassen
1½ kg Zwetschen	waschen, einzeln abtrocknen, entsteinen (8 Zwetschen zum Garnieren beiseite legen)
125 g Zucker	mit
125 ml (⅛ l) Wasser	zum Kochen bringen, die Zwetschen hineingeben, aufkochen lassen, abtropfen, erkalten lassen 300 g der erkalteten Pflaumen pürieren die gequollene rote Gelatine unter Rühren erwärmen, bis sie gelöst ist, in das Zwetschen-Püree rühren, kalt stellen
3 Eigelb	mit
1 Eßl. Zucker **1 Päckchen Vanillin-Zucker**	cremig schlagen
200 g Cream of Coconut (Kokoscreme aus der Dose)	mit einem Pürierstab verrühren, mit
75 g Kokosraspeln	(2 Eßl. zum Garnieren zurücklassen)
4 Eßl. Kokos-Likör **abgeriebene Schale von ½ Zitrone (unbehandelt)** **2 Eßl. Zitronensaft**	unterrühren die gequollene weiße Gelatine unter Rühren erwärmen, bis sie gelöst ist, unter die Kokoscreme rühren, kalt stellen sobald die Masse beginnt dicklich zu werden,
500 ml (½ l) Schlagsahne	steifschlagen, 6 Eßl. davon unter das Zwetschen-Püree, die restliche Sahne unter die Kokoscreme heben den unteren Tortenboden in die gesäuberte Springform legen aus Alufolie einen Streifen in der Länge des Springformringes und in doppelter Höhe des Springformringes schneiden, innen um den Springformrand legen, festkniffen, so daß die Form einen höheren Rand bekommt das Zwetschen-Püree auf den Tortenboden streichen, den mittleren Boden darauflegen, etwas andrücken, darauf die Zwetschen gleichmäßig verteilen, die Kokoscreme darübergeben (4 Eßl. zurückbehalten), mit dem oberen Tortenboden bedecken, zurückbehaltene Kokoscreme daraufstreichen die Torte etwa 6 Stunden kalt stellen
250 ml (¼ l) Schlagsahne	streifschlagen, nach und nach
1 Päckchen Sahnesteif **1 Teel. Zucker**	unterschlagen die Sahne in einen Spritzbeutel mit Sterntülle füllen Springformring und Alufolie vorsichtig von der Torte entfernen die Torte mit Sahne verzieren, mit den zurückgelassenen Pflaumen garnieren, mit den zurückbehaltenen Kokosraspeln bestreuen.
Beigabe:	Zwetschenwasser.

Kardinals-Torte

(Abb. rechts)

	Für den Teig
3 Eier **2–3 Eßl. heißes Wasser**	mit einem elektrischen Handrührgerät mit Rührbesen auf höchster Stufe in 1 Minute schaumig schlagen
125 g Zucker	in 1 Minute einstreuen, dann noch etwa 2 Minuten schlagen
75 g Weizenmehl	mit
1 Päckchen Pudding-Pulver Vanille-Geschmack **1 gestrichenen Teel. Backpulver**	mischen, die Hälfte davon auf die Eiercreme sieben, kurz auf niedrigster Stufe unterrühren den Rest des Mehl-Gemisches auf die gleiche Weise unterarbeiten den Teig in eine Springform (Durchmesser etwa 28 cm, Boden gefettet, mit Pergamentpapier ausgelegt) füllen, glattstreichen die Form auf dem Rost in den vorgeheizten Backofen schieben
Strom:	175–200
Gas:	3–4
Backzeit:	Etwa 30 Minuten sofort nach dem Backen den Tortenboden aus der Form lösen, auf einen Kuchenrost stürzen, das Papier abziehen, den Tortenboden erkalten lassen, einmal durchschneiden
	für die Füllung
250–300 g entsteinte, gedünstete Sauerkirschen	gut abtropfen lassen (einige zum Garnieren zurücklassen) mit
3 Eßl. Rum	beträufeln den unteren Tortenboden mit
2–3 Eßl. rotem Johannisbeergelee	bestreichen, den zweiten Boden darauf legen, die abgetropften

Rum-Kirschen darauf verteilen aus

1 Päckchen Rotwein-Creme
250 ml (¼ l) Schlagsahne (statt ⅛ l)

nach der Vorschrift auf dem Päckchen eine Creme zubereiten
Rand und obere Seite der Torte gleichmäßig damit bestreichen

die Oberfläche der Torte mit

Schokoladenstreuseln oder Schokoladenblättchen

bestreuen

125 ml (⅛) Schlagsahne

steifschlagen, in einen Spritzbeutel mit gezackter Tülle füllen,
die Torte damit verzieren, mit den zurückgelassenen Kirschen garnieren, bis zum Servieren kühl stellen.

Kiwi-Torte mit Erdbeeren

(Abb. unten)

Für die Füllung

1 Päckchen Tortencremepulver Vanille-Geschmack mit
300 ml kalter Milch mit dem elektrischen Handrührgerät mit Rührbesen zunächst auf niedrigster Stufe verrühren, dann weitere 2 Minuten auf höchster Stufe rühren
Mark von 1 Vanillestange unterrühren
200 g weiche Butter geschmeidig rühren, die Creme unterrühren, im Kühlschrank gut durchkühlen lassen
12 Kiwis (je etwa 100 g) schälen, in Scheiben schneiden
etwa 200 g Erdbeeren waschen, abtropfen lassen, entstielen, einen von
3 Wiener Tortenböden (fertig gekauft) auf eine Tortenplatte setzen, mit der Hälfte von
100 g Erdbeer-Konfitüre bestreichen, darauf ¼ der Buttercreme geben, glattstreichen, die Scheiben von 4 Kiwis darauf verteilen, den zweiten Tortenboden daraufsetzen, mit der restlichen Konfitüre und ¼ der Buttercreme bestreichen, mit den Scheiben von 4 Kiwis belegen, mit dem dritten Tortenboden bedecken, etwas andrücken
die ganze Torte mit der restlichen Buttercreme bestreichen, mit den restlichen Kiwischeiben, den Erdbeeren garnieren

	den Tortenrand mit
geschälten, halbierten Kiwischeiben	garnieren, mit
abgezogenen, gehobelten, gebräunten Mandeln	bestreuen.

Weincreme-Torte mit Trauben

(Abb. rechts)

	Für den Teig
100 g Marzipan-Rohmasse	mit
100 g Zucker	
2-3 Eßl. Weinbrand	verrühren
Salz	
1 Teel. abgeriebene Zitronenschale (unbehandelt)	
4 Eigelb	hinzufügen, mit dem elektrischen Handrührgerät mit Rührbesen cremig rühren
4 Eiweiß	steifschlagen, auf die Eigelbcreme geben
100 g Weizenmehl	daraufsieben, Eierschnee und Mehl vorsichtig unter die Eigelb-Marzipan-Masse heben den Teig in eine Springform (Durchmesser etwa 28 cm, Boden gefettet) füllen, glattstreichen die Form auf dem Rost in den vorgeheizten Backofen schieben
Strom:	175-200
Gas:	2-3
Backzeit:	25-30 Minuten den gebackenen Tortenboden in der Form erkalten lassen, aus der Springform lösen, einmal durchschneiden
	für die Füllung
1 Päckchen und 1 gehäuften Teel. Gelatine gemahlen, weiß	mit
5 Eßl. kaltem Wasser	anrühren, 10 Minuten zum Quellen stehenlassen
1 kg grüne Weintrauben	waschen, trockentupfen, die Beeren von den Stielen zupfen
8 Eigelb	mit
120 g Zucker	
1 Eßl. Zitronensaft	
250 ml (¼ l) Weißwein	im heißen Wasserbad mit einem elektrischen Handrührgerät mit Rührbesen auf höchster Stufe cremig schlagen die gequollene Gelatine unter Rühren erwärmen, bis sie gelöst ist, unter die Eigelbcreme rühren die Creme im kalten Wasserbad abkühlen lassen den unteren Tortenboden mit
150 g Aprikosen-Konfitüre	bestreichen, dicht mit den Beeren belegen, den Springformring um den Tortenboden setzen sobald die Creme beginnt dicklich zu werden, 4-5 Eßl. davon abnehmen, die Lücken zwischen den Beeren damit ausstreichen, die Torte in den Kühlschrank stellen
250 ml (¼ l) Schlagsahne	steifschlagen, unter die restliche Weincreme heben die Creme auf den Belag des Tortenbodens geben, glattstreichen, mit dem oberen Tortenboden bedecken, etwas andrücken, die Torte über Nacht in den Kühlschrank stellen den Springformring entfernen die restlichen Beeren halbieren, entkernen
250 ml (¼l) Schlagsahne	steifschlagen, die Torte ganz damit bestreichen, auf der Tortenoberfläche aus den Beerenhälften 2 Weintrauben zusammensetzen 10 Schokoblättchen von
1 Päckchen (125 g) halbbitteren Schoko-Blättchen	in einem kleinen Topf im heißen Wasserbad geschmeidig rühren aus Pergamentpapier eine Spritztüte mit ganz kleiner Öffnung formen, die geschmolzene Schokolade hineingeben und Weinranken und -stiele auf die Tortenoberfläche spritzen die Torte mit den restlichen Schoko-Blättchen garnieren.

Joghurt-Sahnetorte

Für den Teig

3 Eier
2-3 Eßl. heißes Wasser – mit einem elektrischen Handrührgerät mit Rührbesen auf höchster Stufe 1 Minute schaumig schlagen

125 g Zucker
1 Päckchen Vanillin-Zucker – mischen, in 1 Minute einstreuen, dann noch etwa 2 Minuten schlagen mit

75 g Weizenmehl
75 g Speisestärke
20 g Kakao
2 gestrichene Teel. Backpulver – mischen, ⅓ davon auf die Eiercreme sieben, kurz auf niedrigster Stufe unterrühren, den Rest des Mehl-Gemisches auf dieselbe Weise unterarbeiten, den Teig in eine Springform (Durchmesser etwa 28 cm, Boden gefettet, mit Pergamentpapier belegt) geben die Form auf dem Rost in den vorgeheizten Backofen schieben

Strom: 175-200
Gas: 3-4
Backzeit: Etwa 25 Minuten
sofort nach dem Backen den Tortenboden aus der Form lösen, auf einen Kuchenrost stürzen, das Papier abziehen, den Tortenboden erkalten lassen, einmal durchschneiden

für die Füllung

etwa 675 g entsteinte Sauerkirschen (aus dem Glas) – abtropfen lassen, den Saft auffangen, 375 ml (⅜ l) davon abmessen, einige Kirschen zum Garnieren zurücklegen den abgemessenen Kirschsaft mit

40 g Speisestärke – anrühren, zum Kochen bringen, die Sauerkirschen unterrühren, mit

25 g Zucker – süßen, erkalten lassen

1 Päckchen und 1 gestrichenen Teel. Gelatine gemahlen, weiß – mit

5 Eßl. kaltem Wasser – in einem kleinen Topf anrühren, 10 Minuten zum Quellen stehenlassen, unter Rühren erwärmen, bis sie gelöst ist

2 Becher (je 150 g) Vollmilch-Joghurt – mit

80 g Zucker
1 Päckchen Vanillin-Zucker
4 Eßl. Zitronensaft
abgeriebener Schale von ½ Zitrone (unbehandelt) – verrühren, die Gelatine unterrühren

500 ml (½ l) Schlagsahne – steifschlagen, unter die dickliche Joghurtmasse heben die Kirschmasse auf den unteren Tortenboden streichen, die Hälfte der Joghurtsahne auf die Kirschen geben, glattstreichen, mit dem oberen Tortenboden bedecken, etwas andrücken die Torte ganz mit der restlichen Joghurtsahne bestreichen und verzieren, mit den zurückgelassenen Sauerkirschen garnieren, die Tortenoberfläche dünn mit

gesiebtem Kakao – bestäuben.

Schokoladen-Sahnetorte

(Abb. rechts)

Für den Teig

2 Eier – mit
2-3 Eßl. heißem Wasser – mit einem elektrischen Handrührgerät mit Rührbesen auf höchster Stufe in 1 Minute schaumig schlagen

100 g Zucker
1 Päckchen Vanillin-Zucker – mischen, in 1 Minute einstreuen, dann noch etwa 2 Minuten schlagen mit

75 g Weizenmehl
50 g Speisestärke
1 gestrichenen Teel. Backpulver – mischen, die Hälfte davon auf die Eiercreme sieben, kurz auf niedrigster Stufe unterrühren den Rest des Mehl-Gemisches auf dieselbe Weise unterarbeiten den Teig in eine Springform (Durchmesser etwa 28 cm, Boden gefettet, mit Pergamentpapier belegt) füllen, in den vorgeheizten Backofen schieben

Strom: 175-200
Gas: 3-5
Backzeit: 20-30 Minuten
den Tortenboden gut auskühlen lassen, einmal durchschneiden

für den Guß

750 ml (¾ l) Schlagsahne – 1 Minute schlagen
100 g Puderzucker – sieben, mit
1 Päckchen

Vanillin-Zucker
2 Päckchen Sahnesteif mischen, einstreuen, die Sahne steifschlagen, 3 Eßl. davon in einen Spritzbeutel füllen
30 g Kakao sieben, unter die restliche Schlagsahne rühren, gut ⅔ auf den unteren Boden streichen
den mit Guß bestrichenen Boden in 12 gleichmäßige Stücke schneiden, auf die Schokoladensahne legen, andrücken, den Rand der Torte mit der restlichen Sahne bestreichen, mit
Kakao bestreuen
die Torte mit der zurückgelassenen Sahne verzieren, mit
grob geraspelter Schokolade garnieren.

Englische Mokkatorte

(Abb. oben)

	Für den Teig
200 g Butter oder Margarine	geschmeidig rühren, nach und nach
150 g Zucker 1 Päckchen Vanillin-Zucker 200 g zartbittere, aufgelöste Schokolade 5 Eier Salz	unterrühren
150 g Weizenmehl	mit
50 g Speisestärke 1 gestrichenen Teel. Backpuler	mischen, sieben, eßlöffelweise mit
75 g gemahlenen Haselnußkernen	unterrühren den Teig in eine gefettete, mit Pergamentpapier ausgelegte Springform (Durchmesser etwa 28 cm) füllen, glattstreichen die Form auf dem Rost in den vorgeheizten Backofen schieben
Strom:	175-200
Gas:	3-4
Backzeit:	Etwa 45 Minuten den Tortenboden auf eine Tortenplatte stürzen, das Pergamentpapier abziehen, den erkalteten Tortenboden zweimal durchschneiden
	für die Füllung aus
1 Päckchen Puddingpulver Vanille-Geschmack 500 ml (½ l) Milch 60 g Zucker	nach der Vorschrift auf dem Päckchen einen Pudding zubereiten
5 Teel. Instant-Kaffeepulver	unter den heißen Pudding rühren den Pudding erkalten lassen, ab und zu durchrühren
250 g weiche Butter	geschmeidig rühren, den Pudding eßlöffelweise unterrühren
100 g Mokka-Sahne-Schokolade	in kleine Stücke schneiden unter eine Hälfte der Mokka-Buttercreme rühren, den unteren und den mittleren Tortenboden mit dieser Creme bestreichen die 3 Böden zu einer Torte zusammensetzen

Tortenoberfläche und Rand mit der Hälfte der restlichen Creme bestreichen
die verbleibende Creme in einen Spritzbeutel mit Sterntülle füllen, die Tortenoberfläche damit verzieren, mit

Mokkabohnen garnieren, den Tortenrand mit

gesiebtem Kakao bestäuben.

Marzipan-Torte

(Abb. rechts)

Für den Teig

250 g Butter oder Margarine geschmeidig rühren, nach und nach

150 g Zucker
1 Päckchen Vanillin-Zucker
Salz
4 Eier unterrühren

125 g Weizenmehl mit

125 g Speisestärke
3 Teel. Backpulver mischen, sieben, eßlöffelweise unterrühren

125 g Nuß-Nougatmasse in einem kleinen Topf im heißen Wasserbad geschmeidig rühren, mit

75 g abgezogenen, gehackten Mandeln unter den Teig rühren
den Teig in eine gefettete Springform (Durchmesser etwa 26 cm) füllen, glattstreichen
die Form auf dem Rost in den vorgeheizten Backofen schieben

Strom: 175-200
Gas: 3-4
Backzeit: 45-60 Minuten

sofort nach dem Backen den Tortenboden aus der Form lösen, auf einen Kuchenrost stürzen, erkalten lassen
den Boden zweimal durchschneiden

für die Füllung

150 g Schlagsahne mit

4 Teel. Pulverkaffee
2 Eßl. gesiebtem Puderzucker zum Kochen bringen

250 g Mokkaschokolade
250 g bittere Kuvertüre beide Zutaten in kleine Stücke schneiden, in die Kaffee-Sahne geben, unter Rühren darin auflösen, etwas abkühlen lassen, Masse muß noch streichfähig sein

500 g Marzipan-Rohmasse mit

250 g gesiebtem Puderzucker
4 Eßl. Orangen-Likör verkneten, die Masse in 5 Portionen teilen, 3 Portionen auf der mit

gesiebtem Puderzucker bestäubten Arbeitsfläche ausrollen
den geschlossenen Springformring (Durchmesser etwa 26 cm) daraufsetzen, 3 Kreise schneiden
den Tortenboden mit der Hälfte der Mokkacreme bestreichen, eine Marzipanplatte auf einen Teigroller wickeln, auf dem bestrichenen Tortenboden abwickeln, mit dem mittleren Tortenboden bedecken, mit der restlichen Mokkacreme bestreichen, Marzinplatte darauflegen, den oberen Tortenboden daraufsetzen, etwas andrücken

4 Eßl. Orangenmarmelade durch ein Sieb streichen, unter Rühren erhitzen, Tortenoberfläche und -rand damit bestreichen, die dritte Marzipanplatte darauflegen, etwas andrücken
die vierte Portion Marzipan ausrollen, Streifen in Höhe des Tortenrandes ausschneiden
die Streifen an den Tortenrand legen, leicht andrücken

für den Guß

200 g Kuvertüre in einem kleinen Topf im heißen Wasserbad geschmeidig rühren, die Torte damit bestreichen
aus dem restlichen Marzipan beliebige Figuren formen, die Tortenoberfläche damit garnieren, bevor der Guß getrocknet ist.

Himbeer-Torte mit Joghurt-Creme

	Für den Teig
200 g Weizenmehl	auf die Tischplatte sieben, in die Mitte eine Vertiefung eindrücken
50 g Zucker **1 Päckchen Vanillin-Zucker** **Salz** **1-2 Eßl. kaltes Wasser**	hineingeben, mit einem Teil des Mehls zu einem dicken Brei verarbeiten
125 g kalte Butter oder Margarine	in Stücke schneiden, auf den Brei geben, mit Mehl bedecken, von der Mitte aus alle Zutaten schnell zu einem glatten Teig verkneten, sollte er kleben, ihn eine Zeitlang kalt stellen den Teig auf dem umgedrehten Boden einer Springform (Durchmesser etwa 28 cm) ausrollen, mit einer Gabel mehrmals einstechen, den Springformrand darumlegen, die Form auf dem Rost in den vorgeheizten Backofen schieben
Strom:	200-225
Gas:	3-4
Backzeit:	20-25 Minuten den gebackenen Boden sofort mit einem Messer vom Springformboden lösen, auf dem Springformboden erkalten lassen, dann auf eine Tortenplatte legen, einen Tortenring oder den mit Alufolie ausgelegten Springformrand um den Tortenboden stellen
	für den Belag
1 Päckchen und 1 Teel. Gelatine gemahlen, weiß	mit
4 Eßl. kaltem Wasser	in einem kleinen Topf anrühren, 10 Minuten zum Quellen stehenlassen
2 Eigelb	mit
75 g Zucker **1 Päckchen Vanillin-Zucker**	cremig schlagen
abgeriebene Schale von 1 Zitrone (unbehandelt) **4 Eßl. Zitronensaft** **2 Becher (je 150 g) Vollmilch-Joghurt** **1 Becher (150 g) Crème fraîche**	unterschlagen die Gelatine unter Rühren erwärmen, bis sie gelöst ist, unter die Creme-Masse rühren, kalt stellen ab und zu durchrühren, sobald die Masse beginnt dicklich zu werden,
2 Eiweiß	steifschlagen, unterheben die Creme auf dem Tortenboden verteilen, glattstreichen
500 g Himbeeren	verlesen, vorsichtig waschen, abtropfen lassen, mit
2 Eßl. Zucker	bestreuen, kurze Zeit stehenlassen, abtropfen lassen, den Saft auffangen, mit
Rotwein oder Wasser **4 Eßl. Himbeersaft**	auf 250 ml (¼ l) Flüssigkeit auffüllen aus
1 Päckchen Tortenguß, rot **Zucker nach Angabe auf dem Päckchen** **250 ml (¼ l) abgemessener Flüssigkeit**	nach der Vorschrift auf dem Päckchen einen Tortenguß zubereiten die Himbeeren auf der Creme verteilen, den Tortenguß darübergeben, die Torte in den Kühlschrank stellen den Guß erstarren lassen, Tortenring oder Springformrand entfernen den Tortenrand nach Belieben mit
abgezogenen, gehobelten, gebräunten Mandeln	bestreuen.

Ananas-Krokant-Cremetorte

(Abb. rechts)

	Für den Teig
3 Eier **3-4 Eßl. heißes Wasser**	mit einem elektrischen Handrührgerät mit Rührbesen auf höchster Stufe in 1 Minute schaumig schlagen
150 g Zucker **1 Päckchen Vanillin-Zucker**	mischen, in 1 Minute einstreuen, dann noch etwa 2 Minuten schlagen mit
100 g Weizenmehl **100 g Speisestärke** **3 gestrichenen Teel. Backpulver**	mischen, die Hälfte davon auf die Eiercreme sieben, kurz auf niedrigster Stufe unterrühren den Rest des Mehl-Gemisches auf dieselbe Weise unterarbeiten den Teig in eine gefettete, mit Pergamentpapier ausgelegte Springform (Durchmesser etwa 28 cm) füllen, glattstreichen die Form auf dem Rost in den vorgeheizten Backofen schieben
Strom:	175-200
Gas:	3-4

Backzeit: 20-30 Minuten
sofort nach dem Backen den Tortenboden aus der Form lösen, auf einen Kuchenrost stürzen, das Pergamentpapier abziehen, den Tortenboden erkalten lassen, zweimal durchschneiden

für die Füllung
aus

1 Päckchen Puddingpulver Vanillegeschmack
500 ml (½ l) Milch
50 g Zucker
nach der Vorschrift auf dem Päckchen einen Pudding zubereiten
den Pudding erkalten lassen, ab und zu durchrühren

für den Krokant

1 Eßl. Butter mit
60 g Zucker so lange erhitzen, bis die Masse leicht gebräunt und der Zucker gelöst ist

125 g abgezogene, gehackte Mandeln
hinzufügen, unter Rühren erhitzen, bis der Krokant gebräunt ist, auf ein geöltes Backblech geben
die erkaltete Krokantmasse in kleine Stücke zerstoßen

250 g weiche Butter
geschmeidig rühren, den Vanillepudding eßlöffelweise unterrühren

unter die Hälfte der Buttercreme die Hälfte des Krokants rühren

500 g Ananas (aus der Dose)
abtropfen lassen, in Stücke schneiden
16 Stücke zum Garnieren zurücklassen
den unteren Tortenboden mit

2-3 Eßl. Ananas- oder Aprikosen-Konfitüre
bestreichen, mit den Ananasstückchen belegen, etwas von der Krokantcreme daraufstreichen, mit dem mittleren Biskuitboden bedecken
die restliche Krokantcreme darauf verteilen, den oberen Tortenboden darauflegen
die Torte mit der Hälfte der zurückgelassenen Buttercreme bestreichen
auf der Tortenoberfläche mit einem feuchten Messer 16 Tortenstücke markieren
die Torte mit der restlichen Buttercreme verzieren, mit den zurückgelassenen Ananasstückchen garnieren
den Tortenrand mit Krokant bestreuen.

Tip: 1. Die Buttercreme mit 2-3 Eßl. Rum oder Weinbrand abschmecken.
2. Die Ananasstückchen zum Garnieren mit aufgelöster Gelatine bestreichen (1 Teel. Gelatine gemahlen, weiß mit 2-3 Eßl. kaltem Wasser verrühren, 10 Minuten quellen lassen, auflösen).

Mandel-Nougat-Torte

(Abb. links)

Für den Teig

500 g Weizenmehl mit
4 gestrichenen Teel. Backpulver
mischen, auf die Tischplatte sieben, in die Mitte eine Vertiefung eindrücken

150 g Zucker
2 Päckchen Vanillin-Zucker
Salz
2 Eier
2 Teel. abgeriebene Zitronenschale (unbehandelt)
hineingeben, mit Mehl bedecken, mit einem Teil des Mehls zu einem dicken Brei verarbeiten

250 g kalte Butter
50 g Marzipan-Rohmasse
beide Zutaten in Stücke schneiden, auf den Brei geben, mit Mehl bedekken, von der Mitte aus alle Zutaten schnell zu einem glatten Teig verkneten, über Nacht kalt stellen
den Teig zu einer Rolle formen, in

	6 Stücke schneiden, jedes Teigstück auf der mit
Weizenmehl	bestäubten Arbeitsfläche etwa 3 mm dick zu einer runden Platte ausrollen, mit einem Springformring (Durchmesser etwa 28 cm) ausstechen
1 Ei	verschlagen, die 6 Teigböden damit bestreichen, mit
200 g abgezogenen, gehobelten Mandeln	bestreuen, die Mandelblättchen leicht andrücken ein Backblech mit Back-Trennpapier belegen, die Teigböden nacheinander darauflegen, in den vorgeheizten Backofen schieben
Strom:	Etwa 200
Gas:	3-4
Backzeit:	8-10 Minuten die Tortenböden erkalten lassen
	für die Füllung
250 g weiche Butter	geschmeidig rühren
2 Eier	unterrühren
400 g Nuß-Nougat-Masse	in einem kleinen Topf im heißen Wasserbad geschmeidig rühren, etwas abgekühlt unter die Buttermasse rühren jeden Tortenboden mit 3 Eßl. der Nougatcreme bestreichen, zu einer Torte zusammensetzen, die Torte mit der restlichen Nougatmasse einstreichen, mindestens 1 Stunde kalt stellen
	für den Guß
150 g halbbittere Kuvertüre	
100 g dunkle Kuchenglasur	in einem kleinen Topf im heißen Wasserbad geschmeidig rühren, auf die Torte geben, Tortenoberfläche und -rand gleichmäßig damit bestreichen, die Torte 1 Tag durchziehen lassen.

Praliné-Torte

(Abb. rechts oben)

	Für den Teig
200 g Butter	geschmeidig rühren, nach und nach
200 g Zucker	
1 Päckchen Vanillin-Zucker	
4 Eier	
1 Fläschchen Rum-Aroma	unterrühren
200 g Weizenmehl	mit
20 g Kakao	
2 gestrichene Teel. Backpulver	mischen, sieben, eßlöffelweise unterrühren den Teig in eine gefettete Springform (Durchmesser etwa 28 cm) füllen die Form auf dem Rost in den vorgeheizten Backofen schieben
Strom:	175-200

Gas:	2-3
Backzeit:	Etwa 40 Minuten den Tortenboden gut auskühlen lassen
	für die Füllung
300 ml Milch	
1 Packung Torten-Creme-Pulver Vanille-Geschmack	
200 g Butter	nach Vorschrift auf der Packung zubereiten
2 Eßl. Weinbrand	unterrühren
100 g Schokolade	in Stücke brechen, in einem kleinen Topf im Wasserbad bei schwacher Hitze erwärmen, bis sie weich ist, gleichmäßig unter die Buttercreme rühren den Tortenboden einmal durchschneiden, den unteren Boden mit gut der Hälfte der Creme bestreichen, den anderen Boden darauf legen, leicht andrücken, den Rand und die obere Seite der Torte mit einem Teil der übrigen Creme bestreichen, den Rand mit
etwa 40 g grob-geriebener Schokolade	bestreuen, die Torte mit der restlichen Creme verzieren, mit
Pralinen	garnieren.

Ostertorte

(Abb. unten)

Für den Teig

den Boden einer Springform (Durchmesser etwa 16 cm) fetten, aus Alufolie eine Manschette falten und so in die Springform stellen, daß die Folie etwa 3 cm über den Springformrand hinausragt

50 g Marzipan-Rohmasse mit
30 g Zucker verkneten, mit
3 Eigelb
3 Eßl. warmem Wasser
Salz mit dem elektrischen Handrührgerät mit Rührbesen cremig rühren
3 Eiweiß sehr steifschlagen, etwas von dem Eierschnee unter die Marzipan-Eigelbmasse ziehen
75 g Weizenmehl mit
1 Messerspitze Backpulver mischen, auf die Eigelbmasse sieben, mit dem restlichen Eierschnee vorsichtig unterziehen

den Teig in die vorbereitete Springform füllen, glattstreichen

die Form auf dem Rost in den vorgeheizten Backofen schieben

Strom: Etwa 175
Gas: Etwa 2
Backzeit: 30-35 Minuten

sofort nach dem Backen den Tortenboden aus der Form lösen, auf einen Kuchenrost stürzen, die Manschette abziehen, den Tortenboden erkalten lassen, zweimal durchschneiden

für die Marzipandecke

400 g Marzipan-Rohmasse mit
180 g gesiebtem Puderzucker
1 Eßl. Kakao verkneten, das Marzipan in Folie wickeln, beiseite legen

für die Füllung

150 g weiche Butter geschmeidig rühren
100 g halbbittere Kuvertüre in einem kleinen Topf im heißen Wasserbad geschmeidig rühren, nach und nach mit
2 Eigelb
80 g gesiebtem Puderzucker
Salz
1-2 Eßl. Weinbrand zu der Butter geben, mit einem elektrischen Handrührgerät mit Rührbesen zu einer Creme verrühren

⅓ der Creme auf den unteren Tortenboden streichen, mit dem mittleren Tortenboden bedecken, etwas andrücken, mit dem zweiten Drittel der Creme bestreichen, den oberen Boden darauflegen

die Torte ganz mit der restlichen Creme bestreichen, etwa 30 Minuten in den Kühlschrank stellen

die Hälfte der Marzipanmasse ausrollen, einen Streifen in Höhe des Tortenrandes ausschneiden, leicht mit

gesiebtem Puderzucker bestäuben, um einen Kochlöffelstiel wickeln und als Rand um die Torte legen, leicht andrücken

die Marzipanreste dieser ersten Hälfte nochmals verkneten und ausrollen, mit Hilfe des Springformringes (Durchmesser etwa 16 cm) eine runde Platte ausstechen, auf die Tortenoberfläche legen

die zweite Marzipanhälfte etwa 3 mm dick ausrollen, in etwa 1 cm breite Streifen schneiden

die ersten beiden Marzipanstreifen als Kreuz über die Torte legen

die übrigen Marzipanstreifen einflechten, bis die Tortenoberfläche ganz bedeckt ist

die überstehenden Streifen glatt abschneiden

die restliche Marzipanmasse verkneten, zu 2 etwa 5 mm dicken und 47 cm langen Röllchen formen

den oberen und unteren Tortenrand dünn mit Wasser bestreichen

die beiden Marzipanröllchen an den oberen und den unteren Rand drücken, mit einem Marzipankneifer oder Messerrücken Muster eindrücken

die Torte mit

Marzipanblüten und -blättern (fertig gekauft) garnieren.

Buttercreme-Torte

(Abb. oben)

Für den Teig

3 Eier
3-4 Eßl. heißes Wasser mit einem elektrischen Handrührgerät mit Rührbesen auf höchster Stufe in 1 Minute schaumig schlagen

150 g Zucker
1 Päckchen Vanillin-Zucker mischen, in 1 Minute einstreuen, dann noch etwa 2 Minuten schlagen

100 g Weizenmehl mit
100 g Speisestärke
3 gestrichenen Teel. Backpulver mischen, die Hälfte davon auf die Eiercreme sieben, kurz auf niedrigster Stufe unterrühren

den Rest des Mehl-Gemisches auf dieselbe Weise unterarbeiten
den Teig in eine Springform (Durchmesser etwa 28 cm, Boden gefettet, mit Pergamentpapier ausgelegt) füllen, glattstreichen
die Form auf dem Rost in den vorgeheizten Backofen schieben

Strom: 175-200
Gas: 3-4
Backzeit: 20-30 Minuten

sofort nach dem Backen den Tortenboden aus der Form lösen, auf einen Kuchenrost stürzen, das Papier abziehen, den Tortenboden erkalten lassen, zweimal durchschneiden

für die Füllung

500 ml (½ l) Wasser

1 Päckchen Rote Grütze, glatt 100 g Zucker	nach der Vorschrift auf dem Päckchen einen Pudding zubereiten, kalt stellen, ab und zu durchrühren
250 g Butter	geschmeidig rühren, den erkalteten Pudding eßlöffelweise unterrühren (dabei dürfen weder Pudding noch Butter zu kalt sein, da die Creme dann gerinnen würde) den unteren Tortenboden mit gut ¼ der Buttercreme bestreichen, den zweiten Boden darauf legen, mit knapp der Hälfte der restlichen Buttercreme bestreichen, mit dem dritten Boden bedecken, etwas andrücken Rand und obere Seite der Torte dünn und gleichmäßig mit etwas von der zurückgelassenen Creme bestreichen
100 g Marzipan-Rohmasse	mit
50 g gesiebtem Puderzucker 1 Tube Farbenfreude, rot	verkneten, zu einer Platte ausrollen, ausschneiden (die Platte sollte so groß sein, daß ringsherum ein etwa 2 cm breiter Rand freibleibt) die Marzipanplatte auf die Tortenoberfläche legen
etwas dunkle Kuchenglasur	nach Vorschrift auf der Packung auflösen, in ein Pergamentpapiertütchen füllen, Blüten auf Pergamentpapier spritzen, fest werden lassen die Torte damit garnieren
Silberperlen (Gebäck-Schmuck)	als Stiel an die Blüten legen die Torte mit der restlichen Buttercreme verzieren, mit
Gebäck-Schmuck	garnieren.

Schönbrunner Nuß-Schokoladen-Torte

(Abb. oben)

	Für den Teig
100 g zartbittere Schokolade	in kleine Stücke brechen, in einem kleinen Topf im Wasserbad geschmeidig rühren
200 g weiche Butter oder Margarine	geschmeidig rühren, die Schokolade unterrühren, nach und nach
100 g gesiebten Puderzucker 3 Eier 3 Eigelb	unterrühren
80 g Weizenmehl	mit
1 schwach gehäuften Teel. Backpulver	mischen, mit
150 g gemahlenen Haselnußkernen	eßlöffelweise unterrühren
3 Eiweiß	steifschlagen, unterheben den Teig in eine gefettete Springform (Durchmesser etwa 28 cm) füllen, glattstreichen die Form auf dem Rost in den vorgeheizten Backofen schieben
Strom:	Etwa 175
Gas:	Etwa 3
Backzeit:	45-50 Minuten den gebackenen Tortenboden aus der Form lösen, auf einen Kuchenrost stürzen, erkalten lassen, zweimal durchschneiden

für die Füllung

125 g Haselnußkerne auf ein Backblech geben, im Backofen rösten lassen, bis die Nußhaut aufplatzt

Strom: Etwa 200
Gas: Etwa 4
Röstzeit: 8-10 Minuten

die gerösteten Nüsse auf ein Sieb schütten, etwas abkühlen lassen, die Haut abreiben
18 Nußkerne zum Garnieren zurücklassen, die restlichen mahlen

1 Päckchen feines Schokoladenpuddingpulver
500 ml (½ l) Milch nach der Vorschrift auf dem Päckchen (aber ohne Zucker!) zubereiten, kalt stellen, ab und zu durchrühren

250 g weiche Butter geschmeidig rühren, nach und nach

60 g gesiebten Puderzucker unterrühren, den Pudding eßlöffelweise hinzufügen, so lange rühren, bis eine glatte Creme entstanden ist (sollte die Creme gerinnen, kann sie auf heißem Wasserbad wieder glattgerührt werden)
¼ der Creme in einen Spritzbeutel mit Sterntülle geben, unter den Rest der Creme die gemahlenen Haselnußkerne rühren
die 3 Tortenböden mit der Creme bestreichen, zu einer Torte zusammensetzen
die Torte mit der Creme aus dem Spritzbeutel verzieren, mit den zurückgelassenen Haselnußkernen garnieren.

Feine Marzipan-Krokant-Torte

(Abb. oben)

Für den Krokant

etwas von
100 g Zucker in einem gefetteten Topf schmelzen lassen, den restlichen Zucker hinzufügen, unter ständigem Rühren auflösen
den Topf von der Kochstelle nehmen
50 g abgezogene, gehobelte Mandeln unterrühren, die Masse auf ein gefettetes Backblech schütten, mit einem gefetteten Teigroller dünn ausrollen, sobald der Krokant erkaltet und hart ist, ihn mit dem Teigroller fein zerstoßen

für den Teig

5 Eier mit
125 g Zucker
Salz
abgeriebener Schale von 1 Zitrone (unbehandelt) im heißen (nicht kochenden) Wasserbad mit einem elektrischen Handrührgerät mit Rührbesen zu einer dickcremigen Masse schlagen, aus dem Wasserbad nehmen, weiterschlagen, bis die Masse kalt ist
75 g Weizenmehl mit
75 g Speisestärke mischen, sieben, mit ¼ der Krokantmasse unter die Eiercreme ziehen
50 g zerlassene, abgekühlte Butter unterrühren
den Teig in eine gefettete Springform (Durchmesser etwa 28 cm) füllen, glattstreichen
die Form auf dem Rost in den vorgeheizten Backofen schieben

Strom: 175-200
Gas: 3-4
Backzeit: Etwa 45 Minuten

sofort nach dem Backen den Tortenboden aus der Form lösen, auf einen Kuchenrost stürzen, erkalten lassen, zweimal durchschneiden

für die Füllung

500 ml (½ l) Milch mit
½ aufgeschnittenen Vanillestange
60-70 g Zucker
Salz zum Kochen bringen
50 g Speisestärke mit
3-4 Eßl. kaltem Wasser anrühren
6 Eigelb unterrühren, die Vanillestange aus der Milch nehmen, die angerührte Speisestärke in die kochende Milch rühren, aufkochen lassen, den Topf von der Kochstelle nehmen
100 g weiche Butter unterrühren, die Creme erkalten lassen, ab und zu durchrühren
von
100 g Pistazienkernen 18-24 Kerne zum Garnieren zurücklassen
die restlichen Kerne fein mahlen
die Hälfte von
200 g Marzipan-Rohmasse mit
3 Eßl. Arrak und der Hälfte der gemahlenen Pistazienkerne verkneten
die erkaltete Creme mit einem elektrischen Handrührgerät mit Rührbesen geschmeidig rühren, die Marzipan-Pistazienmasse unterrühren
¼ der Creme beiseite stellen
mit der restlichen Creme die 3 Tortenböden bestreichen, zu einer Torte zusammensetzen, kalt stellen
die restliche Marzipan-Rohmasse mit 1 Eßl. der gemahlenen Pistazienkerne, 1 Eßl. des zerstoßenen Krokants,
1 Eßl. Arrak verkneten, zu einer Rolle formen, 12-16 Kugeln daraus formen
die Torte ganz mit der zurückgelassenen Creme bestreichen
den restlichen Krokant mit den restlichen gemahlenen Pistazienkernen mischen, die Torte damit bestreuen
auf der Tortenoberfläche 12-16 Tortenstücke markieren, mit den Marzipankugeln garnieren
die zurückbehaltenen Pistazienkerne halbieren, in die Marzipankugeln stecken, die Torte etwa 2 Stunden kalt stellen.

Hochzeitstorte

(Abb. unten)

Für die Torte
2 Böden herstellen, dazu jeweils

250 g Butter – geschmeidig rühren, nach und nach

250 g Zucker
1 Päckchen Vanillin-Zucker
5 Eier
1 Eigelb
1 Fläschchen Rum-Aroma – unterrühren

300 g Weizenmehl – mit

100 g Speisestärke
1 Päckchen Backpulver – mischen, sieben, abwechselnd eßlöffelweise mit

etwa 2 Eßl. Milch – unterrühren
die Teige nacheinander in eine gefettete, mit Pergamentpapier ausgelegte Springform (Durchmesser etwa 28 cm) füllen, glattstreichen
die Form auf dem Rost in den vorgeheizten Backofen schieben

Strom: 175-200
Gas: 3-4
Backzeit: je Boden 45-55 Minuten
jeden Boden nach dem Backen nach etwa 5 Minuten stürzen, erkalten lassen

für die Füllung
von

1 l Milch – 10 Eßl. abnehmen

2 Päckchen Pudding-Pulver Vanille-Geschmack
150 g Zucker – damit anrühren, die übrige Milch zum Kochen bringen, in die von der Kochstelle genommene Milch langsam das angerührte Puddingpulver geben, einmal kurz aufkochen lassen, während des Erkaltens ab und zu durchrühren

500 g Butter – geschmeidig rühren, den Pudding eßlöffelweise darunter geben

100 g gemahlene, geröstete Haselnußkerne – unter knapp die Hälfte der Buttercreme rühren

75-100 g zartbittere Schokolade – in kleine Stücke brechen, in einem kleinen Topf im heißen Wasserbad zu einer geschmeidigen Masse verrühren, erkalten lassen, unter knapp die Hälfte der restlichen Buttercreme rühren
jeden Boden dreimal durchschneiden
auf zwei Böden eine Untertasse (Durchmesser etwa 14 cm) legen, den äußeren Rand abschneiden
auf drei weitere Böden einen Des-

sertteller (Durchmesser etwa 20 cm) legen, den äußeren Rand abschneiden
die zwei größten Böden mit Nuß-Buttercreme bestreichen, aufeinandersetzen, mit dem dritten Boden bedecken
die zwei mittleren Böden mit Schokoladen-Buttercreme bestreichen, aufeinandersetzen, mit dem dritten Boden bedecken
die beiden kleinen Böden mit etwa ⅓ der Vanille-Buttercreme füllen, aufeinandersetzen
die Ränder und die oberen Seiten der Torten mit der restlichen Vanille-Buttercreme gleichmäßig dünn bestreichen

200 g Puderzucker sieben, mit
350 g Marzipan-Rohmasse verkneten
knapp ⅓ des Marzipans mit
grüner Lebensmittelfarbe färben, millimeterdick ausrollen
Blüten und Blätter ausschneiden (am besten mit Hilfe einer Papierschablone), die Blüten etwas zusammendrücken
Zuckerblümchen
Gebäck-Schmuck in die Blüten drücken
knapp die Hälfte des restlichen Marzipans millimeterdick ausrollen, eine Platte (etwa 28 cm Durchmesser) ausschneiden, auf die größte zusammengesetzte Torte legen
die Marzipanreste zusammenkneten, daraus Streifen in Höhe der Torte ausrollen, um die Torte legen, fest andrücken
das restliche Marzipan millimeterdick ausrollen
die beiden anderen Torten auf die gleiche Weise mit Marzipan bedecken und umlegen

300 g Puderzucker sieben, mit
gelber Lebensmittelfarbe
gut 1 Eßl. Kirschwasser
1-2 Eiweiß zu einem dickflüssigen Guß verrühren, die drei Torten damit bestreichen
den Guß fest werden lassen
auf eine möglichst große Platte die größte Torte legen, die mittlere und die kleine Torte darauf setzen
auf der kleinen Torte Rosenblüten und Blätter anordnen

100 g Puderzucker sieben, mit
etwas Eiweiß zu einer spritzfähigen Masse verrühren, in einen Spritzbeutel mit glatter Tülle füllen, die Torte damit verzieren.

Prinzregenten-Torte

(Abb. links)

Für den Teig

250 g Butter geschmeidig rühren, nach und nach
250 g Zucker
1 Päckchen Vanillin-Zucker
4 Eier
Salz unterrühren
200 g Weizenmehl mit
50 g Speisestärke
1 gestrichener Teel. Backpulver mischen, sieben, eßlöffelweise unterrühren, aus dem Teig 8 Böden herstellen
knapp 2 Eßl. des Teiges jeweils auf einen gefetteten Springformboden (Durchmesser etwa 28 cm) streichen (darauf achten, daß die Teiglage am Rand nicht zu dünn ist, damit der Boden dort nicht zu dunkel wird)
jeden Boden ohne Springformrand im vorgeheizten Backofen backen, bis er hellbraun ist

Strom: 175-200
Gas: 3-4
Backzeit: 8-10 Minuten

für die Buttercreme

1 Päckchen Pudding-Pulver für

Schokoladen-Pudding mit
10 g Kakao
100 g Zucker mischen, mit 6 Eßl. von
500 ml (½ l) kalter Milch anrühren, die übrige Milch zum Kochen bringen, das Pudding-Pulver unter Rühren in die von der Kochstelle genommene Milch geben, kurz aufkochen lassen, kalt stellen, ab und zu durchrühren
250 g Butter geschmeidig rühren, den Pudding eßlöffelweise darunter geben (darauf achten, daß weder Fett noch Pudding zu kalt sind, da dann die sogenannte Gerinnung eintritt) die einzelnen Böden mit der Buttercreme bestreichen (2-3 Eßl. zum Verzieren zurücklassen), zu einer Torte zusammensetzen, die oberste Schicht muß aus einem Boden bestehen

für den Guß

100 g Schokolade in kleine Stücke brechen, mit
etwas Kokosfett in einem kleinen Topf im heißen Wasserbad bei schwacher Hitze zu einer geschmeidigen Masse verrühren, die Torte damit überziehen, mit der zurückgelassenen Creme verzieren, mit
Schokoladentäfelchen garnieren.

Kleeblatt-Torte

(Abb. oben)

Für den Teig

3 Eier
3-4 Eßl. heißes Wasser mit einem elektrischen Handrührgerät mit Rührbesen auf höchster Stufe in 1 Minute schaumig schlagen
150 g Zucker
1 Päckchen Vanillin-Zucker mischen, in 1 Minute einstreuen, dann noch etwa 2 Minuten schlagen
100 g Weizenmehl mit
100 g Speisestärke
3 gestrichenen Teel. Backpulver mischen, die Hälfte davon auf die Eiercreme sieben, kurz auf niedrigster Stufe unterrühren den Rest des Mehl-Gemisches auf dieselbe Weise unterarbeiten den Teig in eine Springform (Durchmesser etwa 28 cm, Boden gefettet, mit Pergamentpapier ausgelegt) füllen, glattstreichen die Form auf dem Rost in den vorgeheizten Backofen schieben

Strom: 175-200
Gas: 3-4
Backzeit: 20-30 Minuten
sofort nach dem Backen den Tortenboden aus der Form lösen, auf einen Kuchenrost stürzen, das Papier abziehen, den Tortenboden erkalten lassen, einmal durchschneiden, eine Kleeblatt-Schablone aus Pappe darauflegen, die Form ausschneiden

für die Füllung
den unteren Boden mit
2 Eßl. Sherry medium beträufeln, mit
2 Eßl. Aprikosen-Konfitüre bestreichen, den oberen Boden darauf legen, etwas andrücken, mit
3 Eßl. Aprikosen-Konfitüre bestreichen

für den Guß

etwa 125 g gesiebten Puderzucker mit
2-3 Eßl. Zitronensaft
Farbenfreude, grün (etwa 1 Tube) verrühren, den Tortenrand damit bestreichen, mit
Zuckerstreuseln (Gebäck-Schmuck) bestreuen
200 g Marzipanrohmasse mit
100 g gesiebtem Puderzucker
1 Tube grüner

Farbenfreude (Back- und Speisefarbe)	verkneten die Masse zu einer Platte ausrollen, die Kleeblatt-Schablone darauf legen, die Form ausschneiden das Marzipan-Kleeblatt auf die Torte legen, etwas andrücken die Kleeblatt Torte mit
Silberperlen (Gebäck-Schmuck) **Farbenfreude, rot**	verzieren.

Mignon-Torte

(Abb. rechts)

	Für den Teig
500 g Weizenmehl	mit
2 gestrichenen Teel. Backpulver	mischen, auf die Tischplatte sieben, in die Mitte eine Vertiefung eindrücken
150 g gesiebten Puderzucker **1 Päckchen Vanillin-Zucker** **3 Eier** **Salz** **abgeriebene Schale von 1 Zitrone (unbehandelt)**	hineingeben, mit einem Teil des Mehls zu einem dicken Brei verarbeiten
300 g kalte Butter	in Stücke schneiden, auf den Brei geben, mit Mehl bedecken, von der Mitte aus alle Zutaten schnell zu einem glatten Teig verkneten, einige Stunden kalt stellen etwas Teig dünn ausrollen, 32 kleine runde oder gezackte Plätzchen (Durchmesser etwa 2 cm) ausstechen die Plätzchen auf ein gefettetes Backblech legen, das Backblech in den vorgeheizten Backofen schieben
Strom:	175-200
Gas:	3-4
Backzeit:	8-10 Minuten den restlichen Teig in 5 Teile teilen, jeweils einen Teig auf dem umgedrehten, gefetteten Boden einer Springform (Durchmesser etwa 28 cm) ausrollen, mehrmals mit einer Gabel einstechen nacheinander bei gleicher Temperatur wie die Plätzchen backen
Backzeit:	12-15 Minuten die Tortenböden sofort nach dem Backen vom Springformboden lösen, erkalten lassen
	für die Füllung
abgeriebene Schale von 2 Zitronen (unbehandelt)	in einen Topf geben
175 g Zucker **1 Päckchen Vanillin-Zucker** **2 schwach gehäufte Eßl. Speisestärke**	hinzufügen
150 ml Zitronensaft (von 3-4 Zitronen)	hinzugießen, verrühren
3 Eier	hinzufügen, die Masse unter ständigem Rühren zum Kochen bringen, von der Kochstelle nehmen nach und nach
200 g weiche Butter	unterrühren, die Creme erkalten lassen, ab und zu durchrühren jeweils 2 Plätzchen mit etwas Creme zusammensetzen mit der restlichen Creme die 5 Tortenböden bestreichen, zu einer Torte zusammensetzen und den Tortenrand mit etwas Creme bestreichen die Torte einige Zeit kalt stellen
225 g gesiebten Puderzucker	mit
4-5 Eßl. Zitronensaft	zu einer dickflüssigen Masse verrühren die zusammengesetzten Plätzchen auf der Oberseite damit bestreichen, mit jeweils 1 von
16 Pistazienkernen	belegen, mit dem restlichen Guß die Torte ganz einstreichen die Plätzchen auf den Rand der Tortenoberfläche setzen, die Torte gut durchziehen lassen.

Trüffeltorte

(Abb. oben)

Für den Teig

4 Eier
3-4 Eßl. heißes Wasser mit einem elektrischen Handrührgerät mit Rührbesen auf höchster Stufe in 1 Minute schaumig schlagen

175 g Zucker mit
1 Päckchen Vanillin-Zucker mischen, in 1 Minute einstreuen, dann noch etwa 2 Minuten schlagen

100 g Weizenmehl mit
100 g Speisestärke
30 g Kakao
3 gestrichenen Teel. Backpulver mischen, die Hälfte davon auf die Eiercreme sieben, kurz auf niedrigster Stufe unterrühren
den Rest des Mehl-Gemisches auf dieselbe Weise unterarbeiten
den Teig in eine Springform (Durchmesser etwa 28 cm, Boden gefettet, mit Pergamentpapier ausgelegt) füllen, glattstreichen
die Form auf dem Rost in den vorgeheizten Backofen schieben

Strom: 175-200
Gas: 3-4
Backzeit: 20-30 Minuten
sofort nach dem Backen den Tortenboden aus der Form lösen, auf einen Kuchenrost stürzen, das Papier abziehen, den Tortenboden erkalten lassen, zweimal durchschneiden

für die Füllung

125 g Butter geschmeidig rühren
150 g Puderzucker mit
100 g Kakao mischen, sieben, nach und nach abwechselnd mit
1 Ei
1 Fläschchen Rum-Aroma unterrühren, 16. Teel. davon abnehmen, jedesmal soviel, daß sich aus einem Teelöffel Masse eine kirschgroße Kugel formen läßt, die Masse kalt stellen
unter den Rest der Füllung
2 Eßl. Wasser
1 Päckchen Vanillin-Zucker rühren
den unteren und den mittleren Tortenboden mit der Creme bestreichen, die 3 Tortenböden zu einer Torte zusammensetzen

für den Guß

100 g Schokolade in kleine Stücke brechen, mit
etwas Kokosfett in einem kleinen Topf im heißen Wasserbad bei schwacher Hitze zu einer geschmeidigen Masse verrühren, die Torte gleichmäßig damit überziehen
den Rand und einen 2 cm breiten

Rand auf der Tortenoberfläche mit

75 g Schokoladenstreuseln bestreuen
aus der Masse 16 Kugeln formen, in den restlichen Schokoladenstreuseln (in einem Kaffeesieb) wälzen, kranzförmig auf die Torte legen.

Schwarz-Weiß-Torte

(Abb. unten)

Für den Teig

4 Eier
3-4 Eßl. heißes Wasser mit einem elektrischen Handrührgerät mit Rührbesen auf höchster Stufe in 1 Minute schaumig schlagen

125 g Zucker
1 Päckchen Vanillin-Zucker mischen, in 1 Minute einstreuen, dann noch etwa 2 Minuten schlagen

50 g Weizenmehl
50 g Speisestärke
30 g Kakao
½ gestrichenen Teel. Backpulver mischen, die Hälfte davon auf die Eiercreme sieben, kurz auf niedrigster Stufe unterrühren
den Rest des Mehl-Gemisches auf dieselbe Weise unterarbeiten
den Teig etwa 1 cm dick auf ein mit Pergamentpapier belegtes Backblech streichen, das Papier unmittelbar vor dem Teig zu einer Falte knicken, so daß ein Rand entsteht, das Backblech in den vorgeheizten Backofen schieben

Strom: 200-225
Gas: 4-5
Backzeit: 10-15 Minuten
den Biskuit sofort auf ein mit Zucker bestreutes Papier stürzen, das Pergamentpapier mit kaltem Wasser bestreichen, vorsichtig, aber schnell abziehen

für den Krokant

1 Messerspitze Butter mit
25 g Zucker zerlassen, unter Rühren so lange erhitzen, bis der Zucker schwach gebräunt ist

50 g abgezogene, gehackte Mandeln unterrühren, auf einer mit
Speiseöl bestrichenen Platte erkalten lassen, in kleine Stücke zerstoßen

für die Füllung
von

500 ml (½ l) kalter Milch 5 Eßl. abnehmen
40 g Speisestärke
100 g Zucker damit anrühren, die übrige Milch zum Kochen bringen, in die von der Kochstelle genommene Milch langsam die angerührte Speise-

stärke geben, einmal kurz aufkochen lassen, während des Erkaltens ab und zu durchrühren

250 g Butter geschmeidig rühren, den Pudding eßlöffelweise darunter geben (darauf achten, daß weder Fett noch Pudding zu kalt sind, da dann die sogenannte Gerinnung eintritt)
3 Eßl. von der Creme mit

Kakao verrühren, in einen Spritzbeutel füllen
die erkaltete Biskuitplatte zunächst mit

6 Eßl. Rum beträufeln

200 g Johannisbeer-Gelee glattrühren, die Biskuitplatte zunächst mit dem Gelee, dann mit ⅔ der Buttercreme bestreichen, der Länge nach in 6 Streifen von etwa 5 cm Breite schneiden
den erste Streifen spiralförmig aufrollen, senkrecht hinstellen, die übrigen Streifen quer in Hälften schneiden, mit den Stücken die Spirale fortsetzen, so daß eine Torte entsteht
Rand und Oberfläche der Torte mit der restlichen Creme bestreichen
den Rand mit Krokant bestreuen, die Tortenoberfläche mit einer Gabel spiralförmig verzieren, mit der Creme aus dem Spritzbeutel beliebig garnieren.

Zuger Kirschtorte

(Abb. rechts)

Für den Teig

4 Eier
2-3 Eßl. heißes Wasser mit einem elektrischen Handrührgerät mit Rührbesen auf höchster Stufe in 1 Minute schaumig rühren mit

100 g Zucker
1 Päckchen Vanillin-Zucker mischen, in 1 Minute einstreuen, dann noch etwa 2 Minuten schlagen mit

75 g Weizenmehl
50 g Speisestärke
1 gestrichenen Teel. Backpulver mischen, die Hälfte davon auf die Eiercreme sieben, kurz auf niedrigster Stufe unterrühren
den Rest des Mehl-Gemisches auf dieselbe Weise unterarbeiten
den Teig in eine Springform (Durchmesser etwa 28 cm, Boden gefettet, mit Pergamentpapier ausgelegt) füllen, glattstreichen
die Form auf dem Rost in den vorgeheizten Backofen schieben

Strom: 175-200
Gas: 3-4
Backzeit: 25-30 Minuten
sofort nach dem Backen den Tortenboden aus der Form lösen, auf einen Kuchenrost stürzen, das Papier abziehen, den Tortenboden erkalten lassen

für die Baisermasse

3 Eiweiß steifschlagen, nach und nach eßlöffelweise

150 g Zucker
1 Päckchen Vanillin-Zucker unterschlagen

100 g abgezogene, gemahlene Mandeln vorsichtig unterheben, aus der Masse zwei Baiserböden herstellen
dazu jeweils die Hälfte in eine gefettete, mit gut gefettetem Pergamentpapier ausgelegte Springform (Durchmesser etwa 28 cm) geben, glattstreichen
die Form auf dem Rost in den vorgeheizten Backofen schieben

Strom: 100-125
Gas: 1
nach 30-40 Minuten Ofen ausschalten, Boden noch etwa 20 Minuten im Ofen stehenlassen
Backzeit: 60-80 Minuten
sobald die Böden gebacken sind, das Papier mit Wasser bestreichen, abziehen
die Baiserböden in gut schließendem Kochtopf aufbewahren, damit sie nicht weich werden

für die Füllung

1 Päckchen Pudding-Pulver Himbeer-Geschmack
100 g Zucker mit
6 Eßl. kalter Milch anrühren

500 ml (½ l) Milch zum Kochen bringen, das Pudding-Pulver unter Rühren in die von der Kochstelle genommene Milch geben, kurz aufkochen lassen, kalt stellen, ab und zu umrühren

250 g Butter geschmeidig rühren, den Pudding eßlöffelweise darunter geben (darauf achten, daß weder Fett noch Pudding zu kalt sind, da dann die sogenannte Gerinnung eintritt

zum Tränken des Biskuitbodens

6 Eßl. Wasser mit
60 g Zucker aufkochen, erkalten lassen
6 Eßl. Kirschwasser dazugeben
einen der Baiserböden mit ¼ der Buttercreme bestreichen, den Biskuitboden darauf legen, mit dem Kirschwasser beträufeln, mit knapp der Hälfte der übrigen Buttercreme bestreichen, den zweiten Baiserbo-

Nuß-Möhren-Torte

(Abb. oben)

	Für den Teig
500 g Möhren	putzen, schrappen, waschen, fein reiben
500 g gemahlene Haselnußkerne	mit
4 gestrichenen Teel. Backpulver	mischen
8 Eigelb	mit
3 Eßl. Apfelsinensaft abgeriebener Schale von 1 Apfelsine (unbehandelt)	dickschaumig schlagen, dabei die Hälfte von
300 g Zucker	unterschlagen
8 Eiweiß	steifschlagen, nach und nach unter die Eigelbcreme ziehen, dann die Haselnußkerne und zuletzt die geriebenen Möhren unterheben den Teig in eine gefettete, mit Pergamentpapier ausgelegte Springform (Durchmesser etwa 28 cm) füllen, glattstreichen die Form auf dem Rost in den vorgeheizten Backofen schieben
Strom:	175-200
Gas:	3-4
Backzeit:	55-60 Minuten die Torte aus der Form lösen, auf eine Tortenplatte stürzen, das Pergamentpapier abziehen, die Torte erkalten lassen
	zum Bestreichen
2 Eßl. Apfelsinen-Marmelade	mit
2 Eßl. Wasser	verrühren, durch ein Sieb streichen, aufkochen lassen, die Torte damit bestreichen
	für den Guß
150 g zartbittere Schokolade	mit
etwas Kokosfett	in einem kleinen Topf im heißen Wasserbad geschmeidig rühren die Torte damit bestreichen nach Belieben mit
Marzipan-Möhren	garnieren.
Beigabe:	Schwach gesüßte, geschlagene Sahne.

Quarkschaum-Torte

175 g weiche Butter	geschmeidig rühren, nach und nach
150 g Zucker	
7 Eigelb	
abgeriebene Schale von 1 Zitrone (unbehandelt)	
2-3 Eßl. Zitronensaft	unterrühren
750 g Magerquark	
75 g Grieß	hinzufügen, verrühren
7 Eiweiß	steifschlagen, unterheben den Teig in eine gefettete Springform (Durchmesser etwa 28 cm) füllen, glattstreichen die Form auf dem Rost in den vorgeheizten Backofen schieben
Strom:	Etwa 175
Gas:	2-3
Backzeit:	Etwa 70 Minuten den gebackenen Kuchen noch etwa 30 Minuten im Backofen bei etwas geöffneter Backofentür ruhen lassen, erst dann herausnehmen und in der Form erkalten lassen.

Sacher-Torte

	Für den Teig
6 Eier	
2 Eßl. heißes Wasser	mit einem Handrührgerät mit Rührbesen auf höchster Stufe in 1 Minute schaumig schlagen
175 g Zucker	mit
1 Päckchen Vanillin-Zucker	mischen, in 1 Minute einstreuen, dann noch etwa 2 Minuten schlagen
100 g Weizenmehl	mit
2 Päckchen Schokoladen-Pudding-Pulver	
1 gestrichenen Teel. Backpulver	mischen, ⅓ davon auf die Eiercreme sieben, kurz auf niedrigster Stufe unterrühren, den Rest des Mehl-Gemisches (jeweils ⅓) auf dieselbe Weise unterarbeiten, dabei
100 g zerlassene, abgekühlte Butter	nach und nach hinzufügen den Teig in eine gefettete, mit Pergamentpapier oder Back-Trennpapier ausgelegte Springform (Durchmesser etwa 28 cm) füllen die Form auf dem Rost in den vorgeheizten Backofen schieben, sofort backen
Strom:	175-200, **Gas:** 3-4
Backzeit:	35-40 Minuten den Tortenboden gut auskühlen lassen
	für die Füllung
200 g Aprikosen-Konfitüre	gut verrühren, den Tortenboden einmal durchschneiden, mit ⅔ der Konfitüre füllen, Rand und oberste Seite der Torte dünn und gleichmäßig mit der restlichen Konfitüre bestreichen
	für den Guß
125 g zartbittere Schokolade	in kleine Stücke brechen, mit
etwas Kokosfett	in einem kleinen Topf im heißen Wasserbad zu einer geschmeidigen Masse verrühren, die Torte damit überziehen, sobald der Guß etwas fest geworden ist, die Torte in 16-18 Stücke einteilen.

Urgroßmutters feine Schokoladen-Torte

(Abb. rechts)

175 g zartbittere Schokolade	in kleine Stücke brechen, in einem kleinen Topf im Wasserbad geschmeidig rühren, aus dem Wasserbad nehmen, in eine Schüssel geben
175 g weiche Butter	hinzufügen, nach und nach
175 g Zucker	
3 Eier	
4 Eigelb	unterrühren
125 g feines Semmelmehl	eßlöffelweise hinzufügen
3 Eiweiß	steifschlagen, unterheben den Teig in eine gut gefettete Springform (Durchmesser etwa 28 cm) füllen, glattstreichen die Form auf dem Rost in den vorgeheizten Backofen schieben
Strom:	Etwa 175
Gas:	Etwa 3
Backzeit:	Etwa 45 Minuten den ausgekühlten Tortenboden einmal durchschneiden, den Boden mit
etwa 3 Eßl. Aprikosen-Konfitüre	bestreichen, mit dem oberen Boden bedecken
etwa 3 Eßl. Aprikosen-Konfitüre	durch ein Sieb streichen und die Torte ganz damit bestreichen
	für den Guß
75 g zartbittere Schokolade	in Stücke brechen, in einem kleinen Topf im Wasserbad geschmeidig rühren
1 Eiweiß	mit
60 g Zucker	gut verrühren, die aufgelöste Schokolade unterrühren, bis der Guß glänzt, die Torte damit bestreichen, trocknen lassen, mit
gesiebtem Puderzucker	bestäuben.

Wiener Schokoladen-Torte

(Abb. oben)

	Für den Teig
250 g zartbittere Schokolade	in Stücke brechen, in einem kleinen Topf im heißen Wasserbad geschmeidig rühren, etwas abkühlen lassen
250 g weiche Butter	geschmeidig rühren, die aufgelöste Schokolade unterrühren nach und nach ⅓ von
150 g Zucker	mit
5 Eigelb	
3 Eiern	unterrühren
250 g gemahlene Mandeln (mit Schale)	
100 g Semmelmehl	
2 gestrichene Teel. Backpulver	mischen, sieben, eßlöffelweise unterrühren
5 Eiweiß	steifschlagen, unter ständigem Schlagen nach und nach den restlichen Zucker hinzufügen den Eierschnee auf die Teigmasse geben, vorsichtig unterheben den Teig in eine gefettete Springform (Durchmesser etwa 28 cm) füllen, glattstreichen die Form auf dem Rost in den vorgeheizten Backofen schieben
Strom:	150–175
Gas:	2–3
Backzeit:	Etwa 70 Minuten den Tortenboden erkalten lassen
3 Eßl. Johannisbeergelee	mit
3 Eßl. Wasser	unter Rühren einige Minuten kochen lassen

Tortenoberfläche und -rand gleichmäßig damit bestreichen

für den Guß

100 g zartbittere Schokolade mit
Kokosfett in einem kleinen Topf im heißen Wasserbad geschmeidig rühren
die Torte gleichmäßig damit bestreichen, die noch feuchte Tortenoberfläche mit
gehobelter Schokolade garnieren.

Rübli-Torte, klassisch

(Abb. rechts)

Für den Teig

300 g Möhren putzen, schrappen, waschen, sehr fein reiben

4 Eigelb mit
200 g Zucker
1 Päckchen Vanillin-Zucker
abgeriebener Schale von ½ Zitrone (unbehandelt) oder von 1 Orange (unbehandelt)
2 Eßl. Zitronensaft cremig rühren, die geriebenen Möhren,
300 g abgezogene, gemahlene Mandeln unterrühren
60 g Weizenmehl mit
1 Teel. Backpulver
Salz mischen, sieben, unter den Teig rühren
4 Eiweiß steifschlagen, 3 Eßl. von dem Eierschnee abnehmen, unter den Teig rühren, dann den restlichen Eierschnee unterheben
den Teig in eine gefettete, mit
Weizenmehl bestäubte Springform (Durchmesser etwa 24 cm) füllen, glattstreichen
die Form auf dem Rost in den vorgeheizten Backofen schieben

Strom: 175-200
Gas: Etwa 3
Backzeit: Etwa 40 Minuten

sofort nach dem Backen die Torte aus der Form lösen, auf einen Kuchenrost stürzen

für den Guß

150 g gesiebten Puderzucker mit
2-3 Eßl. Zitronensaft verrühren, die noch heiße Tortenoberfläche damit bestreichen
die Torte erkalten lassen, mit
8 Marzipan-Möhren (fertig gekauft) garnieren.

Beigabe: Geschlagene Sahne.

Badener Walnuß-Torte

(Abb. unten)

	Für den Teig
200 g Marzipan-Rohmasse	in kleine Stücke schneiden, nach und nach
7 Eigelb	
abgeriebene Schale von 1 Zitrone (unbehandelt)	
1 Päckchen Vanillin-Zucker	
Salz	unterrühren mit einem elektrischen Handrührgerät mit Rührbesen cremig rühren
7 Eiweiß	steifschlagen, dabei unter ständigem Schlagen nach und nach

180 g Zucker	hinzufügen, den Eierschnee auf die Eigelbcreme geben
200 g gemahlene Walnuß-Kerne	daraufgeben
120 g Weizenmehl	mit
2 gestrichenen Teel. Backpulver	mischen, auf die gemahlenen Walnußkerne sieben, die Zutaten vorsichtig unter die Eigelbcreme heben
100 g zerlassene, abgekühlte Butter	nach und nach unterziehen den Teig in eine gefettete Springform (Durchmesser etwa 26 cm) füllen, glattstreichen die Form auf dem Rost in den vorgeheizten Backofen schieben
Strom:	175-200
Gas:	3-4
Backzeit:	Etwa 40 Minuten den Tortenboden erkalten lassen
	für den Guß
200 g Nuß-Nougatmasse	mit
etwas Kokosfett	in einem kleinen Topf im heißen Wasserbad geschmeidig rühren die Torte damit bestreichen
etwa 20 g dunkle Kuvertüre	in einem kleinen Topf im heißen Wasserbad geschmeidig rühren, in ein Pergamentpapiertütchen geben die aufgelöste Kuvertüre in Form einer Spirale auf den noch feuchten Tortenguß spritzen (von der Tortenmitte ausgehend), ein spitzes Holzstäbchen in gleichmäßigen Abständen achtmal von der Tortenmitte zum Rand durch den noch feuchten Guß ziehen, diese Tortenachtel nochmals unterteilen, dazu das Holzstäbchen nun vom Rand zur Tortenmitte hin achtmal durch den Guß ziehen, so daß 16 Tortenstücke erkennbar sind, mit
halbierten Walnußkernen	garnieren den Guß fest werden lassen.

Linzer Torte

(Abb. oben)

200 g Weizenmehl	mit
1 gestrichenen Teel. Backpulver	mischen, auf die Tischplatte sieben, in die Mitte eine Vertiefung eindrücken
125 g Zucker 1 Päckchen Vanillin-Zucker 2 Tropfen Backöl Bittermandel 1 Messerspitze gemahlene Nelken 1 gestrichenen Teel. gemahlenen Zimt 1 Eiweiß ½ Eigelb	hineingeben, mit einem Teil des Mehls zu einem dicken Brei verarbeiten
125 g kalte Butter oder Margarine	in Stücke schneiden, auf den Brei geben
125 g gemahlene Mandeln oder Haselnußkerne	darüberstreuen, mit Mehl bedecken, von der Mitte aus alle Zutaten schnell zu einem glatten Teig verkneten, sollte er kleben, ihn eine Zeitlang kalt stellen knapp die Hälfte des Teiges zu einer Platte in der Größe einer Springform (Durchmesser etwa 28 cm) ausrollen, den übrigen Teig auf dem Springformboden ausrollen, mit
400 g Preiselbeerkonfitüre	bestreichen, dabei am Rand etwa 1 cm frei lassen, die Teigstreifen gitterförmig über die Konfitüre legen, den Rand ebenfalls mit Streifen belegen
½ Eigelb	mit
1 Teel. Milch	verschlagen, die Teigstreifen damit bestreichen die Form auf dem Rost in den vorgeheizten Backofen schieben
Strom:	175-200
Gas:	3-4
Backzeit:	25-30 Minuten die erkaltete Torte dünn mit
gesiebtem Puderzucker	bestäuben.

Dobos-Torte

(Abb. unten)

	Für den Teig
	8 Tortenböden herstellen dafür den Teig in 2 Portionen zubereiten
4 Eier, 2 Eßl. heißes Wasser	mit einem elektrischen Handrührgerät mit Rührbesen auf höchster Stufe in 1 Minute schaumig schlagen
100 g Zucker, 1 Päckchen Vanillin-Zucker	mischen, in 1 Minute einstreuen, dann noch etwa 2 Minuten schlagen
75 g Weizenmehl	auf die Eiercreme sieben, kurz auf niedrigster Stufe unterrühren den gefetteten Boden einer Springform (Durchmesser etwa 28 cm) mit Pergamentpapier auslegen, das Pergamentpapier ebenfalls fetten 4-5 Eßl. Teig dünn daraufstreichen den Springformboden auf dem Rost in den vorgeheizten Backofen schieben
Strom:	Etwa 200
Gas:	Etwa 3
Backzeit:	Etwa 10 Minuten sofort nach dem Backen den Tortenboden auf ein mit
Zucker	bestreutes Stück Pergamentpapier stürzen, das Papier abziehen aus der restlichen Teigmenge auf die gleiche Weise 3 weitere Tortenböden backen wenn der erste Teig verbraucht ist, aus
4 Eigelb, 100 g Zucker, 1 Päckchen Vanillin-Zucker, 4 Eiweiß, 75 g Weizenmehl	die zweite Teighälfte herstellen und daraus, wie oben beschrieben, nochmals 4 Tortenböden backen die 8 Teigböden erkalten lassen

	für die Füllung
375 g Butter	geschmeidig rühren, nach und nach
100 g gesiebten Puderzucker, Salz	unterrühren, nach Belieben
2 Teel. Instant-Kaffee	in
1 Eßl. heißem Wasser	auflösen, unterrühren
300 g halbbittere Kuvertüre	im heißen Wasserbad geschmeidig rühren, etwas abgekühlt mit
1-2 Eßl. Mokka-Likör, 1 Eigelb	unter die Buttermasse rühren etwa 3 Eßl. von der Creme in einen Spritzbeutel mit Sterntülle füllen, beiseite legen 7 Tortenböden dünn mit der Buttercreme bestreichen, zu einer Torte zusammensetzen den Tortenrand ebenfalls mit der Creme bestreichen
	für die Glasur
150 g Zucker	in einem Stahltopf erhitzen, erst umrühren, wenn der Zucker fast geschmolzen ist, unter Rühren goldbraun werden lassen den zurückgelassenen Tortenboden auf ein Kuchenblech legen (glatte Seite nach oben), den anhaftenden Zucker mit einem Pinsel entfernen, die Karamelmasse daraufgießen, schnell verstreichen sobald die Karamelmasse etwas fest geworden ist, den Boden mit einem kalt abgespülten Messer in 12-16 Stücke schneiden auf der Tortenoberfläche 12-16 Tortenstücke mit einem Messer markieren mit der Creme aus dem Spritzbeutel an den Rand jedes markierten Tortenstückes einen Cremetuff spritzen die vorgeschnittenen Karamelstücke schräg daraufsetzen den Tortenrand mit
etwa 40 g abgezogenen, gehobelten Mandeln	bestreuen.

Käsetorte

(Abb. oben)

Für den Teig

150 g Weizenmehl	auf die Tischplatte sieben, in die Mitte eine Vertiefung eindrücken
40 g Zucker	
1 Päckchen Vanillin-Zucker	hineingeben
100 g kalte Butter	in Stücke schneiden, auf den Zucker geben die Zutaten von der Mitte aus schnell zu einem glatten Teig verkneten den Teig auf dem umgedrehten Boden einer Springform (Durchmesser etwa 28 cm) ausrollen, den Springformrand innen mit Alufolie auslegen, um den Boden legen

für den Belag

250 g weiche Butter	geschmeidig rühren, nach und nach
200 g Zucker	
1 Päckchen Vanillin-Zucker	
7 Eigelb	
Salz	
abgeriebene Schale von 1 Zitrone (unbehandelt)	
3 Eßl. Zitronensaft	unterrühren
1 kg Magerquark	mit
1 Päckchen Käsekuchenhilfe	unter den Teig rühren
7 Eiweiß	steifschlagen, unterheben die Käsemasse auf dem Teigboden verteilen, glattstreichen die Form auf dem Rost in den vorgeheizten Backofen schieben
Strom:	160-175
Gas:	Etwa 2
Backzeit:	70-80 Minuten den gebackenen Kuchen noch 30-45 Minuten im Backofen bei etwas geöffneter Backofentür ruhen lassen, erst dann herausnehmen und in der Form erkalten lassen.

Kaiserin-Friedrich-Torte

(In einer Rosettenform – Abb. links)

	Für den Teig
250 g Kokosfett	zerlassen, kalt stellen, etwas fest werden lassen
oder	
300 g Margarine	geschmeidig rühren
300 g Zucker **1 Päckchen** **Vanillin-Zucker**	hinzugeben, so lange rühren, bis Fett und Zucker weißschaumig geworden sind, dann nach und nach
5 Eier **1 Eigelb** **½ Eiweiß** **3 Tropfen Backöl** **Bittermandel** **½ Fläschchen** **Rum-Aroma** **Salz**	verrühren
300 g Weizenmehl	mit
75 g Speisestärke **2 gestrichenen** **Teel. Backpulver**	mischen, sieben, eßlöffelweise unterrühren
125 g gewürfeltes **Zitronat (Sukkade)**	unter den Teig heben, ihn in die gefettete Rosettenform (ersatzweise in eine Springform) füllen, auf dem Rost in den vorgeheizten Backofen schieben
Strom:	175–200
Gas:	2–3
Backzeit:	65–75 Minuten
	für den Guß
175 g Puderzucker	sieben, mit
½ Eiweiß **etwa 3 Eßl.** **Zitronensaft**	glattrühren, so daß eine dickflüssige Masse entsteht die erkaltete Torte mit dem Guß überziehen
50 g Zitronat **(Sukkade)**	in Blüten und Streifen schneiden, die Torte damit garnieren.

Spanische Vanille-Torte

(Abb. rechts)

	Für den Teig
150 g Marzipan- **Rohmasse**	in Stücke schneiden, mit
6 Eigelb	cremig rühren, nach und nach
100 g Zucker **abgeriebene Schale** **von 1 Zitrone** **(unbehandelt)** **Mark von** **2 Vanillestangen** **Salz**	unterrühren
200 g Kuvertüre	grob hacken, mit
50 g abgezogenen, **gehobelten Mandeln**	vermengen, mit
9 Eßl. Marsala	beträufeln, mit
2 gestrichenen **Teel. Backpulver** **75 g gesiebtem** **Weizenmehl** **75 g gesiebter** **Speisestärke**	vermengen
5 ½ Eiweiß	steifschlagen Kuvertüremasse und Eierschnee abwechselnd unter die Marzipan-Eigelb-Masse heben den Teig in eine gefettete, mit Pergamentpapier ausgelegte Springform (Durchmesser etwa 24 cm) füllen, glattstreichen die Form auf dem Rost in den vorgeheizten Backofen schieben
Strom:	Etwa 175
Gas:	2–3
Backzeit:	Etwa 45 Minuten die Form auf einen Kuchenrost stürzen, erst nach etwa 8 Minuten die Form abheben
2 Eßl. Aprikosen- **Konfitüre (ohne** **Fruchtstücke)**	verrühren, die noch warme Torte ganz damit bestreichen
	für den Guß
150 g gesiebten Puderzucker	mit dem
Mark von **1 Vanillestange** **½ Eiweiß** **etwa 1 Eßl.** **Zitronensaft**	glattrühren, die Torte ganz damit bestreichen
200 g Walnußkerne	grob hacken, auf die Torte streuen, am Rand etwas andrücken.

Fruchtige Nußtorte

	Für den Teig
6 Eier	mit einem elektrischen Handrührgerät mit Rührbesen auf höchster Stufe in 1 Minute schaumig schlagen
200 g Zucker 1 Päckchen Vanillin-Zucker 1 Messerspitze gemahlenem Zimt	mit mischen, in 1 Minute einstreuen, dann noch etwa 2 Minuten schlagen
75 g Grieß 1 Eßl. Kakao 125 g gemahlenen Haselnußkernen	mit mischen, die Hälfte davon auf die Eiercreme geben, kurz auf niedrigster Stufe unterrühren den Rest des Grieß-Haselnußkern-Gemisches auf dieselbe Weise unterarbeiten
250 g geschälte, geraspelte Äpfel	unterheben den Teig in eine gefettete, mit Pergamentpapier ausgelegte Springform (Durchmesser etwa 28 cm) füllen, glattstreichen die Form auf dem Rost in den vorgeheizten Backofen schieben
Strom:	175-200
Gas:	3-4
Backzeit:	30-35 Minuten
	die Torte sofort nach dem Backen aus der Form lösen, erkalten lassen, mit
etwa 3 Eßl. Apfelgelee	bestreichen
	für den Guß
100 g zartbittere Schokolade etwas Kokosfett	mit in einem kleinen Topf im heißen Wasserbad geschmeidig rühren die Torte ganz damit bestreichen, den Rand der Tortenoberfläche mit
in Scheiben geschnittenen Haselnußkernen	bestreuen.

Anna-Torte

(Abb. links)

250 g Butter oder Margarine	geschmeidig rühren, nach und nach
250 g Zucker 1 Päckchen Vanillin-Zucker 4 Eier ½ Fläschchen Rum-Aroma	unterrühren
250 g Weizenmehl 1½ gestrichene Teel. Backpulver	mit mischen, sieben, eßlöffelweise unterrühren
125 g geriebene zartbittere Schokolade 100 g abgezogenen, gemahlenen Mandeln 50 g feingewürfeltem Zitronat (Sukkade)	mit mischen, unterrühren den Teig in eine gefettete Springform (Rand nicht fetten, Durchmesser etwa 28 cm) füllen die Form auf dem Rost in den vorgeheizten Backofen schieben
Strom:	175-200
Gas:	3-4
Backzeit:	Etwa 1 Stunde das erkaltete Gebäck mit
gesiebtem Puderzucker	bestäuben.

Schichttorte, gegrillt

(Abb. rechts)

	Für den Teig
250 g Butter oder Margarine	geschmeidig rühren, nach und nach
250 g Zucker 1 Päckchen Vanillin-Zucker 2 Eier 4 Eigelb	

4-5 Eßl. Rum oder Weinbrand unterrühren

150 g Weizenmehl mit

100 g Speisestärke

3 gestr. Teel. Backpulver mischen, sieben, eßlöffelweise unterrühren

4 Eiweiß steifschlagen, zuletzt unter den Teig heben

den gefetteten Boden einer Springform (Durchmesser etwa 28 cm) mit Pergamentpapier auslegen

1 gut gehäuften Eßl. Teig gleichmäßig mit einem Pinsel daraufstreichen

die Form auf dem Rost in den Backofen schieben (Abstand zwischen Grill und Teigschicht etwa 20 cm)

die Teigschicht unter dem vorgeheizten Grill hellbraun backen

Grillzeit:
Strom: Etwa 2 Minuten
Gas: Etwa 2 Minuten

als zweite Schicht wieder 1-2 Eßl. Teig auf die gebackene Schicht streichen, die Form wieder unter den Grill schieben

auf diese Weise den ganzen Teig verarbeiten (die Einschubhöhe nach Möglichkeit so verändern, daß der Abstand von etwa 20 cm zwischen Grill und Teigschicht bestehen bleibt)

den fertigen Kuchen mit einem Messer vorsichtig vom Rand der Form lösen, auf ein Backblech stürzen, das Papier abziehen, sofort noch etwa 5 Minuten in den heißen Backofen schieben

für den Zuckerguß

etwa 125 g gesiebten Puderzucker mit

3-4 Eßl. Zitronensaft verrühren, die Torte damit überziehen

für den Schokoladenguß

etwa 30 g Schokolade mit

etwa 10 g Kokosfett in einem kleinen Topf im heißen Wasserbad zu einer geschmeidigen Masse verrühren, den Guß in ein Pergamentpapiertütchen füllen und ihn auf den noch feuchten Puderzuckerguß in Form einer Spirale (von der Tortenmitte ausgehend) spritzen

ein spitzes Holzstäbchen in gleichmäßigen Abständen achtmal von der Tortenmitte zum Rand durch den noch feuchten Guß ziehen, diese Tortenachtel nochmals unterteilen, dazu das Hölzchen nun vom Rand zur Tortenmitte hin achtmal durch den Guß ziehen, so daß 16 Tortenstücke erkennbar sind

den Guß fest werden lassen.

Tip: Die Schichttorte oder Stücke davon können - in Alufolie verpackt - einige Wochen im Kühlschrank aufbewahrt werden. Ideal, wenn überraschend Gäste kommen.

Belgrader Torte

(Abb. oben)

	Für den Teig
100 g Marzipan-Rohmasse	mit
2–3 Eßl. Wasser	mit einem elektrischen Handrührgerät mit Rührbesen verrühren
6 Eigelb	hinzufügen, cremig schlagen, nach und nach
50 g Zucker	
Salz	
abgeriebene Schale von 1 Zitrone (unbehandelt)	unterrühren
5 Eiweiß	steifschlagen, nach und nach
50 g Zucker	unterschlagen, die Eiweißmasse auf die Eigelbcreme geben
100 g Weizenmehl	mit
1 gestrichenen Teel. Backpulver	mischen, darübersieben, kurz auf niedrigster Stufe unterrühren den Teig in eine gefettete, mit Pergamentpapier ausgelegte Springform (Durchmesser etwa 28 cm) füllen, glattstreichen die Form auf dem Rost in den vorgeheizten Backofen schieben
Strom:	175–200
Gas:	3–4
Backzeit:	Etwa 30 Minuten sofort nach dem Backen den Tortenboden aus der Form lösen,

auf einen Kuchenrost stürzen, das Papier abziehen, den Tortenboden erkalten lassen, einmal durchschneiden den unteren Tortenboden mit

3 Eßl. Orangenlikör beträufeln

2 gehäufte Eßl. Aprikosen-Konfitüre mit

2 Eßl. Orangenlikör verrühren, den beträufelten Tortenboden damit bestreichen, den oberen Boden darauflegen, mit

3 Eßl. Orangenlikör beträufeln

3 Eßl. Aprikosen-Konfitüre durch ein Sieb streichen, mit

1 Eßl. Wasser

1 Eßl. Orangenlikör verrühren, zum Kochen bringen, die Torte ganz damit bestreichen

100 g Marzipan-Rohmasse mit

50 gesiebten Puderzucker verkneten, in der Größe der Tortenoberfläche ausrollen, auf die Torte legen

für den Guß

175 g Puderzucker

1-2 Eßl. Instant-Kaffee in

1-2 Teel. Rum auflösen, mit

1 Eiweiß zu dem Puderzucker geben, zu einem dickflüssigen Guß verrühren, 1 Eßl. von dem Guß abnehmen, beiseite stellen, mit dem restlichen Guß die Torte ganz bestreichen

den zurückgelassenen Guß mit

1 Teel. gesiebten Kakao verrühren, evtl. einige Tropfen Wasser hinzufügen, in eine kleine Pergamentpapiertüte geben, von der Tüte eine Spitze abschneiden

die Torte mit dem Guß aus der Tüte verzieren.

Beigabe: Leicht gesüßte, geschlagene Sahne.

Orangen-Torte

(Abb. rechts)

2 große Orangen (unbehandelt) heiß abwaschen, die Schale hauchdünn abreiben, etwas von der Schale in Streifen schneiden, beiseite stellen

die Orangen auspressen, 125 ml (⅛ l) davon abmessen, mit der abgeriebenen Orangenschale vermengen, den Orangensaft erhitzen

50 g Zucker darin auflösen

4 Eßl. Orangen-Likör hinzugießen, zugedeckt beiseite stellen

für den Teig

250 g weiche Butter geschmeidig rühren, nach und nach

200 g Zucker

4 Eier, Salz unterrühren

250 g Weizenmehl mit

1 Messerspitze Backpulver mischen, sieben, eßlöffelweise unterrühren

den Teig in eine gut gefettete Springform (Durchmesser etwa 22 cm) füllen, glattstreichen

die Form auf dem Rost in den vorgeheizten Backofen schieben

Strom: 175-200

Gas: Etwa 3

Backzeit: Etwa 45 Minuten

die gebackene Torte in der Form lassen, mehrmals mit einer Gabel einstechen, mit der Orangen-Likör-Mischung tränken, erkalten lassen

die Torte aus der Form lösen, auf einen Kuchenrost setzen

100 g bittere Orangen-Marmelade verrühren, die Torte ganz damit bestreichen

etwa 150 g kandierte Orangenscheiben halbieren, die Tortenoberfläche damit belegen, einige Hälften zum Garnieren zurücklassen

für den Guß

100-150 g dunkle Kuchenglasur in einem kleinen Topf im heißen Wasserbad geschmeidig rühren

die Torte ganz damit bestreichen

den Tortenrand mit den zurückgelassenen Orangenscheiben-Hälften garnieren

die Tortenoberfläche mit den zurückgelegten Orangenschalen-Streifen bestreuen.

Schnelle Nußtorte

6 Eier	mit einem elektrischen Handrührgerät mit Rührbesen auf höchster Stufe etwa 1 Minute schlagen
100 g Zucker 1 Päckchen Vanillin-Zucker	mischen, in 1 Minute einstreuen, dann noch etwa 2 Minuten schlagen
150 g gemahlene Haselnußkerne	mit
etwa 50 g Semmelmehl	mischen, die Hälfte davon auf die Eiercreme geben, kurz auf niedrigster Stufe unterrühren den Rest des Semmelmehl-Nuß-Gemisches auf dieselbe Weise unterarbeiten den Teig in eine gut gefettete, mit Pergamentpapier ausgelegte Springform (Durchmesser etwa 26 cm) füllen, glattstreichen die Form auf dem Rost in den vorgeheizten Backofen schieben
Strom:	175-200
Gas:	3-4
Backzeit:	35-40 Minuten sofort nach dem Backen die Torte aus der Form lösen, auf einen Kuchenrost stürzen, das Pergamentpapier abziehen, die Torte erkalten lassen, in Alufolie verpackt 1-2 Tage an einem kühlen Ort stehen lassen
	für den Guß
150 g zartbittere Schokolade	mit
etwas Kokosfett	in einem kleinen Topf im heißen Wasserbad geschmeidig rühren die Torte damit bestreichen, den Guß fest werden lassen die Nußtorte mit
geschlagener Sahne	servieren.

Meraner Nußtorte

(Abb. rechts)

50 g Marzipan-Rohmasse	mit etwas von
6 Eigelb	mit einem elektrischen Handrührgerät mit Rührbesen glattrühren das restliche Eigelb unterrühren
100 g Zucker 1 Päckchen Vanillin-Zucker Salz	hinzufügen, dickcremig rühren
abgeriebene Schale von ½ Zitrone (unbehandelt) 1 gestrichenen Teel. gemahlenen Zimt	unterrühren
6 Eiweiß	steifschlagen, dabei nach und nach
100 g Zucker	unterschlagen, auf die Eigelbcreme geben
100 g gemahlene Haselnußkerne 200 g gemahlene, geröstete Haselnußkerne	daraufgeben
100 g Semmelmehl 25 g Weizenmehl	mit
2 gestrichenen Teel. Backpulver	mischen, darübersieben, alles vorsichtig unter die Eigelbcreme ziehen (nicht rühren) den Teig in eine gefettete, mit Pergamentpapier ausgelegte Springform (Durchmesser etwa 26 cm) füllen, die Form auf dem Rost in den vorgeheizten Backofen schieben
Strom:	175-200
Gas:	3-4
Backzeit:	Etwa 45 Minuten den Tortenboden auf einen Kuchenrost stürzen, das Pergamentpapier abziehen, den Tortenboden erkalten lassen
	für den Knetteig
100 g Weizenmehl	mit
1 Messerspitze Backpulver	mischen, auf die Tischplatte sieben, in die Mitte eine Vertiefung eindrücken
2 Eßl. Zucker	hineingeben
75 g kalte Butter oder Margarine	in Stücke schneiden, auf den Zucker geben, von der Mitte aus alle Zutaten schnell zu einem glatten Teig verkneten, sollte er kleben, ihn eine Zeitlang kalt stellen den Teig auf dem umgedrehten, gefetteten Boden einer Springform (Durchmesser etwa 28 cm) ausrollen, einige Male mit einer Gabel einstechen, in den vorgeheizten Backofen schieben
Strom:	200-225
Gas:	3-4
Backzeit:	Etwa 15 Minuten den Knetteigboden sofort nach dem Backen vom Springformboden lösen, erkalten lassen, mit
2 Eßl. Johannisbeergelee	bestreichen
75 g Zucker	mit
125 ml (⅛ l) Wasser	unter Rühren zum Kochen bringen, kochen, bis sich der Zucker gelöst hat, abkühlen lassen
200 ml (⅕ l) Rum	hinzugießen den Nußboden auf den Knetteigboden legen, einige Male mit einer Gabel einstechen, Rand und Tortenoberfläche mit der Rum-Zuckerlösung bestreichen
3 Eßl. Johannisbeergelee	geschmeidig rühren, Tortenrand und

-oberfläche damit bestreichen

150 g Marzipan-Rohmasse mit

75 g gesiebtem Puderzucker verkneten, die Masse auf

gesiebtem Puderzucker dünn ausrollen

zuerst die Decke für die Tortenoberfläche ausschneiden, auf die Tortenoberfläche legen, festdrücken

die Reste verkneten, erneut ausrollen, Streifen für den Tortenrand ausschneiden, um den Tortenrand legen, festdrücken

etwa 125 g Haselnußglasur im Wasserbad geschmeidig rühren, die Torte damit bestreichen

2–3 Eßl. gesiebten Puderzucker mit

Eiweiß verrühren, bis ein zähflüssiger Guß entstanden ist, den Guß in ein Pergamentpapier-Tütchen füllen

von der Tüte eine Spitze abschneiden, die Torte mit dem Guß verzieren, mit

gesiebtem Kakao bestäuben, mit

Marzipanblüten garnieren.

Plätzchen

Plätzchenbäckerei

Ob aus Knetteig, verschiedenen Rührteigen oder aus Makronenmasse gemacht, Plätzchen oder Kekse stehen gerade in der Winterzeit, speziell zu Weihnachten, hoch im Kurs. Dabei schmecken sie doch eigentlich das ganze Jahr über.

Überraschen Sie doch Ihre Gäste einmal im Mai oder September mit einem bunten Teller aus duftendem Kleingebäck. Es paßt zum Tee und zum Kaffee, ist aber auch zusammen mit einem Täßchen Mokka köstlicher Abschluß eines festlichen Menüs. Die Palette der Möglichkeiten ist riesengroß, sie reicht von zarten Vanillekipferln bis zum Lebkuchen, vom Heidesand bis zu Kokosplätzchen, von Makronen bis zu feinen Printen, von Zimtsternen bis zu Wiener Herzen.

Jede Landschaft und auch die internationale Küche haben ihren speziellen Beitrag zum Plätzchenrepertoire geleistet; und fast jede Familie hat ihre ganz besonderen Spezialrezepte, die meist über Generationen weitergegeben werden.

Lebkuchen und Honiggebäck

Lebkuchen ist heute die allgemeingültige Bezeichnung für Backwaren, die durch ganz verschiedene Würzzutaten einen ganz spezifischen Geschmack bekommen und längere Zeit gelagert werden können. Wenn sie mit Honig statt mit Zucker hergestellt werden, spricht man von Honigkuchen; sie sind etwas noch Feineres als normale Lebkuchen. Der Honig, mit dem die Lebkuchen gesüßt werden, muß übrigens beim Verarbeiten flüssig sein.

Für echte Honigkuchen, die zu Weihnachten schmecken sollen, wird schon im September oder Oktober der Teig gerührt. Dann darf aber als Triebmittel nur Pottasche oder Hirschhornsalz verwendet werden. Nimmt man dagegen Backpulver, muß der Teig alsbald gebacken werden.

Berühmte Lebkuchen kommen nicht nur aus Nürnberg, der deutschen Lebkuchenstadt, sondern auch aus Basel und dem holländischen Deventer, aus Metz und aus Danzig.

Makronen oder Busserl

Man sollte nicht glauben, daß der Name »Makrone« denselben Ursprung hat wie das italienische »Makkaroni« (für die langen, röhrenförmigen Nudeln). Ursprünglich waren Makronen wohl ein Mandelgebäck, später variierte man die Zutaten und verwendete statt dessen auch Hasel- oder Walnüsse oder auch Kokosraspeln oder Marzipan. Makronenteig ist ein gerührter Teig, zu dem in jedem Fall Eiweiß nötig ist. Die Masse sollte so geschmeidig sein, daß man sie gut spritzen kann. Sie wird am besten auf Oblaten oder auf Back-Trennpapier gesetzt. Eine Mischung aus Knetteiggebäck und Makronen ergibt Plätzchen, deren Basis man aus ausgerolltem Knetteig aussticht und dann mit einem Häufchen Makronenmasse belegt.

Makronen dürfen nicht stark gebacken werden. Sie sollen sich auf Fingerdruck weich anfühlen, wenn man sie aus dem Ofen nimmt, denn sie trocknen beim Abkühlen noch nach. Zu lange gebackene Makronen werden hart und trocken. Wer Makronen am liebsten zart und weich mag, sollte sie am besten gleich frisch verzehren. Ansonsten bewahrt man sie in einer Blechdose auf, deren Deckel nicht ganz verschlossen wird. Außerdem kann man eine Scheibe Brot mit in die Dose legen.

Knetteig-Kleingebäck

Die meisten Möglichkeiten und Formen unter allen Teigen für kleines feines Gebäck bietet der Knetteig. Man kann ihn durch verschiedene Zutaten wie Nüsse, Mandeln, Schokolade, Marzipan usw. anreichern. Auch für die Weiterverarbeitung des Teiges gibt es unzählige Variationen: Der Teig wird ausgerollt, und man sticht mit verschieden geformten Ausstechern Plätzchen in Herz-, Stern-, Tier- oder Halbmondform aus, oder man verwendet einfach Gläser von unterschiedlichem Durchmesser und formt größere oder kleine Kreise. Man kann aber auch auf das Ausrollen des Teiges verzichten und statt dessen Rollen, Brezeln, kleine Laibe, Kipferl oder Kringel mit der Hand formen. Schließlich gibt es die Teigpresse, in die der Teig gefüllt wird und aus der man verschieden geformte Plätzchen spritzt. Im letzteren Fall muß der Teig allerdings sehr geschmeidig sein und sollte keine Stückzusätze wie grob gehackte Mandeln oder Orangeat enthalten. Gespritztes Gebäck

wird ganz besonders mürb. Für seine Herstellung gibt es Teigspritzen verschiedener Hersteller, aber auch Vorsätze für den Fleischwolf oder die Küchenmaschine. Gespritzter Teig muß immer gut gekühlt sein. Plätzchen aus Knetteig müssen nach dem Backen sofort vom Blech genommen werden und auf einem Kuchengitter vollständig abkühlen. Dann kann man sie in Blechdosen legen und fest verschließen.

Vanillekipferl

(Abb. rechts)

250 g Weizenmehl	
1 Messerspitze Backpulver	mischen, auf die Tischplatte sieben, in die Mitte eine Vertiefung eindrücken
125 g Zucker	
1 Päckchen Vanillin-Zucker	
3 Eigelb	hineingeben, mit einem Teil des Mehls zu einem dicken Brei verarbeiten
200 g kalte Butter	in Stücke schneiden
125 g abgezogene, gemahlene Mandeln	beide Zutaten auf den Brei geben, mit Mehl bedecken, von der Mitte aus alle Zutaten zu einem glatten Teig verkneten aus dem Teig daumendicke Rollen formen, gut 2 cm lange Stücke davon abschneiden, diese zu etwa 5 cm langen Rollen formen, die Enden etwas dünner rollen, als Hörnchen auf ein Backblech legen, in den vorgeheizten Backofen schieben
Strom:	175–200
Gas:	3–4
Backzeit:	Etwa 10 Minuten
etwa 50 g Puderzucker	sieben, mit
1 Päckchen Vanillin-Zucker	mischen, die noch heißen Kipferl darin wälzen.

Ischeler Törtchen

(Abb. links)

Für den Teig

350 g Weizenmehl auf die Tischplatte sieben, in die Mitte eine Vertiefung eindrücken

100 g gesiebten Puderzucker
1 Päckchen Vanillin-Zucker
2 Eigelb
1 Messerspitze gemahlenen Zimt
abgeriebene Schale von ½ Zitrone (unbehandelt) hineingeben, mit einem Teil des Mehls zu einem dicken Brei verarbeiten

300 g kalte Butter in Stücke schneiden, auf den Brei geben

200 g abgezogene, gemahlene Mandeln daraufgeben, von der Mitte aus alle Zutaten schnell zu einem glatten Teig verkneten
den Teig einige Stunden kalt stellen, etwa 2-3 mm dick ausrollen, runde Plätzchen (Durchmesser etwa 6 cm) ausstechen, dabei bei der Hälfte der Plätzchen in der Mitte ein Loch von etwa 1½ cm Durchmesser ausstechen
die Plätzchen und die Plätzchenringe auf ein mit Backtrennpapier belegtes Backblech legen, in den vorgeheizten Backofen schieben

Strom: 175-200
Gas: 3-4
Backzeit: Etwa 10 Minuten
die erkalteten Plätzchen mit

Himbeer-Konfitüre bestreichen, die Plätzchenringe mit

gesiebtem Puderzucker bestäuben, auf die Plätzchen legen.

Williams-Plätzchen

Für den Teig

175 g Weizenmehl mit

1 Messerspitze Backpulver mischen, auf die Tischplatte sieben, in die Mitte eine Vertiefung eindrücken

40 g Zucker mit

1 Päckchen Vanillin-Zucker
Salz
2 Eßl. Milch hineingeben, mit einem Teil des Mehls zu einem dicken Brei verarbeiten

100 g kalte Butter in Stücke schneiden, auf den Brei geben, mit Mehl bedecken, von der Mitte aus alle Zutaten schnell zu einem glatten Teig verkneten, sollte er kleben, ihn eine Zeitlang kalt stellen, den Teig knapp ½ cm dick ausrollen, gezackte Plätzchen (Durchmesser etwa 3 cm) ausstechen, die Plätzchen auf eingefettetes mit Back-Trennpapier ausgelegtes Backblech legen, in den vorgeheizten Backofen schieben

Strom: Etwa 200
Gas: Etwa 4
Backzeit: 10-12 Minuten

zum Bestreichen

2 Eßl. Aprikosen-Konfitüre durch ein Sieb streichen, die erkalteten Plätzchen damit bestreichen

200 g Vollmilch-Kuvertüre in einem kleinen Topf im heißen Wasserbad auflösen, etwas abkühlen lassen

65 g weiche Butter geschmeidig rühren

2 Eßl. gesiebten Puderzucker
2 Eßl. Williams-Birnengeist unterrühren, die Kuvertüre hinzufügen, mit dem elektrischen Handrührgerät dick-cremig rühren, die Masse in einen Spritzbeutel mit gezackter Tülle füllen, Ringe auf die Plätzchen spritzen

3 Eßl. gesiebten Puderzucker mit

4-5 Teel. Williams-Birnengeist verrühren, etwas davon mit einer Messerspitze in die Mitte der Schokoladenringe geben, die Spritzmasse im Kühlschrank fest werden lassen, die Plätzchen in gut schließenden Dosen aufbewahren.

Busserl

(Abb. rechts)

2 Eiweiß	steifschlagen, der Schnee muß so fest sein, daß ein Messerschnitt sichtbar bleibt, nach und nach
100 g feinkörnigen Zucker	unterschlagen
1 gestrichenen Eßl. Kakao	sieben, mit
50 g zartbitterer feingeschnittener Schokolade	vorsichtig unterheben mit 2 Teelöffeln walnußgroße Häufchen auf ein gefettetes Backblech setzen, in den vorgeheizten Backofen schieben
Strom:	130-150
Gas:	1-2
Backzeit:	25-35 Minuten.

Florentiner Plätzchen

	Für den Teig
150 g Weizenmehl	mit
½ gestrichenen Teel. Backpulver	mischen, auf die Tischplatte sieben, in die Mitte eine Vertiefung eindrücken
50 g Zucker **1 Päckchen Vanillin-Zucker** **1 Ei** **2 Eßl. Wasser**	hineingeben, mit einem Teil des Mehls zu einem dicken Brei verarbeiten
75 g kalte Butter oder Margarine	in Stücke schneiden, auf den Brei geben, mit Mehl bedecken, von der Mitte aus alle Zutaten schnell zu einem glatten Teig verkneten, sollte er kleben, ihn eine Zeitlang kalt stellen den Teig etwa 3 mm dick ausrollen, runde Plätzchen (Durchmesser etwa 5 cm) ausstechen, auf ein gefettetes Backblech legen, in den vorgeheizten Backofen schieben, hellgelb vorbacken
Strom:	200-225
Gas:	3-4
Backzeit:	Etwa 8 Minuten
	für den Belag
50 g Butter	mit
100 g Zucker **1 Päckchen Vanillin-Zucker** **2 Eßl. Honig**	so lange erhitzen, bis die Masse leicht gebräunt ist
125 ml (⅛ l) Schlagsahne	hinzufügen, rühren, bis der Zucker gelöst ist
100 g abgezogene, gehobelte Mandeln **100 g in Scheiben geschnittene Haselnußkerne** **25 g in Stücke geschnittene Belegkirschen**	dazugeben, so lange unter Rühren kochen lassen, bis die Masse gebunden ist die Masse mit 2 Teelöffeln auf die vorgebackenen Plätzchen verteilen, das Backblech in den vorgeheizten Backofen schieben
Strom:	175-200
Gas:	3-4
Backzeit:	Etwa 10 Minuten
	für den Guß
75 g dunkle Kuvertüre	in einem kleinen Topf im heißen

Wasserbad zu einer geschmeidigen Masse verrühren, die erkalteten Plätzchen auf der Unterseite damit bestreichen.

Vanilleringe

250 g Weizenmehl	mit
1 gestrichenen Teel. Backpulver	mischen, auf die Tischplatte sieben, in die Mitte eine Vertiefung eindrücken
75 g Zucker **1 Päckchen Vanillin-Zucker** **½ Fläschchen Rum-Aroma** **1 Ei**	hineingeben, mit einem Teil des Mehls zu einem dicken Brei verarbeiten
125 g kalte Butter	in Stücke schneiden, auf den Brei geben, mit Mehl bedecken, von der Mitte aus alle Zutaten schnell zu einem glatten Teig verkneten, sollte er kleben, ihn eine Zeitlang kalt stellen den Teig dünn ausrollen, zunächst mit einer runden Form (Durchmesser etwa 5 cm) ausstechen, die Teigplätzchen mit einer kleineren Form dann so ausstechen, daß Ringe entstehen, auf ein gefettetes Backblech legen, in den vorgeheizten Backofen schieben
Strom:	175-200
Gas:	3-4
Backzeit:	8-10 Minuten die Hälfte der erkalteten Ringplätzchen auf der Unterseite dünn mit
Konfitüre	bestreichen, die anderen mit der Unterseite darauflegen, leicht andrücken
etwas Kuvertüre	in einem kleinen Topf im heißen Wasserbad geschmeidig rühren, die Ringe zur Hälfte hineintauchen.

Weinplätzchen

(Abb. oben)

	Für den Teig
325 g Weizenmehl	auf die Tischplatte sieben, in die Mitte eine Vertiefung eindrücken
125 g Zucker **1 Päckchen Vanillin-Zucker** **3 Eßl. Weißwein**	hineingeben, mit einem Teil des Mehls zu einem dicken Brei verarbeiten
200 g kalte Butter	in Stücke schneiden, auf den Brei geben, mit Mehl bedecken, von der Mitte aus alle Zutaten schnell zu einem glatten Teig verkneten, sollte er kleben, ihn eine Zeitlang kalt stellen, den Teig etwa 3 mm dick ausrollen, mit einer runden Form (Durchmesser etwa 4 cm) ausstechen, auf ein Backblech legen
	für den Belag
2 Eiweiß	steifschlagen, der Schnee muß so fest sein, daß ein Messerschnitt sichtbar bleibt, die Teigplätzchen damit bestreichen
60 g Zucker **etwas gemahlenen Zimt**	mischen, die Plätzchen damit und mit
abgezogenen, gehackten Mandeln	bestreuen, das Backblech in den vorgeheizten Backofen schieben
Strom:	175-200
Gas:	3-4
Backzeit:	10-15 Minuten.

Terrassen

(Abb. rechts)

300 g Weizenmehl 2 gestrichenen Teel. Backpulver mit mischen, auf die Tischplatte sieben, in die Mitte eine Vertiefung eindrücken

100 g Zucker 1 Päckchen Vanillin-Zucker, 1 Ei hineingeben, mit einem Teil des Mehls zu einem dicken Brei verarbeiten

150 g kalte Butter in Stücke schneiden, auf den Brei geben, mit Mehl bedecken, von der Mitte aus alle Zutaten schnell zu einem glatten Teig verkneten, sollte er kleben, ihn eine Zeitlang kalt stellen den Teig dünn ausrollen, Plätzchen von gleicher Form, aber in drei verschiedenen Größen (die gleiche Anzahl von jeder Größe) ausstechen, auf ein Backblech legen, in den vorgeheizten Backofen schieben

Strom: 175-200, **Gas:** 3-4

Backzeit: 8-10 Minuten

von je drei Plätzchen verschiedener Größe die beiden kleinen auf der Unterseite mit

Gelee oder Konfitüre (durch ein Sieb gestrichen) bestreichen, terrassenförmig auf das größte setzen, die Plätzchen mit

Puderzucker bestäuben, mit einem Konfitüretüpfchen garnieren.

Nuß- oder Kokosecken

Für den Teig

150 g Weizenmehl ½ gestrichenen Teel. Backpulver mit mischen, auf die Tischplatte sieben, in die Mitte eine Vertiefung eindrücken

65 g Zucker 1 Päckchen Vanillin-Zucker, 1 Ei hineingeben, mit einem Teil des Mehls zu einem dicken Brei verarbeiten

65 g kalte Margarine in Stücke schneiden, auf den Brei geben, mit Mehl bedecken, von der Mitte aus alle Zutaten schnell zu einem glatten Teig verkneten, sollte er kleben, ihn eine Zeitlang kalt stellen, den Teig zu einem Rechteck von etwa 32 × 24 cm auf einem gefetteten Backblech ausrollen, mit

2 Eßl. Aprikosen-Konfitüre bestreichen

für den Belag

100 g Butter 100 g Zucker 1 Päckchen Vanillin-Zucker 2 Eßl. Wasser mit langsam erwärmen, zerlassen

100 g gemahlene Haselnußkerne 100 g gehackte Haselnußkerne oder 200 g Kokosraspeln unterrühren, kurz aufkochen, etwas abkühlen lassen, gleichmäßig auf dem Teig verteilen, vor den Teig ein mehrfach umgeknicktes Stück Alufolie legen, in den vorgeheizten Backofen schieben

Strom: 175-200, **Gas:** 3-4

Backzeit: 20-30 Minuten

das Gebäck etwas abkühlen lassen, in Vierecke von 8 × 8 cm schneiden, diese so in Hälften teilen, daß Dreiecke entstehen

für den Guß

50 g Kuvertüre in einem kleinen Topf im heißen Wasserbad bei schwacher Hitze zu einer geschmeidigen Masse verrühren, die beiden spitzen Ecken des Gebäcks damit bestreichen.

Anisplätzchen

3 Eier	schaumig schlagen, nach und nach
200 g Zucker	
1 Päckchen Vanillin-Zucker	hinzugeben, so lange schlagen, bis eine dicke cremeartige Masse entstanden ist, nach etwa 15 Minuten
125 g Weizenmehl	mit
125 g Speisestärke	mischen, sieben, eßlöffelweise mit
15 g gemahlenem Anissamen	unter die Creme rühren von dem Teig mit 2 Teelöffeln Häufchen auf gefettete, mit
Weizenmehl	bestäubte Backbleche setzen (genügend Zwischenraum lassen!) die Bleche mit den Teighäufchen über Nacht nebeneinander (nicht übereinanderstellen) in einem warmen Raum trocknen lassen die Bleche am anderen Tag in den vorgeheizten Backofen schieben
Strom:	130-150
Gas:	1-2
Backzeit:	Etwa 35 Minuten.

Spritzgebäck

(Abb. unten)

375 g weiche Butter	mit dem Handrührgerät mit Rührbesen auf höchster Stufe in etwa ½ Minute geschmeidig rühren, nach und nach
250 g Zucker	
2 Päckchen Vanillin-Zucker	
Salz	unterrühren, so lange rühren, bis eine gebundene Masse entstanden ist
500 g Weizenmehl	sieben, ⅔ davon eßlöffelweise auf mittlerer Stufe unterrühren den Teigbrei mit dem Rest des Mehls,
125 g abgezogenen, gemahlenen Mandeln	auf der Tischplatte zu einem glatten Teig verkneten, zu Rollen formen, diese in die Gebäck-Presse geben, auf ein Backblech spritzen, nach Belieben
10 g Kakao	sieben, mit
10 g Zucker	mischen, unter knapp ⅓ des Teiges kneten, etwas von dem dunklen Teig mit hellem Teig in die Gebäck-Presse geben, auf ein Backblech spritzen, in den vorgeheizten Backofen schieben
Strom:	175-200
Gas:	3-4
Backzeit:	Etwa 10 Minuten
Veränderung:	Den Teig durch einen Fleischwolf mit Spezialvorsatz drehen, als Stangen, S-Formen oder Kränzchen auf ein Backblech legen, die Enden in aufgelöste Schokolade tauchen oder zur Hälfte damit bestreichen.

Englisches Teegebäck

(Abb. rechts)

250 g weiche Butter	mit
100 g Marzipan-Rohmasse	mit einem elektrischen Handrührgerät mit Knethaken verkneten
100 g braunen Rohrzucker	hinzufügen
250 g Weizenmehl	sieben, zunächst die Hälfte davon unterkneten das restliche Mehl auf die gleiche Weise unterarbeiten den Teig zu einer Rolle formen, 2-3 Stunden kalt stellen den Teig etwa 1-1½ cm dick ausrollen, in Streifen von etwa 1½ × 6 cm schneiden, die Teigstreifen etwa 30 Minuten kalt stellen, auf ein gut gefettetes Backblech legen auf jeden Teigstreifen mit einer Gabel ein Muster einstechen die Teigstreifen mit
Rohrzucker oder Zucker	bestreuen, das Backblech in den vorgeheizten Backofen schieben
Strom:	150-175
Gas:	Etwa 2
Backzeit:	25-30 Minuten.

Regulador
inacion de origen
ÉRÈS~SHERRY

Würzige Fruchtplätzchen

(Abb. oben)

75 g Butter	geschmeidig rühren, nach und nach
150 g Zucker	
1 Päckchen Vanillin-Zucker	
2 Eier	
Salz	
je 1 gut gehäufte Messerspitze gemahlenen Kardamom	
gemahlenen Zimt	unterrühren
250 g Weizenmehl	mit
1 gestrichenen Teel. Backpulver	mischen, sieben, eßlöffelweise unterrühren
30 g gewürfeltes Zitronat (Sukkade)	
30 g gewürfeltes Orangeat	
75 g abgezogene, gehackte Mandeln	unter den Teig heben mit 2 Teelöffeln Teighäufchen auf ein mit Alufolie belegtes Backblech setzen das Backblech in den vorgeheizten Backofen schieben
Strom:	175-200
Gas:	3-4
Backzeit:	10-15 Minuten
	für den Guß
150 g gesiebten Puderzucker	mit
3-4 Eßl. Zitronensaft	zu einer dickflüssigen Masse verrühren, die erkalteten Plätzchen dünn damit bestreichen.

Marzipanwürfel

	Für den Teig
150 g Weizenmehl	mit
½ gestrichenen Teel. Backpulver	mischen, auf die Tischplatte sieben, in die Mitte eine Vertiefung drücken
65 g Zucker **1 Päckchen Vanillin-Zucker** **1 Ei**	(die Hälfte des Eiweißes zurücklassen) hineingeben, mit einem Teil des Mehls zu einem dicken Brei verarbeiten
65 g kalte Butter oder Margarine	in Stücke schneiden, auf den Brei geben, mit Mehl bedecken, von der Mitte aus alle Zutaten schnell zu einem glatten Teig verkneten, sollte er kleben, ihn eine Zeitlang kalt stellen den Teig in der Größe von 25 × 25 cm auf einem Backblech ausrollen, mehrmals mit einer Gabel einstechen, das Backblech in den vorgeheizten Backofen schieben, nur hellgelb backen
Strom:	200–225
Gas:	3–4
Backzeit:	10–15 Minuten
etwa 100 g Aprikosen-Konfitüre	durch ein Sieb streichen, die gut ausgekühlte Gebäckplatte damit bestreichen
	für den Belag
150 g Puderzucker	sieben, mit
250 g Marzipan-Rohmasse	verkneten, auf
gesiebtem Puderzucker	in der Größe von 25 × 25 cm ausrollen, die Marzipanplatte auf die Gebäckplatte legen, gut andrücken, mit einem Messerrücken oder kleinen Förmchen Verzierungen eindrücken die obere Seite mit dem zurückgelassenen Eiweiß leicht bestreichen das Backblech auf die oberste Schiene in den vorgeheizten Backofen schieben, leicht überbacken
Strom:	Etwa 250
Gas:	Etwa 8
Backzeit:	10–15 Minuten das Gebäck erkalten lassen, in Würfel schneiden
	für den Guß
etwa 200 g dunkle Kuvertüre	in einem kleinen Topf im heißen Wasserbad bei schwacher Hitze zu einer geschmeidigen Masse verrühren, die Marzipanwürfel bis zur Hälfte hineintauchen.

Eierkränzchen

(Abb. oben)

250 g Butter oder Margarine	geschmeidig rühren, nach und nach
125 g Zucker **2 Päckchen Vanillin-Zucker** **1 Ei** **3 Eigelb**	unterrühren
250 g Weizenmehl	mit
150 g Speisestärke	mischen, sieben, eßlöffelweise unterrühren, den Teig in einen Spritzbeutel mit gezackter Tülle füllen, in Form von Kränzchen (Durchmesser etwa 4 cm) auf ein gefettetes Backblech spritzen
200 g Belegkirschen, rot und grün	in Streifen schneiden, die Teigkränzchen damit belegen, in den vorgeheizten Backofen schieben
Strom:	175–200
Gas:	3–4
Backzeit:	Etwa 12 Minuten.
Verpackungsvorschlag zum Verschenken:	Die Eierkränzchen in flache, buntbemalte Blechdosen geben, in Geschenkpapier einwickeln, mit Schleifenband zusammenbinden oder die Eierkränzchen in Spankörbchen geben die Körbchen mit Stoff- oder Papierservietten umwickeln, mit Schleifenband zusammenbinden. Bunte Geschenkanhänger in Herzform ausschneiden, beschriften, am Schleifenband befestigen.

Friesenkeks, hell oder dunkel

(Abb. oben)

	Für den hellen Teig
250 g Weizenmehl	mit
1 gestrichenen Teel. Backpulver	mischen, auf die Tischplatte sieben, in die Mitte eine Vertiefung eindrücken
100 g Zucker **1 Päckchen Vanillin-Zucker** **1 Fläschchen Rum-Aroma** **2 Eßl. Wasser**	hineingeben, mit einem Teil des Mehls zu einem dicken Brei verarbeiten
100 g kalte Butter	in Stücke schneiden, auf den Brei geben, mit Mehl bedecken, von der Mitte aus alle Zutaten schnell zu einem glatten Teig verkneten
oder	
	für den dunklen Teig
250 g Weizenmehl	mit
30 g Kakao **1 gestrichenen Teel. Backpulver**	mischen, auf die Tischplatte sieben, in die Mitte eine Vertiefung eindrücken
100 g Zucker **1 Päckchen Vanillin-Zucker** **1 Fläschchen Rum-Aroma** **3 Eßl. Wasser**	hineingeben, mit einem Teil des Mehls zu einem dicken Brei verarbeiten
125 g kalte Butter oder Margarine	in Stücke schneiden, auf den Brei geben, mit Mehl bedecken, von der Mitte aus alle Zutaten schnell zu einem glatten Teig verkneten aus den Teigen je 2-3 cm dicke Rollen formen, in
grobem Zucker	wälzen, so lange kalt stellen, bis sie hart geworden sind, in ½ cm dicke Scheiben schneiden, die obere Seite in groben Zucker drücken, auf ein gefettetes Backblech legen, in den vorgeheizten Backofen schieben
Strom:	175-200
Gas:	3-4
Backzeit:	Etwa 10 Minuten. Friesenkekse, hell oder dunkel, mit friesischem Tee servieren.

Schwarz-Weiß-Gebäck

(Abb. rechts)

	Für den hellen Teig
250 g Weizenmehl	mit
1 gestrichenen Teel. Backpulver	mischen, auf die Tischplatte sieben, in die Mitte eine Vertiefung eindrücken
150 g Zucker **1 Päckchen Vanillin-Zucker** **1 Fläschchen Rum-Aroma** **1 Ei**	hineingeben, mit einem Teil des Mehls zu einem dicken Brei verarbeiten
125 g kalte Butter oder Margarine	in Stücke schneiden, auf den Brei geben, mit Mehl bedecken, von der Mitte aus alle Zutaten schnell zu einem glatten Teig verkneten, sollte er kleben, ihn eine Zeitlang kalt stellen
	für den dunklen Teig
20 g Kakao **15 g Zucker** **1 Eßl. Milch**	verrühren, unter die Hälfte des Teiges kneten

die beiden Teige folgendermaßen zusammensetzen:

für ein Schneckenmuster
den hellen und den dunklen Teig zu gleichmäßig großen Rechtecken ausrollen, eines dünn mit
Eiweiß bestreichen, das zweite darauf legen, ebenfalls bestreichen, fest zusammenwickeln

für ein Schachbrettmuster
aus dem je 1 cm dick ausgerollten hellen Teig 5, aus dem dunklen Teig 4 je 1 cm breite Streifen von gleicher Länge schneiden, mit Eiweiß bestreichen, abwechselnd je drei neben- und übereinander legen, in dünn ausgerollten Teig wickeln
folgende Plätzchen lassen sich leichter herstellen:
aus der einen Teighälfte 3 cm dicke Rollen formen, sie mit Eiweiß bestreichen, in den übrigen ausgerollten Teig wickeln, sämtliche Teigrollen eine Zeitlang kalt stellen, in gleichmäßige Scheiben schneiden, auf ein gefettetes Backblech legen, in den vorgeheizten Backofen schieben

Strom: 175-200
Gas: 3-4
Backzeit: 10-15 Minuten.

Tatzen und Tupfen

(Abb. oben)

250 g Butter oder Margarine	geschmeidig rühren, nach und nach
175 g Zucker	
1 Päckchen Vanillin-Zucker	
1 Ei	unterrühren
175 g Weizenmehl	mit
175 g Speisestärke	mischen, sieben, eßlöffelweise unterrühren
75 g abgezogene, gemahlene Mandeln	unter den Teig rühren, ihn in einen Spritzbeutel mit gezackter Tülle füllen, in Form von kleinen Tatzen und Tupfen auf ein gefettetes Backblech spritzen, in den vorgeheizten Backofen schieben
Strom:	175-200
Gas:	3-4
Backzeit:	10-15 Minuten die Tupfen mit
kandierten Kirschstückchen	garnieren
100 g Kuvertüre	in einem kleinen Topf im heißen Wasserbad zu einer geschmeidigen Masse verrühren ¼ der Tatzen auf der glatten Seite dünn mit Kuvertüre bestreichen, mit unbestrichenen Tatzen zusammensetzen ¼ der Tatzen auf der glatten Seite dünn mit
Aprikosen-Konfitüre	bestreichen, ebenfalls mit unbestrichenen Tatzen zusammensetzen die Tatzen mit den Spitzen in Kuvertüre tauchen.

Doppelt gefüllte Mürbchen

	Für den Teig
325 g Weizenmehl	mit
1 gestrichenen Teel. Backpulver	mischen, auf die Tischplatte sieben, in die Mitte eine Vertiefung eindrücken
100 g Zucker	
1 Päckchen Vanillin-Zucker	
1 Ei	hineingeben, mit einem Teil des Mehls zu einem dicken Brei verarbeiten
200 g kalte Butter oder Margarine	in Stücke schneiden, darauf geben, mit Mehl bedecken, von der Mitte aus alle Zutaten schnell zu einem glatten Teig verkneten, sollte er kleben, ihn eine Zeitlang kalt stellen den Teig dünn ausrollen, mit einer runden, gezackten Form (Durchmesser etwa 4 cm) Plätzchen ausstechen, die Hälfte davon mit einer kleineren Form (Durchmesser etwa 1 cm) noch einmal ausstechen, so daß Ringe entstehen, Plätzchen und Ringe auf ein Backblech legen, in den vorgeheizten Backofen schieben
Strom:	175-200
Gas:	3-4
Backzeit:	8-10 Minuten die erkalteten Plätzchen auf der Unterseite mit
Ananas-Konfitüre (durch ein Sieb gestrichen)	bestreichen, die Ringe mit der Unterseite darauf legen
	für die Füllung
75 g zartbittere Schokolade	in Stücke brechen, mit
etwas Kokosfett	in einem kleinen Topf im heißen Wasserbad zu einer geschmeidigen Masse verrühren, die Plätzchen in der Mitte damit füllen.

Aprikosen-Kränzchen

(Abb. rechts)

	Für den Teig
150 g Weizenmehl	auf die Tischplatte sieben, in die Mitte eine Vertiefung eindrücken
1 Päckchen Vanillin-Zucker	
Salz	
150 g Speisestärke	
150 g kalte, in Stücke geschnittene Butter oder Margarine	hineingeben das Fett mit Mehl bedecken, von der

Mitte aus alle Zutaten schnell zu einem glatten Teig verkneten, sollte er zu weich sein, evtl. noch etwas Mehl unterkneten, ihn eine Stunde im Kühlschrank ruhen lassen

für die Füllung

250 g Aprikosen (aus der Dose) abtropfen lassen

jeweils die Hälfte des Teiges zu einem Rechteck von 40 × 20 cm ausrollen, der Länge nach in gut 1 cm breite Streifen schneiden, je 2 Teigstreifen umeinanderschlingen, zu einer Schnecke zusammenrollen (die Enden etwas einschlagen), die Mitte etwas flachdrücken, je 1 Aprikosenhälfte darauflegen, die Kränzchen auf ein gefettetes Backblech legen, in den vorgeheizten Backofen schieben

Strom: 200-225
Gas: 3-4
Backzeit: Etwa 25 Minuten

für den Guß

75 g Puderzucker sieben, mit
Etwa 1 Eßl. Zitronensaft verrühren, so daß eine dickflüssige Masse entsteht, die noch heißen Kränzchen damit bestreichen.

Beigabe: Sherry medium.

Sandhörnchen

	Für den Teig
250 g Weizenmehl	mit
1 gestrichenen Teel. Backpulver	mischen, auf die Tischplatte sieben, in die Mitte eine Vertiefung eindrücken
75 g Zucker	
1 Päckchen Vanillin-Zucker	
Salz	
1 Fläschchen Rum-Aroma	
2 Eßl. Wasser	hineingeben
100 g kalte Butter oder Margarine	in Stücke schneiden, darauf geben, mit Mehl bedecken von der Mitte aus alle Zutaten schnell zu einem glatten Teig verkneten, sollte er kleben, ihn eine Zeitlang kalt stellen aus dem Teig daumendicke Rollen formen, etwa 2 cm lange Stücke davon abschneiden, diese zu gut 6 cm langen Rollen formen, in
groben Zucker	drücken, als Hörnchen auf ein Backblech legen, in den vorgeheizten Backofen schieben
Strom:	175-200
Gas:	3-4
Backzeit:	Etwa 10 Minuten
	für den Guß
25 g Schokolade	in kleine Stücke brechen, mit
Kokosfett	in einem kleinen Topf im heißen Wasserbad zu einer geschmeidigen Masse verrühren, die Hörnchen an den Enden mit dem Guß bestreichen.

Orangen-Stäbchen

(Abb. rechts)

	Für den Teig
300 g weiche Butter	geschmeidig rühren, nach und nach
150 g gesiebten Puderzucker	
1 Päckchen Vanillin-Zucker	
Salz	
4 Eigelb	
abgeriebene Schale von 1 Orange (unbehandelt)	
3 Eßl. Orangensaft	unterrühren
300 g Weizenmehl	sieben, eßlöffelweise unterrühren den Teig in einen Spritzbeutel mit Sterntülle füllen, etwa 6 cm lange Stangen auf ein mit Backtrennpapier belegtes Backblech spritzen, in den vorgeheizten Backofen schieben
Strom:	175-200

Gas:	3-4
Backzeit:	Etwa 7 Minuten
	für die Füllung
100 g Nuß-Nougatmasse	in einem kleinen Topf im heißen Wasserbad geschmeidig rühren die Hälfte der Plätzchen auf der Unterseite damit bestreichen, mit den restlichen Plätzchen bedecken
100 g Speisefettglasur	in einem kleinen Topf im heißen Wasserbad geschmeidig rühren, jeweils ein Ende der Orangen-Stäbchen eintauchen, auf Pergamentpapier trocknen lassen.

Mandel-Halbmonde

	Für den Teig
250 g Weizenmehl	auf die Tischplatte sieben, in die Mitte eine Vertiefung eindrücken
100 g Zucker 1 Päckchen Vanillin-Zucker Salz 2 Eigelb	hineingeben, mit einem Teil des Mehls zu einem dicken Brei verarbeiten
200 g kalte Butter	in Stücke schneiden, auf den Brei geben
50 g abgezogene, gemahlene Mandeln 60 g feingehacktes Orangeat	daraufgeben, von der Mitte aus alle Zutaten schnell zu einem glatten Teig verkneten, etwa 1 Stunde kalt stellen, den Teig etwa 3 mm dick ausrollen, Halbmonde ausstechen, auf ein mit Back-Trennpapier belegtes Backblech legen
2 Eiweiß	fast steif schlagen
1 gehäuften Eßl. Zucker	unterschlagen die Eiweißmasse auf die Halbmonde streichen, sollte das Eiweiß nicht ausreichen, die restlichen Plätzchen mit
Kondensmilch	bestreichen, mit
etwa 50 g abgezogenen, gehackten Mandeln	bestreuen das Backblech in den vorgeheizten Backofen schieben
Strom:	175-200
Gas:	3-4
Backzeit:	Etwa 10 Minuten
125 g Kuvertüre	mit
etwas Kokosfett	in einem kleinen Topf im heißen Wasserbad geschmeidig rühren die erkalteten Halbmonde mit einer Ecke hineintauchen, zum Trocknen auf Pergamentpapier legen die Plätzchen in gut schließenden Dosen aufbewahren.

Mailänder Kekse

(Abb. oben)

350 g weiche Butter	geschmeidig rühren, nach und nach
250 g Zucker	
1 Päckchen Vanillin-Zucker	
Salz	
3 kleine Eier	
abgeriebene Schale von 1 Zitrone (unbehandelt)	unterrühren
500 g Weizenmehl	mit
2 gestrichenen	

Teel. Backpulver	mischen, sieben, etwa die Hälfte des Mehls unterrühren, den Rest unterkneten, den Teig über Nacht kalt stellen den Teig knapp ½ cm dick ausrollen mit einer Kartoffelreibe ein Muster in die Teigoberfläche drücken, mit einer Form Rosetten ausstechen die Teig-Rosetten auf ein mit Backtrennpapier belegtes Backblech legen, in den vorgeheizten Backofen schieben
Strom:	175-200
Gas:	3-4
Backzeit:	Etwa 12 Minuten die Kekse sofort nach dem Backen mit
etwa 60 g zerlassener Butter	bestreichen
60 g Zucker	mit
1 Päckchen Vanillin-Zucker	mischen, die Kekse damit bestreuen.

Butterringe

150 g Butter	zerlassen, kalt stellen in die erkaltete, wieder etwas fest gewordene Butter nach und nach eßlöffelweise
75 g gesiebten Puderzucker	
1 Päckchen Vanillin-Zucker	geben, so lange rühren, bis Butter und Zucker weißschaumig geworden sind
1 Ei	
½ gestrichenen Teel. gemahlenen Koriander	unterrühren
175 g Weizenmehl	mit
25 g Speisestärke	mischen, sieben, eßlöffelweise unterrühren, den Teig in einen Spritzbeutel mit gezackter Tülle füllen, in Form von Ringen auf ein Backblech spritzen, in den vorgeheizten Backofen schieben
Strom:	175-200
Gas:	3-4
Backzeit:	8-10 Minuten.

Prinzeß-Brezeln

(Abb. rechts)

	Für den Teig
375 g Weizenmehl	mit
40 g Kakao	mischen, auf die Tischplatte sieben, in die Mitte eine Vertiefung eindrücken
175 g Zucker	
1 Päckchen Vanillin-Zucker	
Salz	
1 Ei	hineingeben, mit einem Teil des Mehls zu einem dicken Brei verarbeiten
250 g kalte Butter	in Stücke schneiden, auf den Brei geben, mit Mehl bedecken, von der Mitte aus alle Zutaten schnell zu einem glatten Teig verkneten den Teig zu bleistiftdicken Rollen formen, in etwa 17 cm lange Stücke schneiden, zu Brezeln formen die Brezeln auf ein mit Backtrennpapier belegtes Backblech legen, in den vorgeheizten Backofen schieben
Strom:	175-200
Gas:	3-4
Backzeit:	12-15 Minuten
	zum Bestreichen
100 g halbbittere Kuvertüre	mit
100 g Speisefettglasur	in einem kleinen Topf im heißen Wasserbad geschmeidig rühren, die Brezeln damit bestreichen, mit
etwa 60 g abgezogenen, gehackten, gebräunten Mandeln	bestreuen.

Ananas-Bissen

(Abb. oben)

4 Eiweiß **125 g Zucker**	steifschlagen, nach und nach unterschlagen
125 g abgezogene, gemahlene Mandeln **100 g abgetropfte, gehackte Ananasstücke (aus der Dose)**	unterheben
	von dem Teig mit 2 Teelöffeln jeweils Häufchen auf
etwa 55 Backoblaten (Durchmesser etwa 5 cm)	geben, die Oblaten auf ein mit Backtrennpapier belegtes Backblech setzen, in den vorgeheizten Backofen schieben
Strom:	Etwa 150
Gas:	Etwa 2
Backzeit:	Etwa 30 Minuten.

Roggenkekse

300 g Roggenmehl	mit
½ Päckchen Backpulver	mischen, auf die Tischplatte sieben, in die Mitte eine Vertiefung eindrücken
100 g Zucker **1 Päckchen Vanillin-Zucker** **4 Eßl. Milch** **Salz** **1 Messerspitze gemahlenen Zimt**	hineingeben, mit einem Teil des Mehls zu einem dicken Brei verarbeiten
150 g kalte Butter	in Stücke schneiden, daraufgeben, mit Mehl bedecken, von der Mitte aus alle Zutaten zu einem glatten Teig verkneten
	den Teig 1-2 Stunden kalt stellen, ihn 2-3 mm dick ausrollen, in 2-3 cm breite Streifen, dann in Rauten rädern, auf ein mit Back-Trennpapier belegtes Backblech legen, mit
Kondensmilch	bestreichen, mit
Zimt-Zucker-Gemisch	bestreuen
	das Backblech in den vorgeheizten Backofen schieben
Strom:	175-200, **Gas:** 3-4
Backzeit:	Etwa 10 Minuten.

Springerle

2 Eier	schaumig schlagen, nach und nach
200 g gesiebten Puderzucker **1 Päckchen Vanillin-Zucker**	hinzugeben, so lange schlagen, bis eine dicke, cremeartige Masse entstanden ist
225 g Weizenmehl	mit
1 Messerspitze Backpulver	mischen, sieben, soviel davon unter die Masse rühren, daß ein fester Brei entsteht, den Rest des Mehls auf die Tischplatte sieben, den Brei darauf geben, mit Mehl bedecken, mit den Händen zu einem glatten Teig verkneten, sollte er kleben, noch bis zu
50 g Weizenmehl	hineinkneten
	den Teig etwa 1 cm dick ausrollen, Rechtecke in der Größe des Backmodels herausschneiden, sie mit
Weizenmehl	bestäuben, in den bemehlten Model drücken, sie dann abheben, in die aufgeprägten Rechtecke zerschneiden, die Springerle auf ein gefettetes, mit
Anissamen	bestreutes Backblech legen, in einem mäßig warmen Raum etwa 24 Stunden trocknen lassen (Bleche nicht aufeinandersetzen!) Backbleche in den vorgeheizten Backofen schieben
Strom:	125-150
Gas:	1-2
Backzeit:	Etwa 30 Minuten
	da die Oberfläche des Gebäcks weiß bleiben soll, ist es empfehlenswert, nach dem Aufgehen, sobald sich ein kleiner Sockel gebildet hat, ein kaltes Backblech oben in den Backofen zu schieben

die Springerle nach dem Backen einige Tage offen (nicht in einer Dose) an der Luft stehenlassen, damit sie weich werden, sie erst dann in eine Blechdose geben, gut geschlossen aufbewahren.

Orangen-Plätzchen

(Abb. unten)

	Für den Teig
175 g Butter oder Margarine	geschmeidig rühren, nach und nach
100 g Zucker **1 Päckchen Vanillin-Zucker** **1 Ei** **1 Fläschchen Backöl Zitrone**	unterrühren
300 g Weizenmehl	sieben, ⅔ davon eßlöffelweise unterrühren, den Rest des Mehls mit dem Teigbrei zu einem glatten Teig verkneten, sollte er kleben, ihn eine Zeitlang kalt stellen den Teig knapp ½ cm dick ausrollen, mit einer runden Form (Durchmesser etwa 4 cm) ausstechen, auf ein gefettetes Backblech legen, in den vorgeheizten Backofen schieben
Strom:	175-200
Gas:	3-4
Backzeit:	10-15 Minuten
	für den Guß
175 g Puderzucker	sieben, mit
4-5 Eßl. Orangen-Likör	glattrühren, so daß eine dickflüssige Masse entsteht, die erkalteten Plätzchen damit bestreichen
kandierte Orangenscheiben	in Stücke schneiden, die Plätzchen damit garnieren.
Beigabe:	Orangen-Likör.

Nougat-Mandeltaler

(Abb. unten)

Für den Teig

4 Eier mit einem elektrischen Handrührgerät mit Rührbesen auf höchster Stufe in 1 Minute schaumig schlagen

200 g Zucker
Salz in 1 Minute einstreuen, dann noch etwa 2 Minuten schlagen

200 g Weizenmehl sieben, die Hälfte davon auf die Eiercreme geben, kurz auf niedrigster Stufe unterrühren
den Rest des Mehls auf die gleiche Weise unterarbeiten
den Teig in einen Spritzbeutel mit weiter Lochtülle geben, etwa 2 cm dicke Tuffs auf gefettete, bemehlte Backbleche spritzen, mit

etwa 75 g abgezogenen, gehobelten Mandeln bestreuen, die Backbleche nacheinander in den vorgeheizten Backofen schieben

Strom: Etwa 200
Gas: 3–4
Backzeit: Etwa 10 Minuten
die Plätzchen sofort nach dem Backen vom Blech lösen

200 g Nuß-Nougatmasse in einem kleinen Topf im heißen Wasserbad geschmeidig rühren, die Hälfte der Plätzchen auf der Unterseite damit bestreichen, mit den anderen Plätzchen bedecken

30–40 g dunkle Kuvertüre oder Speisefettglasur in einem kleinen Topf im heißen Wasserbad geschmeidig rühren, die Plätzchen damit besprenkeln.

Verpackungsvorschlag zum Verschenken: Die Plätzchen in eine dekorative Blechdose schichten, zwischen jede Schicht Alufolie legen, die Dose verschließen. Mit Geschenk- oder Cellophanpapier, Schleifenband und Anhängern weihnachtlich einpacken.

Mandelsterne

(Abb. oben)

300 g Weizenmehl	mit
20 g Kakao	
1 gestrichenen Teel. Backpulver	mischen, auf die Tischplatte sieben, in die Mitte eine Vertiefung eindrücken
75 g Zucker	
1 Päckchen Vanillin-Zucker	
3 Tropfen Backöl Bittermandel	
3 Eßl. Milch	hineingeben, mit einem Teil des Mehls zu einem dicken Brei verarbeiten
175 g kalte Margarine	in Stücke schneiden, auf den Brei geben, mit Mehl bedecken, von der Mitte aus alle Zutaten schnell zu einem glatten Teig verkneten, sollte er kleben, ihn eine Zeitlang kalt stellen den Teig etwa 3 mm dick ausrollen, Sterne ausstechen, auf ein gefettetes Backblech legen, die Teigplätzchen mit
Kondensmilch	bestreichen, mit
etwa 50 g Zucker	
200 g abgezogenen, gehobelten Mandeln	bestreuen, in den vorgeheizten Backofen schieben
Strom:	175-200
Gas:	3-4
Backzeit:	10-15 Minuten.

Haferflocken-Fruchtmakronen

2 Eiweiß	steifschlagen, nach und nach
2 Eßl. Zucker	
4 Eßl. Hagebutten-Konfitüre (ohne Fruchtstücke)	unterschlagen
50 g abgezogene, gemahlene Mandeln	
125 g Haferflocken	unterrühren von dem Teig mit 2 Teelöffeln Häufchen abstechen, auf ein mit Back-Trennpapier belegtes Backblech setzen, mit einem Löffelstiel eine kleine Vertiefung in jedes Teighäufchen drücken das Backblech in den vorgeheizten Backofen schieben
Strom:	Etwa 150
Gas:	2-3
Backzeit:	Etwa 25 Minuten sofort nach dem Backen die Makronenvertiefungen mit
Hagebutten-Konfitüre	füllen.

Rumkränzchen

(Abb. unten)

Für den Teig

100 g Margarine geschmeidig rühren, nach und nach
100 g Zucker
1 Päckchen Vanillin-Zucker
1 Fläschchen Rum-Aroma
1 Ei unterrühren
100 g Weizenmehl mit
1 gestrichenen Teel. Backpulver mischen, sieben, eßlöffelweise unterrühren
200 g Haferflocken unterkneten, sollte der Teig kleben, ihn eine Zeitlang kalt stellen
den Teig dünn ausrollen, mit einer runden Form (Durchmesser etwa 6 cm) ausstechen, so daß Kränzchen entstehen
diese auf ein gefettetes Backblech legen, in den vorgeheizten Backofen schieben

Strom: 175-200
Gas: 3-4
Backzeit: 10-15 Minuten

für den Guß

100 g gesiebten Puderzucker mit
2-3 Eßl. Rum zu einer dickflüssigen Masse verrühren
die noch warmen Kränzchen damit bestreichen.

Rondjes

(Abb. unten)

50 g Zucker unter Rühren so lange erhitzen, bis er gebräunt ist, ihn dann auf ein geöltes Stück Alufolie legen
nach dem Erkalten den Zucker fein zerdrücken
175 g Butter geschmeidig rühren, nach und nach
75 g Rohrzucker
1 Teel. Sirup
1 Eßl. Wasser hinzufügen
120 g Weizenmehl sieben, eßlöffelweise unterrühren
zuletzt den zerdrückten Zucker unterkneten
aus dem Teig gut haselnußgroße Kugeln formen, nicht zu dicht nebeneinander auf ein Backblech legen, in den vorgeheizten Backofen schieben

Strom: 175-200
Gas: 3-4
Backzeit: Etwa 10 Minuten
die Plätzchen sofort nach dem Backen vom Backblech lösen, in einer gut schließenden Blechdose aufbewahren.

Rosinenstangen

Für den Teig

275 g Weizenmehl auf die Tischplatte sieben, in die Mitte eine Vertiefung eindrücken
2 Päckchen

Vanillin-Zucker
Salz
4 Eßl. Milch hineingeben, mit einem Teil des Mehls zu einem dicken Brei verarbeiten

250 g kalte Butter in Stücke schneiden, auf den Brei geben, mit Mehl bedecken, von der Mitte aus alle Zutaten schnell zu einem glatten Teig verkneten, sollte er kleben, ihn eine Zeitlang kalt stellen

für die Füllung
200 g Rosinen
3-4 Eßl. Rum verlesen, nach Belieben kurz in tränken, gut abtropfen lassen
den Teig dünn ausrollen, in Rechtecke von etwa 5 × 4 cm schneiden oder rädern, auf jedes Teigstück einige Rosinen legen, darin einwickeln
die Rosinenstangen auf ein Backblech legen, in den vorgeheizten Backofen schieben

Strom: 175-200
Gas: 3-4
Backzeit: Etwa 15 Minuten
nach Belieben das erkaltete Gebäck mit
gesiebtem Puderzucker bestäuben oder mit
Schokoladenguß (in kleine Stücke gebrochene Schokolade mit Kokosfett im heißen Wasserbad zu einer geschmeidigen Masse verrührt) bestreichen.

Zimtsterne

(Abb. oben)

3 Eiweiß zu steifem Schnee schlagen, er muß so fest sein, daß ein Messerschnitt sichtbar bleibt

250 g Puderzucker sieben, eßlöffelweise unterschlagen
zum Bestreichen der Sterne 2 gut gehäufte Eßl. Eierschnee abnehmen, unter den übrigen Eierschnee

1 Päckchen Vanillin-Zucker
3 Tropfen Backöl Bittermandel
1 gestrichenem Teel. gemahlenen Zimt und die Hälfte von

275-325 g gemahlenen Mandeln oder Haselnußkernen (die erforderliche Menge hängt von der Größe der Eier ab) rühren
von dem Rest der Mandeln (Haselnußkerne) so viel unterkneten, daß der Teig kaum noch klebt, auf einer mit

gemahlenen Mandeln oder Haselnußkernen bestreuten Tischplatte etwa ½ cm dick ausrollen, Sterne ausstechen, auf ein mit Pergamentpapier belegtes Backblech legen, mit dem zurückgelassenen Eierschnee bestreichen, der Guß muß so sein, daß er sich glatt auf das Gebäck streichen läßt, evtl.

einige Tropfen Wasser unterrühren
das Backblech in den vorgeheizten Backofen schieben

Strom: 130-150
Gas: 1-2
Backzeit: 20-30 Minuten
das Gebäck muß sich beim Herausnehmen noch etwas weich anfühlen
die Zimtsterne am besten in Kartons aufbewahren.

Spitzbuben

(Abb. unten)

375 g Weizenmehl	mit
1 gestrichenen Teel. Backpulver	mischen, auf die Tischplatte sieben, in die Mitte eine Vertiefung eindrücken
200 g Zucker	
1 Päckchen Vanillin-Zucker	
250 g kalte Butter oder Margarine	
125 g gemahlene Mandeln (nicht abgezogen)	daraufgeben, mit Mehl bedecken, von der Mitte aus alle Zutaten schnell zu einem glatten Teig verkneten, sollte er kleben, ihn eine Zeitlang kalt stellen den Teig dünn ausrollen, mit einer runden Form (Durchmesser etwa 4 cm) ausstechen, auf ein gefettetes Backblech legen, in den vorgeheizten Backofen schieben
Strom:	175-200
Gas:	3-4
Backzeit:	Etwa 10 Minuten die gebackenen Plätzchen erkalten lassen, in 2 Hälften teilen die Hälfte der Plätzchen auf der Unterseite mit
125 g Johannisbeergelee	bestreichen, die übrigen darauflegen, gut andrücken.

Zimtstangen

250 g Weizenmehl	auf die Tischplatte sieben, in die Mitte eine Vertiefung eindrücken
75 g Zucker	
1 Päckchen Vanillin-Zucker	
½ Fläschchen Rum-Aroma	
1 gestrichenen Eßl. gemahlenen Zimt	
1 Eigelb	hineingeben, mit einem Teil des Mehls zu einem dicken Brei verarbeiten
125 g kalte Butter oder Margarine	in Stücke schneiden, auf den Brei geben, mit Mehl bedecken, von der Mitte aus alle Zutaten schnell zu einem glatten Teig verkneten, sollte er kleben, ihn eine Zeitlang kalt stellen den Teig dünn ausrollen, Stangen von gut 2 × 6 cm ausschneiden, auf ein Backblech legen
1 Eiweiß	fast steif schlagen, die Stangen damit bestreichen, mit
Zucker	bestreuen sollte der Eischnee nicht reichen, die restlichen Stangen mit
Kondensmilch	bestreichen, mit
Zucker (evtl. abgezogenen, gehobelten Mandeln)	bestreuen, das Backblech in den vorgeheizten Backofen schieben
Strom:	175-200
Gas:	3-4
Backzeit:	Etwa 10 Minuten.

Dattelmakronen

125 g Butter oder Margarine	zerlassen, nach und nach
250 g Kernige Haferflocken	unterrühren, erkalten lassen
250 g getrocknete Datteln	verlesen, entkernen, in kleine Würfel schneiden
2 Eier	schaumig schlagen, nach und nach
100 g Zucker	
1 Päckchen Vanillin-Zucker	
½ gestrichenen Teel. Backpulver	hinzufügen, Haferflocken, Datteln hinzufügen von dem Teig mit 2 Teelöffeln kleine Häufchen auf ein gefettetes Backblech setzen, in den vorgeheizten Backofen schieben
Strom:	Etwa 175
Gas:	2-3
Backzeit:	15-20 Minuten.

Mandelschiffchen

(Abb. oben)

	Für den Teig
175 g Butter oder Margarine	geschmeidig rühren, nach und nach
100 g gesiebten Puderzucker	
1 Päckchen Vanillin-Zucker	
1 Eigelb	
½ Fläschchen Rum-Aroma	
1 Messerspitze gemahlenen Zimt	hinzugeben
200 g Weizenmehl	mit
25 g Kakao	
1 Messerspitze Backpulver	mischen, sieben, eßlöffelweise unterrühren
125 g gemahlene Haselnußkerne	zuletzt unter den Teig rühren aus dem Teig bleistiftdicke Rollen formen, in etwa 4 cm lange Stücke schneiden, an den Enden spitz zusammendrücken, auf ein gefettetes Backblech legen
	zum Belegen
abgezogene, halbierte Mandeln	mit
verschlagenem Eiweiß	bestreichen, jeweils 1 Mandelhälfte in jedes Teigstück drücken das Backblech in den vorgeheizten Backofen schieben
Strom:	175-200
Gas:	3-4
Backzeit:	Etwa 10 Minuten.

Spitzkuchen
(Abb. unten)

	Für den Teig
175 g Sirup	mit
50 g Zucker	
Salz	
2 Eßl. Speiseöl	langsam erwärmen, zerlassen, in eine Rührschüssel geben, kalt stellen, unter die fast erkaltete Masse
1 Ei	
1 gehäufter Teel. Kakao	
6 Tropfen Backöl Zitrone	
1 Messerspitze gemahlenen Nelkenpfeffer (Piment)	
1 gestrichenen Teel. gemahlenen Zimt	rühren
250 g Weizenmehl	mit
3 gestrichenen Teel. Backpulver	mischen, sieben, ⅔ davon eßlöffelweise unterrühren den Rest des Mehls mit
75 g abgezogenen, gehackten Mandeln	unter den Teig kneten, sollte er kleben, ihn eine Zeitlang kalt stellen aus dem Teig knapp 2 cm dicke Rollen in der Länge des Backblechs formen, nicht zu dicht nebeneinander auf das gefettete Backblech legen, etwas flachdrücken, im vorgeheizten Backofen hellbraun backen
Strom:	175-200
Gas:	3-4
Backzeit:	Etwa 12 Minuten die erkalteten Rollen in Dreiecke schneiden, mit
125 g heißem Johannisbeergelee	bestreichen
	für den Guß
200 g Kuvertüre	in einem kleinen Topf im heißen Wasserbad zu einer geschmeidigen Masse verrühren, die Dreiecke damit überziehen.

Schokoladen-Mandelbrot
(Abb. rechts)

500 g Weizenmehl	mit
2 gestrichenen Teel. Backpulver	mischen, auf die Tischplatte sieben, in die Mitte eine Vertiefung eindrücken
150 g gesiebten Puderzucker	
1 Päckchen Vanillin-Zucker	
Salz	
1 großes Ei	(von dem Ei 2 Teel. Eiweiß beiseite stellen) hineingeben
350 g kalte Butter	in Stücke schneiden, daraufgeben, mit Mehl bedecken, von der Mitte aus alle Zutaten schnell zu einem glatten Teig verkneten gut ⅓ des Teiges abnehmen, beiseite stellen unter den Rest des Teiges
40 g Kakao	
1 Eßl. gesiebten Puderzucker	
1 Eßl. Milch oder Rum	
100 g abgezogene, gestiftelte Mandeln	kneten, daraus 4 rechteckige Stangen von etwa 32 cm länge etwa 3,5 cm Breite und etwa 1,5 cm Höhe formen den hellen Teig zu einem Rechteck von etwa 44 × 32 cm ausrollen, in 4 Streifen von etwa 11 × 32 cm einschneiden, mit dem zurückgelassenen Eiweiß bestreichen auf jeden Teigstreifen 1 Mandelstange legen, in den Teig wickeln, mit Alufolie abgedeckt über Nacht in den Kühlschrank stellen die Teigstangen in knapp ½ cm dicke Scheiben schneiden, auf ein gefettetes, mit Backtrennpapier belegtes Backblech legen das Backblech in den vorgeheizten Backofen schieben
Strom:	Etwa 200
Gas:	3-4
Backzeit:	12-15 Minuten.

Nußstangen

(Abb. oben)

Für den Teig

200 g Weizenmehl auf die Tischplatte sieben, in die Mitte eine Vertiefung eindrücken

40 g Zucker
1 Päckchen Vanillin-Zucker
Salz
2 Eigelb hineingeben, mit einem Teil des Mehls zu einem dicken Brei verarbeiten

100 g kalte Butter in Stücke schneiden, auf den Brei geben, mit Mehl bedecken, von der Mitte aus alle Zutaten schnell zu einem glatten Teig verkneten
den Teig zu einem Rechteck von etwa 40 × 30 cm ausrollen

für den Belag

125 ml (1/8 l) Wasser mit
100 g Zucker zum Kochen bringen, kochen, bis der Zucker gelöst ist, von der Kochstelle nehmen

400 g gemahlene Haselnußkerne	unterrühren
4 Eßl. Rum	hinzufügen, die Masse etwas abkühlen lassen, auf den Teig streichen
200 g gesiebten Puderzucker	mit
etwa 1 ½ Eiweiß	zu einer dickflüssigen Masse verrühren, auf die Nußmasse streichen das Teigrechteck in Streifen von etwa 6 × 1 ½ cm schneiden, auf ein mit Back-Trennpapier belegtes Backblech legen, in den vorgeheizten Backofen schieben
Strom:	Etwa 175
Gas:	Etwa 3
Backzeit:	12-15 Minuten sollte beim Backen etwas von dem Guß am Teigrand runterlaufen, ihn mit einem Messer abschneiden.

Baseler Herzen

(Abb. unten)

	Für den Teig
2 Eiweiß 250 g Zucker 1 Päckchen Vanillin-Zucker	schaumig schlagen
2 gehäufte Teel. gesiebten Kakao	mit
2 gestrichenen Teel. gemahlenem Zimt ½ Teel. gemahlenen Nelken ½ Fläschchen Rum-Aroma 50 g gesiebtem Kakao 15 g zerlassener, abgekühlter Butter	vorsichtig unterrühren
250 g gemahlene Mandeln	mit
½ gestrichenen Teel. Backpulver	mischen, unter die Eiweißmasse rühren, so daß ein fester Teig entsteht den Teig etwa ½ cm dick auf der bemehlten Tischplatte ausrollen, Herzen ausstechen, auf ein gefettetes Backblech legen, in den vorgeheizten Backofen schieben
Strom:	175-200
Gas:	3-4
Backzeit:	Etwa 10 Minuten.

Mandelhörnchen

(Abb. unten)

	Für den Teig
200 g Marzipan-Rohmasse 2 Eiweiß	mit einem elektrischen Handrührgerät mit Rührbesen zu einer geschmeidigen Masse verrühren nach und nach
100 g Zucker 1 Päckchen Vanillin-Zucker 50 g Weizenmehl	unterrühren den Teig in einen Spritzbeutel mit glatter Tülle füllen, Hörnchen auf ein gefettetes, mit Mehl bestäubtes Backblech spritzen, mit
50 g abgezogenen, gehobelten Mandeln	bestreuen, das Backblech in den vorgeheizten Backofen schieben
Strom:	175-200
Gas:	3-4
Backzeit:	10-15 Minuten
	zum Bestreichen
100 g dunkle Kuchenglasur	nach der Vorschrift auf dem Beutel auflösen, die Enden der erkalteten Hörnchen damit bestreichen.

Kokosplätzchen

(Abb. links)

	Für den Teig
250 g Weizenmehl	mit
1 gestrichenen Teel. Backpulver	mischen, auf die Tischplatte sieben, in die Mitte eine Vertiefung eindrücken
75 g Zucker **1 Päckchen Vanillin-Zucker** **2 Eigelb**	hineingeben, mit einem Teil des Mehls zu einem dicken Brei verarbeiten
125 g kalte Margarine	in Stücke schneiden, auf den Brei geben, mit Mehl bedecken, alle Zutaten von der Mitte aus schnell zu einem glatten Teig verkneten, sollte er kleben, ihn eine Zeitlang kalt stellen den Teig dünn ausrollen, mit zwei verschieden großen Formen (Durchmesser etwa 4,5 cm und 3 cm) ausstechen die größeren Plätzchen auf ein gefettetes Backblech legen
	für den Belag
3 Eiweiß	zu steifem Schnee schlagen, er muß so fest sein, daß ein Messerschnitt sichtbar bleibt
100 g Zucker **175 g Kokosraspeln** **3 Tropfen Backöl Bittermandel**	unterheben, die Kokosmasse in Häufchen auf die Teigplätzchen geben, jeweils ein kleines Teigplätzchen schräg daranlegen
1 Eigelb	mit
1 Teel. Kondensmilch	verschlagen, die kleinen Teigplätzchen damit bestreichen, in den vorgeheizten Backofen schieben
Strom:	175-200
Gas:	3-4
Backzeit:	10-15 Minuten.

Kernige Schoko-Plätzchen

200 g Butter oder Margarine	geschmeidig rühren, nach und nach
200 g Zucker **2 Päckchen Vanillin-Zucker** **1 Eßl. Wasser** **2 Eier**	hinzugeben
125 g Weizenmehl	mit
½ gestrichenen Teel. Backpulver **2 Eßl. Kakao**	mischen, sieben
250 g Kernige Haferflocken **50 g abgezogene, gehackte Mandeln** **2 Eßl. Rum**	eßlöffelweise unterrühren hinzufügen von dem Teig mit 2 Teelöffeln Häufchen auf ein gefettetes Backblech setzen, flachdrücken, das Backblech in den vorgeheizten Backofen schieben
Strom:	Etwa 180
Gas:	Etwa 3
Backzeit:	Etwa 15 Minuten.

Cashewkern-Taler

(Abb. unten)

150 g Weizenmehl	auf die Tischplatte sieben, in die Mitte eine Vertiefung eindrücken
150 g Rohrzucker **4 Eigelb** **1 gestrichenen Teel. gemahlenen Ingwer** **1 gestrichenen Teel. gemahlenen Kardamon**	hineingeben, mit einem Teil des Mehls zu einem dicken Brei verarbeiten
150 g kalte Butter	in Stücke schneiden, auf den Brei geben
250 g gemahlene Cashewkernstücke	daraufgeben, mit Mehl bedecken, von der Mitte aus alle Zutaten schnell zu einem glatten Teig verkneten aus dem Teig Rollen von etwa 2½ cm Durchmesser formen, kalt stellen die Teigrollen in knapp ½ cm dicke Scheiben schneiden, auf ein mit Backtrennpapier belegtes Backblech legen, in den vorgeheizten Backofen schieben
Strom:	175-200
Gas:	3-4
Backzeit:	12-15 Minuten.

Ingwer-Gebäck mit Schokolade

(Abb. unten)

	Für den Teig
125 g Butter oder Margarine	geschmeidig rühren, nach und nach
200 g Zucker **1 Päckchen Vanillin-Zucker** **2 Teel. gemahlenen Ingwer**	
4 Eier	unterrühren
250 g Weizenmehl	mit
1 gestrichenen Teel. Backpulver	mischen, sieben, mit
250 g geraspelter Schokolade	eßlöffelweise unterrühren
200 g verlesene Rosinen	kleinschneiden, zuletzt unterheben, den Teig auf ein gefettetes Backblech streichen, in den vorgeheizten Backofen schieben
Strom:	175-200
Gas:	3-4
Backzeit:	20-25 Minuten das erkaltete Gebäck in Quadrate (4 × 4 cm) schneiden
	für den Guß
150 g halbbittere Kuvertüre	in einem kleinen Topf im heißen Wasserbad zu einer geschmeidigen Masse verrühren, das Gebäck damit bestreichen, nach Belieben mit
halbierten Belegkirschen	garnieren.

Nußknacker

	Von
600 g Haselnußkernen	200 g mahlen, die restlichen Haselnußkerne grob hacken die gemahlenen Nüsse mit
50 g Speisestärke **1 Teel. abgeriebener Schale von 1 Zitrone (unbehandelt)** **1 Teel. gemahlenem Zimt** **Salz**	vermengen
2 Eier	mit
4 Eigelb **250 g gesiebtem Puderzucker**	in einem Topf im heißen Wasserbad mit dem elektrischen Handrührgerät mit Rührbesen auf höchster Stufe in 6-8 Minuten zu einer cremigen Masse schlagen, aus dem Wasserbad nehmen, mit der Nußmischung und den grobgehackten Nüssen verrühren
etwa 70 runde Backoblaten (Durchmesser etwa 4 cm)	auf 2 Backbleche verteilen, jeweils 1 Teel. der Nußmasse auf jede Oblate geben, das Backblech in den vorgeheizten Backofen schieben
Strom:	Etwa 150
Gas:	1-2
Backzeit:	15-18 Minuten die gebackenen Plätzchen erkalten lassen
150 g halbbittere Kuvertüre	in einem kleinen Topf im heißen Wasserbad geschmeidig rühren, erkalten lassen, bis die Masse fast fest ist, wieder erwärmen, bis sie soeben flüssig ist, in ein Pergamentpapiertütchen füllen, eine Spitze abschneiden und die Kuvertüre über die Plätzchen spritzen, oder die Kuvertüre mit einem Löffel über die Plätzchen sprenkeln.

Maronenschnitten

(Abb. rechts)

	Für den Teig
250 g weiche Butter	mit
etwa 450 g Maronenmus (aus der Dose)	geschmeidig rühren, nach und nach
175 g gesiebten Puderzucker **Salz** **Mark von**	

1 Vanillestange	
2 Eier	
3 Eigelb	unterrühren
100 g Weizenmehl	mit
1 Päckchen Backpulver	mischen, sieben, mit
200 g gemahlenen Walnußkernen	
75 g gehackten Pistazienkernen	
1 Teel. gemahlenem Koriander	
½ Teel. gemahlenen Nelken	
1 Teel. gemahlenem Zimt	unter die Butter-Maronenmasse rühren
200 g halbbittere Kuvertüre	in kleine Würfel schneiden, unter den Teig heben, den Teig gleichmäßig auf ein gefettetes, mit
Weizenmehl	bestäubtes Backblech streichen das Backblech in den vorgeheizten Backofen schieben
Strom:	Etwa 200, **Gas:** 3-4
Backzeit:	18-20 Minuten

	zum Garnieren:
100 g abgezogene Mandeln	halbieren, auf einem Backblech verteilen, in dem noch heißen Backofen, bei gleicher Temperatur in 8-10 Minuten goldgelb rösten
	für den Guß
200 g Vollmilch-Kuvertüre	in einem kleinen Topf im heißen Wasserbad geschmeidig rühren, abkühlen lassen, bis sie fast fest ist, wieder erwärmen, bis sie soeben flüssig ist die erkaltete Gebäckplatte ganz damit bestreichen, den Guß etwas fest werden lassen die Gebäckplatte in kleine Rechtecke schneiden, auf jedes Rechteck eine Mandelhälfte legen den Guß fest werden lassen, erst dann die Rechtecke vom Blech nehmen die völlig erkalteten Maronenschnitten in festschließenden Dosen aufbewahren.

Nußplätzchen

150 g Weizenmehl	auf die Tischplatte sieben, in die Mitte eine Vertiefung eindrücken
150 g Zucker 1 Teel. Zitronensaft 2 Eigelb	hineingeben, mit einem Teil des Mehls zu einem dicken Brei verarbeiten
150 g kalte Butter 150 g Haselnußkerne	beide Zutaten in Stücke schneiden, auf den Brei geben, mit Mehl bedecken, von der Mitte aus alle Zutaten schnell zu einem glatten Teig verkneten, zu einer Rolle formen, etwa 1 Stunde in den Kühlschrank legen den Teig auf der mit
Weizenmehl	bestäubten Tischplatte etwa 3 mm dick ausrollen, Plätzchen (Durchmesser etwa 4 cm) ausstechen die Plätzchen auf ein mit Backtrennpapier belegtes Backblech legen
etwa 40 Haselnußkerne	halbieren, auf jedes Plätzchen eine Haselnußhälfte setzen das Backblech in den vorgeheizten Backofen schieben
Strom:	Etwa 200
Gas:	Etwa 3
Backzeit:	8-10 Minuten.

Pignolati

5 Eiweiß	in einer Schüssel im heißen Wasserbad erhitzen, dabei das Eiweiß mit einem elektrischen Handrührgerät fast steif schlagen, nach und nach
150 g Zucker	unterschlagen, noch etwa 1 Minute weiterschlagen, dann die Schüssel in kaltes Wasser setzen, die Eiweißmasse mit dem Schneebesen kalt schlagen
50 g gesiebten Puderzucker	unterschlagen
1 Vanillestange	längs aufritzen, das Vanillemark auskratzen, mit
1 gestrichenen Teel. gemahlenem Zimt 150 g abgezogenen, gehackten Mandeln 50 g Speisestärke	unter die Eiweißmasse rühren, die Masse in einen Spritzbeutel ohne vorgeschraubte Tülle füllen, markstückgroße Tuffs auf ein gefettetes, mit Pergamentpapier ausgelegtes Backblech spritzen, die Tuffs mit
etwa 150 g Pinienkernen	bestreuen (jeden Tuff mit etwa 8 Pinienkernen), das Backblech in den vorgeheizten Backofen schieben
Strom:	Etwa 160
Gas:	Etwa 2½
Backzeit:	25-30 Minuten die Pignolati auf dem Backblech erkalten lassen, in gut schließende Dosen füllen.

Sirupknusperle

375 g Sirup	mit
50 g Zucker 100 g Butter oder Margarine	langsam erwärmen, zerlassen, in eine Rührschüssel geben, kalt stellen, unter die fast erkaltete Masse nach und nach
1 gehäuften Teel. gemahlenen Zimt 1 gestrichenen Teel. gemahlene Nelken 1 Messerspitze gemahlene Muskatblüte 1 Messerspitze gemahlenen Kardamom	rühren
500 g Weizenmehl	mit
2 gestrichenen Teel. Backpulver	mischen, sieben, ⅔ davon eßlöffelweise unterrühren, den Rest des Mehls unterkneten, den Teig in kleinen Portionen sehr dünn ausrollen, Plätzchen ausstechen, auf ein gefettetes Backblech legen, in den vorgeheizten Backofen schieben
Strom:	175-200
Gas:	3-4
Backzeit:	5-7 Minuten.

Eigelb-Marzipan-Makronen

(Abb. rechts)

Für den Teig

200 g Marzipan-Rohmasse	mit einem elektrischen Handrührgerät mit Rührbesen gut verrühren
50 g gesiebten Puderzucker abgeriebene Schale von ½ Zitrone (unbehandelt) 1 Eßl. Zitronensaft Salz 2 Eigelb	unterrühren die Masse in einen Spritzbeutel mit weiter Lochtülle geben, jeweils 3

kleine Tuffs dicht nebeneinander in Dreiecksform auf ein mit Back-Trennpapier belegtes Backblech spritzen, mit Stückchen von

Orangeat
kandierten roten und grünen Kirschen
geviertelten Walnußkernen

garnieren, das Backblech in den vorgeheizten Backofen schieben

Strom:	175-200
Gas:	3-4
Backzeit:	Etwa 10 Minuten

zum Aprikotieren

1 Eßl. Aprikosen-Konfitüre	durch ein Sieb streichen, mit
1 Eßl. Rum oder Aprikosen-Schnaps	verrühren, aufkochen lassen
etwas Zitronensaft	unterrühren, die Makronen sofort nach dem Backen damit bestreichen.

Konfekt und Petits fours

Konfekt und Petits fours

Wenn's einmal etwas ganz Besonderes sein soll, mit dem man Gäste oder die eigene Familie überraschen möchte, dann sollte man sich die Mühe machen, Konfekt selbst herzustellen. Hausgemachte Pralinen sind übrigens auch ein besonders originelles Geschenk, vor allem wenn man sich den passenden Behälter für die kleinen Köstlichkeiten einfallen läßt. Man braucht dazu an Zutaten fast in allen Fällen Schokolade, außerdem je nach Rezept Nüsse, Mandeln, Marzipan, Nougat, etwas Alkoholisches, wie Rum, Cassis-Likör, Kirsch oder Pernod, eventuell getrocknete Früchte, wie Datteln und Feigen. Es wirkt sehr dekorativ, wenn man die fertigen Pralinen in weiße oder goldfarbene Pralinenhüllen aus Papier setzt; so können sie außerdem auch nicht zusammenkleben. Der Schokoladenüberzug von Pralinen verträgt übrigens beim Trocknen keinen Kälteschock. Deshalb stellt man Pralinen, aber auch Petits fours, nicht in den Kühlschrank, sondern läßt sie bei Zimmertemperatur trocknen. So bleiben sie schön glänzend.

Orangenblüten-Konfekt

Etwa 30 Stück

200 g Marzipan-Rohmasse	mit
100 g gesiebtem Puderzucker **1 Teel. getrockneten Orangenschalen**	verkneten, gut ¼ der Masse in Alufolie wickeln, beiseite legen unter die restliche Marzipan-Masse
50 g sehr fein gehacktes Orangeat **1-2 Eßl. Orangenlikör**	kneten, auf
gesiebtem Puderzucker	etwa 1 cm dick ausrollen, runde Plätzchen (Durchmesser etwa 3 cm) ausstechen die zurückgelassene Marzipan-Rohmasse dünn ausrollen, kleine Blüten (Durchmesser etwa 4 cm) ausstechen in der Mitte etwas zusammendrücken, so daß eine halbgeschlossene Blüte entsteht, etwas antrocknen lassen
100 g halbbittere Kuvertüre	kleinschneiden, mit
etwas Kokosfett	in einem kleinen Topf im heißen Wasserbad geschmeidig rühren, die Marzipan-Plätzchen ganz in die Kuvertüre tauchen, mit einer schmalzinkigen Gabel herausholen, die Kuvertüre am Gefäßrand etwas abstreifen, die Plätzchen auf Pergamentpapier setzen
2 Eßl. gesiebten Puderzucker	mit
1 Eßl. Orangenlikör **etwas Orangensaft**	zu einer dickflüssigen Masse verrühren die Marzipan-Blüten damit bestreichen in jede Mitte eines von
etwa 30 Orangeat-Stückchen	setzen, jeweils eine Blüte auf eine mit Kuvertüre überzogene Marzipan-Praline setzen.

Pistazien-Marzipan-Pralinen

150 g gemahlene, geröstete Haselnußkerne **100 g abgezogene, feingehackte Pistazienkerne**	mit
150 g gesiebtem Puderzucker **2 Eßl. Weinbrand (unverschnitten)** **1 Eiweiß**	zu einem glatten Teig verkneten, aus dem Teig walnußgroße Kugeln formen
60 g kandierte Orangenscheiben	sehr fein hacken, jedes Teigstück einmal mit dem Finger eindrücken in die Vertiefung etwas von den Orangen geben, die Stücke leicht zusammendrücken, so daß die Füllung in der Mitte liegt aus den Teigstücken wieder Kugeln formen, auf ein mit Alufolie belegtes Backblech oder Tablett legen, die Kugeln von allen vier Seiten etwas zusammendrücken, so daß kleine Rechtecke entstehen, mit dem Messerrücken kleine Kerben in die Oberfläche drücken
100 g Kuvertüre	in einem kleinen Topf im heißen Wasserbad zu einer geschmeidigen Masse verrühren, die Pralinen auf einer Gabel bis zur Hälfte hineintauchen, am Rand des Gefäßes leicht abstreifen die Pralinen auf Pergamentpapier oder Alufolie setzen
30 g abgezogene, halbierte Pistazienkerne	mit einem Ende in die Kuvertüre tauchen, schräg in die Oberfläche jeder Praline 1 Kern eindrücken. Diese Pralinen halten sich, kühl gestellt, bis zu 2 Wochen.

Zimt-Canache-Stangen

(Abb. rechts)

100 ml Schlagsahne	zum Kochen bringen, von der Kochstelle nehmen
200 g Vollmilch-Kuvertüre	sehr fein schneiden, mit
25 g weicher Butter **1 schwach gehäuften Teel. gemahlenem Zimt**	in die Sahne geben, unter Rühren auflösen, abkühlen lassen, bis die Masse halbfest ist, dann cremig aufschlagen, in einen Spritzbeutel mit weiter Lochtülle geben, Stangen von etwa 3 cm Länge auf Alufolie spritzen
2 Eßl. gesiebten Puderzucker	mit
½ Teel. gemahlenem Zimt	vermischen, die Stangen darin wälzen, in einer gut schließenden Dose kühl aufbewahren.

Überraschungskugeln

(Abb. oben)

	Für den Läuterzucker
30 g Zucker	mit
30 ml Wasser	zum Kochen bringen, einmal aufkochen lassen, so daß der Zucker gelöst ist, abschäumen, auskühlen lassen
	für den Teig
2 Eigelb	mit
2 Eßl. warmem Wasser	schaumig schlagen, nach und nach ⅔ von
75 g Zucker	hinzugeben, schlagen, bis eine cremeartige Masse entstanden ist
2 Eiweiß	steifschlagen, nach und nach den Rest des Zuckers unterschlagen, den Schnee auf die Eigelbcreme geben
50 g Weizenmehl	mit
50 g Speisestärke	
1 gestrichenen Teel. Backpulver	mischen, darübersieben, unter die Eigelbcreme ziehen (nicht rühren) den Boden einer Springform (Durchmesser etwa 24 cm) fetten, mit Pergamentpapier auslegen, den Teig in die Form füllen, in den vorgeheizten Backofen schieben, sofort backen
Strom:	Etwa 200
Gas:	Etwa 3
Backzeit:	25-30 Minuten
	zum Tränken den Läuterzucker mit
50 ml Weinbrand	verrühren den Biskuitboden mehrmals mit einer Gabel einstechen, mit der Flüssig-

	keit tränken, das Gebäck abgedeckt auskühlen lassen
	für die Trüffelmasse
100 ml Sahne	mit
2 Eßl. Milch	zum Kochen bringen, einmal aufkochen lassen
2 Eßl. Instant-Kaffee	unterrühren
100 g Mokka-Schokolade	
100 g Zartbitter-Schokolade	in kleine Stücke brechen, unter Rühren in der Sahne auflösen, mit
1 Päckchen Vanillin-Zucker	
Salz	würzen den Biskuitboden aus der Form lösen, zerkrümeln, in eine Rührschüssel geben, die noch warme Trüffelmasse mit einem elektrischen Handrührgerät mit Knethaken unter die Biskuitkrümel kneten, kalt stellen, die Masse in etwa 30 Portionen teilen
etwa 30 Cocktailkirschen	jede Portion um 1 Cocktailkirsche zur Kugel formen, die Kugeln in
zartbitteren Schokoladenstreuseln	wälzen, bis zum Verzehr kalt stellen.

Walnuß-Pralinen

(50 Stück)

	Für den Krokant
1 Messerspitze weiche Butter	
25 g Zucker	so lange erhitzen, bis die Masse leicht gebräunt und der Zucker gelöst ist
50 g gehackte Walnußkerne	hinzufügen, unter Rühren erhitzen, bis der Krokant genug gebräunt ist, auf ein geöltes Backblech geben die erkaltete Krokantmasse mit einem Teigroller zerdrücken
200 g Marzipan-Rohmasse	mit
50 g gesiebtem Puderzucker	
1-2 Eßl. Rum	und dem Krokant verkneten, gut 1 cm dick auf
gesiebtem Puderzucker	ausrollen, in etwa 2 × 2 cm große Quadrate schneiden
100 g Vollmilch-Kuvertüre	kleinschneiden, mit
etwas Kokosfett	in einem kleinen Topf im heißen Wasserbad geschmeidig rühren, die Marzipan-Quadrate ganz in die Kuvertüre tauchen, mit einer schmalzinkigen Gabel herausheben, die Kuvertüre am Gefäßrand etwas abstreifen, die Quadrate auf Pergamentpapier setzen
12-13 Walnußkern-Hälften	in Viertel schneiden, auf jede Walnuß-Praline ein Walnuß-Viertel legen.

Buntes Marzipan-Konfekt

(Abb. unten)

200 g Marzipan-Rohmasse	mit
100 g gesiebtem Puderzucker	
1 Eßl. Kirschwasser	zu einer einheitlichen Masse verkneten, in mit
gesiebtem Puderzucker	ausgestäubte Pralinenförmchen drücken oder Motive daraus formen das Marzipankonfekt vorsichtig mit einem Holzstäbchen aus den Förmchen lösen, mit
roter, grüner und gelber Zuckerschrift	
Plätzchen-Schmuck	
halbierten Belegkirschen	
Zuckerblümchen	garnieren.

Rosinen-Nuß-Konfekt

(80–90 Stück)

250 g Haselnußkerne auf ein Backblech geben, in den vorgeheizten Backofen schieben, rösten lassen

Strom: Etwa 200
Gas: 3–4
Röstzeit: Etwa 10 Minuten

sobald die braune Haut der Haselnußkerne platzt, die Nüsse auf ein Sieb geben, etwas abkühlen lassen
die braune Haut abreiben, die Haselnußkerne erkalten lassen, halbieren oder vierteln, mit

250 g Weinbeeren
15 g kandierten, gehackten Orangenschalen in eine Schüssel geben

175 g zartbittere Schokolade in kleine Stücke brechen, in einem kleinen Topf im heißen Wasserbad geschmeidig rühren, von der Kochstelle nehmen, die übrigen Zutaten hineingeben, mit der Schokolade vermengen
von der Masse mit 2 Teelöffeln Häufchen abstechen, auf Pergamentpapier setzen
sollte die Schokolade zu schnell fest werden, die Masse im Wasserbad wieder etwas erwärmen
das Konfekt mindestens 1 Stunde kalt stellen

500 g Vollmilch-Kuvertüre in einem kleinen Topf im heißen Wasserbad geschmeidig rühren
die Konfektstücke einzeln in die Kuvertüre tauchen
auf einer schmalzinkigen Gabel herausnehmen
dabei die Kuvertüre am Topfrand gut abstreifen, auf Pergamentpapier setzen, fest werden lassen, das Konfekt in gut schließende Dosen geben, zwischen jede Lage Konfekt Pergamentpapier legen
das Konfekt kühl (Kühlschrank) aufbewahren.

Nußtrüffel

(Abb. links unten)

75 g Butter geschmeidig rühren

75 g gesiebten Puderzucker
1 Päckchen Vanillin-Zucker unterrühren

200 g zartbittere Schokolade in Stücke brechen, in einem kleinen Topf im heißen Wasserbad glattrühren, unter die Butter-Zucker-Masse rühren, ⅔ von

75 g gemahlenen Haselnußkernen (nach Belieben geröstet) hinzufügen, die Masse eine Zeitlang kalt stellen, kleine Kugeln formen, in den restlichen Haselnußkernen wälzen
die Nußtrüffel in Cellophantüten verpacken oder in verschlossenen Glas- oder Porzellangefäßen kühl aufbewahren.

Fruchtkugeln

(Etwa 100 Stück – Abb. rechts)

250 g getrocknete Datteln entkernen

250 g Backpflaumen (ohne Stein)
250 g getrocknete Aprikosen

die drei Zutaten durch die große Scheibe des Fleischwolfs geben

abgeriebene Schale von 1 Zitrone (unbehandelt)
2 Eßl. Honig hinzufügen, alles gut miteinander vermengen
aus der Masse mit nassen Händen Kugeln formen, in

etwa 80 g gemahlenen Walnußkernen oder abgezogenen, gemahlenen Mandeln oder gemahlenen Haselnußkernen wälzen, einige Stunden bei Zimmertemperatur stehenlassen
die Fruchtkugeln in gut schließende Dosen geben

zwischen jede Lage Pralinen Pergamentpapier legen
die Fruchtkugeln kühl (Kühlschrank) aufbewahren.

Mozartkugeln

200 g kalte Nuß-Nougatmasse in kleine Würfel (1½ × 1½ cm) schneiden, zu Kugeln formen, kalt stellen

200 g Marzipan-Rohmasse geschmeidig rühren

2 Eßl. Kirschwasser
10 g feingehackte Pistazienkerne hinzufügen

125 g gesiebten Puderzucker unterkneten
die Marzipanmasse zu einer etwa 2 cm dicken Rolle formen, in so viele Stücke schneiden, wie Kugeln vorhanden sind
die Marzipanstücke auf einer mit

Puderzucker bestäubten Tischplatte flach auseinanderdrücken, die Nougatkugeln darauflegen, die Marzipanmasse darüber zusammenschlagen, an den Rändern gut andrücken, zu Kugeln formen

100 g Speisefett-Glasur nach der Vorschrift auflösen, die Mozartkugeln mit 2 Gabeln hineintauchen, auf ein enges Kuchengitter oder auf Pergamentpapier setzen (bei der Verwendung von Pergamentpapier die Mozartkugeln evtl. noch einmal umsetzen, damit sie keine „Füßchen" bekommen), die Mozartkugeln in Cellophantüten verpacken oder in verschlossenen Glas- oder Porzellangefäßen kühl aufbewahren.

Königsberger Marzipan

(Abb. unten)

250 g Marzipan-Rohmasse	mit
125 g gesiebtem Puderzucker	verkneten, zu einer Rolle formen, das Marzipan in 2 Stücke teilen, und zwar so, daß das eine ⅔ und das andere ⅓ groß ist das größere Stück 1 cm, das kleinere Stück ½ cm dick ausrollen, die beiden Platten aufeinander legen, beliebige Formen, (z. B. Herzen, Sterne, kleine Kreise) ausstechen in der Mitte jeweils die ½ cm dicke Schicht so herausschneiden, daß ein Rand von etwa ½ cm stehen bleibt die Vertiefungen mit
etwas roter Konfitüre (oder Nuß-Nougatmasse)	füllen die Ränder mit einem Messer durch kleine Einkerbungen verzieren, mit
etwas Eiweiß	bestreichen das Marzipan auf ein Backblech legen, unter den vorgeheizten Grill schieben
Grillzeit	
Strom:	Etwa 1 Minute
Gas:	Etwa 1 Minute.

Kirschpralinen

10 rote Belegkirschen	fein hacken, mit
200 abgezogenen, gemahlenen Mandeln **100 g Zucker** **2-3 Eßl. Kirschwasser** **2 Eßl. Wasser**	zu einer streichfähigen Masse verrühren
100 g Nuß-Nougatmasse	in einem kleinen Topf im heißen Wasserbad zu einer geschmeidigen Masse verrühren
2 Eßl. Kirschwasser	hinzufügen während des Abkühlens ab und zu durchrühren, bis die Masse fast dick ist, durchkneten, auf
gesiebtem Puderzucker	ausrollen, die Mandelmasse vorsichtig auf der Nougatmasse verteilen, glattdrücken, mit einer kleinen Form Pralinen ausstechen, 12-24 Stunden an einem kühlen Ort stehenlassen.

Mandelkonfekt

(Abb. rechts)

	Für die Mandelmasse
50 g Butter	mit
200 g Zucker **2 Päckchen Vanillin-Zucker**	unter Rühren so lange erhitzen, bis der Zucker leicht gebräunt ist
250 ml (¼ l) Schlagsahne	hinzufügen, unter Rühren so lange erhitzen, bis der Zucker gelöst ist
300 g abgezogene, gehobelte Mandeln **150 g gewürfeltes Orangeat**	unterrühren, die Masse nochmals unter ständigem Rühren so lange erhitzen, bis sie gut gebunden und fest ist die Mandelmasse leicht bergartig auf
50-60 Oblaten (Durchmesser 4 cm)	streichen, sie auf ein Backblech legen, in den vorgeheizten Backofen schieben
Strom:	175-200
Gas:	3-4
Backzeit:	Etwa 10 Minuten
	für den Guß
150 g Kuvertüre	in einem kleinen Topf im heißen Wasserbad zu einer geschmeidigen Masse verrühren sofort nach dem Backen das Konfekt mit der Unterseite in die Kuvertüre tauchen das erkaltete Mandelkonfekt in gut schließende Gläser oder Dosen geben, kühl aufbewahren.

Mokka-Trüffel

(Abb. links)

125 g Vollmilch-Kuvertüre
150 g halbbittere Kuvertüre
beide Zutaten kleinschneiden

125 ml (1/8 l) Schlagsahne
zum Kochen bringen, von der Kochstelle nehmen

4 Eßl. Instant-Kaffee
darin auflösen, die Kuvertüre,

50 g weiche Butter
hinzufügen

75 g Nuß-Nougatmasse
kleinschneiden, hinzufügen
die Zutaten so lange mit einem Schneebesen rühren, bis eine glänzende, einheitliche Masse entstanden ist, etwas abkühlen lassen
wenn die Masse fest zu werden beginnt, sie mit dem Handrührgerät mit Rührbesen hellcremig aufschlagen, sofort in einem Spritzbeutel mit Sterntülle oder Lochtülle geben und Tuffs in

etwa 55 Pralinen-Förmchen
spritzen, sollte die Masse zu fest werden, kann sie im Wasserbad geschmeidig gerührt werden
jeden Tuff mit einer von

etwa 55 Mokkabohnen
garnieren
die völlig erkalteten Pralinen in gut schließenden Dosen kühl aufbewahren.

Krokantbissen

(Abb. rechts)

20 g Butter
60 g Zucker
so lange erhitzen, bis die Masse leicht gebräunt und der Zucker gelöst ist

125 g abgezogene, gehackte Mandeln
hinzufügen, unter Rühren erhitzen, bis der Krokant genug gebräunt ist, auf ein geöltes Backblech geben
die erkaltete Krokantmasse in kleine Stücke zerstoßen

100 g zartbittere Schokolade
in kleine Stücke brechen, mit

5 Eßl. Schlagsahne
in einem kleinen Topf im heißen Wasserbad glattrühren, etwas abkühlen lassen, den Krokant unterrühren
von der Masse Häufchen abstechen, auf Alufolie setzen, im Kühlschrank fest werden lassen
die Krokantbissen in Cellophantüten verpacken oder in verschlossenen Glas- oder Porzellangefäßen kühl aufbewahren.

Rosinen-Rumkugeln

100 g Butter
geschmeidig rühren, nach und nach

100 g gesiebten Puderzucker
1 Päckchen Vanillin-Zucker
300 g geriebene Blockschokolade
3 Eßl. Rum
unterrühren, zuletzt

125 g in Rum eingelegte Rosinen
hinzufügen
die Masse eine Zeitlang kalt stellen, zu kleinen Kugeln formen, in

100–150 g Schokoladenstreuseln
wälzen
das Konfekt in Cellophantüten verpacken oder in verschlossenen Glas- oder Porzellangefäßen kühl aufbewahren.

Rumkugeln

Etwa 500 g Biskuitteigbödenreste
zerkrümeln, in eine Rührschüssel geben

4 Eßl. Rum
250 ml (1/4 l) Wasser
mischen, die Biskuitkrümel damit beträufeln

125 g Kokosfett
zerlassen, abkühlen lassen

65 g Puderzucker
20 g Back-Kakao
in eine Rührschüssel sieben

1 Päckchen Vanillin-Zucker
1 Fläschchen Rum-Aroma
hinzufügen

1 Ei
und nach und nach das Kokosfett unterrühren, die Masse unter die Biskuitkrümel rühren, etwa 15 Kugeln daraus formen, in

etwa 75 g Schokoladenstreuseln
wälzen, kalt stellen, damit sie fest werden.

Calvados-Pralinen

(Abb. links)

4 getrocknete Apfelringe	sehr fein würfeln, mit
3 Eßl. Calvados	übergießen, zugedeckt 3-4 Stunden ziehen lassen
200 ml Schlagsahne	zum Kochen bringen, von der Kochstelle nehmen
250 g halbbittere Kuvertüre	fein schneiden, mit
100 g Kokosfett	in die Sahne geben, unter Rühren auflösen, abkühlen lassen, bis die Masse halbfest ist, dann cremig aufschlagen, die Apfelstückchen mit dem Calvados unterrühren die Masse in einen Spritzbeutel mit weiter Lochtülle geben, Tuffs in Pralinenförmchen spritzen, mit
halbierten Pistazien-Kernen	garnieren.

Pfefferminztaler

500 g Puderzucker	sieben (etwas davon zurücklassen), mit
1 Eiweiß **3 Teel. Zitronensaft** **½ Teel. Pfefferminzöl (aus der Apotheke)**	in einer Schüssel so lange gut verkneten, bis eine ziemlich feste, aber geschmeidige Masse entstanden ist, auf dem restlichen Puderzucker etwa ½ cm dick ausrollen, mit einer runden Form (Durchmesser etwa 3 cm) Taler ausstechen, den restlichen Teig wieder zusammendrücken, ausrollen, wieder Taler ausstechen
200 g Halbbitter-Kuvertüre	in einem kleinen Topf im heißen Wasserbad zu einer geschmeidigen Masse verrühren, die Taler mit einer Gabel in die Kuvertüre tauchen, Taler am Rand des Gefäßes erst abklopfen, dann abstreifen, damit der Guß nicht zu dick wird, die Taler auf Pergamentpapier oder Alufolie absetzen um ein Streifenmuster zu erzielen, nach jedem 4. oder 5. Überziehungsvorgang mit der Kuvertüre die Gabel auf die Oberfläche der Pfefferminztaler drücken, nach oben wegziehen.

Pistazienkugeln und Krokanttaler

75 ml Schlagsahne	in einen Topf geben
1 Vanillestange	aufschneiden, das Mark herauskratzen, zu der Sahne geben, zum Kochen bringen, den Topf von der Kochstelle nehmen
250 g Kuvertüre	in kleine Stücke schneiden, unter Rühren in der Sahne schmelzen lassen
2-3 Teel. gesiebten Puderzucker	unterrühren, die Masse halbieren
	für die Pistazienkugeln
20 g Zitronat **20 g Orangeat**	die beiden Zutaten fein würfeln
40 g abgezogene, gehackte Mandeln	unter die eine Hälfte der Schokoladenmasse rühren, die Masse etwa 10 Minuten im Kühlschrank stehen lassen, damit sie fest wird, die Masse mit den Händen zu einer Rolle formen, in Scheiben schneiden, schnell zu Kugeln formen, in
75 g abgezogenen, feingehackten Pistazienkernen	wälzen die Kugeln eine Zeitlang auf ein mit Alufolie belegtes Backblech kühl stellen, anschließend in
Papier-Pralinen-Förmchen	setzen, zugedeckt bis zum Verzehr (Verschenken) im Kühlschrank aufbewahren
	für die Krokanttaler die zweite Hälfte der Schokoladenmasse mit

100 g Haselnuß-krokant
50 g abgezogenen, gemahlenen Mandeln verkneten, auf einem mit Alufolie belegten Backblech mit einer Teigkarte aufstreichen, kurze Zeit kühl stellen, anschließend mit einer Ausstechform (Durchmesser etwa 3 cm) Taler ausstechen, mit einem Messer von
kandierten Veilchen
kandierten Rosenblättern den Guß leicht abschaben, die Krokanttaler damit verzieren, sie halten sich, kühl aufbewahrt, 2-3 Wochen frisch.

Walnuß-Aprikosen-Konfekt

(Abb. unten)

125 g getrocknete Aprikosen in sehr kleine Stücke schneiden, mit
3 Eßl. Aprikot Brandy übergießen, zugedeckt etwa 2 Stunden stehenlassen
200 g Marzipan-Rohmasse hinzufügen, mit einem elektrischen Handrührgerät mit Rührbesen gut verrühren
100 g gesiebten Puderzucker unterkneten
aus der Masse etwa 2 cm dicke Rollen formen, in etwa 1½ cm dicke Scheiben schneiden
100 g Kuvertüre in einem kleinen Topf im heißen Wasserbad zu einer geschmeidigen Masse verrühren
jedes Marzipanstückchen hineintauchen, auf Pergamentpapier setzen, evtl. nochmals umsetzen, damit das Konfekt keine »Füßchen« bekommt, mit
100 g Walnußkernhälften garnieren
das Konfekt möglichst in kleine Papiermanschetten setzen
bis zum Verzehr in gut schließende Dosen oder Gläser geben und kühl aufbewahren.

Ananas-Pralinen

(Etwa 100 Stück)

200 g Marzipan-Rohmasse	mit
100 g gesiebtem Puderzucker	verkneten, zu einem Rechteck von 20 × 25 cm ausrollen
etwa 200 g kandierte Ananasstückchen	in dünne Streifen schneiden, dicht nebeneinander auf die Marzipanplatte legen
200 g zartbittere Schokolade	in kleine Stücke brechen, in einem kleinen Topf im heißen Wasserbad geschmeidig rühren, etwas abkühlen lassen
2 gehäufte Eßl. Pulverkaffee	in
1 Eßl. heißem Wasser	auflösen
125 g weiche Butter	geschmeidig rühren, nach und nach
100 g gesiebten Puderzucker	
1 Eßl. Rum oder Weinbrand	und den Kaffee, die Schokolade unterrühren die Masse so lange rühren, bis sie so fest ist, daß Cremespitzen stehenbleiben die Masse auf die mit Ananasstreifen belegte Marzipanplatte streichen, mehrere Stunden kühl stellen, dann in Quadrate von 1½-2 cm schneiden, wieder kühl stellen
etwa 350 g halbbittere Kuvertüre	in einem kleinen Topf im heißen Wasserbad geschmeidig rühren die Ananas-Pralinen einzeln in die Kuvertüre tauchen, auf einer schmalzinkigen Gabel herausnehmen die Kuvertüre am Topfrand gut abstreifen, die Pralinen auf Pergamentpapier setzen, mit
Stückchen von kandierten Rosenblütenblättern	garnieren, den Guß fest werden lassen, die Ananas-Pralinen in gut schließenden Dosen kühl aufbewahren.
Verpackungsvorschlag zum Verschenken:	Die Pralinen einzeln in Pralinenmanschetten geben, in Schälchen aus Glas, Keramik, Porzellan oder in selbstgemachte Spankörbchen mit Bauernmotiven oder in Stroh-/Bastkörbchen setzen, in Geschenkpapier einpacken und mit Schleifenband verzieren.
Anmerkung:	Alle Pralinen, die nicht in fest schließenden Dosen oder Cellophantütchen verpackt sind, sollten mit Alufolie, Frischhaltefolie oder Cellophan umwickelt werden, damit keine fremden Geschmacks- oder Aromastoffe den zarten Pralinengeschmack beeinträchtigen können.

Pistazien-Marzipan-Herzen

(40-50 Stück - Abb. rechts)

200 g Marzipan-Rohmasse	mit
100 g gesiebtem Puderzucker	
50 g gemahlenen Pistazienkernen	
1 Eßl. Kirsch- oder Marillen-Likör	verkneten, die Masse auf
gesiebtem Puderzucker	etwa 1 cm dick ausrollen, mit einem Garnierausstecher in Herzform Herzen ausstechen die Marzipan-Herzen vorsichtig aus der Form drücken (an der Form haftende Marzipanreste entfernen) die Marzipan-Herzen in gesiebten Puderzucker tauchen, mit Alufolie abgedeckt 1-2 Stunden kühl stellen
150-200 g halbbittere Kuvertüre	in einem kleinen Topf im heißen Wasserbad geschmeidig rühren die Marzipan-Herzen einzeln in die Kuvertüre tauchen, auf einer schmalzinkigen Gabel herausheben die Kuvertüre am Topfrand gut abstreifen, die Herzen auf Pergamentpapier setzen, mit
Pistazienkernen	garnieren, den Guß fest werden lassen die Pistazien-Marzipan-Herzen in gut schließenden Dosen kühl aufbewahren.
Verpackungsvorschlag zum Verschenken:	Die Pistazien-Marzipan-Herzen in eine gekaufte Herz-Schachtel mit Papierspitze schichten, zwischen jede Schicht Klarsicht- oder Alufolie legen, mit dem Deckel verschließen, mit farblich passenden Bändchen dekorieren oder Kartons mit Dekorationspapier bekleben, mit Gummiherzchen oder Aufklebern (je nach Geschenkanlaß) versehen, die Pralinen hineingeben den Karton verschließen und großzügig mit Schleifenband zubinden.

Mandel-Nuß-Pralinen mit Pernod

100 g abgezogene, gemahlene Mandeln	mit
100 g gemahlenen Walnußkernen	
200 g Marzipan-Rohmasse	
100 g gesiebtem Puderzucker	
30 g gesiebtem Kakao	
50 ml Pernod	zu einem glatten Teig verkneten den Teig in 4 gleiche Portionen teilen, aus jeder Portion eine Rolle von etwa 15 cm Länge formen jede Rolle in 10 gleichgroße Stücke schneiden, daraus Ovale formen, auf ein mit Alufolie belegtes Backblech oder Tablett legen, etwas flachdrücken, kühl stellen
100 g halbbittere Kuvertüre	
etwas Kokosfett	in einem kleinen Topf im heißen Wasserbad zu einer geschmeidigen Masse verrühren, mit einer Gabel leicht in die Pralinen stechen, sie bis zum Rand in die Kuvertüre tauchen, am Rand des Gefäßes etwas abstreifen, auf Pergamentpapier oder Alufolie setzen
100 g Pecan-Nuß- oder Walnußkerne	mit der Unterseite in die Kuvertüre tauchen, auf die Oberseite jeder Praline 1 Kern leicht andrücken. Die Pralinen halten sich, kühl gestellt, etwa 2 Wochen.

Butterkonfekt

(Abb. unten)

150 g Butter	geschmeidig rühren
100 g Puderzucker	sieben, mit
1 Päckchen Vanillin-Zucker	nach und nach unterrühren
2 Eigelb	unterrühren
200 g zartbittere Schokolade	in kleine Stücke brechen, in einem kleinen Topf im heißen Wasserbad zu einer geschmeidigen Masse verrühren, unter die Eigelbcreme rühren, kalt stellen aus der festgewordenen Masse teelöffelweise nußgroße Mengen abstechen, nochmals kalt stellen, in
Schokoladenstreusel oder Kakao	wälzen, mit den Händen leicht rund oder länglich formen das Butterkonfekt in Cellophantüten verpacken oder in gut schließende Glas- oder Porzellangefäße geben, kühl aufbewahren (Kühlschrank).

Erdbeer-Konfekt

(Abb. oben)

Etwa 500 g Erdbeeren mit Stiel	vorsichtig waschen, trockentupfen
100 g zartbittere Schokolade	mit
etwas Kokosfett	in einem kleinen Topf im heißen Wasserbad geschmeidig rühren die Erdbeeren zur Hälfte hineintauchen, zum Trocknen auf Pergamentpapier setzen.
Verpackungsvorschlag zum Verschenken:	Das Erdbeer-Konfekt in Porzellan-Körbchen geben, mit Schleifenband verzieren und in Cellophanpapier großzügig verpacken oder die Erdbeer-Pralinen in Spankörbchen oder Glasschalen oder -dosen geben und in Cellophanpapier verpackt verschenken.

Butter-Canache mit Zimt

(Abb. oben)

200 g halbbittere Kuvertüre in einem kleinen Topf im heißen Wasserbad zu einer geschmeidigen Masse verrühren, unter gelegentlichem Rühren so lange abkühlen lassen, bis sie dickflüssig ist

100 g Butter mit einem elektrischen Handrührgerät mit Rührbesen schlagen, nach und nach

40 g gesiebten Puderzucker
5 g gemahlenen Zimt
50 ml weißen Rum hinzufügen, die Kuvertüre unterrühren, kurze Zeit kalt stellen
die Masse nochmals gut durchschlagen, sollte sie zu fest sein, sie kurz ins heiße Wasserbad stellen, nochmals durchschlagen
die Masse in einen Spritzbeutel mit mittelgroßer Lochtülle füllen, etwa 4 cm lange Stäbchen auf Pergamentpapier oder Alufolie spritzen

50 g Vollmilch-Kuvertüre in einem kleinen Topf im heißen Wasserbad zu einer geschmeidigen Masse verrühren, in einen Spritzbeutel mit sehr kleiner Tülle füllen, sehr schnell feine Striche über die Stäbchen hin- und herspritzen, so daß sie wie mit Garn übersponnen aussehen
von

20 g kandierten Veilchen jeweils 1 Veilchen auf ein Ende von jedem Stäbchen setzen.
Die Pralinen halten sich in gut schließenden Gefäßen, kühl gestellt, 6-8 Tage.

Weichkrokantecken
(Abb. unten)

200 g abgezogene, gemahlene Mandeln auf ein ungefettetes Backblech geben, in den vorgeheizten Backofen schieben, goldbraun rösten
Strom: Etwa 200, **Gas:** Etwa 3
Backzeit: 6-8 Minuten
500 g Puderzucker sieben, mit
50 g Honig
50 g Butter in einen Topf geben, unter Rühren so lange erhitzen, bis die Masse karamelisiert, kurz aufkochen lassen, den Topf von der Kochstelle nehmen
1 Vanillestange aufschneiden, das Mark herauskratzen
300 g Marzipan-Rohmasse in grobe Würfel schneiden, die beiden Zutaten mit den Mandeln kräftig unter die Karamelmasse rühren
125 ml (1/8 l) Schlagsahne zuletzt unterrühren, die Masse auf ein gefettetes Backblech streichen, etwas abkühlen lassen, mit einem scharfen Messer erst in etwa 2 cm breite Streifen, dann in Rauten schneiden, erkalten lassen, mit einem Messer stückweise vom Blech lösen
100 g halbbittere Kuvertüre in einem kleinen Topf im heißen Wasserbad zu einer geschmeidigen Masse verrühren, beide Rautenenden in die Kuvertüre tauchen, am Rand des Gefäßes abstreifen, auf Pergamentpapier oder Alufolie absetzen.

Trüffelspitzen

150 g zartbittere Schokolade
100 g Vollmilch-Schokolade in Stücke brechen, mit
200 ml (1/5 l) Schlagsahne
100 g Kokosfett unter Rühren erhitzen, bis eine glatte Masse entstanden ist, einmal kurz aufkochen lassen, in eine Schüssel geben
200 g kleingeschnittene Nuß-Nougatmasse hinzufügen, so lange rühren, bis die Nougatmasse sich mit der Schokoladenmasse verbunden hat, kalt stellen, während des Erkaltens ab und zu durchrühren
die erkaltete Masse mit einem elektrischen Handrührgerät mit Rührbesen durchrühren, bis sie etwas cremig wird, in kleinen Mengen in einen Spritzbeutel mit gezackter Tülle füllen, in
etwa 80 Metallrosetten spritzen, mit
Pistazienkernen garnieren
die Trüffelspitzen in Alufolie oder Cellophan verpackt kühl aufbewahren.

Königsberger Marzipan-Eier

(Etwa 12 kleine Eier oder 6 große Eier)
(Abb. rechts)

500 g Mandeln
kochendes Wasser kurze Zeit in
geben, in kaltem Wasser abschrecken, enthäuten, zum Trocknen auf ein Küchenhandtuch legen (am besten über Nacht)
die Mandeln zweimal durch die Mandelmühle geben

500 g Puderzucker sieben, mit
1 Eiweiß
5-6 Eßl. Rosenwasser zu den Mandeln geben
die Zutaten mit einem elektrischen Handrührgerät zuerst auf der niedrigsten, dann auf der höchsten Stufe so lange verrühren, bis eine zusammenhängende Masse entstanden ist, in Alufolie verpackt bei Zimmertemperatur 1-2 Tage durchziehen lassen
die Marzipanmasse halbieren
eine Hälfte knapp 1 cm dick, die andere Hälfte etwa ½ cm dick auf

gesiebtem Puderzucker ausrollen
die dünne Marzipanplatte auf die dickere legen, mit Hilfe einer Pappschablone große Eier (etwa 15 cm lang und etwa 10 cm breit) ausschneiden und kleine Eier mit einem ovalen Ausstechförmchen ausstechen
aus der Mitte jedes Eies jeweils die ½ cm dicke Schicht so herausschneiden oder ausstechen, daß ein Rand von etwa 1 cm bei den großen Eiern und etwa ½ cm bei den kleinen Eiern stehenbleibt
die Ränder mit Hilfe eines Messer oder einer Gabel einkerben
ein Backblech mit Alufolie auslegen
die Marzipan-Eier darauflegen
die Eierränder dünn mit

verschlagenem Eiweiß bestreichen
das Backblech unter den vorgeheizten Grill schieben

Grillzeit: 2-3 Minuten
die Marzipan-Eier erkalten lassen

für den Guß

200 g Puderzucker sieben, mit
1 Eiweiß
etwa 3 Eßl. Kirschwasser oder Rum zu einem dickflüssigen Guß verrühren
die Vertiefungen der Marzipan-Eier damit ausfüllen
in den Guß vorsichtig

Zuckerblumen
Marzipanfiguren oder Marzipanrosen und -blätter
Zuckerfiguren
Liebesperlen drücken
die Marzipaneier lose abdecken, damit der Guß trocknen kann, erst dann die Eier in Cellophan einwickeln und mit Geschenkpapier zubinden
die kleinen Eier nach Belieben mit einer Schlaufe zum Aufhängen an einem Osterstrauß versehen.

Veränderung: Aus dem Königsberger Marzipan Herzen, Sterne oder Blumen ausstechen und mit kandierten Früchten, Mandeln, Haselnuß- oder Walnußkernen belegen.

Schokoladen-Petits-fours

Für den Teig

2 Eier
3 Eßl. Wasser mit einem elektrischen Handrührgerät mit Rührbesen auf höchster Stufe in 1 Minute schaumig schlagen

100 g Zucker
1 Päckchen Vanillin-Zucker mischen, in 1 Minute einstreuen, dann noch 2 Minuten schlagen

75 g Weizenmehl mit
50 g Speisestärke
1 gestrichenen Teel. Backpulver
1 Eßl. Kakao mischen, sieben, kurz auf niedrigster Stufe unterrühren, den Teig etwa 1 cm dick auf ein mit Pergamentpapier belegtes Backblech streichen, an der offenen Seite des Backblechs das Papier unmittelbar vor dem Teig zur Falte knicken, so daß ein Rand entsteht
das Backblech in den vorgeheizten Backofen schieben

Strom: 175-200
Gas: 3-4
Backzeit: 10-15 Minuten
sofort nach dem Backen den Biskuit auf ein mit

Zucker: bestreutes Pergamentpapier stürzen
das Papier mit kaltem Wasser bestreichen, vorsichtig aber schnell abziehen, den Biskuit kalt stellen, kleine Sterne ausstechen

für die Füllung

25 g Butter mit
etwa 75 g Nuß-Nougatmasse verrühren
die Hälfte der Sterne mit der Nougatmasse bestreichen, die übrigen daraufsetzen

für den Guß

etwa 150 g zartbittere Schokolade mit
20 g Kokosfett in einem kleinen Topf im heißen Wasserbad zu einer geschmeidigen Masse verrühren, die Seiten der Sterne damit bestreichen

für den Belag

75 g Marzipan-Rohmasse auf
gesiebtem Puderzucker ausrollen, für jeden Biskuitstern einen Marzipanstern ausstechen

2 Eßl. Puderzucker mit
1 Eßl. Zitronensaft verrühren, die Marzipansterne damit bestreichen, auf die Biskuitsterne legen, mit

halbierten, kandierten Kirschen garnieren
die Petits fours in gut schließenden Dosen aufbewahren.

Fruchtige Petits fours

(Abb. rechts)

Für den Teig

2 Eier
3 Eßl. heißes Wasser mit einem elektrischen Handrührgerät mit Rührbesen 1 Minute auf höchster Stufe schlagen

100 g Zucker
1 Päckchen Vanillin-Zucker mischen, einstreuen, noch 2 Minuten schlagen

75 g Weizenmehl
50 g Speisestärke
1 gestrichenen Teel. Backpulver mischen, sieben, kurz auf Stufe 1 unterrühren, den Teig etwa 1 cm dick auf ein mit Pergamentpapier belegtes Backblech streichen, an der offenen Seite des Backblechs das Papier unmittelbar vor dem Teig zur Falte knicken, das Back-

blech in den vorgeheizten Backofen schieben

Strom: 175-200

Gas: 3-4

Backzeit: 10-15 Minuten
den Biskuit sofort auf ein mit

Zucker bestreutes Pergamentpapier stürzen, das Papier mit kaltem Wasser bestreichen, vorsichtig, aber schnell abziehen, den Biskuit kalt stellen, Rauten (2 × 4 cm) ausschneiden

für die Füllung

2 Eßl. Himbeer-Johannisbeer-Konfitüre mit

1 Teel. Himbeergeist verrühren, die Hälfte der Gebäckstücke damit bestreichen, die übrigen daraufsetzen

für den Guß

etwa 300 g Puderzucker sieben, mit Wasser,

Himbeergeist

Lebensmittelfarbe geschmeidig rühren, die Rauten damit überziehen, mit

Zuckerblumen garnieren.

Petits fours

3 Eier

3-4 Eßl. heißes Wasser mit einem elektrischen Handrührgerät mit Rührbesen auf höchster Stufe in 1 Minute schaumig schlagen

100 g Zucker

1 Päckchen Vanillin-Zucker mischen, in 1 Minute einstreuen, dann noch etwa 2 Minuten schlagen

100 g Weizenmehl mit

1 gestrichenen Teel. Backpulver mischen, die Hälfte davon auf die Eiercreme sieben, kurz auf niedrigster Stufe unterrühren
den Rest des Mehl-Gemisches auf dieselbe Weise unterarbeiten
zum Schluß nach und nach

75 g zerlassene, abgekühlte Butter unterrühren
den Teig etwa 1 cm dick auf ein gefettetes, mit Pergamentpapier belegtes Backblech streichen
damit der Teig an der offenen Seite des Backblechs nicht auslaufen kann, das Papier unmittelbar vor dem Teig zur Falte knicken, so daß ein Rand

entsteht
das Backblech in den vorgeheizten Backofen schieben

Strom: 200–225
Gas: 3–4
Backzeit: 15–20 Minuten

den Biskuit sofort nach dem Backen auf ein mit Zucker bestreutes Papier stürzen, das Pergamentpapier mit kaltem Wasser bestreichen, vorsichtig, aber schnell abziehen
aus dem Biskuit mit einer kleinen Form 32 Herzen ausstechen
mit einem Ring (Durchmesser etwa 4 cm) 36 Törtchen ausstechen, mit einem Messer 22 Quadrate (3 × 3 cm) ausschneiden

für die Herzen
50 g Puderzucker sieben, mit
100 g Marzipan-Rohmasse verkneten, knapp ½ cm dick ausrollen, 16 Herzen (in der Größe der Biskuitherzen) ausstechen
150 g zarbittere Schokolade in kleine Stücke brechen, in einem kleinen Topf im Wasserbad bei schwacher Hitze zu einer geschmeidigen Masse verrühren
die Hälfte der Biskuitherzen mit etwas von der Schokolade bestreichen, die Marzipanherzen darauflegen, mit etwas von der Schokolade bestreichen, die restlichen Biskuitherzen darauflegen
das restliche Marzipan und die Schokoladenmasse aufheben
100 g Puderzucker sieben, mit
3 Eßl. rotem Johannisbeergelee
etwa 3 Teel. Wasser zu einem dickflüssigen Guß verrühren, die Herzen damit überziehen

für die Törtchen
75–100 g Nuß-Nougatmasse in einem kleinen Topf im Wasserbad bei schwacher Hitze zu einer geschmeidigen Masse verrühren, die Hälfte der Törtchen damit bestreichen, die restlichen Törtchen darauflegen
die restliche Nuß-Nougatmasse aufheben
die restliche Schokoladenmasse mit
20 g Kokosfett in einem kleinen Topf im Wasserbad bei schwacher Hitze zu einer geschmeidigen Masse verrühren, die Törtchen damit überziehen

für Quadrate
das restliche Marzipan dünn ausrollen, in 11 Quadrate (3 × 3 cm) schneiden, die Hälfte der Biskuitquadrate mit Nuß-Nougatmasse bestreichen, die Marzipanplättchen darauflegen, mit Nuß-Nougatmasse bestreichen, die restlichen Biskuitquadrate darauflegen
125 g Puderzucker sieben, mit
1–2 Eßl. Zitronensaft zu einem dickflüssigen Guß verrühren, die Quadrate damit überziehen
die Herzen und die Törtchen mit übriggebliebener Zitronen- oder Schokoladenglasur bespritzen, mit
Liebesperlen oder kandierten Früchten garnieren

für die Kugeln
die Biskuitreste zerkrümeln, in eine Rührschüssel geben, mit
2 Eßl. Curaçao beträufeln
35 g Kokosfett zerlassen, abkühlen lassen
25 g Puderzucker
1 gestrichenen Eßl. Kakao in eine Rührschüssel geben
1 Päckchen Vanillin-Zucker
1 Ei hinzufügen
und nach und nach das Kokosfett unterrühren
die Masse mit den Biskuitkrümeln verrühren, etwa 10 Kugeln daraus formen, in
Schokoladenstreuseln wenden (am besten in einem Kaffeesieb), kalt stellen, damit sie fest werden, in gut schließenden Dosen aufbewahren.

Brot und Brötchen

Ein bißchen zur Geschichte

Nach wie vor stellt das Brot einen wesentlichen Bestandteil unserer Ernährung dar. Und wie viele Dinge hat auch das Brot eine Vergangenheit, die viele Jahrtausende zurückreicht.
Das erste Brot war ein Getreidebrei, der in Fladenform getrocknet wurde. Dazu wurde das Getreide in mörserartigen Geräten zerrieben und mit Wasser zu einem Brei angerührt. Dieser Getreidebrei wurde auf heiße Steine gegeben und so getrocknet. Solch ein Brot mußte allerdings noch am gleichen Tag verzehrt werden, wenn es noch eßbar sein sollte, denn wegen der geringen Flüssigkeit war es am nächsten Tag steinhart.
Vor 6000 Jahren kannte man bereits die Getreidearten Weizen, Gerste und Hirse als Kulturformen. Schon zu dieser Zeit wurde im Orient, China, Indien und Ägypten ein regelrechter Getreide-Ackerbau betrieben. Dokumente aus dieser Zeit belegen, daß schon mehrere Arten von Brot bekannt waren. Im Land der Pharaonen entwickelte sich die Kunst des Brotbackens zu einer hohen Blüte. Es waren über 30 verschiedene Brotsorten bekannt. Doch gab es strenge Sitten. Das beste und feinste Brot erhielten nur die Pharaonen und andere Hoheiten. Die Soldaten und das Volk mußten mit geringerer Qualität vorliebnehmen.
Im Mittelalter schließlich entwickelte sich eine sagenhafte Fertigkeit im Brotbacken. Fast scheint es, als hätten die Bäcker eine wahre Freude gehabt, neue Brotsorten zu »erfinden«. Immer stärker wurde auch der gesundheitliche Aspekt berücksichtigt, und mehr und mehr wurde experimentiert und ausprobiert.
Betrachtet man die heutige Zeit, muß man feststellen, daß sich einiges verändert hat. Aus den heißen Steinen wurden Backstuben, aus dem Getreidebrei der Brotteig. Inzwischen gibt es bei uns über 200 verschiedene Brotsorten - eine enorme Vielzahl, die wohl einmalig auf der Welt ist.

Die vielen Brotsorten und -formen

Brotsorten, das sind alle nach Mehlart, Mehltype, Mehlmischung, Verarbeitung und Konsistenz gleichen Brote. Aber neben den unterschiedlichsten Sortenbezeichnungen wie Roggenmischbrot, Weizenbrot usw. gibt es auch Unterschiede in Form und Oberfläche der Brote. So gibt es Längs- oder Ovalformen, aber auch runde Brote. Weiterhin unterscheiden sich die Brote in

der Oberfläche. Es gibt bemehlte, glatte, blanke oder welche mit Einschnitten. Manche haben auch Vertiefungen oder Einkerbungen, die vor dem Backen mit dem Finger eingedrückt wurden. Auch in ihrem Krustenanteil unterscheiden sich die verschiedenen Brote. So gibt es geschobene Brote, die einzeln gebacken werden und rundherum eine Kruste haben oder die angeschobenen Brote, die beim Backen nebeneinander liegen, sich berühren und daher an der Innenseite keine Kruste bilden können. Schließlich gibt es noch Kasten- oder Korbbrote, die entweder in Kastenformen oder in Körbchen gebacken werden. Sie haben von allen den geringsten Anteil an Kruste.

Teigmischung – unterschiedlich wie die Sorten

So unterschiedlich die Formen bei den Broten auch oft sind, bestehen sie doch häufig aus der gleichen Teigmischung. Weißbrot gibt es als Laib, Baguette, Stangenbrot oder Brötchen.

Der Fachmann aber unterscheidet ausschließlich nach den in dem Brot verwendeten Mehlsorten. Folgend nun ein Überblick über die im Bäckereifachgeschäft verwendeten Ausdrücke:

Roggenbrot:

Es besteht aus Roggenmehl, das verschiedene Ausmahlungsgrade besitzt, und wird zu allerhand Sorten und Formen verarbeitet. Da es meist sehr hochwertig ausgemahlen ist, enthält es viele Vitamine und Mineralstoffe.
Die Kruste des Roggenbrotes ist meistens sehr grob-porig, der Geschmack fein-säuerlich.
Ein großer Vorteil des Roggenbrotes ist, daß es sich sehr lange frisch hält. Als idealer Belag sind deftige Wurstsorten und roher Schinken sowie Räucherfisch, kräftige Käsesorten wie Tilsiter oder Appenzeller zu empfehlen.

Roggenmischbrot:

Für dieses Brot wird der Teig aus Roggen- und Weizenmehl in verschiedenen Verhältnisformen und Ausmahlungsgraden mit Sauerteig oder Hefe oder mit beiden Triebmitteln gemischt. Je dunkler die Krume, desto höher ist der Ausmahlungsgrad des Mehls. Und je höher der Ausmahlungsgrad ist, desto reicher ist das Brot an Nährstoffen und Wirkstoffen. Solche Roggenmischbrote müssen mindestens 51% Roggenmehl enthalten.
Der Geschmack dieses Brotes ist würzig-kräftig, und es wird sehr viel gekauft. Der Volksmund kennt es unter dem Namen Graubrot.
Als idealer Belag gelten deftige und mildere Wurstsorten, roher oder gekochter Schinken, milder und scharfer Käse, aber auch geräucherter Fisch und andere Fischzubereitungen.

Vollkornbrot:

Ungeschälte Getreidekörner, einschließlich der Keimlinge, werden gemahlen und in diesem Brot verarbeitet.
Vollkornbrot enthält alle Bestandteile des gereinigten Korns, einschließlich der äußeren Schicht (Aleuronschicht), viele Mineralstoffe und den sehr wertvollen Keim. Aus diesem Grund besitzt das Vollkornbrot die vor allem für den Kohlenhydratstoffwechsel dringend benötigten B-Vitamine.
Durch die mitverwendeten Keimlinge ist das Vollkornbrot auch reich an mehrfach ungesättigten (lebensnotwendigen) Fettsäuren. Darüber hinaus sorgen die Keimlinge für einen hohen Anteil an Eiweiß.

Es wird in Roggen- und Weizenvollkornbrot unterschieden.
Roggenvollkornbrot ist würzig-kräftig und etwas säuerlich.
Weizenvollkornbrot ist dagegen würziger und von walnußartigem Geschmack.

Ein idealer Brotbelag für dieses Brot ist alles, was kräftig und würzig ist, wie geräucherter, roher Schinken, Frühstücksspeck, Schmalzzubereitungen, geräucherte und luftgetrocknete Wurst, Salami, Räucherfisch wie Makrele, Bückling und Räucheraal. Auch die würzigen Käsesorten wie Gorgonzola bis Roquefort, vor allem Gouda- bis Münsterkäse schmecken sehr gut zu diesem kräftigen Brot.

Spezialbrote für Feinschmecker

Neben diesen bisher vorgestellten Brotsorten gibt es eine Reihe würziger Sorten, die aus speziell hergestelltem Mehl nach eigens entwickelten Backverfahren und mit Zugabe nicht üblicher Zutaten wie z. B. Buttermilch, Zwiebeln, Kümmel, Sesam und sogar Walnüssen hergestellt werden. Hier ein kurzer Überblick:

Weizenbrot:

Hier kennt der Fachmann zahlreiche Teigmischungen. Das Weizenbrot wird mit Wasser oder Milch, auch mit Fett (Toastbrot), mit Salz und Zucker hergestellt. Als Triebmittel wird Hefe verwendet. Je nachdem wie hoch der Krustenanteil ist, schmeckt es mild bis kräftig.
Allerdings wird diese Brotart rasch altbakken und sollte deshalb spätestens am Tag nach dem Einkauf verzehrt werden.
Als idealer Brotbelag gelten zarte Wurstsorten wie Mortadella, Kalbfleischwurst, Kalbsleberwurst, Räucherlachs, Krabbenfleisch, Hummerfleisch, Kaviar, gekochte Eier, Buttermischungen, gekochter Schinken, milde Delikateß-Salate und Leberterrinen.

Weizenmischbrot:

Der Teig wird mit einem überwiegenden Anteil an Weizenmehl und einem geringeren Teil an Roggenmehl zubereitet.
Als Faustregel gilt: Je mehr Weizenmehl das Brot enthält, um so milder ist es, und um so heller und krosser ist die Kruste.

Zu Weizenmischbrot passen eher milde als kräftige Wurstsorten, Frischrahmkäse, Brie oder milder Camembert, Schnittkäse wie Edamer und Emmentaler, Lachs- und Kochschinken.
Aber auch Fischzubereitungen und rustikale Pasteten und Terrinen sind ein idealer Belag für diese helle Brotsorte.

Grahambrot:

Es besteht aus Weizenschrot und ist ein ungesalzenes und ungesäuertes Brot. Mit einer lockeren Krume ist es von kernignussigem Geschmack. Im Fachhandel wird es auch als Diätbrot angeboten.

Knäckebrot:

Diese meist knusprige Brotsorte wird aus unterschiedlichen Schroten hergestellt. Es eignen sich Roggen-, Weizenmehl oder Weizenschrot dazu. Es wird kroß, mürbe, gesalzen oder mit Gewürzen angereichert im Handel angeboten. Manche Sorten verlangen auch noch einen Zusatz an Milch oder Butter.
Das Flachbrot wird bei hohen Temperaturen schnell gebacken und anschließend noch getrocknet. So schmecken einige Sorten neutral, viele würzig.
Das Knäckebrot ist eine Brotsorte, die sich über viele Monate frisch hält - vorausgesetzt, es wird verschlossen und trocken gelagert.

Pumpernickel:

Dieses ist ein in Westfalen erfundenes Brot. Zur Herstellung des Teiges wird Roggenschrot und dunkles Roggenmehl verwendet, das mit Sauerteig gemischt und mindestens 16 Stunden, höchstens 24 Stunden in Dampfkammern gebacken wird. Dabei entstehen Dextrine und Röststoffe, die dem Brot sein typisch dunkles Aussehen verleihen. Durch diese Garmethode kommt auch der malzig-süße und kräftige Geschmack zustande, der dieses Brot bekannt gemacht hat.

Sandwiches:

Sie sind die Erfindung eines pfiffigen Kochs. Der Vierte Earl of Sandwich, John Montagu, war ein leidenschaftlicher Kartenspieler, der sein Spiel nie unterbrechen wollte. Da er es aber haßte, die Karten mit Fettfingern anzufassen, legte ihm sein Koch einfach eine Scheibe Brot auf das delikat belegte Brot - das Sandwich war erfunden. So entstand diese leckere Klappstulle bereits im 18. Jahrhundert.
Aus zarten Brotscheiben zubereitet und fein belegt, vorrangig mit gekochtem Schinken, Blattsalaten, Gurken, Tomaten, Braten, darf das Sandwich aus der Hand gegessen werden.

Schlüterbrot:

Es besteht aus Roggen mit aufgeschlossener Kleie und ist ein Roggenbrot, das nach einem besonderen Backpatent hergestellt wird. Schlüterbrot besitzt ein kräftiges, leicht süßliches Aroma.

Simonbrot:

Hierbei kann es sich sowohl um ein Roggen- als auch um ein Weizenvollkornbrot handeln. Nach einem besonderen Verfahren wird unter die zu Brei verquollenen Körner Sauerteig oder Hefe gemischt. Es wird in einer Kastenform in der Dampfkammer gebacken, ist recht dunkel und hat keine Kruste. Der Geschmack ist herb mit leichter Süße.

Smørrebrøds:

Diese belegten Brote sind eine Erfindung der Dänen, die damit ihren guten Geschmack unter Beweis stellen. Sie belegen eine höchstens ½ cm dicke Brotscheibe mit den leckersten Sachen. Dabei ist es gleichgültig, ob Toast-, Weiß- oder Roggenbrot verwendet wird. Lachs, Hummer- und Krebsfleisch, Rührei, gekochtes Ei, Fleisch, Fisch, Geflügel, Wurst, Käse und Delikateß-Salate sind die Belegzutaten für dieses köstliche Brot. Darüber hinaus werden diese Häppchen attraktiv garniert. Kopfsalatblätter, Dill, Petersilie, Kräuter, rote Bete in Streifen, Gürkchen, Mayonnaise und Sahnerosetten dürfen auf keinen Fall fehlen, gerade sie machen das Raffinierte des Brotes aus. Luxus-Smørrebrøds bekommen einen Belag aus Gänseleberparfait, geräucherten Austern, Langusten und Kaviar, ansonsten sind der Phantasie und dem Geschmack keine Grenzen gesetzt.

Walnußbrot:

Ist ein Roggen- oder Weizenmischbrot mit einem hohen Anteil an halbierten Walnußkernen.
Der kräftige Nußgeschmack des Brotes harmoniert mit allen Vollfett-Käsesorten und mit rohem Schinken. Walnußbrot paßt hervorragend zu kaltem Rinder- und Schweinebraten, zu würzigen Pasteten und zu Frikadellen.

Steinmetzbrot:

Es besteht aus Roggen- und Weizenkörnern, die speziell behandelt wurden. Länger als anderes Brot wird es in der Form gebacken. Das erklärt die besondere Würze dieses Brotes. Steinmetzbrot schmeckt besonders gut mit Schmalz, Mettwurst, aber auch mit Käsesorten wie Harzer und Schimmel-Käse.

Toastbrot:

Durch Fettzugabe des Teiges erhält dieses Brot seine lockere, feinporige Krume. Es wird aus Weizenmehl hergestellt und eignet sich ideal zum Toasten. Ferner bietet der Handel auch Roggen-Toastbrot an, das, aus 20% Roggenmehl gemischt, ein dunkleres Aussehen hat und kräftig-würzig schmeckt.

Mandelbrot

(Abb. unten)

500 g Weizenmehl	in eine Schüssel sieben, mit
1 Päckchen Trocken-Backhefe	sorgfältig vermischen
50 g Zucker, 1 Päckchen Vanillin-Zucker Salz, 2 Eier 100 g zerlassene, lauwarme Butter 125 ml (1/8 l) warme Milch	hinzufügen, alles mit einem elektrischen Handrührgerät mit Knethaken zuerst auf der niedrigsten, dann auf der höchsten Stufe in etwa 5 Minuten zu einem Teig verarbeiten, den Teig an einem warmen Ort so lange stehenlassen, bis er etwa doppelt so hoch ist
125 g Rosinen 100 g Korinthen	beide Zutaten verlesen
50 g feingewürfeltes Zitronat 50 g Mandeln	abziehen, fein hacken, unterkneten den Teig zu einer Kugel formen, auf ein gefettetes Backblech legen, an einem warmen Ort nochmals so lange stehenlassen, bis er etwa doppelt so hoch ist, mit
Dosenmilch	bestreichen, mit
1 Eßl. Hagelzucker 1 Eßl. abgezogenen gehackten Mandeln	bestreuen, in den Backofen schieben
Strom:	175-200, **Gas:** 3-4
Backzeit:	Etwa 50 Minuten.

Gefüllte Brötchen

(Abb. oben)

6 Roggenbrötchen	halbieren, etwas aushöhlen, das Innere in kaltem Wasser einweichen
	für die Füllung
1 Zwiebel	abziehen, fein würfeln
250 g Gehacktes	mit den gut ausgedrückten Brötchenresten, den Zwiebelwürfeln,
2 Eßl. gehackter Petersilie etwa 115 g kleingeschnittenen, gedünsteten Champignons, 1 Ei	vermengen, mit
Salz, Pfeffer	abschmecken, die Füllung in die unteren Brötchenhälften geben, auf ein mit Alufolie belegtes Backblech setzen, in die Mitte des Backofens schieben
Strom:	200-225, **Gas:** 3-4
Backzeit:	Etwa 30 Minuten
	etwa 10 Minuten vor Beendigung der Backzeit jede Brötchenhälfte mit
Tomatenscheiben	und jeweils 1 Scheibe
Gouda-Käse	belegen, die obere Brötchenhälfte darauflegen, in den Backofen schieben.

Schinken-Hörnchen

1 Packung (370 g) Brotmischung	mit
250 ml (¼ l) warmem Wasser	nach der Vorschrift auf der Packung zubereiten, gehen lassen den Teig mit
Weizenmehl	bestäuben, aus der Schüssel nehmen, kurz durchkneten den Teig auf der mit Mehl bestäubten Tischplatte zu einer runden Platte (Durchmesser etwa 40 cm) ausrollen, mit einem Kuchenrädchen wie eine Torte in 12 Stücke teilen auf jedes Stück etwas von
125 g feingeschnittenem rohem Schinken	geben die runde Seite jedes Stückes noch etwas breiter ziehen, zur Spitze hin aufrollen, als Hörnchen (Spitze nach unten) auf ein gefettetes Backblech legen, nochmals an einem warmen Ort gehen lassen die Hörnchen mit Wasser bestreichen, leicht mit Mehl bestäuben, in den vorgeheizten Backofen schieben
Strom:	200-225
Gas:	3-4
Backzeit:	Etwa 25 Minuten.

Roggenbrot mit Salami

(Abb. unten)

250 g Roggen-Backschrot (Type 1800) **250 g Weizenmehl (Type 550)**	in eine Rührschüssel geben, mit
1 Päckchen Trocken-Backhefe	sorgfältig vermischen
1 Teel. Zucker **1 Teel. Salz** **250 ml (¼ l) lauwarmes Wasser**	hinzufügen die Zutaten mit einem elektrischen Handrührgerät mit Knethaken zunächst auf der niedrigsten, dann auf der höchsten Stufe in etwa 5 Minuten zu einem glatten Teig verarbeiten, dann
150 g kleingeschnittene Salami	unterkneten, den Teig an einem warmen Ort so lange gehen lassen, bis er sich sichtbar vergrößert hat, aus der Schüssel nehmen, gut durchkneten aus dem Teig 2 längliche Brote formen, auf ein gefettetes Backblech legen, nochmals an einem warmen Ort gehen lassen, die obere Seite des Teiges mit Wasser bestreichen, mit Mehl bestäuben
Strom:	Etwa 200, **Gas:** 3-4
Backzeit:	Etwa 40 Minuten.

Roggen-Brot mit Käse

	Teig aus
375 g Roggen-Backschrot (Type 1800) **125 g Weizenmehl (Type 405)** **2 gestrichenen Teel. Salz** **1 Päckchen getrockneter Sauerteig-Extrakt** **1 Päckchen Trocken-Backhefe** **200 g Doppelrahm-Frischkäse** **400 ml lauwarmem Wasser**	nach Vorschrift auf dem Beutel Sauerteig-Extrakt zubereiten, gehen lassen
	den Teig mit Mehl bestäuben, aus der Schüssel nehmen, gut durchkneten, dabei
150 g Sonnenblumenkerne (aus dem Reformhaus)	unterkneten
	aus dem Teig ein ovales Brot formen, auf ein gefettetes Backblech legen
	die obere Seite des Teiges mehrere Male 1 cm tief einschneiden, mit Wasser bestreichen
	mit
50 g Sonnenblumenkernen	bestreuen
	den Teig nochmals so lange an einem warmen Ort gehen lassen, bis er sich sichtbar vergrößert hat
	in den Backofen schieben
Strom:	Etwa 200 (vorgeheizt)
Gas:	5 Minuten vorheizen 3 – 4, backen 3 – 4
Backzeit:	40 – 50 Minuten.

Während des Backens eine Schale mit heißem Wasser auf den Boden des Backofens stellen.

Geschichtetes Zwiebelbrot

(Abb. rechts)

150 g Roggen	mit
100 g Hafer **250 g Weizen** **1 Teel. Kümmel** **1 Teel. Koriander**	fein mahlen, mit
1 Päckchen Trocken-Backhefe **1 Päckchen Sauerteig-Extrakt**	sorgfältig vermischen
1 Teel. Salz **75 g weiches Schmalz** **375 ml (3/8 l) lauwarmes Wasser**	hinzufügen
	alle Zutaten in der Küchenmaschine oder mit einem elektrischen Knethaken zuerst auf der niedrigsten, dann auf der höchsten Stufe in etwa 5 Minuten zu einem glatten Teig verarbeiten
	den Teig an einem warmen Ort so lange gehen lassen, bis er etwa doppelt so hoch ist
300 g Zwiebeln	abziehen, in Scheiben schneiden
30 g Schmalz	zerlassen, die Zwiebelscheiben darin hellgelb dünsten, erkalten lassen, mit
1 Teel. Kümmel **1 Teel. gerebelten Oregano**	würzen
	den gegangenen Teig auf der Tischplatte nochmals gut durchkneten, in 20 Stücke schneiden, jedes Teigstück zu einem dünnen Fladen ausrollen
	eine Dekoramik-Auflaufform ausfetten, mit 4 Teigfladen auslegen
	1/4 der Zwiebelmasse darauf verteilen, den Vorgang wiederholen, bis alle Zutaten eingeschichtet sind, die oberste Schicht sollte aus einem Fladen bestehen, die Fladen gut andrücken
	abgedeckt an einem warmen Ort nochmals etwa 30 Minuten gehen lassen, mit
Wasser	bestreichen, mit
Kümmel	bestreuen, die Form auf dem Rost in den vorgeheizten Backofen schieben
Strom:	Etwa 200, Gas: 3 – 4
Backzeit:	Etwa 1 Stunde

Das gebackene Brot aus der Form stürzen und nochmals etwa 5 Minuten in den Backofen stellen.

Fränkisches Gewürzbrot

250 g Roggen	fein mahlen
750 g Roggen	mittelgrob schroten
je 2 Teel. Anissamen Fenchel Kümmel	mitschroten alle Zutaten mit
2 Päckchen Trocken-Backhefe 2 Päckchen Sauerteig-Extrakt	gut vermischen
2 Teel. Meersalz 800 ml lauwarmes Wasser	hinzufügen alle Zutaten in der Küchenmaschine zuerst auf der niedrigsten, dann auf der höchsten Stufe in etwa 5 Minuten zu einem glatten Teig verarbeiten den Teig an einem warmen Ort so lange gehen lassen, bis er etwa doppelt so hoch ist ihn dann auf der Tischplatte nochmals so lange gehen lassen, bis der Brotlaib etwa doppelt so hoch ist, mit
Wasser	bestreichen das Backblech in den vorgeheizten Backofen schieben
Strom:	Etwa 250
Gas:	Etwa 5
Backzeit:	Etwa 1 Stunde

Das fertig gebackene Brot mit heißem Wasser bestreichen und noch 5 – 10 Minuten im ausgeschalteten Backofen ruhen lassen.

Zwiebelrolle

Für die Füllung

1¼ kg Gemüsezwiebeln	abziehen, vierteln, in Scheiben schneiden
200 g Schinkenspeck	in Streifen schneiden
2 Eßl. Speiseöl	erhitzen, die Speckstreifen darin ausbraten, die Zwiebelscheiben hinzufügen, durchdünsten lassen, mit
Salz, Pfeffer	würzen, etwa 8 Minuten im offenen Topf dünsten, abkühlen lassen
1 – 2 Teel. Kümmel 2 gehäufte Eßl. Semmelmehl	unterrühren, mit Salz, Pfeffer abschmecken

für den Teig

300 g Weizenmehl (Type 1050)	mit
100 g feinem Roggenschrot 1 Päckchen Trocken-Backhefe	sorgfältig vermischen
1 Teel. Salz 1 Teel. gemahlenen Kümmel 3 Eßl. Speiseöl 250 ml (¼ l) lauwarmes Wasser	hinzufügen alle Zutaten in der Küchenmaschine oder mit einem elektrischen Handrührgerät mit Knethaken zuerst auf der niedrigsten, dann auf der höchsten Stufe in etwa 5 Minuten zu einem glatten Teig verarbeiten den Teig an einem warmen Ort so lange gehen lassen, bis er etwa doppelt so hoch ist, ihn dann auf der Tischplatte nochmals gut durchkneten, zu einem Rechteck von etwa 35 x 50 cm ausrollen, die Zwiebelmasse darauf verteilen, dabei einen etwa 2 cm breiten Teigrand frei lassen, die Teigplatte aufrollen, mit der Nahtstelle nach unten auf ein gefettetes Backblech legen, abgedeckt an einem warmen Ort nochmals 20 – 30 Minuten gehen lassen die Teigrolle mit etwas von
25 g zerlassener Butter	bestreichen, das Backblech in den vorgeheizten Backofen schieben, die Teigoberfläche während des Backens zweimal mit der restlichen Butter bestreichen
Strom:	200 – 225
Gas:	etwa 4
Backzeit:	Etwa 45 Minuten.

Landbrot

125 g Weizenmehl (Type 1050)	mit
250 g Roggenmehl (Type 1150)	
125 g Weizen-Vollkornschrot (Type 1700)	in eine Rührschüssel geben, mit
1 Päckchen Trocken-Backhefe	sorgfältig vermischen
1 Teel. Zucker	mit
2 Teel. Salz, Pfeffer	
4 Eßl. Speiseöl	
250 ml (¼ l) lauwarmem Wasser	hinzufügen die Zutaten mit einem elektrischen Handrührgerät mit Knethaken zunächst auf der niedrigsten, dann auf der höchsten Stufe verrühren
125 g Sauerteig (vom Bäcker)	hinzufügen, alles in etwa 5 Minuten zu einem glatten Teig verarbeiten, an einem warmen Ort so lange gehen lassen, bis er sich sichtbar vergrößert hat, aus der Schüssel nehmen, gut durchkneten aus dem Teig ein rundes Brot formen, auf ein gefettetes Backblech legen, nochmals an einem warmen Ort gehen lassen, die obere Seite des Teiges kreuzweise etwa 1 cm tief einschneiden, mit Wasser bestreichen, mit
Weizenmehl	bestäuben, in den vorgeheizten Backofen schieben
Strom:	Etwa 200, **Gas:** 3-4
Backzeit:	Etwa 50 Minuten.

Käsebrot

(Abb. rechts)

500 g Weizenmehl (Type 550)	in eine Rührschüssel geben, mit
1 Päckchen Trocken-Backhefe	sorgfältig mischen
1 Teel. Zucker	mit
1 Teel. Salz, Pfeffer	
3 Eßl. Speiseöl	
250 ml (¼ l) lauwarmem Wasser	hinzufügen die Zutaten mit einem elektrischen Handrührgerät mit Knethaken zunächst auf der niedrigsten, dann auf der höchsten Stufe in etwa 5 Minuten zu einem glatten Teig verarbeiten den Teig an einem warmen Ort so lange stehenlassen, bis er etwa doppelt so hoch ist, aus der Schüssel nehmen
175 g Emmentaler Käse	in nicht zu kleine Würfel schneiden, zu dem Teig geben, gut unterkneten, den Teig in eine gefettete Auflaufform (Durchmesser etwa 20 cm) geben
75 g Emmentaler Käse	in kleine Keile schneiden, in den Teig stecken, nochmals an einem warmen Ort gehen lassen
1 Eigelb	mit
1 Eßl. Wasser	verschlagen, den Teig damit bestreichen die Auflaufform auf dem Rost in den vorgeheizten Backofen schieben
Strom:	Etwa 200
Gas:	3-4
Backzeit:	Etwa 50 Minuten das Käsebrot aus der Form nehmen, nach Belieben warm oder kalt servieren.

Haselnußbrot

1 Packung Brotmischung	mit
250 ml (¼ l) lauwarmem Wasser	nach der Vorschrift zubereiten gegen Ende der Knetzeit
150 g Haselnußkerne	hinzufügen, unterkneten, den Teig gehen lassen den Teig mit
Weizenmehl	bestäuben, aus der Schüssel nehmen, kurz durchkneten, zu einem länglichen Brot (etwa 30 cm) formen, auf ein gefettetes Backblech legen, wieder etwa 15 Minuten gehen lassen den Teig mehrere Male schräg etwa 1 cm tief einschneiden (nicht drücken), mit
Wasser	bestreichen, mit
gehackten Haselnußkernen	bestreuen das Backblech in den vorgeheizten Backofen schieben
Strom:	200-225
Gas:	3-4
Backzeit:	Etwa 35 Minuten.

Partywürste

1 Beutel Roggenmischbrot (500 g)	nach der Vorschrift auf der Packung zubereiten den Teig an einem warmen Ort so lange gehen lassen, bis er etwa doppelt so hoch ist von
8 Stücken Fleischwurst (je etwa 10 cm lang)	die Haut abziehen den gegangenen Teig auf der Tischplatte nochmals gut durchkneten, halbieren jede Teighälfte zu einem Quadrat von 32 x 32 cm ausrollen, jeweils in vier Quadrate schneiden auf die Mitte der 8 Teigquadrate jeweils 2 Teel. von
16 Teel. Relish, mexikanische Art	geben, die Wurststücke darauf legen, die Teigränder mit
Wasser	bestreichen, über der Wurst zusammenschlagen, etwas andrücken, mit der Nahtstelle nach unten auf ein gefettetes Backblech legen die Teigenden zu einem Zipfel zusammendrücken abgedeckt an einem warmen Ort nochmals etwa 30 Minuten gehen lassen Die Teigoberfläche mit Wasser bestreichen, mit einer Gabel mehrfach einstechen das Backblech in den vorgeheizten Backofen schieben
Strom:	Etwa 200
Gas:	Etwa 3 – 4
Backzeit:	25 – 30 Minuten.

Buchteln mit Pilzfüllung

(Abb. rechts)

400 g Weizen	fein mahlen, mit
1 Päckchen Trocken-Backhefe	sorgfältig vermischen
1 Teel. Meersalz 2 Eier 60 g weiche Butter 150 g lauwarmer Joghurt	hinzufügen alle Zutaten in der Küchenmaschine oder mit einem elektrischen Handrührgerät mit Knethaken zuerst auf der niedrigsten, dann auf der höchsten Stufe in etwa 5 Minuten zu einem glatten Teig verarbeiten den Teig an einem warmen Ort so lange gehen lassen, bis er etwa doppelt so hoch ist
	für die Füllung
1 Bund Frühlingszwiebeln	putzen, waschen, längs vierteln, in Würfel schneiden
500 g Champignons	putzen, waschen, in kleine Würfel schneiden
25 g Butterschmalz	erhitzen, die Frühlingszwiebeln darin andünsten, die Champignonwürfel hinzufügen, durchdünsten lassen, mit
Salz, Pfeffer	würzen, so lange im offenen Topf dünsten lassen, bis die Flüssigkeit verdampft ist die Füllung abkühlen lassen
1 Eßl. gemischte, gehackte Kräuter	unterrühren, nochmals mit Salz, Pfeffer abschmecken
100 g Mozzarella-Käse oder alten Gouda-Käse	in 12 Stücke schneiden den gegangenen Teig nochmals auf der Tischplatte gut durchkneten, in 12 Stücke schneiden, jedes Teigstück rund ausrollen jeweils 1 Eßl. von der Pilzfüllung daraufgeben in die Mitte der Pilzfüllung je ein Käsestückchen setzen, den Teig über der Füllung zusammendrücken ⅔ von
50 – 60 g zerlassener Butter	in eine rechteckige, feuerfeste Form geben die Teigstücke hineinsetzen, mit der restlichen Butter bestreichen abgedeckt an einem warmen Ort so lange gehen lassen, bis sie etwa doppelt so hoch sind die Form auf dem Rost in den vorgeheizten Backofen schieben
Strom:	20 – 225
Gas:	3 – 4
Backzeit:	Etwa 35 Minuten.
Tip:	Die Buchteln als kleinen Imbiß zu Bier oder Wein oder als leichtes Hauptgericht mit einer Tomatensoße und Salat reichen.

Kasten-Weißbrot

(Abb. unten)

500 g Weizenmehl (Type 405)	in eine Rührschüssel sieben, mit
1 Päckchen Trocken-Backhefe	sorgfältig mischen
1 gestrichenen Teel. Zucker	mit
1 schwach gehäuften Teel. Salz	
2 Eiern, 1 Eigelb	
etwa 100 ml lauwarmer Milch	
1 Becher (150 g) Crème fraîche	hinzufügen die Zutaten mit einem elektrischen Handrührgerät mit Knethaken zunächst auf der niedrigsten, dann auf der höchsten Stufe in etwa 5 Minuten zu einem glatten Teig verarbeiten, an einem warmen Ort so lange gehen lassen, bis er etwa doppelt so hoch ist den Teig in eine gefettete, mit
Semmelmehl	ausgestreute Kastenform (30 × 11 cm) geben, nochmals an einem warmen Ort gehen lassen den Teig auf der oberen Seite der Länge nach etwa 1 cm tief einschneiden (nicht drücken), mit Wasser bestreichen, in den vorgeheizten Backofen schieben
Strom:	175-200
Gas:	3-4
Backzeit:	40-50 Minuten.

Speckbrot

(Abb. oben)

150 g durchwachsenen Speck	in Würfel schneiden, auslassen, kühl stellen
1 Packung (370 g) Brotmischung Zwiebelbrot	mit
250 ml (¼ l) lauwarmem Wasser	nach der Vorschrift auf der Packung zubereiten gegen Ende der Knetzeit den Speck hinzufügen, unterkneten den Teig gehen lassen, mit
Weizenmehl	bestäuben, aus der Schüssel nehmen, kurz durchkneten aus dem Teig ein rundes Brot formen, auf ein gefettetes Backblech legen, nochmals an einem warmen Ort gehen lassen die obere Seite des Teiges mehrere Male etwa 1 cm tief einschneiden (nicht drücken), mit Wasser bestreichen, mit Mehl bestäuben, in den vorgeheizten Backofen schieben
Strom:	200-225
Gas:	3-4
Backzeit:	40-50 Minuten.

Fladenbrot

450 g Weizenmehl (Type 405)	mit
300 g Weizenmehl (Type 1050)	in eine Schüssel sieben mit
½ Päckchen Backpuler 1 Päckchen Trocken-Backhefe 1 gestrichenen Eßl. Salz 1 gestrichenen Eßl. Zucker	sorgfältig vermischen
150 g Joghurt	mit
200 ml Milch	erwärmen, lauwarm mit
50 g Butter-Flöckchen 2 Eiern	zu dem Mehl geben alle Zutaten in der Küchenmaschine oder mit einem elektrischen Handrührgerät mit Knethaken zuerst auf der niedrigsten, dann auf der höchsten Stufe in etwa 5 Minuten zu einem glatten Teig verarbeiten den Teig an einem warmen Ort so lange gehen lassen, bis er etwa doppelt so hoch ist den gegangenen Teig auf der Tischplatte nochmals gut durchkneten, in 3 Teile schneiden jedes Teigstück etwa 2 cm dick ausrollen auf ein gefettetes Backblech legen mit
1 Eßl. zerlassener Butter	bestreichen ein Teigstück mit
Sesamsaat und Korianderkörnern	bestreuen ein Teigstück mit
Mohn	und ein Teigstück mit
Kümmel	bestreuen abgedeckt an einem warmen Ort so lange gehen lassen, bis die Teigstücke etwa doppelt so hoch sind das Backblech in den vorgeheizten Backofen schieben die Fladen goldbraun backen
Strom:	Etwa 225
Gas:	Etwa 4
Backzeit:	15 – 18 Minuten.

Griechisches Fladenbrot

1 Beutel (500 g) aus 1 Packung Backmischung Roggen-Mischbrot 1 Päckchen Trocken-Backhefe 300 ml + 2 Eßl. lauwarmes Wasser	nach Vorschrift auf der Packung zubereiten, gehen lassen den Teig mit
Weizenmehl	bestäuben, aus der Schüssel nehmen, gut durchkneten dabei
100 g grobgehackte Walnußkerne 125 g grüne, entsteinte ungefüllte Oliven 50 g kernige Hafer-Vollkorn-Flocken 50 g Röst-Zwiebeln frisch gemahlenen schwarzen Pfeffer Knoblauchsalz	unterkneten den Teig auf einem gefetteten Backblech zu einem gleichmäßigen Fladen (30 cm) drücken die obere Seite des Teiges kreuzweise einritzen den Teig nochmals so lange an einem warmen Ort gehen lassen, bis er sich sichtbar vergrößert hat den Teig mit Wasser bestreichen, mit Mehl bestäuben, in den Backofen schieben
Strom:	Etwa 200 (vorgeheizt)
Gas:	5 Minuten vorheizen 3 – 4, backen 3 – 4
Backzeit:	Etwa 40 Minuten.
Tip:	Dazu zerlassene Butter mit Knoblauch servieren.

Kürbisbrot

400 g Kürbisfleisch	schälen, Kerne und Fäsen entfernen, Kürbisfleisch in große Würfel schneiden, in
5 – 6 Eßl. Wasser	mit
1 Teel. Salz	in etwa 30 Minuten ganz weich kochen, gut abtropfen lassen, pürieren, Flüssigkeit in einem Mulltuch ausdrücken
30 g Hefe	in
2 – 3 Eßl. lauwarmem Wasser	auflösen, mit
Kürbismus	
500 g Weizenvollkornmehl	
1 – 2 Teel. Salz	
100 g gehackten, grünen Kürbiskernen	verkneten, Teigkugel mit
Weizenvollkornmehl	bestäuben, die Teigkugel zugedeckt an einem warmen Ort so lange gehen lassen, bis sie etwa doppelt so groß ist, nochmals durchkneten, wieder zur Kugel formen, auf ein bemehltes Backblech setzen, die Oberfläche rautenförmig einschneiden, mit Wasser bestreichen mit
1 – 2 Eßl. Kürbiskernen	bestreuen, etwa 1 Stunde gehen lassen das Backblech in den vorgeheizten Backofen schieben.
Strom:	Zuerst 240, dann 220
Gas:	Zuerst 4 – 5, dann 3 – 4
Backzeit:	Zunächst 10 Minuten, dann etwa 40 Minuten.

Mandel-Möhrenbrot

(Abb. rechts)

300 g Möhren	putzen, schrappen, waschen, raspeln, mit dem
Saft von ½ Zitrone	beträufeln
500 g Weizen	fein mahlen mit
1 Päckchen Trocken-Backhefe	sorgfältig vermischen
3 Eßl. Weizen-Vollkornflocken	
100 g gemahlene Mandeln	
1 Teel. Meersalz	
3 Eßl. Honig	
100 g weiche Butter	
1 Ei	
100 ml lauwarmes Wasser	hinzufügen alle Zutaten in der Küchenmaschine oder mit dem elektrischen Handrührgerät mit Knethaken zuerst auf der niedrigsten, dann auf der höchsten Stufe in etwa 5 Minuten zu einem glatten Teig verarbeiten während des Knetens die Möhren und dann
150 g Sultaninen	hinzufügen den Teig an einem warmen Ort so lange gehen lassen, bis er etwa doppelt so hoch ist ihn dann mit einem Holzlöffel nochmals gut durcharbeiten eine gut gefettete Dekoramik-Auflaufform mit der Hälfte von
40 g abgezogenen Mandeln	ausstreuen, den Teig hineingeben, die restlichen Mandeln darauf verteilen, etwas andrücken den Teig abgedeckt an einem warmen Ort nochmals so lange gehen lassen, bis er etwa doppelt so hoch ist die Form auf dem Rost in den vorgeheizten Backofen schieben
Strom:	200 – 225
Gas:	Etwa 4
Backzeit:	50 – 55 Minuten.

Während des Backens eine Schale mit heißem Wasser auf den Boden des Backofens stellen.

Käsebrötchen

(Abb. unten)

250 g Weizenmehl (Type 550)	mit
175 g Weizenmehl (Type 1050)	in eine Rührschüssel geben, mit
1 Päckchen Trocken-Backhefe	sorgfältig mischen
1 Teel. Zucker	mit
1 Teel. Salz	
etwas Pfeffer	
250 ml (¼ l) lauwarmem Wasser	hinzufügen die Zutaten mit einem elektrischen Handrührgerät mit Knethaken zunächst auf der niedrigsten, dann auf der höchsten Stufe in etwa 5 Minuten zu einem glatten Teig verarbeiten, gegen Ende der Knetzeit
150 g grob geraspelten Gouda-Käse	unterkneten den Teig an einem warmen Ort so lange gehen lassen, bis er etwa doppelt so hoch ist, aus der Schüssel nehmen, gut durchkneten aus dem Teig etwa 10 ovale glatte Brötchen formen, auf ein gefettetes Backblech legen, nochmals an einem warmen Ort gehen lassen
1 Eigelb	mit
1 Eßl. Wasser	verschlagen, die Brötchen damit bestreichen, mit
50 g grob geraspeltem Gouda-Käse	bestreuen, in den vorgeheizten Backofen schieben
Strom:	175-200
Gas:	3-4
Backzeit:	Etwa 25 Minuten.

Sesambrot

(Abb. rechts)

500 g Weizenmehl (Type 550)	in eine Rührschüssel geben, mit
1 Päckchen Trocken-Backhefe	sorgfältig mischen
1 Teel. Zucker	mit
gut 1 Teel. Salz	
250 ml (¼ l) lauwarmem Wasser	hinzufügen die Zutaten mit einem elektrischen Handrührgerät mit Knethaken zunächst auf der niedrigsten, dann auf der höchsten Stufe in etwa 5 Minuten zu einem glatten Teig verarbeiten, gegen Ende der Knetzeit
3 Eßl. gerösteten Sesam	unterkneten den Teig an einem warmen Ort so lange gehen lassen, bis er etwa doppelt so hoch ist, aus der Schüssel nehmen, gut durchkneten den Teig in eine gefettete Kastenform geben, nochmals an einem warmen Ort gehen lassen, mit
Milch	bestreichen, mit
Sesam	bestreuen, in den vorgeheizten Backofen schieben
Strom:	Etwa 200, **Gas:** 3-4
Backzeit:	Etwa 45 Minuten.

Sesambrötchen

375 g Weizenmehl (Type 405)	in eine Rührschüssel geben, mit
1 Päckchen Trocken-Backhefe	sorgfältig mischen
1 gestrichenen Teel. Zucker	mit
1 schwach gehäuften Teel. Salz	
50 g zerlassener, lauwarmer Margarine	
200 ml (⅕ l) lauwarmem Wasser	hinzufügen die Zutaten mit einem elektrischen Handrührgerät mit Knethaken zunächst auf der niedrigsten, dann auf der höchsten Stufe in etwa 5 Minuten zu einem glatten Teig verarbeiten, an einem warmen Ort so lange gehen lassen, bis er etwa doppelt so hoch ist aus dem Teig 24 ovale Brötchen formen, auf ein gefettetes Backblech legen, nochmals an einem warmen Ort gehen lassen, mit Wasser bestreichen, mit
Sesam	bestreuen, das Backblech in den vorgeheizten Backofen schieben
Strom:	175-200, **Gas:** 3-4
Backzeit:	Etwa 30 Minuten.

Oliven-Brötchen

	Aus
1 Beutel (500 g) Backmischung Weizen-Mischbrot 1 Beutel Hefe (aus der Packung) 300 ml + 2 Eßl. lauwarmem Wasser	nach der Vorschrift auf der Packung einen Teig zubereiten den Teig an einem warmen Ort so lange gehen lassen, bis er etwa doppelt so hoch ist
100 g schwarze Oliven (trocken konserviert)	entkernen, vierteln
100 g Walnußkerne	grob hacken den Teig auf der Tischplatte nochmals gut durchkneten, dabei die Olivenviertel und Walnußkerne unterkneten den Teig zu einer Rolle formen, in 12 Stücke schneiden, jedes Teigstück zu einem ovalen Brötchen formen auf ein gefettetes Backblech legen abgedeckt an einem warmen Ort nochmals so lange gehen lassen, bis die Teigstücke etwa doppelt so hoch sind, sie mit
Wasser	bestreichen das Backblech in den vorgeheizten Backofen schieben
Strom:	Etwa 200
Gas:	3 – 4
Backzeit:	30 – 35 Minuten.

Saftige Rosinen-Brötchen

(Abb. rechts)

150 g (etwa 4 mittelgroße) Kartoffeln	waschen, in wenig Wasser zum Kochen bringen, gar kochen, heiß pellen, durch eine Kartoffelpresse drücken
500 g Weizenmehl (Type 405)	mit
1 Päckchen Trocken-Backhefe	hinzufügen, die 3 Zutaten sorgfältig miteinander vermischen
50 g Zucker ½ Teel. Salz 125 g weiche Butter 200 ml (⅕ l) lauwarme Milch	hinzufügen alle Zutaten in der Küchenmaschine oder mit einem elektrischen Handrührgerät mit Knethaken zuerst auf der niedrigsten, dann auf der höchsten Stufe in etwa 5 Minuten zu einem glatten Teig verarbeiten kurz vor Beendigung der Knetzeit
100 g Sultaninen	unterarbeiten den Teig an einem warmen Ort so lange gehen lassen, bis er etwa doppelt so hoch ist, ihn dann auf der Tischplatte nochmals gut durchkneten, zu einer Rolle formen, in 14 Stücke schneiden die Teigstücke rund formen, auf ein gefettetes Backblech legen abgedeckt an einem warmen Ort nochmals so lange gehen lassen, bis sie etwa doppelt so hoch sind mit
Kondensmilch	bestreichen das Backblech in den vorgeheizten Backofen schieben
Strom:	Etwa 200
Gas:	3 – 4
Backzeit:	Etwa 30 Minuten.

Während des Backens eine Schale mit heißem Wasser auf den Boden des Backofens stellen.

Schwedisches Sirupbrot

	Am Vorabend
325 g Roggen-Vollkornschrot	mit
500 ml (½ l) kochendem Wasser	übergießen, durchrühren, abgedeckt über Nacht quellen lassen
650 g Weizenmehl (Type 1050)	über den gequollenen Roggenschrot in eine Schüssel geben
1 Eßl. Meersalz 2 Eßl. (50 g) Sirup	hinzufügen
2 Würfel (je 42 g) Frischhefe	mit
500 ml (½ l) Milch	verrühren alle Zutaten in der Küchenmaschine zuerst auf der niedrigsten, dann auf der höchsten Stufe verkneten, nach und nach die Hälfte von

450 g Roggenmehl hinzufügen
die Zutaten in etwa 4 Minuten zu einem glatten Teig verarbeiten
den Teig an einem warmen Ort so lange gehen lassen, bis er etwa doppelt so hoch ist, ihn dann auf der Tischplatte nochmals gut durchkneten, halbieren, aus den zwei Teighälften 2 Brotlaibe von etwa 25 cm Länge formen
die Brotlaibe auf ein gefettetes Backblech geben
abgedeckt an einem warmen Ort so lange gehen lassen, bis sie etwa doppelt so hoch sind (in 20 – 30 Minuten)
das Backblech in den vorgeheizten Backofen schieben

Strom: 200 – 225
Gas: 3 – 4
Backzeit: Etwa 1 Stunde.

Während des Backens eine Schale mit heißem Wasser auf den Boden des Backofens stellen.

Früchtebrot „Classico"

(Abb. rechts)

250 g getrocknete Birnen in
500 ml (½ l) Wasser über Nacht einweichen, abtropfen lassen, die Flüssigkeit auffangen
die Birnen mit

375 g Feigen
125 g getrockneten Bananen
125 g getrockneten Aprikosen
375 g getrockneten Pflaumen (ohne Stein) in kleine Würfel schneiden
100 g Zitronat
100 g Orangeat beide Zutaten in Würfel schneiden
mit

125 g Korinthen
250 g Weinbeeren
75 g Sonnenblumenkernen (geschält)
50 g Kürbiskernen
100 g grobgehackten Haselnußkernen
100 g grobgehackten Walnußkernen zu den gewürfelten Früchten geben,
mit

200 – 250 ml (⅕ – ¼ l) Obstler oder weißem Rum übergießen, über Nacht durchziehen lassen
mit

500 g Weizen
200 g Roggen
2 Teel. Koriander
1 Teel. Anissamen
1 Teel. Fenchel fein mahlen
2 Teel. gemahlenen Zimt
1 Teel. gemahlene Nelken
1 gestrichenen Teel. gemahlene Muskatblüte
abgeriebene Schale von 1 Zitrone (unbehandelt)
300 g Weizenmehl (Type 550 oder 1050)
2 Päckchen Trocken-Backhefe
2 Päckchen Sauerteig-Extrakt sorgfältig vermischen
2 gestrichene Teel. Salz hinzufügen
die Birneneinweichflüssigkeit mit
Wasser auf 625 ml auffüllen, lauwarm erwärmen, hinzufügen
alle Zutaten (ohne Früchte) in der Küchenmaschine oder mit einem elektrischen Handrührgerät mit Knethaken zuerst auf der niedrigsten, dann auf der höchsten Stufe in etwa 5 Minuten zu einem glatten Teig verarbeiten
den Teig an einem warmen Ort so lange gehen lassen, bis er etwa doppelt so hoch ist
die gewürfelten Früchte leicht mit
Weizenmehl bestäuben
mit dem gewürfelten Zitronat und Orangeat unterarbeiten
den Teig in 4 Teile schneiden, zu ovalen Brotlaiben formen
die Brotlaibe auf ein gefettetes Backblech legen
abgedeckt an einem warmen Ort nochmals so lange gehen lassen, bis sie etwa doppelt so hoch sind
die Brotlaibe mit
Wasser bestreichen
das Backblech in den vorgeheizten Backofen schieben

Strom: 175 – 200
Gas: 3 – 4
Backzeit: Etwa 1¼ Stunden.

Tip: Die gut ausgekühlten Brote in Cellophan oder Frischhaltefolie verpacken.
Die Früchte und Nüsse können beliebig zusammengestellt werden, nur die Gesamtmenge sollte in der angegebenen Höhe bleiben. Der Alkohol dient zur Konservierung.

Während des Backens eine Schale mit heißem Wasser auf den Boden des Backofens stellen.

Weizen-Vollkornbrot

(mit Kräutern der Provence)
(Abb. unten)

175 g Weizen-Vollkornschrot (Type 1700)	mit
250 g Weizenmehl (Type 550)	in eine Rührschüssel geben, mit
1 Päckchen Trocken-Backhefe	sorgfältig mischen
1 Teel. Farin-Zucker	mit
knapp 2 gestrichenen Teel. Salz	
3 Eßl. Speiseöl	
200 ml (⅕ l) lauwarmem Wasser	hinzufügen die Zutaten mit einem elektrischen Handrührgerät mit Knethaken zunächst auf der niedrigsten, dann auf der höchsten Stufe in etwa 5 Minuten zu einem glatten Teig verarbeiten, gegen Ende der Knetzeit
2 Eßl. Kräuter der Provence	unterkneten den Teig an einem warmen Ort so lange gehen lassen, bis er sich sichtbar vergrößert hat, aus der Schüssel nehmen, gut durchkneten, aus dem Teig ein rundes Brot formen, auf ein gefettetes Backblech legen, nochmals an einem warmen Ort gehen lassen die obere Seite des Teiges mehrere Male etwa 1 cm tief einschneiden (nicht drükken), mit Wasser bestreichen, in den vorgeheizten Backofen schieben den Teig während des Backens ab und zu mit Wasser bestreichen, um eine schöne Kruste zu erzielen
Strom:	Etwa 200
Gas:	3-4
Backzeit:	Etwa 50 Minuten.

Hörnchen
(Abb. oben)

500 g Weizenmehl	in eine Schüssel sieben, mit
1 Päckchen Trocken-Backhefe	sorgfältig mischen
75 g Zucker	mit
1 Päckchen Vanillin-Zucker **2 Tropfen Backöl Bittermandel** **Salz, 1 Eiweiß** **65 g zerlassener, lauwarmer Butter oder Margarine** **200 ml (⅕ l) lauwarmer Milch**	hinzufügen, alles mit einem elektrischen Handrührgerät mit Knethaken zuerst auf der niedrigsten, dann auf der höchsten Stufe in etwa 5 Minuten zu einem Teig verarbeiten, den Teig an einem warmen Ort so lange stehenlassen, bis er etwa doppelt so hoch ist, ihn dann auf der höchsten Stufe nochmals gut durchkneten den Teig in 4 Teile teilen, davon runde Platten (Durchmesser etwa 26 cm) ausrollen, diese vierteln, zu Hörnchen aufrollen, auf ein gefettetes Backblech legen, nochmals so lange an einem warmen Ort stehenlassen, bis sie etwa doppelt so hoch sind
1 Eigelb	mit
1 Eßl. Milch	verschlagen, die Hörnchen damit bestreichen, in den vorgeheizten Backofen schieben
Strom:	200–225, **Gas:** 3–4
Backzeit:	10–15 Minuten.

Mandelknoten

500 g Weizenmehl (Type 550)	in eine Schüssel sieben, mit
1 Päckchen Trocken-Backhefe	sorgfältig vermischen
50 g Zucker **½ Teel. Salz** **2 Eier** **100 g weiche Butter** **250 ml (¼ l) lauwarme Milch**	hinzufügen alle Zutaten zuerst in der Küchenmaschine oder mit einem Handrührgerät mit Knethaken zuerst auf der niedrigsten, dann auf der höchsten Stufe in etwa 5 Minuten zu einem glatten Teig verarbeiten kurz vor Beendigung der Knetzeit
100 g abgezogene, gemahlene Mandeln **100 g abgezogene, gehackte Mandeln**	unterarbeiten (Foto 1) den Teig an einem warmen Ort so lange gehen lassen, bis er etwa doppelt so hoch ist, ihn dann auf der Tischplatte gut durchkneten, zu einer Rolle von 60 – 70 cm Länge formen, die Rolle zu einem Knoten schlingen, die Enden unter den Teig legen (Foto 2) abgedeckt an einem warmen Ort nochmals so lange gehen lassen, bis der Mandelknoten etwa doppelt so hoch ist, mit
Milch	bestreichen, mit
abgezogenen, gehobelten Mandeln	bestreuen (Foto 3) das Backblech in den vorgeheizten Backofen schieben
Strom:	Etwa 200
Gas:	3 – 4
Backzeit:	35 – 40 Minuten.

Mund-Brötchen

(Abb. rechts)

300 g Weizemehl (Type 405)	in eine Schüssel sieben mit
1 Päckchen Trocken-Backhefe	sorgfältig vermischen
1 gestrichenen Teel. Salz **1 gestrichenen Teel. Zucker** **1 Eßl. Speiseöl** **200 ml (⅕ l) lauwarmes Wasser**	hinzufügen alle Zutaten in der Küchenmaschine oder mit einem elektrischen Handrührgerät mit Knethaken zuerst auf der niedrigsten, dann auf der höchsten Stufe in etwa 5 Minuten zu einem glatten Teig verarbeiten den Teig an einem warmen Ort so lange gehen lassen, bis er etwa doppelt so hoch ist, ihn dann auf der Tischplatte nochmals gut durchkneten, zu einer Rolle formen, in 14 Stücke schneiden die 14 Teigstücke z. B. rund, oval, länglich, zu Brezeln oder Schnecken formen auf ein gefettetes Backblech legen abgedeckt an einem warmen Ort nochmals so lange gehen lassen, bis sie etwa doppelt so hoch sind
1 Ei	mit
Salz	verschlagen, die Brötchen damit bestreichen das Backblech in den vorgeheizten Backofen schieben die Brötchen während des Backens evtl. nochmals mit dem verschlagenen Ei bestreichen
Strom:	Etwa 200
Gas:	3 – 4
Backzeit:	Etwa 20 Minuten.
Tip:	Um zu verhindern, daß die Mund-Brötchen zu braun werden, sie gegen Ende der Backzeit mit Alufolie abdecken.

Sauerkrautrolle

(Abb. oben)

	Für die Füllung
1 Eßl. Margarine oder Butter	zerlassen
500 g Sauerkraut	lockerzupfen, darin andünsten
1 Zwiebel	abziehen, mit
1 Lorbeerblatt	
5 Nelken	spicken, hinzufügen, das Sauerkraut etwa 15 Minuten andünsten lassen, die Zwiebel herausnehmen, das Sauerkraut kühl stellen
	für den Teig
1 Packung (370 g) Brotmischung	mit
1-2 Eßl. Kümmel	
250 ml (¼ l) lauwarmem Wasser	nach der Vorschrift auf der Packung zubereiten, gegen Ende der Knetzeit
1 Eßl. leicht erwärmte Margarine	unterkneten
	den Teig gehen lassen, mit
Weizenmehl	bestäuben, aus der Schüssel nehmen, kurz durchkneten den Teig auf der mit Mehl bestäubten Tischplatte zu einem Rechteck (etwa 35 × 35 cm) ausrollen die Hälfte des Sauerkrautes auf den Teig geben
4 Brühwürstchen	der Länge nach (jeweils 2 nebeneinander) darauflegen, das restliche Sauerkraut darüber verteilen zunächst eine der Teigseiten darüberklappen, mit Wasser bestreichen, dann die andere Teigseite daraufklappen, gut andrücken, die Teigenden der Rolle gut zusammendrücken die Rolle auf ein gefettetes Backblech legen, nochmals an einem warmen Ort gehen lassen die Rolle mit Wasser bestreichen, in den vorgeheizten Backofen schieben
Strom:	200-225
Gas:	3-4
Backzeit:	Etwa 50 Minuten.

Roggen-Schrotbrot

250 g Weizenmehl (Type 550)	mit
125 g Weizen-Vollkornschrot (Type 1700)	
200 g Roggen-Backschrot (Type 1800)	in eine Rührschüssel geben, mit
1 Päckchen Trocken-Backhefe	sorgfältig mischen
1 Teel. Zucker	mit
1-2 Teel. Salz	
300 ml lauwarmem Wasser	hinzufügen die Zutaten mit einem elektrischen Handrührgerät mit Knethaken zunächst auf der niedrigsten, dann auf der höchsten Stufe verrühren
200 g Sauerteig (vom Bäcker)	hinzufügen, alles in etwa 5 Minuten zu einem glatten Teig verarbeiten, an einem warmen Ort so lange gehen lassen, bis er sich sichtbar vergrößert hat, aus der Schüssel nehmen, gut durchkneten aus dem Teig ein ovales Brot formen, auf ein gefettetes Backblech legen, nochmals an einem warmen Ort gehen lassen, mit Wasser bestreichen, in den vorgeheizten Backofen schieben den Teig während des Backens ab und zu mit Wasser bestreichen, um eine schöne Kruste zu erzielen
Strom:	Etwa 200
Gas:	3-4
Backzeit:	50-60 Minuten.

Schwedische Buchweizen-Brötchen

	Am Vorabend
125 g geschälten Buchweizen (ganz)	
75 g Leinsamen	
50 g Sultaninen	mit
400 ml kochendem Wasser	übergießen, durchrühren, abgedeckt über Nacht quellen lassen
325 g Weizen	fein bis mittelfein mahlen
100 g Sojamehl	hinzufügen, mit
1 Päckchen Trocken-Backhefe	sorgfältig vermischen
½ Teel. Salz	
125 ml (⅛ l) lauwarmes Wasser	hinzufügen, den Buchweizen-Leinsamen-Sultaninen-Brei ebenfalls hinzufügen alle Zutaten mit der Küchenmaschine zuerst auf der niedrigsten, dann auf der höchsten Stufe in etwa 5 Minuten zu einem glatten Teig verarbeiten den Teig an einem warmen Ort so lange gehen lassen, bis er etwa doppelt so hoch ist, ihn dann auf der Tischplatte nochmals gut durchkneten, zu einer Rolle formen, die Teigrolle in 18 – 20 Stücke schneiden aus den Teigstücken runde Brötchen formen die Brötchen auf ein gut gefettetes Backblech legen abgedeckt an einem warmen Ort nochmals so lange gehen lassen, bis sie etwa doppelt so hoch sind die Brötchen mit
Wasser	bestreichen das Backblech in den vorgeheizten Backofen schieben
Strom:	200 – 225
Gas:	Etwa 4
Backzeit:	Etwa 30 Minuten.
	Während des Backens eine Schale mit heißem Wasser auf den Boden des Backofens stellen.
Anmerkung:	Die schwedischen Buchweizen-Brötchen bleiben mehrere Tage frisch.

Quark-Brötchen

500 g Weizenmehl	in eine Rührschüssel geben, mit
1 Päckchen Trocken-Backhefe	sorgfältig mischen
1 Teel. Zucker	mit
½ Teel. Salz	
250 g Speisequark	(evtl. auf einem Sieb abtropfen lassen)
50 g zerlassener, lauwarmer Butter	
200 ml (⅕ l) lauwarmem Wasser	hinzufügen die Zutaten mit einem elektrischen Handrührgerät mit Knethaken zunächst auf der niedrigsten, dann auf der höchsten Stufe in etwa 5 Minuten zu einem glatten Teig verarbeiten, an einem warmen Ort so lange gehen lassen, bis er etwa doppelt so hoch ist, aus der Schüssel nehmen, gut durchkneten, aus dem Teig 10-12 runde Brötchen formen, auf ein gefettetes Backblech legen abgedeckt an einem warmen Ort nochmals so lange gehen lassen, bis sie etwa doppelt so hoch sind
1 Ei	mit
Salz	verschlagen, die Brötchen damit bestreichen das Backblech in den vorgeheizten Backofen schieben die Brötchen während des Backens evtl. nochmals mit dem verschlagenen Ei bestreichen
Strom:	Etwa 200
Gas:	3 – 4
Backzeit:	Etwa 20 Minuten.

Brötchen

1 Packung Brotmischung	mit
250 ml (¼ l) lauwarmem Wasser	nach der Vorschrift auf der Packung zubereiten, gehen lassen, den Teig mit
Weizenmehl	bestäuben, aus der Schüssel nehmen, kurz durchkneten, 10 glatte Kugeln daraus formen die Teigkugeln auf ein gefettetes Backblech legen, wieder etwa 15 Minuten stehen lassen, jeweils kreuzweise etwa 1 cm tief einschneiden, mit
Wasser	bestreichen, das Backblech in den vorgeheizten Backofen schieben
Strom:	175-200, **Gas:** 2-3
Backzeit:	35-40 Minuten.

Kornknacker

	Am Vorabend oder einige Stunden vor dem Backen
75 g Weizen	in
250 ml (¼ l) kochendes Wasser	geben, 2 – 3 Minuten kochen lassen, zugedeckt quellen lassen, bis die Körner aufplatzen, abkühlen lassen
300 g Weizen	fein mahlen
150 g Roggen	mittelgrob schroten
50 g Sojamehl	
1 Päckchen Trocken-Backhefe	hinzufügen, die Zutaten gut vermischen
1 Eßl. Sesamsaat	
1 Eßl. Leinsamen	
1 Eßl. Sonnenblumenkerne	
1 Teel. Salz	
1 Teel. Honig	
250 ml (¼ l) lauwarmes Wasser	und die Weizenkörner mit der Flüssigkeit hinzufügen alle Zutaten in der Küchenmaschine oder mit einem elektrischen Handrührgerät mit Knethaken zuerst auf der niedrigsten, dann auf der höchsten Stufe in etwa 5 Minuten zu einem glatten Teig verarbeiten den Teig an einem warmen Ort so lange gehen lassen, bis er etwa doppelt so hoch ist, ihn dann auf der Tischplatte nochmals gut durchkneten, zu einer Rolle formen die Teigrolle in etwa 20 Stücke schneiden, jedes Teigstück oval formen, mit Wasser bestreichen, in ein
Sesam-Mohn-Gemisch	
Leinsamen-Roggen-Gemisch	drücken die Teigstücke auf ein gefettetes Backblech legen abgedeckt an einem warmen Ort gehen lassen, bis sie etwa doppelt so hoch sind das Backblech in den vorgeheizten Backofen schieben
Strom:	Etwa 225
Gas:	Etwa 4
Backzeit:	Etwa 30 Minuten.

Während des Backens eine Schale mit heißem Wasser auf den Boden des Backofens stellen.

Frühstücksbrötchen

(Abb. rechts)

500 g Weizenmehl (Type 405)	in eine Schüssel sieben
2 gestrichene Teel. Salz	
6 Eßl. Speiseöl	hinzufügen
1 Würfel (42 g) Frischhefe	mit
1 Teel. Zucker	verrühren, in
300 ml lauwarmer Flüssigkeit (halb Milch, halb Wasser)	auflösen, zu dem Mehl geben alle Zutaten in der Küchenmaschine oder mit einem elektrischen Handrührgerät mit Knethaken zuerst auf der niedrigsten, dann auf der höchsten Stufe in etwa 5 Minuten zu einem glatten Teig verarbeiten den Teig an einem warmen Ort so lange gehen lassen, bis er etwa doppelt so hoch ist, ihn dann auf der Tischplatte nochmals gut durchkneten aus dem Teig 8 – 10 Brötchen formen jeweils 4 – 5 Brötchen in einen Bratbeutel legen, der auf dem Rost des Backofens liegt die Bratbeutel verschließen (nicht einstechen) die Brötchen nochmals einige Zeit gehen lassen den Backrost in den vorgeheizten Backofen schieben
Strom:	Etwa 200
Gas:	3 – 4
Backzeit:	30 – 35 Minuten.

Schmalz-Brötchen

350 g Weizenmehl (Type 1050) 150 g Roggen-Backschrot (Type 1800)	beide Mehlsorten in eine Schüssel geben, mit
1 Päckchen Trocken-Backhefe	sorgfältig vermischen nach Belieben
½ Teel. gemahlenen Kümmel 1 gehäuften Teel. Salz	hinzufügen
50 g weiches Schmalz 300 ml lauwarmes Wasser	hinzufügen alle Zutaten in der Küchenmaschine oder mit einem elektrischen Handrührgerät mit Knethaken zuerst auf der niedrigsten, dann auf der höchsten Stufe in etwa 5 Minuten zu einem glatten Teig verarbeiten den Teig an einem warmen Ort so lange gehen lassen, bis er etwa doppelt so hoch ist, ihn dann auf der Tischplatte nochmals gut durchkneten, zu einer Rolle formen, in etwa 14 Stücke schneiden die Teigstücke rund formen, auf ein gefettetes Backblech legen abgedeckt an einem warmen Ort nochmals so lange gehen lassen, bis sie etwa doppelt so hoch sind mit
Wasser	bestreichen, nach Belieben mit
Sesamsaat Mohn oder Kümmel	bestreuen das Backblech in den vorgeheizten Backofen schieben
Strom:	Etwa 225
Gas:	Etwa 4
Backzeit:	25 – 30 Minuten.

Während des Backens eine Schale mit heißem Wasser auf den Boden des Backofens stellen.

Kräuter-Brötchen

(Abb. rechts)

250 g Weizenmehl (Type 550) 250 g Weizenmehl (Type 1050)	in eine Rührschüssel geben mit
1 Päckchen Trocken-Backhefe	sorgfältig vermischen
1 Teel. Zucker knapp 2 Teel. Salz frisch gemahlenen Pfeffer 3 Eßl. Speiseöl 250 ml (¼ l) lauwarmes Wasser	hinzufügen die Zutaten mit einem Handrührgerät mit Knethaken zuerst auf der niedrigsten, dann auf der höchsten Stufe in etwa 5 Minuten zu einem glatten Teig verarbeiten gegen Ende der Knetzeit
2 Eßl. frisch gehackte Petersilie 2 Eßl. feingeschnittenen Schnittlauch 1 Eßl. gehackten Dill	unterkneten den Teig an einem warmen Ort so lange gehen lassen, bis er etwa doppelt so hoch ist, mit Mehl bestäuben, aus der Schüssel nehmen, gut durchkneten aus dem Teig etwa 12 runde Brötchen formen auf ein gefettetes Backblech legen die obere Seite der Brötchen kreuzweise etwa 1 cm tief einschneiden nochmals so lange an einem warmen Ort gehen lassen, bis sie sich sichtbar vergrößert haben
1 Eigelb	mit
1 Eßl. Wasser	verschlagen, die Brötchen damit bestreichen das Backblech in den Backofen schieben
Strom:	175 – 200 (vorgeheizt)
Gas:	5 Minuten vorheizen 3 – 4, backen 3 – 4
Backzeit:	Etwa 25 Minuten.

Butter-Toastbrot

250 g Weizen	fein mahlen, mit
250 g Weizenmehl (Type 1050) 1 Päckchen Trocken-Backhefe 1 gestrichenen Teel. Meersalz	sorgfältig vermischen
1 gehäuften Teel. Honig 75 g weiche Butter 1 Ei 250 ml (¼ l) lauwarme Milch	hinzufügen
	alle Zutaten in der Küchenmaschine oder mit einem elektrischen Handrührgerät mit Knethaken zuerst auf der niedrigsten, dann auf der höchsten Stufe in etwa 5 Minuten zu einem glatten Teig verarbeiten
	den Teig an einem warmen Ort so lange gehen lassen, bis er etwa doppelt so hoch ist, ihn dann auf der Tischplatte nochmals gut durchkneten
Butter	eine Kastenform (30 x 11 cm) mit ausfetten
	den Teig zu einer Rolle formen, in die Kastenform legen, etwas in die Form drücken
	abgedeckt an einem warmen Ort nochmals 20 – 30 Minuten gehen lassen, die Teigoberfläche mehrmals schräg einschneiden, mit
Wasser	bestreichen
	die Form auf den Rost in den vorgeheizten Backofen schieben
Strom:	Etwa 200
Gas:	3 – 4
Backzeit:	Etwa 50 Minuten.

Croissants

(Abb. rechts)

500 g Weizenmehl (Type 550)	in eine Schüssel sieben
1 gestrichenen Teel. Salz 50 g Zucker 50 g weiche Butter	hinzufügen
1 Würfel (42 g) Frischhefe	in
gut 300 ml lauwarmer Milch	auflösen, zu den übrigen Zutaten geben
	alle Zutaten in der Küchenmaschine oder mit einem elektrischen Handrührgerät mit Knethaken zuerst auf der niedrigsten, dann auf der höchsten Stufe in etwa 5 Minuten zu einem glatten Teig verkneten
	den Teig zu einem Rechteck von 60 x 40 cm ausrollen, mit
250 g weicher Butter	bestreichen, die Teigränder dabei etwa 2 cm frei lassen (Foto 1), die Teigseiten zur Mitte hin zusammenlegen, so daß beide Kanten aneinanderstoßen, dann den Teig von der längeren Seite her übereinanderschlagen (Foto 2)
	etwa 15 Minuten in den Kühlschrank legen
	den Teig noch zweimal zur obengenannten Größe ausrollen und zusammenlegen
	zwischen den einzelnen Vorgängen jeweils 15 Minuten im Kühlschrank ruhen lassen
	den Teig zu einem Rechteck von etwa 60 x 40 cm ausrollen, quer halbieren, so daß 2 Rechtecke von 60 x 20 cm entstehen
	die beiden Rechtecke in Dreiecke schneiden, mit einer unteren Kantenlänge von etwa 15 cm
	die Dreiecke so zu Hörnchen aufrollen, daß jeweils die Spitze des Dreiecks oben daraufliegt (Foto 3)
	die Teighörnchen auf 2 gefettete Backbleche legen
	abgedeckt an einem warmen Ort gehen lassen, bis sie etwa doppelt so groß sind
	mit
Milch oder Kondensmilch	bestreichen
	das Backblech in den vorgeheizten Backofen schieben
Strom:	200 – 225
Gas:	Etwa 4
Backzeit:	15 – 20 Minuten.
Tip:	Die Croissants lassen sich gut einfrieren. Kurz vor dem Servieren werden sie im Backofen aufgebacken.

Kräuter-Käse-Brot

(Abb. oben)

	Für den Teig
250 g Weizenmehl (Type 1050)	mit
250 g Weizenmehl (Type 550)	in eine Rührschüssel geben, mit
1 Päckchen Trocken-Backhefe	sorgfältig mischen
1 Teel. Zucker	mit
1 Teel. Salz, Pfeffer 250 ml (¼ l) lauwarmem Wasser	hinzufügen die Zutaten mit einem elektrischen Handrührgerät mit Knethaken zunächst auf der niedrigsten, dann auf der höchsten Stufe in etwa 5 Minuten zu einem glatten Teig verarbeiten, an einem warmen Ort so lange gehen lassen, bis er etwa doppelt so hoch ist
	für die Füllung
2-3 Zwiebeln	abziehen, in Würfel schneiden
1 Eßl. Margarine	zerlassen, die Zwiebelwürfel darin andünsten
1 Ei	
100 g geriebenen Gouda-Käse	
5-6 Eßl. gemischte gehackte Kräuter	unterrühren den gegangenen Teig aus der Schüssel nehmen, gut durchkneten, auf der mit Mehl bestäubten Tischplatte zu einem Rechteck (30 × 40 cm) ausrollen, mit
1 Eßl. weicher Margarine	bestreichen, die Füllung gleichmäßig darauf verteilen die längeren Seiten des Teiges etwas einschlagen den Teig von den kürzeren Seiten her zur Mitte hin aufrollen den Teig in eine gefettete Kastenform (30 × 11 cm) geben, nochmals an einem warmen Ort gehen lassen den Teig auf der oberen Seite auf beiden Rollen zickzackförmig etwa 1 cm tief einschneiden (nicht drücken)
1 Eigelb	mit
1 Eßl. Wasser	verschlagen, den Teig damit bestreichen, die Form auf dem Rost in den vorgeheizten Backofen schieben
Strom:	175-200
Gas:	3-4
Backzeit:	40-50 Minuten.

Käse-Schinkenhörnchen

(Abb. unten)

	Für den Teig
125 g Speisequark	mit
4 Eßl. Milch, 1 Ei	
4 Eßl. Speiseöl	
1 gestrichenen Teel. Salz	verrühren
300 g Weizenmehl	mit
1 Päckchen Backpulver	mischen, sieben, die Hälfte davon unter den Quark rühren, den Rest des Mehls unterkneten den Teig ausrollen, Quadrate von etwa 12 × 12 cm schneiden
	für die Füllung
10 Scheiben gekochten Schinken	
10 Scheiben Gouda-Käse	in Größe der Dreiecke schneiden, jedes Teigdreieck mit je 1 Käse- und Schinkenscheibe belegen, die Teigecken zu Hörnchen aufrollen, auf ein gefettetes Backblech legen, mit
Dosenmilch	bestreichen, in den vorgeheizten Backofen schieben
Strom:	175-200, **Gas:** 3-4
Backzeit:	Etwa 20 Minuten.

Brötchenkranz

1 Packung (370 g) Brotmischung	mit
250 ml (¼ l) lauwarmem Wasser	nach der Vorschrift auf der Packung zubereiten, gehen lassen den Teig mit
Weizenmehl	bestäuben, aus der Schüssel nehmen, kurz durchkneten aus dem Teig 10 runde Brötchen formen als Kranz auf ein gefettetes Backblech legen, nochmals an einem warmen Ort gehen lassen die Brötchen mit Wasser bestreichen, mit
Sesam	
Kümmel	
Mohn	
Kernigen Haferflocken	
geraspeltem Käse (z. B. Gouda- oder Edamer-Käse)	bestreuen das Backblech in den vorgeheizten Backofen schieben
Strom:	175-200
Gas:	3-4
Backzeit:	30-35 Minuten.

Baguette

500 g Weizenmehl (Type 550)	in eine Schüssel sieben, mit
1 Päckchen Trocken-Backhefe	sorgfältig vermischen
1 gehäuften Teel. Salz	
1 Eßl. Speiseöl	
125 ml (⅛ l) lauwarme Milch	
knappe 250 ml (¼ l) lauwarmes Wasser	hinzufügen alle Zutaten in der Küchenmaschine oder mit einem elektrischen Handrührgerät mit Knethaken zuerst auf der niedrigsten, dann auf der höchsten Stufe in etwa 5 Minuten zu einem glatten Teig verarbeiten den Teig an einem warmen Ort so lange gehen lassen, bis er etwa doppelt so hoch ist, ihn dann auf der Tischplatte nochmals gut durchkneten zu zwei etwa 40 cm langen Rollen formen auf ein gefettetes Backblech legen abgedeckt an einem warmen Ort nochmals so lange gehen lassen, bis die Rollen etwa doppelt so hoch sind die Teigoberflächen schräg einschneiden, mit
Wasser	bestreichen das Backblech in den vorgeheizten Backofen schieben
Strom:	Etwa 225
Gas:	Etwa 4
Backzeit:	Etwa 25 Minuten.

Mohnzöpfchen

(Abb. rechts)

500 g Weizenmehl (Type 550)	in eine Schüssel sieben, mit
1 Päckchen Trocken-Backhefe	sorgfältig vermischen
1 gehäuften Teel. Salz	
1 Eßl. Speiseöl	
125 ml (⅛ l) lauwarme Milch	
250 ml (¼ l) lauwarmes Wasser	hinzufügen alle Zutaten in der Küchenmaschine oder mit einem elektrischen Handrührgerät mit Knethaken zuerst auf der niedrigsten, dann auf der höchsten Stufe in etwa 5 Minuten zu einem glatten Teig verarbeiten den Teig an einem warmen Ort so lange gehen lassen, bis er etwa doppelt so hoch ist, ihn dann auf der Tischplatte nochmals gut durchkneten, zu einer Rolle formen, in 12 Stücke schneiden von jedem Teigstück ⅓ abnehmen und zu einer etwa 15 cm langen Rolle formen, die größeren Teigstücke jeweils zu etwa 30 cm langen Rollen formen die langen Rollen hufeisenförmig auf die Tischplatte legen, jeweils eine kurze Rolle dazwischen legen, aus den 3 Strängen einen Zopf flechten, die Enden festdrücken, evtl. nach hinten unter den Zopf schlagen die Teigzöpfe auf ein gefettetes Backblech legen abgedeckt an einem warmen Ort nochmals so lange gehen lassen, bis sie etwa doppelt so hoch sind mit
Wasser	bestreichen, mit
Mohn	bestreuen das Backblech in den vorgeheizten Backofen schieben
Strom:	200 – 225
Gas:	Etwa 4
Backzeit:	25 – 30 Minuten.

Während des Backens eine Schale mit heißem Wasser auf den Boden des Backofens stellen.

Sesam-Käsewickel

500 g Weizenmehl	
(Type 405)	in eine Schüssel sieben
250 g weiche Butter	in Flöckchen und
1 Teel. Salz	
1 Ei	hinzufügen
1 Päckchen	
Trocken-Backhefe	mit
1 Teel. Zucker	
125 ml (⅛ l)	
lauwarmer Milch	anrühren, 5 – 10 Minuten gehen lassen, zum Mehl geben alle Zutaten in der Küchenmaschine oder mit einem elektrischen Handrührgerät mit Knethaken zuerst auf der niedrigsten, dann auf der höchsten Stufe in etwa 3 Minuten zu einem glatten Teig verarbeiten, zum Schluß
50 g geriebenen	
alten Gouda-Käse	unterarbeiten den Teig an einem warmen Ort so lange gehen lassen, bis er etwa doppelt so hoch ist, ihn dann auf der Tischplatte nochmals gut durchkneten, in 14 Stücke schneiden jedes Teigstück zu einer 27 – 28 cm langen Rolle formen 7 Teigrollen in
Sesamsaat	und 7 Teigrollen in
20 g geriebenem	
Parmesan-Käse	wälzen die Teigrollen hufeisenförmig nebeneinanderlegen und die beiden Teigenden zweimal umeinanderschlingen auf ein gefettetes Backblech legen abgedeckt an einem warmen Ort so lange gehen lassen, bis sie etwa doppelt so hoch sind das Backblech in den vorgeheizten Backofen schieben
Strom:	etwa 200
Gas:	3 – 4
Backzeit:	Etwa 20 Minuten.

Mohn- und Sesamhörnchen

(Abb. rechts)

500 g Weizenmehl	
(Type 550 oder 1050	
oder gemischt)	in eine Schüssel sieben mit
1 Päckchen	
Trocken-Backhefe	sorgfältig vermischen
50 – 60 g Zucker	
1 gestrichenen	
Teel. Salz	
abgeriebene Schale	
von ½ Zitrone	
(unbehandelt)	
1 Ei	
1 Eiweiß	
60 g weiche Butter	
200 ml	
lauwarme Milch	hinzufügen alle Zutaten in der Küchenmaschine oder mit einem elektrischen Handrührgerät mit Knethaken zuerst auf der niedrigsten, dann auf der höchsten Stufe in etwa 5 Minuten zu einem glatten Teig verarbeiten den Teig an einem warmen Ort so lange gehen lassen, bis er etwa doppelt so hoch ist, ihn dann auf der Tischplatte nochmals gut durchkneten, zu einer Rolle formen, die Teigrolle in 12 – 14 Stücke schneiden die Teigstücke zu etwa 18 cm langen Rollen formen, dabei die Rollenenden etwas dünner formen
1 Eigelb	mit
1 Eßl. Milch	verschlagen, die Oberfläche der Teigrollen damit bestreichen die Hälfte der Teigrollen mit
Mohn	und die andere Hälfte mit
Sesamsaat	bestreuen die Teigrollen in Form von Hörnchen auf ein gut gefettetes Backblech legen abgedeckt an einem warmen Ort nochmals so lange gehen lassen, bis sie etwa doppelt so hoch sind das Backblech in den vorgeheizten Backofen schieben
Strom:	175 – 200
Gas:	3 – 4
Backzeit:	Etwa 20 Minuten.

Während des Backens eine Schale mit heißem Wasser auf den Boden des Backofens stellen.

Laugengebäck

500 g Mehl (Type 405)	in eine Schüssel sieben, mit
1 Päckchen Trocken-Backhefe	sorgfältig vermischen
1½ Teel. Salz knapp 375 ml (⅜ l) lauwarmes Wasser	hinzufügen alle Zutaten in der Küchenmaschine oder mit einem elektrischen Handrührgerät mit Knethaken zuerst auf der niedrigsten, dann auf der höchsten Stufe in etwa 5 Minuten zu einem glatten Teig verarbeiten den Teig an einem warmen Ort so lange gehen lassen, bis er etwa doppelt so hoch ist, ihn dann auf der Tischplatte nochmals gut durchkneten aus dem Teig kleine Brötchen, Stangen oder Brezeln formen
1½ l Wasser	zum Kochen bringen
1½ – 2 Eßl. Hausnatron (Soda)	darin auflösen das Gebäck nacheinander auf einer Schaumkelle jeweils etwa 10 Sekunden in das Wasser halten, abtropfen lassen auf ein gefettetes Backblech legen die einzelnen Gebäckstücke kreuzweise einschneiden mit
grobem Salz Kümmel	bestreuen das Backblech in den vorgeheizten Backofen schieben
Strom:	200 – 225
Gas:	Etwa 4
Backzeit:	Etwa 25 Minuten.
	Kurz vor Beendigung der Backzeit das Gebäck mit
Wasser	bestreichen.

Müsli-Stangen

(Abb. rechts)

150 g (10 Früchtemüsli ohne Zuckerzusatz)	mit
300 ml kochendheißer Milch	übergießen, etwa 30 Minuten quellen lassen
400 g Weizen	mit
1 Teel. Koriandernörnern	fein mahlen, mit
1 Päckchen Trocken-Backhefe	sorgfältig vermischen
1 gestrichenen Teel. Meersalz 2 Teel. Honig 200 g Magerquark 40 g weiche Butter	und den Müslibrei hinzufügen alle Zutaten in der Küchenmaschine oder mit einem elektrischen Handrührgerät mit Knethaken zuerst auf der niedrigsten, dann auf der höchsten Stufe in etwa 5 Minuten zu einem glatten Teig verarbeiten, evtl. noch
2 – 3 Eßl. Milch	hinzufügen den Teig an einem warmen Ort so lange gehen lassen, bis er etwa doppelt so hoch ist, ihn dann auf der Tischplatte nochmals gut durchkneten, zu einer Rolle formen, in etwa 15 Stücke schneiden die Teigstücke zu etwa 15 cm langen Stangen formen mit
Milch	bestreichen mit
etwa 30 g gehobelten Haselnußkernen	bestreuen auf ein gut gefettetes Backblech legen abgedeckt an einem warmen Ort nochmals so lange gehen lassen, bis die Stangen etwa doppelt so hoch sind das Backblech in den vorgeheizten Backofen schieben
Strom:	Etwa 200
Gas:	3 – 4
Backzeit:	25 – 30 Minuten.

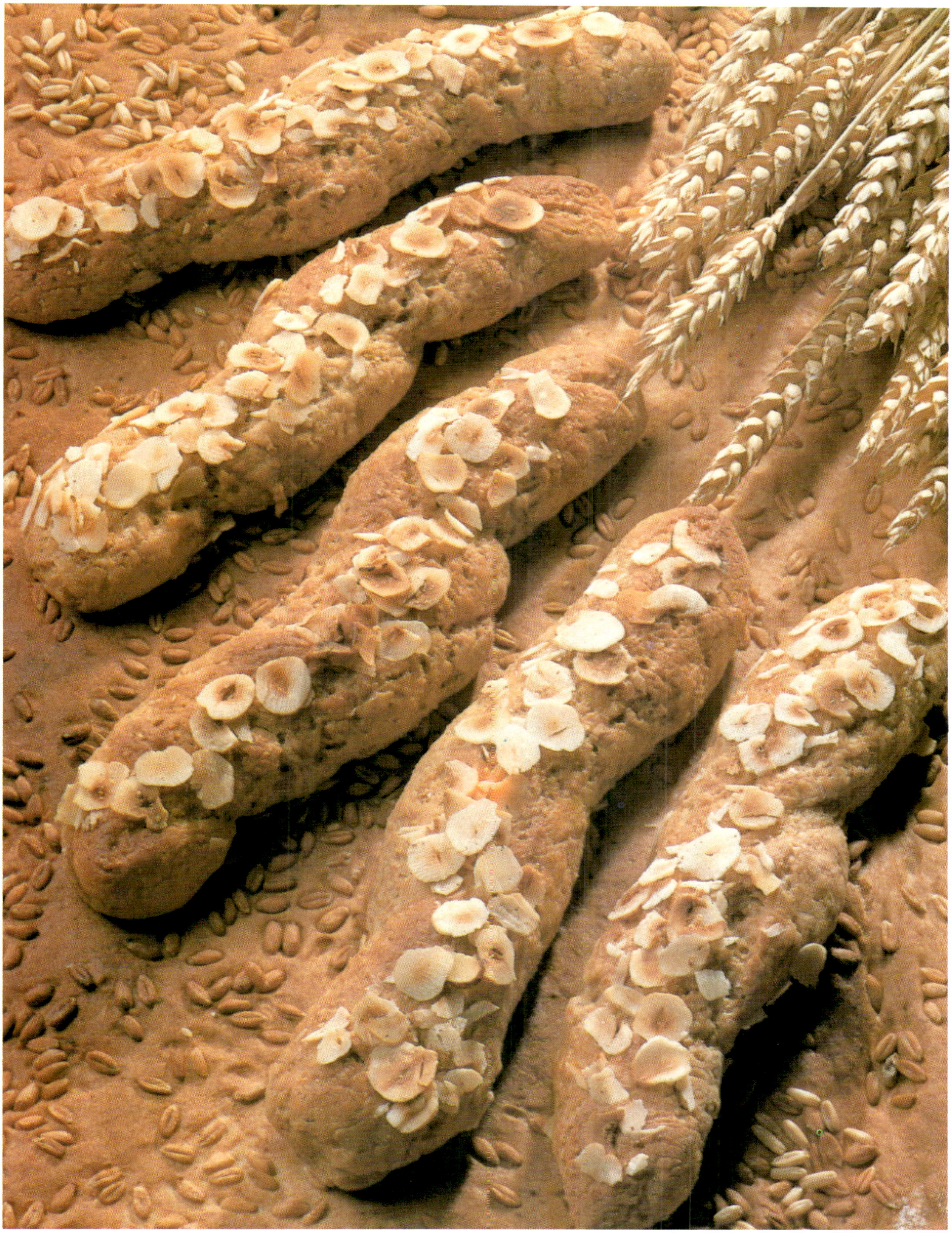

Buttermilchbrot

1 kg Weizen-Vollkornschrot, fein	mit
2 Päckchen Trocken-Backhefe	sorgfältig vermischen
2½ Teel. Meersalz	
750 ml (¾ l) lauwarme Buttermilch	hinzufügen alle Zutaten in der Küchenmaschine zuerst auf der niedrigsten, dann auf der höchsten Stufe in etwa 5 Minuten zu einem glatten Teig verarbeiten den Teig an einem warmen Ort so lange gehen lassen, bis er etwa doppelt so hoch ist eine Brotbackform (35 x 15 cm) mit
Butter	ausstreichen, den Boden nach Belieben mit
Weizenkeimen	ausstreuen den Teig nochmals auf der Tischplatte gut durchkneten, zu einer Rolle formen, in die Form legen, etwas andrücken nochmals etwa 30 Minuten gehen lassen die Teigoberfläche mehrmals einschneiden, mit
Wasser	bestreichen die Form auf dem Rost in den vorgeheizten Backofen schieben
Strom:	Etwa 225
Gas:	Etwa 4
Backzeit:	Etwa 45 Minuten nach 45 Minuten Backzeit herunterschalten auf
Strom:	Etwa 175
Gas:	Etwa 3
Backzeit:	Etwa 45 Minuten.

Viererlei Brot

(Abb. rechts)

750 g Weizenmehl (Type 550)	mit
300 g Weizenschrot (Type 1700)	in eine Schüssel geben, in die Mitte eine Mulde eindrücken
70 g Frischhefe	hineinbröckeln
1 Teel. Salz	
1 gestrichenen Teel. Zucker	
2 gestrichene Teel. schwarzen Pfeffer	auf dem Mehlrand verteilen
625 ml lauwarmes Wasser	über die zerbröckelte Hefe gießen, die Hefe darin auflösen
125 ml (⅛ l) Walnußöl	hinzufügen alle Zutaten in der Küchenmaschine zuerst auf der niedrigsten, dann auf der höchsten Stufe in etwa 5 Minuten zu einem glatten Teig verarbeiten den Teig an einem warmen Ort so lange gehen lassen, bis er etwa doppelt so hoch ist, ihn dann auf der Tischplatte nochmals gut durchkneten, zu einer länglichen Rolle formen in 4 gleichgroße Stücke schneiden jedes Teigstück mit einer der folgenden Mischungen verkneten
	für die 1. Mischung
80 g entsteinte, geviertelte schwarze Oliven	mit
150 g gewürfelter Salami	
2 Teel. gerebeltem Oregano	vermengen für die 2. Mischung
200 g mittelalten, kleingewürfelten Gouda-Käse	mit
2 Teel. Kümmel	
1 Teel. Pfeffer	vermengen für die 3. Mischung
100 g Haselnußkerne	mit
50 g Walnußkernen	vermengen für die 4. Mischung
100 g geschälte Kürbiskerne	mit
2 Teel. gemahlenem Koriander	vermengen
	die mit den verschiedenen Mischungen verkneteten Teigstücke birnenförmig formen, das spitze Ende etwas flach drücken mit
Wasser	bestreichen so auf ein gefettetes Backblech legen, daß sie mit den spitzen Enden leicht überlappen und miteinander verbunden sind in der Mitte etwas zusammendrücken abgedeckt nochmals etwa 30 Minuten an einem warmen Ort gehen lassen, mit
Wasser	bestreichen jedes Teigstück dreimal der Länge nach einritzen das Backblech in den vorgeheizten Backofen schieben
Strom:	Etwa 225
Gas:	Etwa 4
Backzeit:	35 – 40 Minuten.

Roggenmischbrot in Kohlblättern

20 g frische Hefe	in
3 Eßl. lauwarmem Wasser	auflösen, an einem warmen Ort etwa 15 Minuten gehen lassen mit
500 g Roggenvollkornbrot	
200 g Weizenvollkornmehl	
200 g Magerquark	
etwa 400 ml lauwarmem Wasser	
1 Packung Natur-Sauer	
1 Eßl. Salz	
1 Eßl. Kümmel	
1 Eßl. Anissamen	zu einem festen Teig verkneten Teigkugel mit
Roggenvollkornmehl	bestäuben, zugedeckt an einem warmen Ort etwa 1 Stunde gehen lassen, 2 runde Brotlaibe daraus formen
etwa 12 große Außenblätter von Wirsing oder Weißkohl	waschen, abtropfen lassen, Teigkugeln darin einpacken auf ein gefettetes Backblech setzen, etwa 1 Stunde an einem warmen Ort gehen lassen, in den vorgeheizten Backofen schieben
Strom:	Etwa 220
Gas:	3 – 4
Backzeit:	Etwa 60 Minuten Kohlblätter abnehmen, Brote auskühlen lassen.
Tip:	Wenn man auf die Weise kleine Brötchen backt, überträgt sich das Aroma der Blätter noch intensiver und durch die kürzere Backzeit sind die Blätter noch genießbar.
	Während des Backens eine Schale mit heißem Wasser auf den Boden des Backofens stellen.

Herbstbrot

(Abb. rechts)

500 g mehligkochende Kartoffeln	im Schnellkochtopf in etwa 10 Minuten garen, heiß pellen, durch die Kartoffelpresse drücken
750 g Weizen	fein mahlen, mit der Kartoffelmasse vermengen
2 Teel. Salz	
60 g weiche Butter	hinzufügen
1 Würfel (42 g) Frischhefe	in
200 ml (1/5 l) lauwarmer Milch	auflösen mit
200 ml (1/5 l) lauwarmem Wasser	zu den übrigen Zutaten geben alle Zutaten in der Küchenmaschine oder mit einem elektrischen Handrührgerät mit Knethaken zuerst auf der niedrigsten, dann auf der höchsten Stufe in etwa 5 Minuten zu einem glatten Teig verarbeiten kurz vor Beendigung der Knetzeit
1 geschälten, geraspelten Apfel (Boskop)	
150 g ohne Fett geröstete Sonnenblumenkerne	unterarbeiten den Teig an einem warmen Ort so lange gehen lassen, bis er etwa doppelt so hoch ist, ihn dann auf der Tischplatte nochmals gut durchkneten, in 2 Hälften teilen die beiden Teighälften in 2 gefettete Kastenformen (30 x 11 cm) geben mit
3 Eßl. Sonnenblumenkernen	bestreuen abgedeckt an einem warmen Ort nochmals etwa 30 Minuten gehen lassen die Formen auf dem Rost in den vorgeheizten Backofen schieben
Strom:	Etwa 200
Gas:	3 – 4
Backzeit:	Etwa 1 Stunde.

Nordisches Sonnenrad

200 g Weizen	mit
100 g Gerste	
150 g Roggen	
100 g Hafer	
1 Teel. Fenchel	
1 Teel. Anissamen	
1 Teel. Koriander	fein mahlen
150 g Roggenmehl	mit
100 g Sojamehl	hinzufügen
2 Teel. Salz	
2 Eßl. Sirup (Rübenkraut)	
3 Eßl. Speiseöl	hinzufügen
1 Würfel (42 g) Frischhefe	in
knapp 500 ml (½ l) lauwarmem Wasser	auflösen, zu den übrigen Zutaten geben alle Zutaten in der Küchenmaschine oder mit einem elektrischen Handrührgerät mit Knethaken zuerst auf der niedrigsten, dann auf der höchsten Stufe in etwa 5 Minuten zu einem glatten Teig verarbeiten den Teig an einem warmen Ort so lange gehen lassen, bis er etwa doppelt so hoch ist, ihn dann auf der Tischplatte nochmals gut durchkneten, in 9 Stücke teilen 8 Stücke je zu gut etwa 20 cm langen Rollen formen, jeweils ein Ende etwas schneckenförmig einrollen und die Rollen strahlenförmig in Form eines Fragezeichens auf ein gefettetes Backblech legen das neunte Teigstück zu einer Schnecke formen und auf die Mitte des Strahlenkranzes legen abgedeckt an einem warmen Ort nochmals etwa 30 Minuten gehen lassen, mit
Wasser	bestreichen, mit
Sesamsaat	bestreuen das Backblech in den vorgeheizten Backofen schieben
Strom:	Etwa 200
Gas:	3 – 4
Backzeit:	Etwa 45 Minuten.

Während des Backens eine Schale mit heißem Wasser auf den Boden des Backofens stellen.

Sauerteigbrot

(Abb. rechts)

300 g Weizen	mittelgrob schroten
200 g Weizen	fein mahlen beide Zutaten mit
300 g Roggenvollkornschrot	
200 g Roggenmehl	in eine Schüssel geben, mit
2 Päckchen Trocken-Backhefe	
2 Päckchen Sauerteig-Extrakt	sorgfältig vermischen
1 Eßl. Salz	
750 ml (¾ l) lauwarmes Wasser	hinzufügen alle Zutaten in der Küchenmaschine zuerst auf der niedrigsten, dann auf der höchsten Stufe in etwa 5 Minuten zu einem glatten Teig verarbeiten den Teig an einem warmen Ort so lange gehen lassen, bis er etwa doppelt so hoch ist, ihn dann auf der Tischplatte nochmals gut durchkneten, zu einer Kugel formen die Teigkugel in ein geflochtenes, unlackiertes, mit
Weizenvollkornmehl	ausgestreutes Weidenkörbchen legen abgedeckt an einem warmen Ort nochmals so lange gehen lassen, bis er etwa doppelt so hoch ist auf ein gefettetes Backblech stürzen das Backblech in den vorgeheizten Backofen schieben
Strom:	200 – 225
Gas:	Etwa 4
Backzeit:	Etwa 1 Stunde.

Während des Backens eine Schale mit heißem Wasser auf den Boden des Backofens stellen.

Dunkles Sauerbrot

	Teig aus
250 g Roggenmehl (Type 1150) 250 g Weizen-Vollkornmehl (Type 1700) 2 gestrichenen Teel. Salz 1 Beutel Sauerteig-Extrakt 1 Päckchen Trocken-Backhefe 400 ml + 2 Eßl. lauwarmem Wasser	nach Vorschrift auf dem Beutel Sauerteig-Extrakt zubereiten, gehen lassen, den Teig mit Mehl bestäuben, aus der Schüssel nehmen, gut durchkneten, gleichzeitig dabei oval formen, auf ein gefettetes Backblech legen die obere Seite des Teiges mehrere Male 1 cm tief einschneiden den Teig nochmals so lange an einem warmen Ort gehen lassen, bis er sich sichtbar vergrößert hat den Teig mit Mehl bestäuben, in den Backofen schieben
Strom:	Etwa 200 (vorgeheizt)
Gas:	5 Minuten vorheizen 3 – 4, backen 3 – 4
Backzeit:	50 – 60 Minuten.

Roggenbrot mit Kürbiskernen

(Abb. rechts)

750 g Roggen	fein mahlen, mit
2 Päckchen Trocken-Backhefe 2 Päckchen Sauerteig-Extrakt	sorgfältig vermischen
1 gestrichenen Eßl. Meersalz 1 gestrichenen Eßl. gemahlenen Kümmel 2 Teel. Honig gut 500 ml (½ l) lauwarmes Wasser	hinzufügen alle Zutaten in der Küchenmaschine zuerst auf der niedrigsten, dann auf der höchsten Stufe in etwa 5 Minuten zu einem glatten Teig verarbeiten zuletzt
150 g geschälte Kürbiskerne	unterkneten den Teig an einem warmen Ort so lange gehen lassen, bis er etwa doppelt so hoch ist, ihn dann auf der Tischplatte nochmals gut durchkneten, zu einem länglichen, ovalen Brotlaib formen, den Brotlaib auf ein gefettetes Backblech legen, abgedeckt an einem warmen Ort so lange gehen lassen, bis er etwa doppelt so hoch ist mit Wasser bestreichen das Backblech in den vorgeheizten Backofen schieben
Strom:	Etwa 200
Gas:	Etwa 3 – 4
Backzeit:	40 – 45 Minuten.
	Während des Backens eine Schale mit heißem Wasser auf den Boden des Backofens stellen. Das fertige Brot mit heißem Wasser bestreichen und noch 5 – 10 Minuten im ausgeschalteten Backofen stehen lassen.
Strom:	Etwa 250
Gas:	Etwa 5
Backzeit:	10 Minuten.

Sonnenblumenkern-Brötchen

300 g Weizen	
200 g Roggen	beide Zutaten fein mahlen, mit
1 Päckchen Trocken-Backhefe	
1 Päckchen Sauerteig-Extrakt	sorgfältig vermischen
1 gehäuften Teel. Salz	
375 ml (3/8 l) lauwarmes Wasser	hinzufügen alle Zutaten in der Küchenmaschine oder mit einem elektrischen Handrührgerät mit Knethaken zuerst auf der niedrigsten, dann auf der höchsten Stufe in etwa 5 Minuten zu einem glatten Teig verarbeiten kurz vor Beendigung der Knetzeit
100 g in einer Pfanne geröstete (ohne Fett) Sonnenblumenkerne	unterarbeiten (1 Eßl. zum Garnieren zurückbehalten) den Teig an einem warmen Ort so lange gehen lassen, bis er etwa doppelt so hoch ist, ihn dann auf der Tischplatte nochmals gut durchkneten, zu einer Rolle formen, in 12 - 14 Stücke schneiden, jedes Teigstück rund formen auf ein gefettetes Backblech legen, mit
Wasser	bestreichen, die zurückgelassenen Sonnenblumenkerne auf den Brötchen verteilen, etwas andrücken abgedeckt an einem warmen Ort so lange gehen lassen, bis sie etwa doppelt so hoch sind das Backblech in den vorgeheizten Backofen schieben
Strom:	200 - 225
Gas:	Etwa 4
Backzeit:	Etwa 30 Minuten.

Überraschungs-Brioches

(Abb. rechts)

	Für den Teig
20 g frische Hefe	in
4 Eßl. lauwarmem Wasser	auflösen, mit
1 Teel. Zucker	verrühren, 15 Minuten an einem warmen Ort gehen lassen, diesen Vorteig mit
305 g gesiebtem Weizenmehl	
½ Teel. Salz	
2 verquirlten Eiern	verrühren
150 g kalte Butter	in Stückchen mit den Knethaken des elektrischen Handrührgerätes unterkneten, bis der Teig elastisch und glänzend von den Haken reißt, den Teig mit
1 Eßl. Weizenmehl	bestäuben, mit einem Tuch abdecken, über Nacht kühl ruhen lassen, bis sich sein Volumen verdoppelt hat 8 Briochesförmchen mit
weicher Butter	dick einpinseln den Teig nochmals schnell durchkneten, in 16 gleiche Teile trennen, Kugeln formen, in jedes Briochesförmchen eine Kugel geben, an den Rändern hochdrücken, so daß in der Mitte eine Mulde entsteht
80 g Thüringer Mett	halbieren, jeweils in zwei Brioches füllen,
80 g Gänseleberpastete	halbieren, jeweils in zwei Brioches füllen
80 g Kräuter-Doppelrahm-Frischkäse	halbieren, jeweils in zwei Brioches füllen
80 g geriebener Edamer	halbieren, jeweils in zwei Brioches füllen mit den 8 zurückbehaltenen Kugeln bedecken, die Ränder andrücken, die Brioches mit
1 geschlagenen Eigelb	bestreichen, auf dem Rost in den Backofen schieben, 1 - 2 Stunden gehen lassen, erst dann den Backofen anheizen
Strom:	200 - 225
Gas:	3 - 4
Backzeit:	30 - 35 Minuten.
Anmerkung:	Die lockeren, zarten Brioches können auch als Frühstücks- oder Kaffeegebäck gereicht werden (s. S. 96).

Sonnenblumenkern-Brot

300 g Weizen	fein mahlen
125 g Roggen	und
75 g Gerste	mittelfein schroten
2 Teel. Korianderkörner	mitschroten
	die Zutaten mit
1 Päckchen Trocken-Backhefe	
1 Päckchen Sauerteig-Extrakt	sorgfältig vermischen
1 Teel. Meersalz	
375 ml (3/8 l) lauwarmes Wasser	hinzufügen
	alle Zutaten in der Küchenmaschine oder mit einem elektrischen Handrührgerät mit Knethaken zuerst auf der niedrigsten, dann auf der höchsten Stufe in etwa 4 Minuten zu einem glatten Teig verarbeiten
100 g leicht geröstete Sonnenblumenkerne (in einer Pfanne ohne Fett)	in etwa 1 Minute unterkneten
	den Teig an einem warmen Ort so lange gehen lassen, bis er etwa doppelt so hoch ist, ihn dann auf der Tischplatte nochmals gut durchkneten, zu einem runden Brot formen
	auf ein gefettetes Backblech legen
	die Brotoberfläche fünfmal strahlenförmig von der Mitte ausgehend einschneiden
	den Teig abgedeckt an einem warmen Ort nochmals so lange gehen lassen, bis er etwa doppelt so hoch ist
	das Backblech in den vorgeheizten Backofen schieben
Strom:	200 – 225
Gas:	Etwa 4
Backzeit:	Etwa 50 Minuten.

Während des Backens eine Schale mit heißem Wasser auf den Boden des Backofens stellen.

Bauernbrot „Calzone"

(Abb. rechts)

	Für den Teig
360 g Brotmischung	mit
1 Päckchen Trocken-Backhefe	
250 ml (1/4 l) Wasser	nach der Vorschrift auf der Packung verarbeiten, 15 Minuten an einem warmen Ort gehen lassen
	den Teig halbieren, auf bemehlter Arbeitsfläche zu zwei runden Platten von etwa 22 cm Durchmesser ausrollen
	eine Platte auf ein mit Back-Trennpapier ausgelegtes Blech legen
4 Eier	7 Minuten kochen, abschrecken, pellen
200 g alten Gouda-Käse	von der Rinde befreien, in dünne Scheiben hobeln
6 Mini-Salamis (150 g)	in 1 cm lange Stückchen schneiden
	die Teigplatte mit der halben Käsemenge bedecken, einen Rand von etwa 3 cm freilassen
	die Eier in der Mitte sternförmig anordnen, dazwischen und rundherum die Salamistücke verteilen, mit Käse bedecken
	mit
2 Eßl. zerdrücktem Käsegebäck	bestreuen
	die zweite Teigplatte darauf legen, rundherum andrücken, den freien Rand der unteren Platte wie eine Krempe über die Nahtstellen ziehen
mit Wasser	bestreichen
	den Teig mit einem Tuch bedecken, nochmals 30 Minuten an einem warmen Ort gehen lassen, mit Wasser bestreichen und mit
Weizenmehl	bestäuben, in den vorgeheizten Backofen schieben
Strom:	200 – 220
Gas:	3 – 4
Backzeit:	Etwa 45 Minuten.
Tip:	Das Bauernbrot „Calzone" schmeckt je nach Belieben heiß oder kalt und kann beispielsweise zum Picknick mitgenommen werden.

Während des Backens eine Schale mit heißem Wasser auf den Boden des Backofens stellen.

Hunza-Zopfbrot

20 g frische Hefe	in
200 ml (1/5 l)	
lauwarmem Wasser	auflösen, 15 Minuten an einem warmen Ort gehen lassen, mit
500 g Weizen-vollkornschrot (Type 1700)	
200 ml (1/5 l)	
lauwarmem Kefir	
3 Eßl. Apfelkraut	
1 Prise Salz	
1 Teel. gemahlenem Kardamom	zu einem glatten Teig verkneten, mit einem Tuch bedecken, etwa 2 Stunden gehen lassen, bis er um die Hälfte seines Volumens zugenommen hat
50 g Rosinen	verlesen
75 g eßfertige Dörraprikosen	in Streifen schneiden
50 g eßfertige Dörräpfel in Ringen	halbieren, dann jede Ringhälfte in 4 Stücke schneiden den Teig in drei Portionen teilen, eine mit Rosinen, eine mit Aprikosen, eine mit Äpfeln verkneten auf der mit
Weizenmehl	bestäubten Arbeitsfläche die drei Portionen zu drei 20 cm langen Rollen formen, diese zu einem Zopf flechten, die Enden zu einer Kugel unterschlagen auf ein mit Back-Trennpapier ausgelegtes Blech setzen, etwa 30 Minuten gehen lassen, auf dem Rost in den vorgeheizten Backofen schieben
Strom:	200 – 225
Gas:	3 – 4
Backzeit:	Etwa 1 Stunde auf einem Kuchenrost etwas abkühlen lassen, dann erst anschneiden.

Roggenschrotbrot

	Am Vorabend
300 g Roggen-vollkornschrot (Type 1800)	in eine Schüssel geben mit
300 ml lauwarmem Wasser	übergießen, über Nacht zum Quellen stehen lassen
450 g Roggen-vollkornschrot (Type 1800)	mit
250 g Weizenmehl	
2 Päckchen Trocken-Backhefe	sorgfältig vermischen
2 Teel. Salz	
2 Eßl. Rübenkraut (Sirup)	
100 ml Zitronensaft	
gut 125 ml (1/8 l) lauwarmes Wasser	und den gequollenen Roggenschrotbrei hinzufügen alle Zutaten in der Küchenmaschine zuerst auf der niedrigsten, dann auf der höchsten Stufe in etwa 5 Minuten zu einem glatten Teig verarbeiten den Teig an einem warmen Ort so lange gehen lassen, bis er etwa doppelt so hoch ist, ihn dann auf der Tischplatte nochmals gut durchkneten, zu einem ovalen Brotlaib formen den Brotlaib auf ein gefettetes Backblech legen mit
Wasser	bestreichen mit
etwa 80 g ganzen Roggenkörnern	bestreuen abgedeckt an einem warmen Ort nochmals so lange gehen lassen, bis er etwa doppelt so hoch ist das Backblech in den vorgeheizten Backofen schieben
Strom:	Etwa 200
Gas:	3 – 4
Backzeit:	Etwa 70 Minuten.

Während des Backens eine Schale mit heißem Wasser auf den Boden des Backofens stellen.

Schusterjungen

350 g Roggenmehl	mit
175 g Weizenmehl	in eine Schüssel sieben, mit
1 Päckchen Trocken-Backhefe	sorgfältig vermischen
1 Teel. Salz	
375 ml lauwarmes Wasser	hinzufügen alle Zutaten in der Küchenmaschine oder mit einem elektrischen Handrührgerät mit Knethaken zuerst auf der niedrigsten, dann auf der höchsten Stufe in etwa 5 Minuten zu einem glatten Teig verarbeiten den Teig an einem warmen Ort so lange gehen lassen, bis er etwa doppelt so hoch ist, ihn dann auf der Tischplatte nochmals gut durchkneten, in 10 – 12 Stücke schneiden die Teigstücke rund formen, auf ein gefettetes Backblech legen abgedeckt an einem warmen Ort nochmals so lange gehen lassen, bis sie etwa doppelt so hoch sind mit
Wasser	bestreichen, mit
Weizenmehl	bestäuben das Backblech in den vorgeheizten Backofen schieben
Strom:	Etwa 225
Gas:	Etwa 4
Backzeit:	Etwa 25 Minuten.

Während des Backens eine Schale mit heißem Wasser auf den Boden des Backofens stellen.

Vollkornbrötchen-Kissen

175 g Weizen	
175 g Dinkel	
175 g Roggen	die drei Kornsorten fein mahlen mit
1 Päckchen Trocken-Backhefe	sorgfältig vermischen
1 schwach gehäuften Teel. Meersalz	
375 ml (3/8 l) lauwarmes Wasser	hinzufügen alle Zutaten in der Küchenmaschine oder mit einem elektrischen Handrührgerät mit Knethaken zuerst auf der niedrigsten, dann auf der höchsten Stufe in etwa 5 Minuten zu einem glatten Teig verarbeiten den Teig an einem warmen Ort so lange gehen lassen, bis er etwa doppelt so hoch ist, ihn dann auf der Tischplatte nochmals gut durchkneten, zu einer Rolle formen, etwas flach drücken, längs durchschneiden jede Teigstange in 8 Stücke schneiden, die einzelnen Teigstücke etwas flach drücken die Oberfläche mit
Wasser	bestreichen jeweils 4 Teigstücke in
Haferflocken	drücken, 4 Teigstücke in eine
Mohn-Sesam-Mischung	drücken, 4 Teigstücke in
Sonnenblumenkerne	drücken und 4 Teigstücke unbelegt lassen die Teigstücke auf ein gefettetes Backblech legen, nochmals gehen lassen, bis sie sich etwa verdoppelt haben, mit
Wasser	besprenkeln das Backblech in den vorgeheizten Backofen schieben
Strom:	200 – 225
Gas:	Etwa 4
Backzeit:	Etwa 35 Minuten.

Während des Backens eine Schale mit heißem Wasser auf den Boden des Backofens stellen.

Kasseler im Brotteig

(Abb. oben)

1 Packung (370 g) Brotmischung	mit
250 ml (¼ l) lauwarmem Wasser	nach der Vorschrift auf der Packung zubereiten, gehen lassen den Teig mit
Weizenmehl	bestäuben, aus der Schüssel nehmen, kurz durchkneten den Teig (nach Belieben etwas zum Garnieren abnehmen) auf der mit Mehl bestäubten Tischplatte zu einer länglichen Platte in der doppelten Größe des Kasselers ausrollen
1 kg Kasseler (im Stück, ohne Knochen)	darauflegen, die Teigränder mit Wasser bestreichen, um das Kasseler schlagen den Teig (glatte Seite nach oben) auf ein gefettetes Backblech legen, mit dem zurückgelassenen Teig garnieren über die obere Seite des Teiges verteilt einige etwa pfenniggroße Löcher ausstechen oder -schneiden (nicht drücken), nochmals an einem warmen Ort gehen lassen den Teig mit Wasser bestreichen, das Backblech in den vorgeheizten Backofen schieben
Strom:	Etwa 200
Gas:	3-4
Backzeit:	40-50 Minuten.
Veränderung:	Anstelle des Kasselers 1 kg gekochten Schinken verwenden.

Pikantes Brot

1 Packung (370 g) Brotmischung	mit
250 ml (¼ l) lauwarmem Wasser	nach der Vorschrift auf der Packung zubereiten, gehen lassen
100 g Gouda-Käse	grob raspeln
200 g gares Bratenfleisch	
125 g roher Schinken	beide Zutaten in Würfel schneiden die Zutaten unter den gegangenen Teig kneten, mit
Weizenmehl	bestäuben, aus der Schüssel nehmen, kurz durchkneten, gleichzeitig dabei zu einer glatten Kugel formen, auf ein gefettetes Backblech legen, nochmals an einem warmen Ort gehen lassen, die obere Seite des Teiges mehrere Male kreuzweise etwa 1 cm tief einschneiden (nicht drücken), mit Wasser bestreichen, mit
Sesam	bestreuen, in den vorgeheizten Backofen schieben
Strom:	200-225, **Gas:** 3-4
Backzeit:	50-60 Minuten.

Leinsamen-Brot

100 g Leinsamen	in
100 ml heißem Wasser	etwa 30 Minuten quellen lassen
250 g Roggen-Backschrot (Type 1800)	mit
250 g Weizenmehl (Type 550)	in eine Rührschüssel geben, mit
1 Päckchen Trocken-Backhefe	sorgfältig mischen
gut 1 Teel. Zucker	mit
gut 1 Teel. Salz	
3 Eßl. Speiseöl	
250 ml (¼ l) lauwarmer Buttermilch	hinzufügen die Zutaten mit einem elektrischen Handrührgerät mit Knethaken zunächst auf der niedrigsten, dann auf der höchsten Stufe in etwa 5 Minuten zu einem glatten Teig verarbeiten, gegen Ende der Knetzeit den Leinsamen unterkneten, den Teig an einem warmen Ort so lange gehen lassen, bis er sich sichtbar vergrößert hat, aus der Schüssel nehmen, gut durchkneten, aus dem Teig ein ovales Brot formen, auf ein gefettetes Backblech legen, nochmals an einem warmen Ort gehen lassen, die obere Seite des Teiges mehrere Male etwa 1 cm tief einschneiden (nicht drücken), mit Wasser bestreichen, in den vorgeheizten Backofen schieben
Strom:	Etwa 200, **Gas:** 3-4
Backzeit:	Etwa 1 Stunde.

Versunkenes Broccolibrot

1 kg Broccoli	waschen, die Knospen von den Stielen trennen, die Stiele putzen und mit dem Pürierstab oder im Kompakt-Mixer fein zermusen, in einem Sieb abtropfen lassen
50 g Butter	mit
4 Eigelben	
1 Teel. Salz	
Pfeffer	
Muskat	
100 ml (1/10 l) süße Sahne	unterrühren
200 g Maismehl	mit
50 g Weizenmehl	
2 Teel. Backpulver	sieben, unter den Teig mischen
4 Eiweiß	steif schlagen, unterziehen eine große Kastenform mit
1 Eßl. Butter	einfetten, mit
2 Eßl. Sesamsamen	ausstreuen, die Hälfte Teig einfüllen, die Broccoliknospen mit dem Stielansatz nach unten darauf verteilen, mit dem übrigen Teig bedecken, den Kuchen auf dem Rost in die mittlere Schiene des vorgeheizten Backofens schieben
Strom:	Etwa 200
Gas:	Etwa 4
Backzeit:	Etwa 60 Minuten.

Pikanter Brötchenbaum

600 g Weizen	mit
1 Teel. Kümmel	
1 Teel. Fenchel	
1 Teel. Koriander	fein mahlen
125 g Roggen	
125 g Hafer	
	beide Zutaten mittelfein schroten, mit dem Weizenmehl,
50 g Sojamehl	
100 g Roggenmehl	
2 Teel. Meersalz	vermengen
3 Eßl. Speiseöl	hinzufügen
1 Würfel (42 g) Frischhefe	in
250 ml (1/4 l) lauwarmem Wasser	auflösen, mit
knapp 500 ml (1/2 l) lauwarmem Wasser	zu den übrigen Zutaten geben (Foto 1) alle Zutaten in der Küchenmaschine zuerst auf der niedrigsten, dann auf der höchsten Stufe in etwa 5 Minuten zu einem glatten Teig verarbeiten den Teig an einem warmen Ort so lange gehen lassen, bis er etwa doppelt so hoch ist
2 – 3 Zwiebeln	abziehen, würfeln
25 g Butter	zerlassen, die Zwiebelwürfel darin goldgelb dünsten, abkühlen lassen
150 g durchwachsenen Speck	in kleine Würfel schneiden den gegangenen Teig auf der Tischplatte nochmals gut durchkneten, in 4 Teile teilen unter einen Teil die Zwiebelwürfel, unter den zweiten Teil die Speckwürfel, unter den dritten Teil (Foto 2)
1 gehäuften Teel. Kümmel	kneten, die 3 Teigstücke jeweils in 10 – 12 Stücke schneiden aus dem vierten Teigstück einen Baumstamm formen, ihn auf ein gefettetes Backblech legen die Teigstücke zu runden Brötchen formen und sie abwechselnd als Baumkrone um den Baumstamm auf das Backblech legen (Foto 3) abgedeckt an einem warmen Ort gehen lassen, bis sie etwa doppelt so hoch sind nach Belieben die Teigstücke ringsherum mit einer Schere dreimal einschneiden, mit
Wasser	bestreichen den Baumstamm mit
Sesamsaat	bestreuen das Backblech in den vorgeheizten Backofen schieben
Strom:	Etwa 225
Gas:	Etwa 4
Backzeit:	35 – 40 Minuten.

Gefülltes Stangenbrot Doris

(Abb. unten)

1 Stangenweißbrot (etwa 50 cm lang, 8 cm breit)	quer halbieren, aushöhlen
	für die Füllung
250 g Butter	geschmeidig rühren
125 g gekochter Schinken	
125 g Corned beef	
	beide Zutaten in Würfel schneiden
2 hartgekochte Eier	pellen, hacken
1 gehäufter Teel. grüner Pfeffer	
1-2 Teel. Kapern	
einige Oliven, mit Paprika gefüllt	
	die Zutaten unter die Butter rühren das Brotinnere (Brotkrumen) zerpflücken, zu der Masse geben, kräftig mit
Salz	
Pfeffer	
Worcestersoße	abschmecken die Füllung in die Brotstangen geben, in Alufolie verpackt kalt stellen, in Scheiben schneiden, mit
Oliven	
Pfefferkörnern	
Feldsalat	garnieren.

Korinthenbrötchen

250 g Weizenmehl	in eine Schüssel sieben, mit
½ Päckchen Trocken-Backhefe	sorgfältig mischen
25 g Zucker	mit
1 Päckchen Vanillin-Zucker, Salz	
50 g zerlassener, lauwarmer Butter oder Margarine	
1 Ei	
1 Eßl. lauwarmer Milch	hinzufügen, alles mit einem elektrischen Handrührgerät mit Knethaken zuerst auf der niedrigsten, dann auf der höchsten Stufe in etwa 5 Minuten zu einem Teig verarbeiten
75 g verlesene Korinthen	unterkneten den Teig an einem warmen Ort so lange stehenlassen, bis er etwa doppelt so hoch ist, ihn dann auf höchster Stufe nochmals gut durchkneten, zu einer 30 cm langen Rolle formen, etwa 2 cm dicke Scheiben davon abschneiden, zu Brötchen formen, auf ein gefettetes Backblech legen, an einem warmen Ort nochmals so lange stehenlassen, bis sie etwa doppelt so hoch sind, mit
Dosenmilch	bestreichen, in den vorgeheizten Backofen schieben
Strom:	200-225, **Gas:** 3-4
Backzeit:	Etwa 15 Minuten.

Spanisches Brot

Für den Teig

250 g Weizen-Vollkornmehl (Type 1700)
250 g Weizenmehl (Type 405) in eine Rührschüssel geben, mit
1 Päckchen Trocken-Backhefe sorgfältig vermischen
1 Teel. Zucker
2 Teel. Salz
250 ml (1/4 l) lauwarme Milch hinzufügen
die Zutaten mit einem Handrührgerät mit Knethaken zuerst auf der niedrigsten, dann auf der höchsten Stufe in etwa 5 Minuten zu einem glatten Teig verarbeiten
den Teig an einem warmen Ort so lange gehen lassen, bis er etwa doppelt so groß ist

für die Füllung

500 g Hähnchenbrustfilet unter fließendem kalten Wasser abspülen, trockentupfen
25 g Margarine erhitzen, das Fleisch von beiden Seiten darin anbraten, herausnehmen
1 kleine Zwiebel abziehen
1 kleine grüne Paprikaschote halbieren, entstielen, entkernen, die weißen Scheidewände entfernen, die Schote waschen
4 Tomaten waschen, die Stengelansätze herausschneiden
100 g roher Schinken
die 4 Zutaten fein würfeln, zunächst Zwiebel-, Paprika- und Schinkenwürfel in dem Bratfett gut andünsten, dann die Tomatenwürfel hinzufügen, so lange mitdünsten lassen, bis keine Flüssigkeit mehr vorhanden ist
die Masse mit
frisch gemahlenem Pfeffer
Salz
gerebeltem Oregano
gerebeltem Majoran
gerebeltem Thymian
Knoblauchsalz kräftig würzen
das Fleisch in feine Würfel schneiden, zu dem Gemüse geben, nochmals abschmecken, kalt stellen
den gegangenen Teig mit Mehl bestäuben, aus der Schüssel nehmen, gut durchkneten, zu einem Rechteck (40 x 32 cm) ausrollen
die Füllung gleichmäßig darauf verteilen
den Teig von der längeren Seite her aufrollen, auf ein gefettetes Backblech legen
nochmals so lange an einem warmen Ort gehen lassen, bis er sich sichtbar vergrößert hat
1 Eigelb mit
1 Eßl. Milch verschlagen, die Rolle damit bestreichen, in den Backofen schieben
Strom: 220 – 225 (vorgeheizt)
Gas: 5 Minuten vorheizen 3 – 4, backen 3 – 4
Backzeit: 50 – 60 Minuten
das Brot warm servieren.

Zitronen-Apfel-Brot

(Abb. S. 438/439)

500 g Weizenmehl (Type 405) in eine Rührschüssel sieben, mit
1 Päckchen Trocken-Backhefe sorgfältig vermischen
3 Teel. Zucker
1½ Teel. Salz
abgeriebene Zitronenschale (unbehandelt)
1 Becher (150 g) Crème fraîche
50 g zerlassene, abgekühlte Butter
1/8 l lauwarme Milch hinzufügen (Foto 1)
die Zutaten mit einem Handrührgerät mit Knethaken zuerst auf der niedrigsten, dann auf der höchsten Stufe in etwa 5 Minuten zu einem glatten Teig verarbeiten
den Teig an einem warmen Ort so lange gehen lassen, bis er sich sichtbar vergrößert hat
1 mittelgroßen Apfel schälen, vierteln, entkernen, grob raspeln
2 Eßl. feingeschnittene Zitronenmelisse
beide Zutaten auf mittlerer Stufe unter den gegangenen Teig kneten (Foto 2), aus der Schüssel nehmen, gut durchkneten
aus dem Teig 4 gleich große Kugeln formen (Foto 3), in eine Springform (Durchmesser 26 cm, Boden gefettet) legen
den Teig nochmals so lange an einem warmen Ort gehen lassen, bis er sich sichtbar vergrößert hat
den Teig mit Wasser bestreichen, mit
Sesam-Samen bestreuen, in den Backofen schieben
Strom: Etwa 200 (vorgeheizt)
Gas: 3 – 4 (nicht vorgeheizt)
Backzeit: 40 – 50 Minuten.

Roggenbrot mit ganzen Weizenkörnern

250 g Weizen	in
375 ml (3/8 l) Wasser	geben, zum Kochen bringen, etwa 3 Minuten kochen lassen, zugedeckt über Nacht auf der Kochstelle stehen lassen (am nächsten Morgen sollen die Körner aufgeplatzt sein, andernfalls werden die Körner nochmals einige Minuten abgekocht) die abgekühlten Weizenkörner abtropfen lassen, die Flüssigkeit auffangen
400 g Roggen	mittelfein mahlen
400 g Roggenmehl (Type 1370)	mit
2 Eßl. (20 g) Speiseweizenkleie 2 Päckchen Trocken-Backhefe 2 Päckchen Sauerteig-Extrakt 2½ Teel. Meersalz	gründlich vermischen, die Flüssigkeit von dem Weizen mit
lauwarmem Wasser	auf 750 ml (3/4 l) auffüllen, zu dem Mehl-Gemisch geben alle Zutaten in der Küchenmaschine zuerst auf der niedrigsten, dann auf der höchsten Stufe in etwa 4 Minuten zu einem glatten Teig verkneten die Weizenkörner hinzufügen, etwa 1 Minute in der Küchenmaschine unterarbeiten den Teig an einem warmen Ort so lange gehen lassen, bis er sich etwa verdoppelt hat ihn dann auf der Tischplatte nochmals gut durchkneten eine Brotbackform (35 x 15 cm) mit
Butter	ausfetten, mit
Speisenweizenkleie	ausstreuen den Teig zu einer Rolle formen, in die Form legen, andrücken, abgedeckt nochmals 20 – 30 Minuten gehen lassen die Form auf dem Rost in den vorgeheizten Backofen schieben
Strom:	Etwa 225
Gas:	Etwa 4
Backzeit:	Etwa 1 Stunde. das Brot auf ein Backblech stürzen, wieder in den Backofen schieben
Strom:	150 – 175
Gas:	2 – 3
Backzeit:	Etwa 1 Stunde.
Tip:	Das Brot sollte vor dem Anschneiden 1 – 2 Tage abgedeckt ruhen. Während des Backens eine Schale mit heißem Wasser auf den Boden des Backofens stellen.

Bayerisches Gewürzbrot

500 g Weizen	fein mahlen
500 g Roggen	mittelfein mahlen beide Mehlsorten mischen mit
2 Päckchen Trocken-Backhefe 2 Päckchen Sauerteig-Extrakt	sorgfältig vermischen
2 schwach gehäufte Teel. Meersalz 2 Teel. Kümmel 2 Teel. Fenchelsamen 2 Teel. Anissamen 1 Teel. gemahlenen Koriander	hinzufügen
etwa 750 ml (3/4 l) lauwarmes Wasser	hinzugießen alle Zutaten in der Küchenmaschine zuerst auf der niedrigsten, dann auf der höchsten Stufe in etwa 5 Minuten zu einem glatten Teig verarbeiten den Teig an einem warmen Ort so lange gehen lassen, bis er etwa doppelt so hoch ist, ihn dann auf der Tischplatte nochmals gut durchkneten, zu einem runden Brotlaib formen auf ein gefettetes Backblech legen abgedeckt an einem warmen Ort gehen lassen, bis er etwa doppelt so hoch ist den Brotlaib mit
Wasser	bestreichen mit
Weizenmehl	bestäuben das Backblech in den vorgeheizten Backofen schieben das Brot während des Backens zwei- bis dreimal mit kaltem Wasser besprenkeln
Strom:	200 – 225
Gas:	Etwa 4
Backzeit:	Etwa 80 Minuten.

Während des Backens eine Schale mit heißem Wasser auf den Boden des Backofens stellen.

Würziges Adventbrot

400 g Weizen	
100 g Dinkel	
100 g Buchweizen	
4 Pimentkörner	
2 Teel. Koriander	
2 Teel. Anissamen	
2 Teel. Fenchelsamen	alle Zutaten fein mahlen, mit
200 g Roggenmehl	
100 g Sojamehl	
2 Päckchen Trocken-Backhefe	
2 Päckchen Sauerteig-Extrakt	
1 Teel. gemahlenen Nelken	
1 Teel. gemahlener Muskatblüte	
1 Messerspitze gemahlenem Ingwer	
1 Teel. Salz	sorgfältig vermischen
4 – 5 Eßl. (150 – 175 g) Rübenkraut (Sirup)	
100 g weiche Butter	
500 ml (½ l) lauwarmes Wasser	hinzufügen alle Zutaten in der Küchenmaschine zuerst auf der niedrigsten, dann auf der höchsten Stufe in etwa 5 Minuten zu einem glatten Teig verarbeiten kurz vor Beendigung der Knetzeit
200 g große Weinbeeren	
100 g grobgehackte Walnußkerne	unterarbeiten den Teig an einem warmen Ort so lange gehen lassen, bis er etwa doppelt so hoch ist, ihn dann auf der Tischplatte nochmals gut durchkneten, zu einem ovalen Brotlaib formen, auf ein gefettetes Backblech legen mit
Wasser	bestreichen, mit
gehobelten Haselnußkernen	bestreuen abgedeckt an einem warmen Ort nochmals so lange gehen lassen, bis er etwa doppelt so hoch ist das Backblech in den vorgeheizten Backofen schieben
Strom:	175 – 200
Gas:	Etwa 3
Backzeit:	Etwa 70 Minuten.

Vitalbrot

200 g Weizen	fein mahlen
100 g Hafer	
100 g Roggen	
1 Teel. Koriander	
1 Teel. Fenchel	mittelfein mahlen die Zutaten mit
100 g Sojamehl	
2 Eßl. Weizenkleie	
2 Eßl. Weizenkeime	
1 Päckchen Trocken-Backhefe	
1 Päckchen Sauerteig-Extrakt	sorgfältig vermischen
1 gehäuften Teel. Salz	
400 ml lauwarmes Wasser	hinzufügen alle Zutaten in der Küchenmaschine zuerst auf der niedrigsten, dann auf der höchsten Stufe in etwa 5 Minuten zu einem glatten Teig verarbeiten kurz vor Beendigung der Knetzeit
50 g Leinsamen	
50 g Sonnenblumenkerne	
25 g Sesamsaat	unterarbeiten den Teig an einem warmen Ort so lange gehen lassen, bis er etwa doppelt so hoch ist, ihn dann auf der Tischplatte nochmals gut durchkneten, zu einer Rolle formen, in eine gefettete Kastenform (11 x 30 cm) legen, abgedeckt an einem warmen Ort nochmals etwa 30 Minuten gehen lassen die Teigoberfläche drei- bis viermal schräg einschneiden mit
Wasser	bestreichen das Backblech in den vorgeheizten Backofen schieben
Strom:	Etwa 200
Gas:	3 – 4
Backzeit:	55 – 60 Minuten.

Während des Backens eine Schale mit heißem Wasser auf den Boden des Backofens stellen.

Mürbe Wickel-Brötchen

500 g Weizenmehl (Type 405)	in eine Schüssel sieben
50 g Zucker	
½ Teel. Salz	
1 Ei	
250 g weiche Butter in Flöckchen	hinzufügen
1 Würfel (42 g) Frischhefe	in
125 ml (⅛ l) lauwarmer Milch	bröckeln
1 Teel. Zucker	hinzufügen, gut verrühren, bis sich die Hefe völlig aufgelöst hat, zu den übrigen Zutaten geben alle Zutaten in der Küchenmaschine oder mit einem elektrischen Handrührgerät mit Knethaken zuerst auf der niedrigsten, dann auf der höchsten Stufe in etwa 5 Minuten zu einem glatten Teig verarbeiten sollte der Teig kleben, evtl. noch etwas
Weizenmehl	unterkneten, den Teig sofort weiter verarbeiten den Teig zu einem Rechteck von 28 x 45 cm formen, dieses in Rechtecke von der kürzeren Seite her aufrollen auf ein gefettetes Backblech legen abgedeckt an einem warmen Ort so lange gehen lassen, bis sie etwa doppelt so hoch sind, mit
Kondensmilch	bestreichen, mit
Hagelzucker	bestreuen das Backblech in den vorgeheizten Backofen schieben
Strom:	Etwa 200
Gas:	3 – 4
Backzeit:	Etwa 25 Minuten.

Kosaken-Brötchen

(Abb. S. 444/445)

125 g Roggen-Backschrot	mit
375 g Weizenmehl (Type 1050)	
1 Teel. Salz	in eine Schüssel geben
1 Würfel (42 g) Frischhefe	in
300 ml lauwarmem Wasser	auflösen (Foto 1), mit
40 g weicher Butter oder Schmalz	zu dem Mehl-Gemisch geben alle Zutaten in der Küchenmaschine oder mit einem elektrischen Handrührgerät mit Knethaken zuerst auf der niedrigsten, dann auf der höchsten Stufe in etwa 5 Minuten zu einem glatten Teig verarbeiten den Teig an einem warmen Ort so lange gehen lassen, bis er etwa doppelt so hoch ist
	für die Füllung
1 Brötchen vom Vortage	in
Wasser	einweichen, gut ausdrücken, in
500 g Gehacktem (halb Rind-, halb Schweinefleisch)	in eine Schüssel geben
1 Zwiebel	abziehen, würfeln
3 Eßl. gemischte, gehackte Kräuter	
2 Eier	hinzufügen, mit
Salz, Pfeffer	
Paprika edelsüß	würzen, gut durchkneten den gegangenen Teig auf der Tischplatte nochmals gut durchkneten in 2 Hälften teilen, jede Hälfte zu einem Rechteck von 30 x 36 cm ausrollen, dann in Rechtecke von 12 x 15 cm schneiden die Füllung auf die Teigstücke verteilen, dabei einen etwa 1½ cm breiten Rand frei lassen (Foto 2) die Ränder mit Wasser bestreichen die Teigstücke von der längeren Seite her aufrollen, an den Schnittflächen fest andrücken mit der Nahtstelle nach unten auf ein gut gefettetes Backblech legen abgedeckt so lange stehen lassen, bis die Teigstücke doppelt so hoch sind die Oberfläche der Teigstücke mit
Kondensmilch	bestreichen, zick-zackförmig einschneiden (Foto 3) das Backblech in den vorgeheizten Backofen schieben
Strom:	200 – 225
Gas:	Etwa 4
Backzeit:	30 – 35 Minuten.

Sojabrot

250 g Weizen	
125 g Roggen	mit
1 Teel. Koriander	mittelfein mahlen, mit
125 g Sojamehl	
1 Päckchen Trocken-Backhefe	
1 Päckchen Sauerteig-Extrakt	sorgfältig vermischen
1 Teel. Salz	
2 Eßl. Speiseöl	
375 ml (3/8 l) lauwarmes Wasser	hinzufügen alle Zutaten in der Küchenmaschine oder mit einem elektrischen Handrührgerät mit Knethaken zuerst auf der niedrigsten, dann auf der höchsten Stufe in etwa 5 Minuten zu einem glatten Teig verarbeiten den Teig an einem warmen Ort so lange gehen lassen, bis er etwa doppelt so hoch ist ihn dann auf der Tischplatte nochmals gut durchkneten, zu einem runden Brotlaib formen den Brotlaib auf ein gefettetes Backblech legen, abgedeckt an einem warmen Ort nochmals so lange gehen lassen, bis er etwa doppelt so hoch ist den Brotlaib mit
Wasser	bestreichen, mit
gerösteten Sojaflocken	bestreuen das Backblech in den vorgeheizten Backofen schieben
Strom:	Etwa 200
Gas:	3 – 4
Backzeit:	Etwa 50 Minuten.

Roggen- und Weizenmischbrot

600 g Weizenmehl (Type 1050)	mit
600 g Roggenmehl	in eine Schüssel sieben, mit
2 Päckchen Trocken-Backhefe	
2 Päckchen Sauerteig-Extrakt	sorgfältig vermischen
1 Eßl. Salz	
1 Teel. gemahlenen Koriander	
½ – 1 Teel. gemahlenen Kümmel	
800 ml lauwarmes Wasser	hinzufügen alle Zutaten in der Küchenmaschine zuerst auf der niedrigsten, dann auf der höchsten Stufe in etwa 5 Minuten zu einem glatten Teig verarbeiten den Teig an einem warmen Ort so lange gehen lassen, bis er etwa doppelt so hoch ist, ihn dann auf der Tischplatte nochmals gut durchkneten, zu einer Rolle formen, in eine gefettete Kastenform (15 x 35 cm) legen, etwas andrücken, abgedeckt an einem warmen Ort nochmals so lange gehen lassen, bis er etwa doppelt so hoch ist, die Teigoberfläche dreimal schräg einschneiden, mit Wasser bestreichen die Form auf dem Rost in den vorgeheizten Backofen schieben
Strom:	200 – 225
Gas:	3 – 4
Backzeit:	Etwa 65 Minuten das Brot nach etwa 45 Minuten Backzeit aus der Form nehmen, auf den Backofenrost stellen, mit Wasser bestreichen, zuende backen.

Soja-Quark-Brötchen

300 g Weizen	fein mahlen, mit
125 g Sojamehl	
1 Päckchen Trocken-Backhefe	sorgfältig vermischen
250 g Magerquark	
2 Eßl. Honig	
2 Eßl. Speiseöl	
½ Teel. Salz	
250 ml (¼ l) lauwarme Milch	hinzufügen alle Zutaten in der Küchenmaschine oder mit einem elektrischen Handrührgerät mit Knethaken zuerst auf der niedrigsten, dann auf der höchsten Stufe in etwa 5 Minuten zu einem glatten Teig verarbeiten kurz vor Beendigung der Knetzeit
1 gehäuften Eßl. Sesamsaat	
25 g gehobelte Haselnußkerne	unterarbeiten den Teig an einem warmen Ort so lange gehen lassen, bis er etwa doppelt so hoch ist, ihn dann auf der Tischplatte nochmals gut durchkneten, zu einer Rolle formen, in 16 Stücke schneiden, die Teigstücke rund formen, mit der Oberfläche zuerst in
Milch	dann in ein Gemisch aus
1½ – 2 Eßl. Sesamsaat	
etwa 20 g gehobelten Haselnußkernen	drücken, auf ein gefettetes Backblech legen abgedeckt an einem warmen Ort so lange gehen lassen, bis sie etwa doppelt so hoch sind das Backblech in den vorgeheizten Backofen schieben
Strom:	200 – 225
Gas:	3 – 4
Backzeit:	Etwa 25 Minuten.

Plunder-Brötchen

1 Päckchen (300 g) Tiefkühl-Blätterteig	die Scheiben einzeln auf ein Küchentuch legen, abgedeckt auftauen lassen
375 g Weizenmehl (Type 405)	in eine Schüssel sieben mit
1 Päckchen Trocken-Backhefe	sorgfältig vermischen
1 gestrichenen Teel. Salz	
1 gehäuften Eßl. Zucker	
1 – 2 Eßl. Speiseöl	
150 ml lauwarmes Wasser oder Milch	hinzufügen alle Zutaten in der Küchenmaschine oder mit einem elektrischen Handrührgerät mit Knethaken zuerst auf der niedrigsten, dann auf der höchsten Stufe in etwa 5 Minuten zu einem glatten Teig verarbeiten den Teig an einem warmen Ort so lange gehen lassen, bis er etwa doppelt so hoch ist, ihn dann auf der Tischplatte nochmals gut durchkneten, zu einem Rechteck von 35 x 50 cm ausrollen die Blätterteig-Platten auf eine Teighälfte legen, dabei die Teigränder frei lassen, die andere Teighälfte darüberschlagen, die Teigränder gut andrücken, zur vorherigen Größe (35 x 50 cm) ausrollen, nochmals übereinanderschlagen und zu einem Rechteck von 60 x 30 cm ausrollen das Rechteck in Streifen von 7,5 x 15 cm schneiden die Streifen von der kürzeren Seite her aufrollen auf ein gefettetes Backblech legen abgedeckt an einem warmen Ort nochmals etwa 30 Minuten gehen lassen, mit
Kondensmilch	bestreichen, mit
abgezogenen, gehobelten Mandeln	bestreuen das Backblech in den vorgeheizten Backofen schieben
Strom:	Etwa 225
Gas:	Etwa 4
Backzeit:	Etwa 25 Minuten.

Kräuterfladen

250 g Weizen	mit
½ Teel. Kümmel	
½ Teel. Fenchel	
½ Teel. Koriander	fein mahlen, mit
1 Päckchen Trocken-Backhefe	sorgfältig vermischen
2 Eßl. Speiseöl	
1 Eiweiß	
125 ml (⅛ l) lauwarmes Wasser	hinzufügen alle Zutaten in der Küchenmaschine oder mit einem elektrischen Handrührgerät mit Knethaken zuerst auf der niedrigsten, dann auf der höchsten Stufe in etwa 5 Minuten zu einem glatten Teig verarbeiten den Teig an einem warmen Ort so lange gehen lassen, bis er etwa doppelt so hoch ist, ihn dann auf der Tischplatte nochmals gut durchkneten, in etwa 24 Stücke schneiden die Teigstücke zu dünnen, runden Fladen ausrollen auf ein gefettetes Backblech legen
1 Eigelb	mit
1 – 2 Eßl. Milch	verschlagen, die Fladen damit bestreichen mit
grobem Salz	
Kräutern der Provence	bestreuen das Backblech in den vorgeheizten Backofen schieben
Strom:	Etwa 225
Gas:	4 – 5
Backzeit:	10 – 15 Minuten.
Tip:	Die Kräuterfladen können mehrere Tage in einer gut schließenden Blechdose aufbewahrt werden.

Kalifenbrot

600 g doppelgriffiges Weizenmehl oder Weizenmehl (Type 405)	in eine Schüssel sieben, in der Mitte eine Vertiefung eindrücken mit
1 Würfel (42 g) Frischhefe	
1 Teel. Zucker	
4 Eßl. lauwarmer Milch	verrühren, an einem warmen Ort gehen lassen, bis die Hefe gut gegangen und die Oberfläche rissig ist
1 Päckchen Safran	in
1½ – 2 Eßl. heißer Milch	auflösen mit
1 Messerspitze gemahlenem Kardamom	
1 Messerspitze gemahlenem Koriander	
abgeriebener Schale von ½ – 1 Zitrone (unbehandelt)	
30 g weicher Butter	
1 Becher (150 g) Crème fraîche	
60 g Zucker	
1 Teel. Salz	hinzufügen alle Zutaten in der Küchenmaschine oder mit einem elektrischen Handrührgerät mit Knethaken zuerst auf der niedrigsten, dann auf der höchsten Stufe in etwa 5 Minuten zu einem glatten Teig verarbeiten, zuletzt
125 g große, dunkle Weinbeeren	unterkneten den Teig an einem warmen Ort so lange gehen lassen, bis er etwa doppelt so hoch ist, ihn dann auf der Tischplatte nochmals gut durchkneten (evtl. noch etwas Weizenmehl unterkneten) von dem Teig ein Stück in Brötchengröße abnehmen aus dem restlichen Teig eine Kugel formen, sie auf ein gefettetes Backblech setzen, in die Mitte eine Vertiefung drücken
1 Eigelb	mit
1 Eßl. Milch	verschlagen, etwas davon in die Vertiefung streichen, das zurückgelassene Teigstück rund formen und in die Vertiefung legen, ganz mit dem verschlagenen Ei bestreichen, die dicke Teigkugel schräg einschneiden, abgedeckt an einem warmen Ort nochmals so lange gehen lassen, bis sie etwa doppelt so hoch ist das Backblech in den vorgeheizten Backofen schieben
Strom:	175 – 200
Gas:	Etwa 3
Backzeit:	Etwa 40 Minuten.
Tip:	Das Brot evtl. nach gut der Hälfte Backzeit mit Pergamentpapier oder Alufolie abdecken, damit es nicht zu dunkel wird. Während des Backens eine Schale mit heißem Wasser auf den Boden des Backofens stellen.

Register